Silke von Polenz
Und er bewegt sich doch

Ketzerisches zur Körperabstinenz
der Psychoanalyse

Suhrkamp

Die Deutsche Bibliothek – CIP-Einheitsaufnahme
Polenz, Silke von:
Und er bewegt sich doch :
Ketzerisches zur Körperabstinenz
der Psychoanalyse /
Silke von Polenz. –
1. Aufl. – Frankfurt am Main :
Suhrkamp 1994
(Suhrkamp-Taschenbuch Wissenschaft ; 1159)
ISBN 3-518-28747-8
NE: GT

suhrkamp taschenbuch wissenschaft 1147
Erste Auflage 1994
© Suhrkamp Verlag Frankfurt am Main 1994
Suhrkamp Taschenbuch Verlag
Satz und Druck: Wagner GmbH, Nördlingen
Printed in Germany
Umschlag nach Entwürfen von
Willy Fleckhaus und Rolf Staudt

1 2 3 4 5 6 – 99 98 97 96 95 94

Inhalt

Für Rainer,
der in seiner Therapie
nie sitzen bleiben konnte

Vorwort

Bioenergetische Einzelsitzung

Sie liegt auf einer weichen Schaumgummimatratze in einem großen Gruppenraum. Der Therapeut sitzt neben ihr auf dem Boden.
Vorher haben sie sich gemeinsam warmgetanzt, »gelockert«, sie
hat sich ihm im »Grounding« gegenübergestellt und tief geatmet,
er hat auf ihren Körperausdruck geachtet und sie darauf angespro-
chen. Sie hat in sich hineingespürt und dieses Erleben mitgeteilt
und ist dann dem Impuls gefolgt, sich hinzulegen; mit halbge-
schlossenen Augen erzählt sie; es ist etwas Wesentliches, etwas
Schmerzhaftes. Sie spürt, daß es wichtig ist, ahnt Zusammenhänge, spürt, wie sie etwas »auf der Spur« ist. Es tut weh, zu
erzählen, ihre Stimme beginnt zu zittern, etwas in ihrem Körper
will sich aufbäumen, Tränen schießen ihr in die Augen. Der Therapeut sagt: *»Ja!«*, ein bestätigendes Ja. Ja, geh in das Gefühl rein,
laß los, überantworte dich dem Schmerz. Aber etwas in ihr wei-
gert sich, sie will nicht mehr weinen, sie steht kurz vor einer
wichtigen Erkenntnis, sie will lieber das Zittern unterdrücken und
weitergehen, weitergehen auf dem schmerzhaften Weg. Sie hat
schon so viel geweint, gebrüllt vor Schmerz, und es tat oft gut, hat
etwas gelöst, hat sie befreit. Aber heute, in diesem Moment, an der
Schwelle einer wichtigen Erkenntnis, ist Weinen für sie wie »Weg-
weinen«, schwemmen die Tränen alles weg, auch die Gedanken,
die ihr so wichtig sind.
»Ja«, sagt der Therapeut wieder, er legt sanft die Hand auf die
Stirn, er hält ihren Kopf, er ermuntert, loszulassen. Und dann
schwimmt sie weg, alles löst sich auf im Salz der Tränen, auch die
Gedanken. Es ist ein schaler Geschmack.
Kartharsis versus Erkenntnis?

Psychoanalytische Therapiesitzung

Zwei Jahre später. Sie liegt auf der Couch einer analytischen Praxis. Ihr Analytiker zwei Meter entfernt, im Sessel sitzend. Sie hat im Wartezimmer gesessen, bis er sie hereinholen kam, in seine Praxis, ein kleiner, kühler Raum mit vielen Büchern. Handschlag, Begrüßung, automatisches Umsinken auf die Couch, Schweigen.

Sie redet. Redet von schlimmen Dingen, schmerzhaften Dingen. Ihr Körper beginnt zu beben, sie spürt, wie sich etwas in ihr aufbäumt, etwas in ihr möchte toben. Das kleine Zimmer sieht nicht so aus, als ob es einen Vulkanausbruch ertragen könnte.

Also *redet* sie, versucht sie zu *beschreiben* statt auszudrücken, obwohl sie spürt, daß die Worte nicht annähernd den Vulkan treffen, der in ihr ist.

Eher scheinen sie ihn totzuschreien, über ihn hinwegzulügen. Worte als letzte Abwehrbastionen gegen ein Auseinanderfallen im Vakuum. Worte als *Verräter* des Gefühls. Sie kann nur entweder fühlen oder sprechen, sie entscheidet sich gegen das Fühlen, das so viel Angst macht in der Einsamkeit des kühlen Raumes.

Die Entfernung zum Analytiker ist unendlich, sein Schweigen ein Vakuum. Sie liegt wie aufgebahrt auf der Couch, auf dem Präsentierteller, dem schweigenden Blick ausgesetzt. Sie spürt, daß niemand sie halten wird, wenn sie auseinanderfällt.

Wenn sie nicht redet, antwortet er auch nicht, wenn sie nicht redet ist Schweigen, ist Todesstille, ist keinerlei Kommunikation.

Also redet sie weiter, obwohl es im Hals würgt, obwohl die Stimme zu kippen droht. Sie macht sich tot, so gut sie kann, sie bändigt die innere Aufruhr, läßt nur durch den Sprachkanal noch Botschaften heraus.

Einsicht statt Gefühlserfahrung?

Ausgangspunkt meiner Fragestellungen waren meine persönlichen Erfahrungen; ich habe die »Psycho-Szene« sozusagen »am eigenen Leibe« erfahren, verschiedene Gruppen mitgemacht, vom Wochenend-Workshop bis zu Jahresgruppen mit wöchentlicher Sitzung. Einblick in die psychoanalytische Methode erhielt ich ebenfalls durch Eigentherapie. Ich habe von allem in unterschiedlicher Weise profitieren können, bin immer ein paar Schritte weitergekommen; ich habe aber auch überall Grenzen erfahren, habe Mängel, Einseitigkeiten und Risiken der jeweiligen Methode zu spüren bekommen; letztlich konnte ich mich mit keiner Therapieform wirklich identifizieren.

Die vorangegangenen Schilderungen beziehen sich auf zwei bedeutsame Erfahrungen, auf die zwei Jahre dauernde Teilnahme an einer Bioenergetik-Gruppe (14 Teilnehmer) mit begleitenden Einzelsitzungen (ein knappes Jahr lang) und auf eine über zwei Jahre dauernde Psychoanalyse.

Die Bioenergetik ist eine von Alexander Lowen begründete Methode, deren theoretische und praktische Grundlage jedoch wesentlich auf Lowens Lehrer, Wilhelm Reich, zurückzuführen ist.

Ich hörte Vorlesungen über Wilhelm Reich. Als ehemaliger Psychoanalytiker und Schüler Freuds in den zwanziger und dreißiger Jahren hatte Reich der psychoanalytischen Neurosenlehre eine »physiologische Basis« geben wollen. In Fortsetzung des libidoökonomischen Ansatzes von Freud und beeinflußt von Elsa Gindler entwickelte er eine »Psychoanalyse des Körpers«, welcher die Theorie zugrunde liegt, daß die Charakterstrukturen des Menschen sich in entsprechenden Körperstrukturen manifestieren.

Die für ihn daraus folgende Konsequenz, den Körper bzw. die Arbeit am Körper in den psychoanalytischen Prozeß miteinzubeziehen, führte, neben anderem, dazu, daß sich die offizielle Psychoanalyse von ihm distanzierte; 1934 wurde er gegen seinen Willen aus der internationalen psychoanalytischen Vereinigung ausgeschlossen. Er begründete daraufhin seine eigene Methode, die »Vegetotherapie«, die von einer zunehmenden Konzentration auf die Körperprozesse des Menschen gekennzeichnet ist; Lowen, der sich überwiegend auf Reich stützt, versuchte mit seiner »Bioenergetik« das Reichsche Verfahren zu einer systematischen Psychotherapie auszubauen.

Der Gedanke, daß Gefühle, gar Erinnerungen im Körper gespeichert sind, mehr noch, dort festgefroren, im »Muskelpanzer« festgehalten, klang spannend. Ich meldete mich für eine bioenergetische Gruppe an. Der Gruppenprozeß bestand fast ausschließlich aus gemeinsamen körperlichen Übungen, Übungen, in denen körperliche Abwehr und Verkrampfung entweder durch Verstärkung oder Methoden der Entspannung und Lockerung aufgelöst werden sollte.

Die unmittelbare und vorrangige Arbeit am Körper entsprach REICHS Auffassung, daß die in muskulären Spannungszuständen, Ausdrucksgesten, Körperhaltungen und Bewegungen chronifizierte charakterliche Abwehr am ehesten und wirksamsten durch entsprechende direkte Körperübungen aufgedeckt und aufgelöst werden könnte.

Das Ganze durch gemeinsamen Tanz eingeleitet und von sanfter Musik begleitet, aber überwiegend ohne sprachliche Aufarbeitung und regelmäßigen Austausch in der Gruppe – das »drüber reden« erschien einhellig als zweitklassig bis störend gegenüber der »unmittelbaren Erfahrung«. Sprache wurde eher als eine weitere Form der Charakterabwehr betrachtet.[1]

Ich konnte nun tatsächlich »am eigenen Leibe« erleben, was ich in den Vorlesungen gehört hatte; die Konzentration auf meinen Körper war eine bedeutsame Selbst-Erfahrung; das Experimentieren mit ihm, das Spiel mit Lockerung und Anspannung, holte verschüttete Gefühle hervor. Befreiendes Weinen, der Ausdruck gesunder, klarer Wut, das Gefühl der eigenen »Bodenständigkeit«, des »Im Körper-zu-Hause-Seins« wurde durch die Übungen möglich.

Jedoch: so beeindruckend die emotionale Erfahrung war, der Prozeß blieb ein sprachloser, bzw. die wenigen Worte, die fielen, waren schablonenhaft, flach. Der Prozeß blieb vor allem ein beziehungsloser, das mußte ich schmerzlich erkennen, und es stand im Zusammenhang mit der Sprachlosigkeit der Gruppe.

Man blieb auf »Körperprozesse« konzentriert, d. h., wichtig war in erster Linie die eigene »Befreiung« von Blockaden; etwas auszudrücken war wichtiger als sich zu verständigen. So heulte und schrie quasi jeder für sich allein – und es gab viel Geschrei und Geheule –, stürzte ab in unerreichbare Tiefen, in »Zustände«.

Man weinte nach der »Mama« und wütete mit dem »Vater«; die Beziehungsdynamik innerhalb der konkreten Gruppe, vor allem aber die Beziehung zum Gruppenleiter blieb hingegen unausgesprochen, tabu. Dies schloß nicht seine Idealisierung aus, sondern bedingte sie sogar; die Tabuisierung der Übertragungs- und

---

1 Erst später wurde deutlich, daß der Gruppenleiter eher der späten REICHianischen »Vegetotherapie« als der LOWENschen Bioenergetik verhaftet war; die Bioenergetik bezieht durchaus verbale Prozesse in ihre Arbeit ein.

Gegenübertragungsprozesse war geradezu Nährboden für eine unreflektierte Idealisierung des Gruppenleiters von seiten der Gruppe.

Auf diesem »Nährboden« wucherten dann um so primitivere Mechanismen, Idealisierungen und Ausgrenzungen, hierarchische Ordnungen unter den Teilnehmern usw.; gerade die Tatsache, daß es unausgesprochene Prozesse waren, daß sie scheinbar nicht zur Kenntnis genommen wurden bzw. nicht Gegenstand der kritischen Reflektion waren, setzte eine gefährliche Dynamik in Gang.

Ich fühlte mich schließlich nicht mehr aufgefangen, nicht eingebettet in einen therapeutischen Kontext, in welchem das, was ich erlebte, in einer verbindlichen Beziehung zu einem verstehenden Gegenüber aufgearbeitet werden konnte. Schlüsselerlebnisse wie die oben geschilderten machten mich nachdenklich und führten zu zunehmender innerer Distanzierung von der bioenergetischen Methode. Zwar »passierte« viel, d. h., ich fühlte mich heftigen Gefühlsregungen ausgesetzt – die »Lockerung« meiner muskulären Abwehrstrukturen setzte emotionalen Sprengstoff frei –, aber in dem Maße, wie ich erkennen mußte, daß meinen Gefühlen keine Sinnhaftigkeit verliehen werden konnte, daß sie in ihrer überschießenden Heftigkeit dennoch im »luftleeren Raum« stehen mußten, im beziehungslosen Raum einer Gruppe von Einzelkämpfern, von psychischen Leistungssportlern, in dem Maße mußte ich mich wiederum »zupanzern« bzw. »aufspalten«, um mich vor einer Auflösung zu schützen. Denn dies hätte eine weitere »konsequente« Körperarbeit in der Gruppe für mich bedeutet: dort, wo kein Ort ist, das Freigesetzte als sinnhafte Kraft zu integrieren, wo keine Beziehung angeboten wird, die emotionalen Rückhalt verspricht, wo keine Sprache ist, die Verknüpfungen und Synthesen ermöglicht, da bedeutet »Auflösung des Charakter/Körperpanzers« schlicht Auflösung ins Nichts.

Mein Körper war nun zwar durchaus sehr »gelockert«, ich war »nah bei meinem Gefühl«, so nahe allerdings, daß es eher eruptiv hervorbrach, sein Eigenleben führte.

Kurz gesagt, ich kam an einen Punkt, wo mir Selbstschutz wichtiger wurde als »Befreiung« von inneren Zwängen und Verkrampfungen.

Inzwischen hatte ich mich eingehender mit der Psychoanalyse befaßt und begann ihre Therapieform nun als ein zuverlässigeres, reflektierteres Verfahren zu betrachten. Mit einer hochdifferenzierten Theorie als Grundlage dieses Verfahrens konnte ich darauf vertrauen, daß der Ausdruck meiner Gefühle und Gedanken nicht per se gefördert und gefragt sein würde – im Sinne einer »systematischen« Auflösung von Widerstand, von Charakterabwehr –, sondern in Beziehung zu meiner Geschichte und zu meiner Gegenwart im aktuellen therapeutischen Prozeß gesetzt wurde.

Aber abgesehen von solchen Überlegungen, die ja im nachhinein gelieferte Interpretationen sind, spielte wohl auch die »Seriosität« des Verfahrens eine wichtige Rolle. In einer Situation der Not fühlte ich mich schlicht magisch angezogen von einer Therapieform, die, als krankenkassenfinanziertes Verfahren, den Anstrich einer seriösen Krankenbehandlung an sich hatte, während die Bioenergetikgruppe sich ja nur als »Übungsgruppe« verstand. (Letztlich auch nur eine geschickte Wortspielerei, mit der man sich aus der therapeutischen Verantwortung stehlen kann.) Die ganze Aura, die hingegen die Psychoanalyse umgibt, vermittelte das Gefühl, hier »professionell« behandelt zu werden; man würde sich Gedanken über mich machen, nicht nur global meine »Selbstbefreiung« fördern. Das hieße auch, mich in meinen Widerständen zu respektieren, mit mir zusammen durch meine Ängste, Projektionen und Übertragungsphantasien hindurchzugehen, ein Beziehungsangebot zu machen, so daß innere Veränderungen allmählich möglich würden.

Die deutende Reflexion des Geschehens würde ein Verstehen ermöglichen und eine Integration der Gefühle und Erfahrungen. Sie könnte verhindern, daß dramatische, »markerschütternde« Erlebnisse, wie ich sie in der Bioenergetikgruppe hatte, unverstanden und damit letztlich abgespalten, unintegriert im Raum stehen bleiben.

Konnte ich mich hier nun symbolisch »gehalten« fühlen vom Kontext einer verantwortungsvollen Therapiesituation und dem Angebot einer tragenden und reflektierten therapeutischen Beziehung, fühlte ich mich jedoch nunmehr körperlich »allein gelassen« bzw. nicht »gehalten«. Mein Bedürfnis nach einer »ganzheitlichen« Ausdrucksform prallte ab an den Grenzen der auf Verbalisierung ausgerichteten Methode.

Das, was in der Gruppe dramatischen Ausdruck gefunden hatte und sicherlich oft nur karthartisch ausgelebt wurde, wendete sich jetzt in Form einer Depression gegen mich. Mein Eindruck war, daß ich immer mehr *verstand* und auch oft Verständnis fand, aber die Grenzen meiner Erfahrungsmöglichkeiten waren viel enger; ich fühlte mich z. T. gravierend in meinen Ausdrucksmöglichkeiten beschnitten, was oft in Erstarrung oder depressiver Verzweiflung mündete.

»Bewegende« Worte riefen im wahrsten Sinne des Wortes meist ganzkörperliche Reaktionen in mir hervor, ein inneres Zittern, Sich-aufbäumen-Wollen, eine »Gefühlsexplosion« – auf der Couch mußte ich den »Vulkan« bändigen, ich sah keinen Raum und keinen Halt dafür. Das Zittern zu unterdrücken bedeutete, den Körper hart zu machen, die Stimme »abzuwürgen«.

Natürlich wurde ich auch hier ermutigt, meinen Gefühlen freien Lauf zu lassen; aber Worte allein gaben nicht genug Halt. Die Atmosphäre des Settings hinderte mich eher, als daß es mich ermutigte; präziser formuliert, die Situation lud einerseits zur Versenkung nach innen, lud zur Regression ein, andererseits fühlte ich den Halt nicht, diese Gefühle durchleben zu können. In der Tiefe der Regression waren Worte für mich ähnlich unwirksam wie für ein ganz kleines Kind; es schien mir paradox, mich durch den therapeutischen Prozeß in Erfahrungsbereiche zurückversetzen zu lassen, die dem frühesten Erleben entsprachen, also präverbal waren, und gleichzeitig drüber *reden* zu sollen. Der Therapeut konnte mir in diesen »frühkindlichen« Zuständen als unsichtbares, nur sprechendes Gegenüber nicht die Erfahrung von Geborgenheit und Halt vermitteln, wie ich sie meiner Meinung nach gebraucht hätte, um einen wirklichen Neubeginn zu wagen.

Auch ein wohlwollender, empathischer Analytiker schweigt mehr, als er redet, und es gehört ein gewisses Maß an Ur-Vertrauen beim Patienten dazu, dieses Schweigen nicht mit überwiegend ängstigenden und bedrohlichen Phantasien und Projektionen zu füllen. Zwar ist dies genau das Ziel des zurückhaltenden Analytikers – die inneren Bilder und Ängste beim Patienten aufleben zu lassen, um sie so »rein« und von Gegenprojektionen unvermischt wie möglich zu erhalten –, doch ich meine, wie WIN-NICOTT, BALINT usw., auf die ich mich später noch beziehen werde, daß dies unterhalb einer »ausreichend guten« Atmosphäre zu keinem produktiven Ergebnis führen kann.

So bleibt schließlich die Erkenntnis, daß die bioenergetische Methode zu vielen intensiven, auch »befreienden« Erfahrungen führte; die Tatsache aber, daß sie sprachlos blieben, daß ihnen kein Sinn verliehen wurde in einer tragenden Beziehung, ließ sie letztlich wie Fremdkörper neben mir stehen bleiben.

In der psychoanalytischen Situation wiederum hatte ich ein verbindliches Beziehungsangebot und Reflexion, das Setting ermöglichte mir indes nicht, mich angstfrei meinen Gefühlen zu überlassen, durch sie »hindurchzugehen«, wie es in der Bioenergetikgruppe möglich war. Ich erkannte viel und konnte über alles reden, fühlte mich aber oft ganz erstarrt und eingeschnürt von den Begrenzungen der Sprache. Meines Erachtens hat sich vieles bewegt, ich bin weitergekommen, aber es bleibt das Gefühl eines Verrates; zu vieles in mir scheint mir nicht wirklich erfaßt oder nicht genügend zum Ausdruck gebracht, sondern mußte mit Sprache überdeckt werden, wurde von Worten nur umkreist.

Die Erfahrungen, die ich gesammelt habe, sind natürlich subjektive, exemplarisch zu wertende Eindrücke. Zudem ist die bioenergetische Gruppe, die ich hier analysiere, gar nicht mal eine typische. Sie wurde von einem sehr radikalen Anhänger der späten REICHIANISCHEN Theorie geleitet, entsprach also eher einer »Vegetotherapie«. Die bekanntere Bioenergetik, die auf der Weiterentwicklung des REICHSCHEN Ansatzes durch LOWEN basiert, bezieht sicherlich mehr die kognitiven Prozesse ein und schreibt der sprachlichen Kommunikation, auch der Beziehungsdynamik, sicher eine größere Bedeutung zu.[2]

Meine psychoanalytische Therapie war zudem nicht »klassisch«, sondern in ihrer Methodik wesentlich flexibler. Ich akzentuiere hier meine negative Erfahrung, beschreibe bei beiden Therapieformen die negativen Extreme, um meine Erfahrungen auf Kritikpunkte zuspitzen zu können. Denn es scheinen hier, über mein persönliches Beispiel hinaus, Mängel und Probleme zutage zu treten, die einer Kritik bedürften.

War Psychoanalyse in meiner Beschäftigung mit REICH zunächst

---

2 Aber auch innerhalb der bioenergetischen Bewegung gibt es ein Spektrum von verschiedenen Herangehensweisen. Niklas ROTH (1986) dazu: »Soweit ich das beurteilen kann, schwankt sie in ihrem Selbstverständnis zwischen einer Körper und Körperabwehr einbeziehenden Verhaltenstherapie, der therapeutischen Hilfe, isolierten Affekten zum vollen Ausdruck zu verhelfen, und dem Versuch, die körperliche und emotionale Dynamik im Sinne der Psychoanalyse auf dem Hintergrund der therapeutischen Beziehung und der ihr inhärenten Übertragungsvorgänge zu verstehen« (S. 169).

nur ex negativo definiert, so lernte ich sie in den letzten Jahren als für mich überzeugendste *Theorie* kennen. Vielleicht hätte sich mir in der analytischen Therapie kein Mangelgefühl ergeben, hätte ich nicht vordem »am eigenen Leibe« erfahren, welche anderen therapeutischen Zugänge es noch gibt. Hätte ich nicht in den Körpertherapien ein Stück weit erfahren, wie es sich anfühlen kann, die Entfremdung vom eigenen Körper schrittweise aufzuheben, hätte ich dort nicht gelernt, was es bedeutet, »von Herzen« zu sprechen, also in Einklang mit meinem (Körper-) Gefühl, hätte ich dort nicht erfahren, wie befreiend es sein kann, wenn der Körper »zur Sprache kommen« darf, dann hätte ich wahrscheinlich nicht wissen oder nicht formulieren können, was mir in der psychoanalytischen Situation fehlt. Nun, da ich es formulieren kann, will ich ergründen, ob die Kluft zwischen körpertherapeutischer und psychoanalytischer Therapie wirklich unüberbrückbar ist.

Einleitung

Die vorliegende Arbeit soll das Verhältnis der Psychoanalyse zum Körper, zur Körperlichkeit und Abstinenz im psychoanalytischen Prozeß kritisch überprüfen.

Der moderne »Psychoboom« stellt eine Herausforderung an die Psychoanalyse dar, die diese, so meine Hypothese, nicht konstruktiv annimmt. Angesichts einer Vielfalt von Körpertherapien, dem wachsenden Bedarf an »Körpererfahrung«, aber auch dem vermehrten Auftreten psychosomatischer Störungen soll die Frage erhoben werden, inwiefern sich das jahrzehntelange Festhalten der Psychoanalyse an einer ausschließlich sprachlichen Methode rechtfertigt. Das seit FREUD beinahe unverändert tradierte klassische Setting der Psychoanalyse (das körperliche Ruhigstellung und Körperabstinenz impliziert) soll einer kritischen Analyse unterzogen werden; psychoanalytische Begründungen für eine körperabstinente Praxis sollen vor dem Hintergrund gesellschaftlicher Entfremdungsprozesse, einer veränderten psychopathologischen Symptomatik und den Herausforderungen des »Psychobooms« diskutiert werden.

Schließlich sollen psychoanalytische Alternativen vorgestellt werden, d. h., es sollen innerhalb des psychoanalytischen Theoriegebäudes Wege aufgezeigt werden, wie eine praktische Orientierung am Körper, eine praktische Integration des Körperlichen in den psychoanalytischen Prozeß aussehen könnte.

Meine Fragestellung ging zunächst von dem im Vorwort geschilderten Erleben eines Mangelgefühls sowohl in der Körpertherapie als auch in der Psychoanalyse aus. So war zunächst das Bestreben, dieses noch subjektiv formulierte Mangelgefühl theoretisch zu fundieren und beide Ansätze einer Kritik zu unterziehen.

Vor dem Hintergrund dieser Reflexionen erschien es dann angebracht, die Fragestellung einzugrenzen und sich in der Auseinandersetzung zwischen Körpertherapien und Psychoanalyse zunächst nur auf das analytische Verfahren zu konzentrieren. Einen direkten Vergleich beider Verfahren vorzunehmen erschien also verfrüht; die Vorüberlegungen, die mich zu dieser Beschränkung in meiner Fragestellung führten, nachzuzeichnen, halte ich aber für sinnvoll, um die vorliegende Arbeit ausdrücklich im breiteren Kontext einer Diskussion zwischen Körpertherapien und Psychoanalyse kenntlich zu machen. So ist der erste Teil dieser Arbeit als einleitende Annäherung an die Fragestellung zu verstehen; Aspekte einer kritischen Reflexion des »Psychobooms« sollen Akzente in der weiteren Betrachtung setzen.

Interessant war z.B. die Frage, in welcher Beziehung Psychoanalyse und Körpertherapie stehen bzw. ob die Mängel und Nachteile der jeweiligen Methode durch Auseinandersetzung mit der jeweils anderen Methode überwindbar seien, ob mit anderen Worten eine Integration beider Verfahren zu einer »idealen«, weil »ganzheitlicheren« dritten Therapieform prinzipiell möglich wäre.

In Kapitel 1.4 gilt es also zunächst, das Verhältnis der verschiedenen Therapierichtungen zueinander anzuschauen; es gilt zu fragen, wie sich die moderne Vielfalt von Körpertherapien begründen läßt und welche Antworten die Psychoanalyse auf den »Psychoboom« findet.

Es ist vor allem zu klären, was unter »der« Körpertherapie und »der« Psychoanalyse überhaupt zu verstehen ist, um so die Grundbedingungen für eine Auseinandersetzung schaffen zu können.

Nachdem wir weiterhin sehen werden, daß und warum die Situation zwischen den Körpertherapien und der Psychoanalyse oft von gegenseitiger Ignoranz gekennzeichnet ist, soll im weiteren Verlauf der Arbeit der Versuch gemacht werden, die wechselseitigen Vorurteile zu verringern und eine prinzipielle Bereitschaft zur Auseinandersetzung hervorzurufen.

Zunächst soll die psychoanalytische Methode verstehbar gemacht werden, indem ihre historische Entwicklung nachgezeichnet wird. Indem wir uns auf die Uranfänge der Psychoanalyse – und damit auf FREUD – beziehen, veranschaulichen wir einerseits die Logik des klassischen Settings, die sich für FREUD im Laufe seiner Entwicklung zum Psychoanalytiker ergab; zugleich identifizieren wir so den Kontext, aus dem Psychoanalyse entstanden ist. Wir erkennen dann im naturwissenschaftlichen und triebtheoretischen Kontext dieser Ursprünge ein – kritisierbares – Paradigma der Psychoanalyse, das bis heute die Methode prägt.

Im »Praxis«-Teil reflektieren wir dann die Konsequenzen dieses Paradigmas auf die therapeutische Praxis; am Beispiel der Couch, dem »Statussymbol« der Psychoanalyse, soll die körperabstinente

Methode der Psychoanalyse veranschaulicht und hinterfragt werden.

In der Diskussion um die Vor- oder Nachteile einer »Stillegung« des konkreten Körpers in der Psychoanalyse sollen dann psychoanalytische Befürworter und Gegner einer körperorientierten Psychoanalyse zu Wort kommen; somit wird auch die Frage einer prinzipiellen Vereinbarkeit von körpertherapeutischen Methoden mit dem psychoanalytischen Verfahren erörtert.

Mit dem Rückgriff auf einen Zweig innerhalb des psychoanalytischen Lehrgebäudes, der auf Sandor FERENCZI und Michael BALINT zurückgeht, soll der Versuch unternommen werden, eine grundsätzliche Vereinbarkeit psychoanalytischer Praxis mit körperorientierten Verfahren anschaulich zu machen.

Durch FERENCZI und BALINT werden uns Kritik an herkömmlichen Regeln und Tabus der Psychoanalyse und zugleich psychoanalytische Ansätze und Zugänge zu Patienten auch außerhalb der sprachlichen Kommunikation vermittelt – es geht mithin um eine körperfreundliche Interpretation der Psychoanalyse, und damit ist uns der Weg gewiesen, in die Auseinandersetzung mit körpertherapeutischen Theorien zu treten.

FERENCZI, BALINT und heutige Autoren, die sich auf sie beziehen, bilden für mich den Schnittpunkt zwischen den beiden Ansätzen Psychoanalyse und Körpertherapie; meine eigene Position, die sowohl Psychoanalyse als auch Körpertherapien kritisch gegenübersteht, in der Psychoanalyse jedoch eine »theoretische Heimat«, in den Körpertherapien viel interessante Anstöße gefunden hat, diese Position findet sich am ehesten in den Konzepten dieser Rand- bzw. Außenseiter der Psychoanalyse wieder.[1]

Es gilt hier jedoch noch, das Potential an körperfreundlicher

[1] Wiewohl der Name Wilhelm REICH sich im Kontext dieser Diskussion geradezu aufdrängt – ist er doch als Psychoanalytiker zum Begründer einer mächtigen körpertherapeutischen Bewegung geworden –, habe ich ihn in diesem Zusammenhang bewußt außer acht gelassen, da seine Entwicklung vom Psychoanalytiker zum Vegetotherapeuten neben viel positivem in vieler Hinsicht auch kritisierbar ist und da gerade dies Kritisierbare sich m. E. paradigmatisch in vielen der heutigen Körpertherapie-Schulen niederschlägt. Damit wären wir aber schon bei der Analyse und Bewertung der »körpertherapeutischen Seite«, die ich im Rahmen dieser Arbeit nicht vornehmen will. Ich werde mich jedoch im Laufe der Arbeit gelegentlich auf REICH beziehen.

Theorie herauszustellen und vor dem Hintergrund heutigen Wissens und heutiger psychologischer Problematik zu interpretieren und auszuwerten; erste Ansätze, erste Denkanstöße hoffe ich hierzu zu bieten.

1. Der »Psychoboom« als Herausforderung an die Psychoanalyse

1.1 »Freie Tanzwiese« oder Couch?

Wir leben im Zeitalter des »Psychobooms«; nur ein Jahrhundert nach FREUDS bahnbrechenden Entdeckungen und Erkenntnissen über die Dynamik des Seelenlebens und ihre Auswirkungen auf unser alltägliches Handeln hat sich nicht nur seine Methode, die Psychoanalyse, zu einer institutionell abgesicherten Therapieform, die eine Monopolstellung im Krankenkassenwesen genießt, etabliert; eine Vielfalt von neuen, sogenannten humanistischen Therapieverfahren hat sich fast inflationär ausgebreitet und wird zunehmend in Anspruch genommen. Besonders »in Mode« kommen körperorientierte Therapieformen; sie entsprechen dem neuzeitlichen Trend einer Rückbesinnung auf die eigene Körperlichkeit, einer Sehnsucht nach einer ganzheitlicheren Seins- und Erlebensweise.

Das Körpererleben rückt ins Zentrum der Aufmerksamkeit; der Körper, als »Träger des Unbewußten«, als »materielle Grundlage« und Entsprechung der seelischen Struktur wird wieder- bzw. neu entdeckt; in der Therapie soll er wieder »zum Sprechen« gebracht werden, zum Ausdruck kommen dürfen.

Dem modernen Therapiekonsumenten bietet sich eine Vielfalt von Möglichkeiten, seine Sehnsucht nach »mehr Lebendigkeit«, »Natürlichkeit«, »Liebesfähigkeit« und »Körpergefühl« zu stillen; vom kurzen, aber dramatischen Wochenend-Workshop über Begegnungsgruppen in der Toscana bis zur kontinuierlichen Abendgruppe offerieren die Szene-Zeitungen alles.

Die psychoanalytische Therapie als krankenkassenfinanzierte, also quasi »medizinische« Behandlung mutet demgegenüber seriöser, aber auch konservativer, schwerfälliger an; mit ihrer Zentrierung auf das gesprochene Wort wird sie zunehmend als steif, intellektualisierend, körperfern bis körperfeindlich erlebt. Viele Patienten wenden sich ab oder verlangen in ihrer Analyse »mehr Körperarbeit« oder ähnliches. Die Vertreter der Körpertherapien werfen der Psychoanalyse eine kognitiv-intellektuelle Ausrichtung vor, die die Spaltung von Körper und Geist im Menschen eher noch begünstigt und vertieft, statt sie zu überwinden.

Der moderne »Psychoboom« fordert also die Psychoanalyse als etablierte Institution heraus bzw. erzwingt zunehmend eine Auseinandersetzung. Diese findet aber noch kaum statt; statt wechselseitiger Neugier und Offenheit für die Erkenntnisse und Erfahrungen der anderen Seite ist die Situation zwischen den »Lagern« eher gekennzeichnet durch polemische Abgrenzung, Arroganz und Kommunikationstabus.

Die körperorientierten Therapien trumpfen auf mit Vorteilen ihrer Methode wie Beschleunigung, größere Unmittelbarkeit und Evidenz des therapeutischen Prozesses. Die Psychoanalyse grenzt sich oft mit Verachtung ab bzw. ignoriert die Leistungen der Körpertherapien, indem sie deren Verfahren als »reines Agieren, karthartisches Abreagieren, oberflächliches Aufwühlen von Gefühlen« (MOSER, 1990, S. 73) abqualifiziert. Scheint den Befürwortern der Körpertherapien die psychoanalytische Atmosphäre »verkopft« und mokieren sie sich über die »mühevolle Kleinarbeit« in der gedämpften Atmosphäre des klassischen Couch-Settings, so scheinen den meisten Psychoanalytikern die Körpertherapien ein »Überrennen der Abwehr« des Patienten zu bedeuten, geprägt von »Ungeduld des Therapeuten, mangelndes Durcharbeiten der Konflikte, Vernachlässigung von Einsicht« (MOSER, 1990, S. 73).

Körpertherapien werden also oft nur entweder als bessere Gymnastik belächelt oder als manipulatives Überrumpelungsverfahren betrachtet, in dem der Patient Gefahr läuft, zu dekompensieren.

Die Psychoanalyse hingegen stellt sich vielen Vertretern der »freien Psycho-Szene« als verkrustetes, bürokratisiertes Verfahren dar, zwanghaft, intellektualisierend und dogmatisch. MOSER (1990) kennzeichnet die Situation:

»Die institutionalisierte Psychoanalyse mauert noch und genießt ihre Monopolstellung, mokiert sich über die Theoriefragmente, die irgendwo auf der freien Tanzwiese aufgestellt und als neue Wahrheiten verkauft werden; die Körpertherapien ignorierten, zum Teil lautstark, die Psychoanalyse, feierten ›Energie‹, das ›Fließen‹, das Aufbrechen der emotionalen und charakterlichen Blockaden. Intensität war lange Trumpf, Aufgewühltsein, schrille Abfuhr, taumelnde Trance, nackte Menschenknäuel, vielstimmiges Babygeschrei und sehr viel ungeordnete Sexualität« (S. 106).

Was verhindert nun den Dialog, den fruchtbaren Austausch der beiden Strömungen? Handelt es sich tatsächlich um unvereinbare Standpunkte? Könnte die Psychoanalyse nicht tatsächlich »etwas Körperarbeit« gebrauchen? Und könnte nicht die Körpertherapie-Szene vom vertieften Studium psychoanalytischer Theorie, die sie bisher oft nur bruchstückhaft, manchmal mißverständlich verwendet, profitieren?

Natürlich kann es nicht um »etwas Körperarbeit« bzw. »etwas mehr Theorie und Gespräch« gehen; und natürlich macht man es sich zu leicht, der Psychoanalyse schlicht »Körperfeindlichkeit« vorzuwerfen und ihr bestimmte »praktisch« erscheinende Therapietechniken aufgrund ihrer offensichtlichen Effektivität »einbauen« zu wollen. Dazu JAEGGI (1987):

»Das Prinzip: ›Gulyas ist gut – Himbeersaft ist gut – wie gut muß erst Gulyas mit Himbeersaft sein‹ sollte kein Leitprinzip der Integrationsdebatte sein« (S. 54).

Es ist vielmehr nach dem grundsätzlichen Therapieverständnis, nach den jeweiligen Anthropologien und Störungsmodellen der jeweiligen Schulen zu fragen. Es ist grundsätzlich zu klären, ob diese jeweiligen Modelle miteinander kompatibel sein könnten oder ob sie unvereinbare, alternative Betrachtungsweisen von psychischer Störung darstellen. Es ist nach den Kriterien zu fragen, nach denen eine Annäherung möglich wäre, bzw. es sind die Faktoren zu überprüfen, die diese Annäherung verhindern.

Bevor wir uns also in unserer Fragestellung auf die Auseinandersetzung mit der Psychoanalyse beschränken, sei zunächst noch für eine Weile das Verhältnis zwischen Körpertherapien und Psychoanalyse Gegenstand der Betrachtung.

1.2 »Körpererfahrung« vor dem Hintergrund gesellschaftlicher Körperentfremdung

> »Die Väter der Aufklärung haben versagt, gesucht wird der Unterschlupf bei der Mutter Natur, die mystifiziert wird« (BRÄHLER 1986, S. 6).

Betrachten wir zunächst die möglichen Ursachen, die dem Körpertherapie-Boom zugrunde liegen – ist er als »Modeerscheinung« abzutun? Was ist unter der propagierten »Wiederkehr des Körpers« zu verstehen, und wie verhält sich die Psychoanalyse zu dieser Frage?

> »Von einer Wiederkehr des Körpers zu sprechen unterstellt bereits ein Verschwinden, eine Spaltung, eine verlorene Einheit« (KAMPER/WULF, 1982, S. 9).

Die Betonung, ja Beschwörung des Körperbewußtseins, welche den modernen Psychoboom kennzeichnet, weist im Grunde auf eine real fortschreitende Körperentfremdung hin. Ich muß nur etwas beschwören, wenn es mir abhanden zu kommen droht. Ideales »Körpergefühl« wäre quasi unbewußt, so selbstverständlich wie die Luft, die wir atmen.

Die westliche Zivilisation, die im Zuge der Arbeitsteilung und Technisierung permanente Desomatisierungsprozesse nach sich zieht, die Abspaltung des Körperlichen, Unterdrückung der Triebe, abstraktes Funktionieren fordert, hat zur Folge, daß der Mensch dem »Selbstverständlichen«, seinem Körper und dem Körper anderer Menschen, immer fremder gegenübersteht.

Dazu BECKER (1982):

> »Die europäische Kultur- und Zivilisationsgeschichte geht seit Jahrhunderten den Weg der Körperentfremdung aus religiös-magischen, aber auch manifest sozioökonomischen Gründen unter der Devise zunächst der Befreiung vom Bösen und später der Aufklärung, der Freiheit und des Fortschritts« (S. 13).

Laut KAMPER/WULF (1982) ist es die »spezifisch-abendländische Trennung von Körper und Geist«, welche den »historischen Fortschritt europäischer Prägung seit dem Mittelalter« ermöglicht habe (a.a.O., S. 12). Die Folge ist eine »Vergeistigung des Lebens«, welche »als Rationalisierung, als Abstraktion auf Kosten des menschlichen Körpers« (ebenda) vollzogen wurde.

»Die Körper mit ihrer genuinen Vielfalt der Sinne, Leidenschaften und Wünsche sind in ein Kontrollgefüge von Ver- und Geboten eingespannt und über eine Kette von Repressionsmaßnahmen zu einfältigen ›stummen Dienern‹ gemacht worden. Sie verloren ihre Rolle in der Öffentlichkeit und mußten ihre Eigengesetzlichkeit auf unterirdischem Wege fortsetzen« (ebenda).

Wir haben es also mit einem Protest zu tun, mit einem Aufbegehren gegen den fortschreitenden Abstraktionsprozeß; einerseits auf unbewußtem, unterirdischem Wege, indem der Körper selbst sich gegen seine Entfernung wehrt, indem er Symptome produziert; Funktionsstörungen und psychosomatische Leiden, Depressionen, Depersonalisationsgefühle und Identitätsstörungen sind Ausdruck seines untergründigen Revoltierens.

Andererseits ist die Betonung des Körpererlebens durch die zunehmende Zahl von Körpertherapien als Aufbegehren gegen ein »Mangelgefühl« des modernen Menschen zu werten, als Bewußtwerdung des universalen Problems der Körperentfremdung im abendländischen Zivilisationsprozeß. Nicht nur Gefühle der Entfremdung, auch die Gefahr, die von moderner, sich verselbständigender Technologie ausgeht, wie Umweltzerstörung, atomare Aufrüstung usw.,

die »Spaltung zwischen hochtechnisierter Funktionalität und bedrohlichen archaischen Zügen, die im Menschen schlummern, führen vielfach zu einem Rückzug in die Privatheit zuerst des Biogärtleins und konsequenterweise des eigenen Körpers. Viele wollen, wenn ganzheitliches Denken insgesamt kaum durchsetzbar ist, wenigstens für sich persönlich dem ganzheitlichen Ideal nahekommen« (BRÄHLER, 1986, S. 6).

Die ausdrückliche Besinnung auf den Körper, der Bedarf an »Körperselbsterfahrung« ist also als Symptom zu verstehen, als das Symptom eines gesellschaftlichen unaufhaltsamen Abstraktionsprozesses. Diesem wird die Chance einer neuen »authentischen« Erfahrung entgegengesetzt;

»in Selbsterfahrungsgruppen wird versucht, verlorene Körpersensibilität gegen die Rüstungen und Panzerungen eines abstrakten Ich wiederzugewinnen« (KAMPER/WULF, 1982, S. 10).

Aber angesichts der Tatsache, daß Entfremdung und Enteignung des Körpers so weit fortgeschritten sind, daß zumeist »auch die gängigen Widerstandsformen gegen die Abstraktion abstrakt bleiben«[1], bleibt für KAMPER/WULF offen,

»ob das gegenwärtige Geschehen ein Abschütteln der ›Ketten‹ der Zivilisation darstellt oder nur ein Zwischenspiel ist vor der endgültigen Entfernung des Körpers aus der Geschichte« (KAMPER/WULF, 1982, S. 15).

Es ist also zunächst zu fragen, inwieweit die von Körpertherapien propagierte Rückbesinnung auf »Körpererfahrung« eine fruchtbare Alternative zur alltäglichen Entfremdung darstellen kann, wie in Körpertherapien der Problematik der Leib-Seele-Spaltung begegnet wird. Es ist zu fragen, was unter »Körpererfahrung« verstanden werden soll, woher sich die Vorstellungen eines »befreiten Körpers« beziehen; schließlich muß gefragt werden, welche Position die Psychoanalyse zu dem Dilemma der Leib-Seele-Spaltung einnimmt.

Lange vor den positiven Konnotationen, wie sie heutzutage wieder mit der Erscheinung des Körpers einhergehen, war »Körpererfahrung« des Menschen zu einem großen Teil geprägt von der negativen Erfahrung seiner Gebrechlichkeit, Unvollkommenheit und Vergänglichkeit. Nicht immer »ganzheitliches« Wohlgefühl, sondern vor allem auch »die Angst des Sterbens und des Verwesens« (KAMPER/WULF, 1982, S. 16), das Ausgeliefertsein an Hungergefühle und Schmerz waren mit der »Erfahrung des Körpers« verbunden. Sinn und Zweck des Zivilisationsprozesses war demnach immer Verbesserung der körperlichen Ausstattung, letztlich »Überwindung des Todes und des Geschlechtes« (ebenda), was gleichbedeutend ist mit »Erlösung von der Natur«. Die Entwicklung geht also zwangsläufig in Richtung einer Überwindung des Körpers und zielt auf sein »Verschwinden« hin.

»Es geht um die Ablösung einer Fehlkonstruktion durch ein Werk, das auf Dauer gestellt werden kann« (ebenda).

---

1 Dazu zur LIPPE (1982): »Formen des sensivity training und der sogenannten Kreativitätsschulung, wie man sie besonders in Nordamerika kennt, sind ein erschreckendes Beispiel dafür, wie falsch ein wiederkehrender Körper aufgenommen werden kann. (...) Die zwanghafte Sexualisierung hat den wiederkehrenden Körper zum Vehikel kommerzieller Ersatzbegehrlichkeit gemacht. Das Versprechen der Kosmetik und der Medizin, unseren Körper länger zum Träger geistiger Spannkraft zu machen, ist in die Bürgerpflicht zu ewig jugendlicher Erscheinung umgemünzt worden, unter der man schon als Twen zu leiden beginnt« (S. 27).

Die »Verwicklung der menschlichen Natur ins Vegetative« (ebenda), wie sie neben Sterblichkeit und Krankheiten auch durch Schwangerschaft und Geburt immer wieder peinlich offenbar wird, soll durch technologische Entwicklung ausgemerzt werden;

»so läuft der programmatische Ersatz der Natur nun darauf hinaus, die Vermehrung der Menschen (oder menschenähnlicher Wesen) auf technischem, d. h. geschlechtslosem Wege zu erreichen« (a.a.O., S. 17).

So bleibt festzustellen: Ob als »eine Art Pyrrhussieg der Zivilisation oder als Zwischenakt im Drama eines Weltunterganges« – die sogenannte »Wiederkehr des Körpers« würde in jedem Fall »ein bereits fortgeschrittenes Verschwinden unterbrechen und das Problem der verlorenen und wiederzugewinnenden Einheit von Geist und Körper, Gesellschaft und Natur, Menschheit und Erde noch einmal aufwerfen« (a.a.O., S. 18).

Körpertherapien sind also als ein Gegenprogramm zu begreifen, ein Gegenprogramm gegen globale Entfremdungsprozesse, gegen die gesellschaftliche Verdrängung des Körperlichen.

Sie beinhalten eine Kritik sowohl an der rein organischen Medizin, der Lehre vom toten, sezierten Körper, ebenso wie an den rein auf die Psyche bezogenen Therapien, wie der Psychoanalyse, und sie zielen darauf ab, den Körper-Seele-Dualismus im menschlichen Denken und Handeln zu überwinden.

Überall dort, wo der Körper zum Objekt, zum *Gegenstand* der Erkenntnis wird, ist er schon dem Geist unterworfen, womit, so die Einstellung der Körpertherapien, der Sprechende im Leib-Seele-Dualismus verhaftet bleibt. In den Körpertherapien wird daher die Überwindung dieser Problematik durch eine Zentrierung auf die Körper*erfahrung* statt auf die verbale Kommunikation intendiert.

»Der Körper muß in seinem unmittelbaren Sein, seiner ursprünglichen Vitalität erfahren werden, um einem von ihm losgelösten Denken diese Distanz sich selbst deutlich werden zu lassen« (WIMMER, 1982, S. 84).

Diese Schwerpunktsetzung, wiewohl wichtig und notwendig, birgt zugleich ihre Risiken. Denn die intendierte Körpererfahrung, die körpertherapeutischen Prozesse, müssen letztlich auch theoretisch expliziert, aus der Distanz betrachtet werden, sich vermitteln können. Hier scheinen die Körpertherapien gezwungenermaßen wieder den Dualismus von Körper und Geist aufnehmen zu müssen, indem sie *über* den Körper reden.

WIMMER (1982) hierzu:

»Die Angemessenheit eines Diskurses, der das Kritisierte nur überwinden kann, indem er die Begriffe des kritisierten Diskurses entlehnt und somit seine Prämissen in dem Moment wieder aufnimmt, in dem er sich von ihm zu lösen versucht, kann vielleicht daran sichtbar werden, wie er dieses Verhältnis reflektiert« (S. 83).

Eine explizite Problematisierung des gespannten Verhältnisses von Körper und Sprache, Fühlen und Denken, Erfahrung und Reflexion scheint aber noch zu fehlen, und es ist anzunehmen,

»daß gerade der Mangel einer genauen theoretischen Fassung des Verhältnisses von Körper und Sprache für eine dem Körper-Geist-Dualismus entlehnte Vorstellung der Wirklichkeit des Körpers verantwortlich ist« (WIMMER, 1982, S. 84).

Denn die Reflexion über die Authenzität von Körpererfahrungen wird letztlich vom Therapeuten als »Fachmann« vorgenommen, sein »geschultes Auge« vermag ihre Gültigkeit an Körperhaltung, Ausdrucksweise und Gestik des Patienten zu ermessen.

»Ein Mensch ist die Summe seiner Lebenserfahrungen, die alle in die Persönlichkeit aufgenommen und im Körper strukturiert – ›eingebaut‹ – werden. Wie ein Förster die Lebensgeschichte eines Baumes an den Jahresringen ablesen kann, so ist auch der bioenergetische Therapeut imstande, die Lebensgeschichte eines Menschen an dessen Körper abzulesen« (LOWEN, 1981, S. 44).

Der geschulte Beobachter vermag also anscheinend die Körpersprache als »substantielles Korrektiv« (WIMMER, 1982, S. 90) gegenüber der »lügenhaften« verbalen Sprache zu lesen, und vom Grad ihrer Synchronizität hängt die Einheitlichkeit und Authenzität der Erfahrung ab.

»Die Synchronisation von verbaler und averbaler Expressivität, die die verfälschten Bedeutungen und verkrampften Äußerungen beseitigen soll, vollzieht sich mittels des Blicks, der das Gesprochene mit dem Sichtbaren korreliert und dieses Sichtbare an dem Urbild des natürlichen Körpers mißt« (WIMMER, 1982, S. 91).

Die Körpererfahrung, eigentlich unaussprechlich, muß sich also therapeutischen Kontrollmechanismen unterwerfen. Gemessen wird dabei an einem Ziel, der Vorstellung einer organismischen Ganzheitlichkeit, wie sie von *Theorien* konstruiert wird.
So kann es zu einer trügerischen Vorstellung vom »befreiten«

Körper kommen, nämlich zum »idealisierten Spiegelbild des verdrängten Körpers« (WIMMER, 1982, S. 89), zu einem Mythos. Ob dies explizit in den Theorien angelegt ist oder den projizierten Sehnsüchten der Klienten entspricht – auf den Körper werden alle Heilserwartungen gerichtet.

»Das Verlangen nach der Kraft des natürlichen Körpers, nach der Posivität des Lebens, realisierbaren Lusterlebnissen und harmonischem Zusammenspiel der Kräfte ist das Verlangen nach einem Code für das Verlangen, der die Ambivalenzen, Brüche, Differenzen und zersetzenden Kräfte der libidinösen Ökonomie des Körpers in Eindeutigkeit und Transparenz umformt« (WIMMER, 1982, S. 93).

Aber:

»Der Mensch *ist* nicht nur Körper, er *hat* ihn auch. Anthropologisch ist der Mensch auf die Dialektik von Körper-Haben und Körper-Sein festgelegt« (DREITZEL, 1982, S. 56).

Diese spezifisch menschliche Gebrochenheit kann nicht überwunden oder negiert werden; die Tatsache, daß der Mensch nicht nur Körper *ist*, sondern ihn auch selbstreflexiv als ein Objekt wahrnehmen kann, daß er körperlich determiniert ist und doch durch seinen Geist einen hohen Grad an Unabhängigkeit von Reflexen und Handlungsimpulsen erreichen kann, muß reflektiert werden; sie ist Chance und Risiko des Mensch-Seins zugleich. Unsere »Unmittelbarkeit« geht uns für den Preis größerer innerer Unabhängigkeit verloren, und im negativen Fall kann dies zur inneren Spaltung, zur Entfremdung von unserer Natur, führen. Folgten wir jedoch der Devise »Ich bin mein Körper«, ein Slogan der Psycho-Szene, welcher die Wahrhaftigkeit und Unmittelbarkeit einer ungebrochenen Körperlichkeit beschwört, so müßten wir die Dimension leugnen, die uns vom Tier unterscheidet: Der Körper müßte also »unmittelbar jeden Impuls in Handlung umsetzen, auf das Probehandeln verzichten und im klassischen Reiz-Reaktions-Schema agieren« (ANDERSCH, 1987, S. 5). Eine radikale Umkehr der spezifisch abendländischen Vergeistigung führt also auch nur dazu, die andere Seite des Abgespaltenen zu generalisieren.
So bergen die Theorien der Körpertherapie die Gefahr, einer Fiktion aufzulaufen, der Illusion einer wiederzuentdeckenden Ursprünglichkeit und harmonischen Einheit, die die Brüche und Widersprüche des Mensch-Seins tilgt. Die Fiktion einer Autono-

mie des Subjekts, einer sich selbst verwirklichenden »organismischen Weisheit« des Körpers, führt zur Zentrierung auf das subjektive Empfinden und macht »aus einer Antwort einen Ausdruck, aus einer Beziehung zum anderen die Selbstproduktion des Ich« (WIMMER, 1982, S. 87).

Die Idee einer »Ganzheit«, konstruiert aus Projektionen der eigenen Sehnsucht, birgt die Gefahr einer Verleugnung der Relativität und Abhängigkeit des Menschen; die Versenkung in die »Weisheit« des Körpers kann dazu führen, daß die Notwendigkeit von Beziehungen in den Hintergrund tritt. So kann es zu Körpertherapien kommen, in denen die Beziehungsdynamik im therapeutischen Prozeß kaum erfaßt bzw. in unreflektierter Form ausagiert wird.

Die Psychoanalyse orientiert sich demgegenüber weniger an Idealen und wird somit zunächst einmal der Realität gerechter. Sie erfaßt besser die Kompliziertheit und Gebrochenheit des Menschen, der Naturwesen ist und auch Kulturwesen, und in beidem weder aufgehen noch sich davon lösen kann. Indem sie feststellt, daß sich »das Körperbild... in einer Beziehung zum anderen konstituiert, die das Imaginäre ins Spiel bringt und ein Ich entstehen läßt, das trotz eines am anatomisch-physiologischen Körpermodell orientierten Körperbildes zu einer diesem entsprechenden Körpererfahrung nicht in der Lage ist« (WIMMER, 1982, S. 87), betrachtet sie den Körper als Relation. Die Orientierung am anderen, auch in der Körpererfahrung, wird betont, womit der Beziehungsaspekt in der Therapie viel deutlicher hervorgehoben ist. Das Individuum wird also nicht am absoluten Ideal eines sich selbst verwirklichenden Organismus, eines »authentischen«, befreiten Körpers, gemessen. Andererseits bedeutet ihre Orientierung auf Realität die Gefahr, daß die gesellschaftlich geförderte Vereinseitigung des Mensch-Seins auf seine geistige Dimension stillschweigend mitgetragen wird. Ist das Ziel der Körpertherapien als idealistisches bzw. illusionäres Gegengewicht zum Gesellschaftsprozeß zu verstehen, so ist die Zielsetzung der Psychoanalyse zu gesellschaftskonform.

Auf die Therapie bezogen: Wird in den Körpertherapien die »verlorengegangene« Körperlichkeit heraufbeschworen und eine Seinsweise angestrebt und geübt, wie sie universal eigentlich nicht mehr vorhanden ist, so scheint die Psychoanalyse die abendländische Philosophie der Unterordnung des Körpers zu übernehmen.

Ihre Behandlungsmethode, die, bei sensorischer und taktiler Deprivation, ausschließlich Verbalisierung zuläßt, scheint mit dem Zivilisationsprozeß und seinen Erfordernissen konform zu gehen.

Zu folgern bleibt, daß die Vielfalt von Körpertherapien nicht als »Modeerscheinungen«, sondern als Ausdruck eines Protests gegen gesellschaftliche Entfremdungsprozesse zu bewerten ist; kritisch zu betrachten ist jedoch die Fiktion einer vollständigen Überwindung der Leib-Seele-Spaltung, die den Körper als »Heilsbringer« verherrlicht und letztlich damit doch nur die andere Seite des Problems generalisiert, letztlich in der Spaltung befangen bleibt. Es gilt, die Maßstäbe zu betrachten und zu hinterfragen, an denen Körpertherapeuten die »Authenzität« des Körpers messen.

Körpertherapien als Ausdruck einer radikalen Abkehr von gesellschaftlicher Realität hin zu unreflektierter »Konsumierung« von Körpererfahrung, zum narzißtischen Rückzug auf das subjektive Empfinden, würden quasi nur den gesellschaftlichen Mangel kompensieren und wirkten so letztlich stabilisierend auf das Gesamtsystem.

Jenseits dieser Bedenken erscheint jedoch die Besinnung auf den Körper, der Bedarf an körperorientierter Therapie nicht nur plausibel, sondern geradezu zwingend notwendig – und wenn »nur« unter medizinischem Gesichtspunkt, wie wir im folgenden Kapitel sehen werden.

1.3 »Moderne« Krankheitsbilder und Körperentfremdung

> »Die Heilung eines Teils sollte nicht angegangen werden ohne Behandlung des Ganzen. Man sollte auch keinen Versuch unternehmen, den Körper zu heilen ohne die Seele, und wenn der Kopf und der Leib gesund sein sollen, müßt ihr damit beginnen, daß ihr das Denken heilt« (Platon, 427-347 v. Chr.).

Nicht nur gesellschaftskritische, »körperbewußte« Menschen protestieren gegen globale gesellschaftliche Entfremdungsprozesse, sondern der Körper selbst rebelliert gegen seine Verdrängung.

»In der Tat scheint eine Grenze erreicht zu sein. Die stillschweigend geduldete Vereinnahmung des Körpers für körperferne Zwecke, wie sie seit einigen Jahrhunderten üblich war, ist aufgekündigt: er spielt nicht mehr mit – jedenfalls nicht nach den bekannten Regeln. (...) Die Kostenrechnungen weisen – in Anbetracht der Zunahme von Krankheiten psychogener, soziogener, iatrogener Art, der Einstiege in die Drogenszene, der Ausstiege in die Sub- und Gegenkulturen, der Selbstmordraten – eindeutig ins Defizit« (KAMPER & WULF, 1982, S. 10).

Diese unbewußte, ungewollte Rebellion schlägt sich psychopathologisch in veränderten Krankheitsbildern nieder; die Tendenz geht in Richtung überwiegend psychosomatischer und narzißtischer Problematik.

»Es scheint ein Wandel der psychopathologischen Krankheitsbilder von der klassischen Neurose zu den narzißtischen, d. h. Identitätsstörungen im Sinne von grenzfallartigen Persönlichkeitsstörungen, insbesondere aber auch von in den Körper hineinverlegten Formen der psychosomatischen Reaktion bzw. chronischen Erkrankung, stattgefunden zu haben« (HIRSCH, 1989, S. V).

Und RITTNER (1982) stellt fest:

»In den letzten Jahrzehnten hat sich ein bemerkenswerter Wandel des Krankheitspanoramas ergeben, der sich in einen Zusammenhang mit der Entkörperlichung der sozialen Beziehungen und einer zunehmenden Verwundbarkeit der Individuen bringen läßt. Psychische und soziale Faktoren, speziell Streß, spielen bei immer mehr Krankheiten eine zentrale, zumindest aber mitverursachende Rolle; dies ist der Fall bei den koronaren Herzerkrankungen, bei bösartigen Tumoren, bei einer breiten Skala von psychosomatischen Krankheiten« (S. 45).

Psychosomatische Problematik wirft nicht nur das Problem einer individuellen Leib-Seele-Spaltung auf, sondern verweist in seiner verwirrenden Mehrdeutigkeit auf die Mißstände einer mechanistischen Medizin und die gesellschaftliche Aufspaltung in »nur psychische« und »nur organische« Krankheiten. Medizinische Heilverfahren, zu denen sich auch die Psychoanalyse als psychologische Disziplin rechnet, sind quasi zu einer ganzheitlicheren Perspektive gezwungen, wollen sie diesen Krankheitsbildern Rechnung tragen. Der Körper ist nicht länger als seelenlose Materie, als eine Art Maschine, die zur »Reparatur« abgegeben werden kann wie ein Auto, zu betrachten. Moderne Identitätsstörungen und somatische bzw. psychosomatische Symptome sind als Ausdruck desselben Phänomens der Entfremdung zu betrachten.

»Seit René Spitz wissen wir, daß der Körper abstirbt, wenn ihm belebende Beziehungen zu anderen Menschen fehlen. ›Hospitalismus‹, das haben wir inzwischen auch hinzugelernt, ist nicht nur eine individuelle Krankheit, sondern auch eine krankhafte Tendenz unserer gesamten gesellschaftlichen Organisation des Lebens: das Prinzip der dichotomischen Trennungen. In der Industriearbeit wie in Hochhauskomplexen, den Transport- und Einkaufssystemen fehlen Begegnungen, Beziehungen, Bewegungen als Wechselspiel zwischen Menschen und Vorgängen. Wir beginnen darin einen ›Lebensentzug‹ zu sehen und ihn körperlich konkret vermittelt zu begreifen: Psychische, physische und soziale Erkrankungen weisen uns nachdrücklich darauf hin« (zur Lippe, 1982, S. 25).

Auch Psychoanalytiker sind also mit dem »vielfältig verschlungene(n) und mannigfach verwickelte(n) Widerstand des Körpers gegen die Zumutungen einer entmaterialisierten Geistigkeit, der zwischen Symptom- und Symbolbildung schwankt« (Kamper & Wulf, 1982, S. 10) in ihrer klinischen Praxis konfrontiert.

Diese modernen Identitätskrankheiten, die überwiegend im präverbalen Erlebnisbereich angesiedelt sind, fordern jedoch zu einer Modifizierung der psychoanalytischen Technik heraus; da sie sich sprachlich schwer oder nur in »stummen« psychosomatischen Symptomen fassen lassen, genügen Menschen mit derartigen Störungen oft den Grundvoraussetzungen für ein Arbeitsbündnis innerhalb der klassischen Analyse nicht. Somit ist die Vermutung aufzustellen, daß die von Psychoanalytikern geforderte Körperabstinenz und Beschränkung der Kommunikation auf verbale Prozesse diese Patientengruppe nicht nur nicht erreicht, sondern sogar deren Entfremdungsproblematik stabilisieren mag.

Körperorientierte, spielerische Herangehensweisen sind hier eher angezeigt als die Strenge eines psychoanalytischen Settings – wie viele außeranalytische oder modifiziert-analytische Verfahren beweisen. Von daher könnte man, jenseits idealistischer Forderungen einer »Rückbesinnung auf den Körper«, dem psychoanalytischen Verfahren entgegenhalten, daß ihre Behandlungsmethode der veränderten, drastischen psychopathologischen Problematik nicht mehr Rechnung trägt, mit anderen Worten, daß sie sich als zu starr und unflexibel für ihre Patienten erweist.

Dazu MOSER (1990):

»Es könnte sich aber einmal als eine der größten Grotesken der Medizingeschichte erweisen, daß ernsthaft, exklusiv und über Jahrzehnte, aus der Überschätzung der Sprachkur heraus, versucht wurde, frühe Störungen und erst recht psychosomatische Erkrankungen vorwiegend mit Worten zu heilen. (...) Dabei verlöre die Sprache kein Gran von ihrer Würde und Bedeutung, wenn sie durch die ganz anders geartete Sprache der heilenden Hände ergänzt würde, die den Raum des Vorsprachlichen ganz anders zu durchdringen vermögen als Worte und Sätze« (S. 226 f.).

1.4 Zum Verhältnis zwischen Körpertherapie und Psychoanalyse

Wir können also zunächst vermuten, daß die verschiedenen Therapierichtungen – die Körpertherapien und die Psychoanalyse – jeweils sehr verschiedene, vielleicht sogar konträre Herangehensweisen in der Frage der Leib-Seele-Problematik des Menschen anbieten. Zumindest lassen sich die Extreme oder die Risiken der jeweiligen Seiten kennzeichnen mit: hier Überbetonung des Körperlichen, dort Überbetonung des Sprachlich-Symbolischen.

Die Frage erhebt sich, ob es sich somit um konträre, unvereinbare Therapierichtungen handelt oder nur um zwei Seiten desselben Sachverhalts; ob sich demnach eine Auseinandersetzung erübrigt, weil die jeweiligen Paradigmen unvereinbar scheinen, oder ob vielmehr eine Annäherung beider Verfahren, eine Integration prinzipiell möglich wäre, vielleicht sogar aus dem Dilemma der Leib-Seele-Dichotomie herausführen würde.

Betrachten wir zunächst einmal näher, was wir unter *der* Körpertherapie, die dem psychoanalytischen Verfahren entgegensteht, zu verstehen haben.

Wir müssen feststellen, daß es nicht *die* Körpertherapie, sondern, neben den großen Richtungen wie der Bioenergetik, der Primärtherapie und der Gestalttherapie zahlreiche kleine, mehr oder weniger fundierte Therapieverfahren auf dem »freien Psychomarkt« gibt. Es scheint schwierig, hier einen Überblick zu gewinnen; aber, wie PETZOLD (1980) hervorhebt, ist diese Vielzahl eine nur vordergründige:

»Wenn man den Dschungel unterschiedlicher Terminologie und theoretischer Spekulation lichtet, wenn man darüber hinaus auf die Praxis der verschiedenen ›Methoden‹ schaut, so wird deutlich, daß die Divergenzen gering sind, daß gemeinsame Grundpositionen durchscheinen, die sich im wesentlichen als die Konzepte von REICH, PERLS und LOWEN darstellen…« (S. 13).

Das heißt aber auch, daß die Ursprünge vieler neuerer Therapieformen, wie sie sich der Psychoanalyse nun kritisch bis feindselig präsentieren, auf die frühen Ansätze in der Geschichte der Psychoanalyse zurückzuführen sind; es handelt sich also oft um ihre eigenen Abkömmlinge, die sich aus Unzufriedenheit von ihr abgewandt und neue Schulen gegründet haben. So läßt sich der »Psychoboom« womöglich als »eine vom Hauptstrom abgespaltene Gegenbewegung gegen den relativen Puritanismus des auf das Verbale zentrierten Klimas auf der analytischen Couch« (MOSER, 1990, S. 78) identifizieren. Er ist als ein »Protest gegen die Stillegung des Körpers« (ebenda) zu verstehen, wie sie sich gesellschaftlich und scheinbar auch ganz konkret auf der Couch des klassischen Analytikers manifestiert.
Trotz oder gerade wegen der gemeinsamen Herkunft müssen sich die beiden Lager scharf bis feindselig voneinander abgrenzen, bis hin zur Verleugnung der gemeinsamen Geschichte.

»Viele Richtungen würden sich, gelassen oder empört, dagegen verwahren, Abkömmlinge der Psychoanalyse zu sein. Sind viele doch entstanden aus Wut, Enttäuschung, Ungenügen am klassischen Couch-setting und den Einschränkungen der meist auf sprachliche Verständigung begrenzten ›talking cure‹« (MOSER, 1986b, S. 29).

Die »Urväter« der Körpertherapien sind also nicht selten Dissidenten der Psychoanalyse, die unter dem »gemeinsamen Dach« der Psychoanalyse, wie FREUD es formulierte, nicht weiterexistieren wollten oder durften. Das bedeutet, daß die ursprüngliche Grundlage vieler Körpertherapien letztlich auf die Psychoanalyse zurückzuführen ist; gleichzeitig haben sie sich aus der Kritik zu dieser konsolidiert, sind also in Abgrenzung zu ihr entstanden. Daraus lassen sich folgende Hypothesen formulieren: Die übermäßige Betonung der Differenzen und die durch die psychoanalytische Arroganz und Ausgrenzung erzwungene Isolation vieler Körpertherapien hat »geistige Arbeitsplätze für die Liebhaber der Grenzziehungsdogmatik« (ebenda) geschaffen, d. h. die ursprünglichen Kritiker der Psychoanalyse zur feindseligen Abgrenzung von dieser gezwungen. Die Verleugnung der gemeinsamen Herkunft verhindert die fruchtbare Nutzung des gemeinsamen Fundus. So entwickelt sich

»außerhalb der Landschaft kassenärztlicher Leistungen... eine therapeutische, körperzugewandte Subkultur, die ihrerseits, durch die doppelte Ausgrenzung (Kassenversorgung und psychoanalytische Arroganz) interne Defekte, unnötige Niveaumängel, methodische Einseitigkeiten mitschleppt, die sich in der erzwungenen Berührungslosigkeit und den Kommunikationstabus mit der Psychoanalyse perpetuieren« (MOSER, 1987, S. 157).

Die Psychoanalyse, die sich institutionell etablieren konnte, hat demgegenüber einen theoretischen Reichtum, der auf jahrzehntelanger Erfahrung beruht, vorzuweisen; sie gleicht jedoch, glaubt man MOSER, einer »angstumgrenzten Bastion der reinen analytischen Lehre mit den Beschwörungen des immergleichen Settings« (MOSER, 1986b, S. 15); sie hat sich zu einer »Glaubensgemeinschaft« entwickelt und verliert immer wieder ihre kritischen Stimmen, weil Kritiker schnell zu Dissidenten werden, die sich dann sprunghaft in Abspaltungen weiterentwickeln.

»Das Freund-Feind-Schema, das zu Beginn des Jahrhunderts vielleicht unvermeidlich war, führt bis heute dazu, daß die Dissidenten in ihren eigenen Kolonien und Ghettos sitzen und die Zeit der dringend notwendigen Befruchtung noch kaum begonnen hat« (MOSER, 1990, S. 220).

So könnte es dazu gekommen sein, daß

»ein ganz weiter Kontinent: das riesige Reservoir des Körpers mit seinem eigenen Erinnerungssystem, seiner eigenen Abwehrorganisation... unerschlossen (blieb), und die wilden Reiter einer von Theorie vielfach unbeleckten Körpertherapie und die meist weiblichen Genies der Intuition« ihn erobern konnten (MOSER, 1990, S. 221).

Im Sinne MOSERs wäre nun die Frage an die Psychoanalyse zu stellen, ob sie die »Herausforderung durch ihre eigenen Abkömmlinge« (MOSER, 1990, S. 74) konstruktiv annehmen kann, d. h., ob sie deren teilweise recht bedeutsamen technischen Erfahrungen und Veränderungen vor ihrem eigenen Hintergrund zu reflektieren und diskutieren gewillt ist oder ob sie sich, unbeleckt von jeglicher eigener Erfahrung, von vornherein distanzieren will.

Mit Sicherheit erlaubt ihnen ihre relativ sichere Stellung im Krankenkassenwesen eine arrogante Haltung; und die körpertherapeutischen Schulen, die bislang um offizielle Anerkennung und gesicherte Finanzierung noch kämpfen müssen, entwickeln ihrerseits kompensatorisch einen »Hochmut der Eingeweihten« (MOSER, 1990, S. 110), der den Dialog erschwert. So scheint ein Faktor der mißlingenden Kommunikation eher eine berufsständische Frage zu sein, nämlich inwieweit sich die abgespaltenen bis verfeindeten Richtungen aufeinander zu bewegen können und wollen, im Sinne eines fruchtbaren Diskurses und einer fortschreitenden Integration der Verfahren.

1.5 Fokussierung der Fragestellung

Es läßt sich eine »heimliche Verwandtschaft« zwischen Körpertherapie und Psychoanalyse feststellen; wir können weiterhin vermuten, daß beide Ansätze in ihrer Tendenz als Ausdruck eines generell ungelösten und sich verschärfenden Leib-Seele-Problems verstanden werden können; die eine Seite forciert und generalisiert jeweils die abgespaltene Seite der anderen. In ihren wechselseitigen Abgrenzungsstrategien perpetuieren beide Seiten zudem ihre jeweiligen Mängel, statt in der offenen Auseinandersetzung voneinander zu lernen.

Mit diesen Überlegungen im Hintergrund (die zur weiteren Auseinandersetzung notwendig sind und immer mitgedacht werden sollen) wollen wir uns nun auf das Ziel beschränken, das psychoanalytische Verfahren kritisch zu durchleuchten.

Es scheint hier, so konnten wir hypothetisch formulieren, eine Tendenz zur Anpassung an die gesellschaftliche »Verdrängung« des Körpers zu bestehen; viele, teilweise alarmierende Zeichen sprechen jedoch dafür, daß diese Tendenz hinterfragt und die Auseinandersetzung mit den Körpertherapien gesucht werden sollte. Dabei geht es um mehr als um die Frage eines »Einbauens«

bestimmter »praktisch« und »effektiv« erscheinender Körpertherapietechniken; eine detailliertere Methodendiskussion erscheint zudem angesichts einer riesigen Bandbreite von unterschiedlichen Körpertherapietechniken und -theorien kaum überschaubar.

Es muß also um die Frage einer *prinzipiellen* Vereinbarung körpertherapeutischer Methoden, um die prinzipielle Möglichkeit einer mehr körperorientierter Herangehensweise in der Psychoanalyse gehen.

Aber gibt es noch *die* Psychoanalyse, bzw. was soll man, z. B. im Rahmen dieser Diskussion, darunter verstehen? Diese Frage führt zur Erkenntnis, daß auch innerhalb der Psychoanalyse darüber kein allgemeiner Konsens mehr zu finden ist; das psychoanalytische Lehrgebäude bietet inzwischen vielmehr eine Vielzahl von Interpretationsmöglichkeiten.

»Im Laufe der 40 Jahre, die seit FREUDs Tod vergangen sind, ist die Geschlossenheit des psychoanalytischen Lehrgebäudes, an das FREUD noch glaubte, einer weitgehenden Offenheit gewichen. Was GLOVER 1928 bereits für die Praxis der psychoanalytischen Technik aufdeckte, daß sie nämlich nicht mehr die ›klassische‹ Technik sei, unter welchem Namen sie noch lief, sondern eine heterogene Vielzahl von Praktiken mit frei variierten Regeln (1937), gilt heute für die Psychoanalyse ganz allgemein – sowohl für die Theorie wie die Theorie und Praxis der Technik. Die psychoanalytische Gemeinschaft als ganze ist nicht mehr ausschließlich als Träger der FREUDschen Paradigmata zu verstehen. Sie hat sich in verschiedene Gruppen und Schulen aufgelöst, in denen mehr oder weniger starke Abweichungen von den Grundannahmen FREUDs bestehen« (CREMERIUS, 1982, S. 485).

So gibt es *das* einheitliche psychoanalytische Lehrgebäude, das einem vermeintlichen Lehrgebäude der Körpertherapien gegenübergestellt werden könnte, nicht. Allerdings ist eine breite theorie- und schulenübergreifende Übereinstimmung innerhalb der Psychoanalyse zu verzeichnen, wenn es um bestimmte Faktoren des »Settings« geht: wie selbstverständlich, quasi stillschweigend, werden auch bei sonst verfeindeten Schulen viele von FREUD festgelegte formale Elemente (die Sitzanordnung – die Sprache als zentrales Medium) über Jahrzehnte tradiert (vgl. STERN, 1983, S. 193).

»Körpertherapeutische« Elemente können indes nach wie vor keinen (oder kaum) Eingang in das psychoanalytische Setting finden – trotz »heterogener Vielzahl von Praktiken mit frei variierten

Regeln«. Interessant ist in diesem Zusammenhang, daß eine der letzten »Exkommunikationen«, die die internationale Psychoanalyse sich vorzunehmen genötigt sah, Wilhelm REICH betraf (1934, 13. Internationaler Psychoanalytischer Kongreß in Luzern).

In Fragen der Einbeziehung des Körpers scheint also sogar dieser lockere Verband verschiedener Schulen noch eine entschiedene und einheitliche Meinung vertreten zu können; ob dies schulenübergreifenden Grundprinzipien oder einer »Fülle von erstarrten Tabus und Vorurteilen« (BECKER, 1986, S. 81) entspringt, ist zu fragen.

BECKER meint:

»Die erstarrten Regeln und Tabus finden sich vor allem im Umgang mit der Abstinenzregel, in der Einstellung zum Agieren, Somatisieren und primärprozeßhaftem Denken im Sinne einer undifferenzierten Psychopathologisierung« (ebenda).

Um diesen »Grundkonsens« zunächst zu veranschaulichen und verstehbar zu machen, erscheint es mir sinnvoll, auf die Anfänge der Psychoanalyse und damit auf das FREUDsche Paradigma zurückzugreifen. Die kritische Bewertung dieser bis auf die Ursprünge der Theorie zurückzuführenden Grundhaltung wirft ein Licht auf die Psychoanalyse im allgemeinen; ihre schulenübergreifende Körperabstinenz kann so prinzipiell hinterfragt werden.

Vor diesem Hintergrund werden wir uns die technischen Prinzipien psychoanalytischer Therapie anschauen, um schließlich Antworten auf Fragen zu finden wie: Sind körpertherapeutische Methoden, Änderungen des Settings überhaupt grundsätzlich denkbar innerhalb einer Übertragungs-/ Gegenübertragungsbeziehung, wie die Psychoanalyse sie versteht? Was bedeutete der vorübergehende Verzicht auf das Wort für eine Methode, die auf freier Assoziation des Patienten und Deutungen des Analytikers wesentlich aufbaut; was bedeutet die Einbeziehung des Körpers in Hinsicht auf das Prinzip der »Abstinenz«, wie es wesentlich die analytische Situation gestaltet? Werden all diese analytischen Prinzipien durch körpertherapeutische Interventionen derart verletzt, daß man nicht mehr von Psychoanalyse sprechen kann? Oder sind diese Prinzipien hinterfragbar, bzw. sind sie eventuell mit neuer Bedeutung zu füllen, neu zu definieren, kann ein psychoanalytischer Grundkonsens (hier bezüglich der Körperabstinenz) vor

dem Hintergrund neuerer Erkenntnisse und Entwicklungen relativiert oder aufgegeben werden, ohne daß damit das Verfahren an
sich in Frage gestellt sein muß?

2. Der Körper in psychoanalytischer Theorie

2.1 »Vernachlässigt« die Psychoanalyse den Körper?

Psychoanalytische Literatur, die sich kritisch mit den Anregungen, die aus der Körpertherapie-Szene kommen, auseinandersetzen, ist wenig zu finden, noch weniger stößt man auf Texte, die in einer solchen Auseinandersetzung explizit begründen, warum körpertherapeutische Elemente per se *nicht* mit der Psychoanalyse vereinbar seien.

Zumeist werden andere Therapieformen im Nebensatz abgehandelt, z. B. als »Modetorheiten, die sich als Therapie maskieren« (G. & R. BLANCK, 1978, S. 165) usw. (vgl. Kapitel 1.1).

Günter BITTNER (1986) ist einer der wenigen Psychoanalytiker, der seine Ablehnung der Körpertherapien ausführlicher begründet; die Auseinandersetzung zwischen Körpertherapien und Psychoanalyse bringt (bzw. reduziert) er auf die Formel: »Vernachlässigt die Psychoanalyse den Körper?« (vgl. BITTNER, 1986, S. 709).

Wir wollen diese bezeichnende Fragestellung aufgreifen, und BITTNERs Antworten darauf als Orientierungslinie für die Arbeit verwenden; denn seine Argumentationsstruktur bietet gute Möglichkeiten, die Haltung der klassischen Psychoanalyse gegenüber Körpertherapien zu illustrieren.

Natürlich kann für BITTNER von einer »Vernachlässigung« des Körpers keine Rede sein, vielmehr möchte er gar »den Spieß umdrehen und zu bedenken geben, ob nicht die sogenannten Körpertherapien in Wirklichkeit den Körper vernachlässigen?« (BITTNER, 1986, S. 712).

Das Interesse neuerer Therapieformen an der Einbeziehung des Körpers wird vorweg als »modische Tendenz« (S. 709) gewertet; Körpertherapien als Modeerscheinung also, dem eine »seriöse« Psychoanalyse gegenübersteht; so versteht sich von selbst, daß die Psychoanalyse in ihrer »vermeintlichen« Körperferne dem Körper in Wirklichkeit nur »einen komplizierteren Ort (zuweist) als die körperzentrierten Theorien und Therapien« (ebenda).

Dies skizziert die analytische Grundhaltung; Arbeit mit und am Körper bedeutet per se eine Vereinfachung, bedeutet ein niedrigeres Niveau der Behandlung; nur Sprache kann die Komplexität der Situation erfassen.

Psychoanalyse als das »kompliziertere« Verfahren, Körpertherapien als »modischer Trend« – wir haben gesehen, daß diese Charakterisierung nicht ganz unrichtig ist; der Körpertherapie-Boom *ist* auch eine Modeerscheinung bzw. eine *Zeit*erscheinung; es gilt aber herauszuarbeiten, welche gesellschaftlichen Bedürfnisse sie artikuliert und auf welchen Mangel sie demnach verweist. Auch ist anzunehmen, daß körpertherapeutische Theorien und Verfahren nicht selten weniger »kompliziert« sind als die psychoanalytischen – die guten und schlechten Seiten dieses Sachverhalts gilt es jedoch noch zu überprüfen.

Die Frage nach einer »Vernachlässigung« des Körpers kann zunächst natürlich nur verneint werden:

> »Niemand wird leugnen wollen, daß der *Körper, wie er Gegenstand der Medizin und der Biologie ist*, in der Psychoanalyse eine wichtige Rolle spielt. FREUD ließ es sich stets angelegen sein, seine psychologischen Aussagen biologisch und insbesondere hirn-anatomisch und -physiologisch zu fundieren« (BITTNER, 1986, S. 709, Hervorhebung der Verfasserin).

Dem ist nur zuzustimmen. Ebenso ist anzuerkennen, daß aus der Psychoanalyse die Theorie der psychischen Ursachen körperlicher Krankheiten, also die Psychosomatik, hervorgegangen ist.

BITTNER verweist auf die Triebtheorie FREUDS, auf psychoanalytische Konzepte von Körpererfahrung, auf Georg GRODDECK, dem »konsequenteste(n) psychoanalytische(n) Leibes-Apologet« (1986, S. 728), kurz, er umreißt, durchaus selbstkritisch, die Bandbreite dessen, was Psychoanalyse zum Körper gesagt und zum Leib-Seele-Problem beigetragen hat. All dies fließt, nach Meinung BITTNERS, in die psychoanalytische Situation ein: Das

> »Entdecken des eigenen Körpers, Zulassen und Ausprobieren von Phantasien über den eigenen Körper ist für die Thematik heutiger Psychoanalysen so charakteristisch, daß nur schlichte Ignoranz behaupten kann, hier würde der Körper vernachlässigt« (BITTNER, 1986, S. 727).

Diesen Argumentationen wäre in einem ersten Schritt nachzugehen; es ist aufzuzeigen, was es für das psychoanalytische *Verhältnis* zum Körper bedeutet, wenn er Gegenstand der Psychoanalyse ist wie »in der Medizin und der Biologie«; welche Bewertung er im Kontext der Triebtheorie erfährt; und schließlich gilt es zu fragen, aus welchen Gründen eine praktische Einbeziehung des

Körpers bzw. der Körpersprache in den therapeutischen Prozeß trotz elaborierter psychoanalytischer Theorien, die die enge leib-seelische Verbindung betonen, nach wie vor abgelehnt wird.

BITTNER liefert hier Stichworte; Überrumpelung der Abwehr (vgl. 1986, S. 712), Taktlosigkeit (vgl. 1986, S. 715), »überwältigende Übertragungsintimität« (1986, S. 714), »Rückkehr zu suggestiv-autoritären Verfahrensweisen« (1988, S. 106), »unterschwellige Sexualisierung« (1988, S. 108), »präödipale Komödie« (ebenda) usw.

An einzelnen Beispielen illustriert er so, inwiefern körperorientierte Therapie seines Erachtens den Prinzipien der analytischen Theorie und Technik zuwiderläuft; für uns gilt demnach, Kategorien wie Abstinenz, Suggestion, Agieren, Übertragung/Gegenübertragung in dieser Hinsicht zu durchleuchten.

Neben dem Risiko therapeutischen Mißbrauchs sieht BITTNER in der Einbeziehung des Körpers (bzw. der Körpersprache) in die Psychoanalyse auch eine erhebliche Simplifizierung:

»Zweitens ist dem Irrglauben entgegenzutreten, in körperlichen Aktionen lasse sich mehr und Tieferes ausdrücken als in der analytischen Imagination. Es ist genau umgekehrt: die seelisch-symbolischen Ausdrucksmittel sind unendlich viel differenzierter als die sinnlich-körperlichen...« (BITTNER, 1988, S. 112).

Auch diese Behauptung ist zu untersuchen, bzw. die Grundhaltung, die sich dahinter verbirgt, ist herauszuarbeiten. Wir werden im letzten Teil der Arbeit mit FERENCZI und BALINT eine Entgegnung vorbringen, die erläutert, inwiefern »sinnlich-körperliche Ausdrucksmittel« oft einen besseren, manchmal den einzigen Zugang zu den verschütteten Gefühlen eines Patienten bieten.

Die Prinzipien einer Technik lassen sich am besten aus ihrer historischen Gewordenheit verständlich machen; und so soll zunächst nachvollzogen werden, wie der Begründer der Psychoanalyse, FREUD, die Technik entwickelte, die seither, zumindest in wesentlichen Zügen, als klassische Behandlungsmethode gilt.

Doch bevor in die therapeutischen Einzelheiten gegangen wird, soll die oben angesprochene Bewertung und Stellung des Körpers in der Psychoanalyse reflektiert werden; hierzu soll FREUDs theoretischer Standpunkt – in Hinsicht auf den menschlichen Körper – nachvollzogen werden.

2.2 Zwischen Biologie und Medizin –
der Körper in der Psychoanalyse

»Vernachlässigt« also die Psychoanalyse den Körper? – Nein, so global gefragt, kann davon natürlich keine Rede sein; denn schließlich hat sie ihren Ausgangspunkt in der Auseinandersetzung mit psychosomatischen Prozessen gefunden, ist sie mit der zentralen Bedeutung, die sie der Sexualität einräumt, permanent am Triebgeschehen, also körperlichen Prozessen, orientiert; die klassische Triebtheorie zeichnet das Bild einer aus biologisch-körperlichen Vorgängen hervorgehende und zeitlebens von ihnen determinierten menschlichen Psyche. Aussagen FREUDS wie »Das Ich ist vor allem ein körperliches!« (FREUD, 1923, S. 182) oder »Die Anatomie ist das Schicksal!« (FREUD, 1910, S. 90) belegen dies und werden von daher auch gern in Fragen der Körperferne oder -nähe der Psychoanalyse zitiert.

Die Annahme unbewußter psychischer Prozesse und FREUDS Konzept der »Besetzungen«, der Tatsache, daß sich Erinnerungen und Vorstellungen mit Vorgängen unserer inneren Natur, den Trieben, verbinden können, schlägt die Brücke vom Geist zum Körper.

Die Symbolsprache des Unbewußten ist zu einem großen Teil Körpersprache; eine Geste ist für FREUD nicht nur bloße Konvention oder ein mechanischer Reflex, sondern Ausdruck seelischer Vorgänge. Der Begründer der Psychoanalyse hatte ein feines Gespür für das averbale Geschehen:

»Wer Augen hat zu hören, überzeugt sich, daß die Sterblichen kein Geheimnis verbergen können. Wessen Lippen schweigen, der schwätzt mit den Fingerspitzen, aus allen Poren dringt ihm der Verrat...« (FREUD, 1905a, S. 148).

In dem Aufsatz »Psychische Behandlung (Seelenbehandlung)« (1905b) vertritt er sogar eine Sichtweise, wie sie kein Körpertherapeut besser formulieren könnte:

»Fast alle seelischen Zustände eines Menschen äußern sich in den Spannungen und Erschlaffungen seiner Gesichtsmuskeln, in der Einstellung seiner Augen, der Blutfüllung seiner Haut, der Inanspruchnahme seines Stimmapparates und in den Haltungen seiner Glieder, vor allem der Hände« (S. 18).

Die hysterische Konversionssymptomatik lernte er als eine neurotische Kompromißlösung verstehen, und zwar im Sinne einer Unschädlichmachung bewußt nicht annehmbarer Triebwünsche dadurch, daß deren Affekte ins Körperliche umgesetzt werden.

FREUD konstatiert also eine menschliche Fähigkeit, Seelisches in die somatische Innervation zu übertragen, und legt damit den Grundstein für eine Matrix der Körper-Seele-Einheit, auf welcher die Psychoanalyse seither denkt und forscht. *Wie* es allerdings zur Somatisierung psychischer Konflikte kommt, bleibt für ihn im dunkeln, er äußerte zeitlebens die Hoffnung, daß einmal ein »organisches Fundament« für sein psychologisches »Lehrgebäude« (vgl. GRAF, 1984, S. 12) gefunden werde.

In einem ersten Zugang läßt sich die Körpergebundenheit der Psychoanalyse vor allem auf dieses Bestreben, nämlich seinen psychologischen Theorien ein biologisch-meßbares Korrelat zu liefern, zurückführen. Der Körper fand also zunächst Beachtung entsprechend einer nach Objektivierung strebenden Wissenschaft, und solcherart ist der psychoanalytische Blick auf ihn gefärbt.

Gleichzeitig sprengte die psychoanalytische Forschung den herkömmlichen Rahmen der Wissenschaft und zwang zu einer Sichtweise jenseits des anatomischen, sezierbaren »objektiven« Körpers der Medizin, indem sie dessen ursprüngliche phantasmatische Realität freilegte.

Als Körper der Lust, als »Ganzheit von erogenen Zonen« (BERNARD, 1980, S. 26), unterliegt der Körper in der Psychoanalyse jedoch einer spezifischen Sichtweise, die ebenfalls hinterfragbar ist und ihm im übrigen nicht vollständig Rechnung trägt – wie wir sehen werden.

Weiterhin läßt sich aufzeigen, wie die Psychoanalyse im Laufe ihrer Entwicklung eine Tendenz zur Überbetonung des Psychischen und zur Desomatisierung herausgebildet hat. Das gebrochene Verhältnis zu Wissenschaft und Medizin ebenso wie zur Sexualität und Gesellschaft schlägt sich auch im psychoanalytischen Verhältnis zum Körper nieder; Körperlichkeit unterliegt hier einer impliziten Wertung, die sich auf die Theorie, vor allem aber auf die Praxis der Psychoanalyse ausgewirkt haben muß.

Die Frage nach dem Stellenwert des Körpers in der Psychoanalyse muß also im Kontext ihrer Ursprünge, ihrer Emanzipierung und institutionellen Entwicklung ebenso wie ihres Arrangements mit gesellschaftlicher Realität, Wissenschaft und Medizin beantwortet werden.[1]

2.2.1 Psychoanalyse und Naturwissenschaft

2.2.1.1 Freuds naturwissenschaftliche Identifizierung

FREUDS frühesten Erkenntnisse resultieren, wie gesagt, aus der Auseinandersetzung mit körper-seelischen Phänomenen, nämlich der körperlichen Symptomatik der Konversionshysterie und den Angstneurosen. Die Herangehensweise des Mediziners FREUD, die körperlichen Symptome »zum Sprechen zu bringen«, zeugt ja von seinem Verständnis einer somato-psychischen Einheit, »ganz im Unterschied zur vorherrschenden Entwicklung der somatischen Medizin, die sich unter Abspaltung des Psychischen ausschließlich dem physischen menschlichen Körper zuwandte« (HARLANDER, 1979, S. 187).

Das Prinzip der Behandlung durch bloßes Sprechen, das heute von Kritikern als körperfern attackiert, ja in seinen negativen Auswüchsen als »Austausch von Sprechblasen« (MOSER, 1990, S. 30) oder »Sprachberieselung« (MOSER, 1990, S. 41) betrachtet werden kann, war ja in seinen Anfängen eine unerhörte, geradezu revolutionäre Erfindung FREUDS: Seine bewußt lapidare Aussage: »In der analytischen Behandlung geht nichts anderes vor als ein Austausch von Worten zwischen dem Analysierten und dem Arzt« (FREUD, 1916/17, S. 9) ist ein Affront für die medizinische Fachwelt, die einen ausschließlich somatischen Zugang bei der Behandlung der »Nervösen« hat (»Elektrotherapie« oder »Wasserkuren« waren damals üblich). Dennoch, sosehr uns diese Betrachtungs- und Vorgehensweise als ein »Aufbrechen der naturwissenschaftlichen Grenzen« (LORENZER, 1973, S. 29 f.) und also auch Entwurf eines neuen anthropologischen Verständnisses erscheinen mag, war FREUD doch zeitlebens bemüht, eine »Naturwissenschaft des Seelischen« zu betreiben, das heißt auf der naturwissenschaftlichen Ebene zu verbleiben. LORENZER betont,

1 Vgl. dazu auch HOPPE, B. (1991): *Körper und Geschlecht. Körperbilder in der Psychotherapie*; ein Buch, das mir leider erst nach Fertigstellung des Manuskripts bekannt wurde.

»daß kein emanzipatives Erkenntnisinteresse am Gegenstand *konträr* zu einer naturwissenschaftlich-instrumentellen Erkenntnisabsicht auszumachen ist. Will man hier überhaupt von einem emanzipatorischen Erkenntnisinteresse sprechen, so war dies in den naturwissenschaftlichen Forschungsgang eingelassen, war mit ihm identisch, entsprechend den Intentionen der HELMHOLTZ-BRÜCKE-Schule« (LORENZER, 1973, S. 22).

Er blieb immer den naturwissenschaftlichen Idealen der Quantifizierbarkeit und Meßbarkeit verhaftet, und entsprechend ist auch sein Blick auf den menschlichen Körper, auf Mensch-Sein und Körperlichkeit gefärbt; daß er dennoch zu außergewöhnlichen, den Rahmen des herrschenden Wissenschaftsverständnis sprengenden Erkenntnissen gelangte, verdanken wir seinem konsequenten Forscher-Geist bzw. dem »Untersuchungsgegenstand«, nämlich seinen Patienten. Daß er die sogenannten »Nervösen« ernst nahm, sich mit vor allem für damalige Verhältnisse ungewöhnlicher Geduld und Vorurteilslosigkeit auf sie und ihre Problematik einließ, daß er tatsächlich zuhörte und schließlich ihre Aussagen und ihre Kritik immer wieder zum Anlaß nahm, seine Hypothesen zu überprüfen und entsprechend zu ändern, setzte eine Entwicklung in Gang, die Eigendynamik hatte.
FREUDS Verdienst ist der wenig ängstliche und wenig ideologiebesetzte Umgang damit und seine konsequente Anpassung der Theorie an die sich verselbständigende Praxis. Er bleibt immer am »Gegenstand«, wiewohl dieser widerspenstig und oft widersprüchlich scheint, und ist darauf bedacht, sich nicht in Spekulationen zu versteigen.[2] Auf diese Weise ist zu verstehen, daß er

»gerade im konsequenten Verfolgen seiner ›naturwissenschaftlichen‹ Forschungsabsichten einen Erkenntnisprozeß vorangetrieben hat, der dann den Rahmen einer naturwissenschaftlichen Disziplin aufsprengte« (LORENZER, 1973, S. 18).

Die »Körpergebundenheit« der FREUDschen Psychologie muß aber zunächst im Kontext seiner naturwissenschaftlichen Identifizierung betrachtet werden.
FREUDS wissenschaftliche Karriere fällt in eine Phase des Umbruchs wissenschaftlicher Traditionen; die deutsche Naturphilo-

2 Den tiefen Respekt, den FREUD vor seinen hysterischen Patienten und Patientinnen hatte, bezeugt seine Aussage, »daß man unter den Hysterischen die geistig klarsten, willensstärksten, charaktervollsten und kritischsten Menschen finden kann« (FREUD, 1895, S. 15).

sophie, eine Philosophie, die von einer »wesenhaften Einheit von Mensch und Natur« ausgeht und »Natur nicht als etwas Mechanisches, sondern als ein organisiertes, einheitliches Ganzes, dessen Wesen lebendige ›Urkraft‹ ist« (DREWS & BRECHT, 1975, S. 17) begreift, wird gerade abgelöst durch den Positivismus, die Lehre von den Fakten, die in der Folge zu einer szientistischen Wissenschaftsauffassung beitrug.

Gerade die Naturphilosophie soll FREUD entscheidend beeindruckt haben, dergestalt, daß er sich als Abiturient für das Studium der Medizin entscheiden sollte, weniger aus der Ambition zu heilen, als vielmehr um Naturwissenschaft betreiben zu können.

FREUD arbeitete am Wiener Laboratorium unter Ernst BRÜCKE (von 1876-1882), der der HELMHOLTZschen Schule angehörte, und dieser von ihm »bewunderte Lehrer« machte ihn mit der zeitgenössischen Naturwissenschaft vertraut (vgl. DREWS & BRECHT, 1975, S. 18 f.).[3]

Unter Brückes Einfluß wuchs FREUD in ein ausschließlich szientistisches Wissenschaftsverständnis hinein und wurde »zunächst ein eifriger und überzeugter Anhänger der physikalistischen Physiologie, in deren Tradition er bis tief in die neunziger Jahre des 19. Jahrhunderts arbeitete« (DREWS & BRECHT, 1975, S. 20).

Dieser Einfluß schlägt sich auch auf seine spätere psychoanalytische Theorienbildung nieder und prägt, wie verschiedene Autoren aufzeigen, im Grunde bis heute das psychoanalytische Theoriengebäude (vgl. JAPPE, 1971; LORENZER, 1973; DREWS & BRECHT, 1975).

»Der Gedanke, physiologische Veränderungen und das Physikalisch-Meßbare zur Grundlage aller psychologischen Erörterungen zu machen, also die strenge Anwendung jener Anschauungen, die dem Helmholtz-Brückeschen Ansatz zugrunde lagen, beherrschte FREUDS Denken in diesen Jahren« (KRIS, 1950, S. 540 f.).

Und:

»Das hier vermittelte Ideal der Meßbarkeit, der Materialismus und Mechanismus der dort betriebenen Physiologie – in der wissenschaftlichen Welt

3 Das programmatische Bekenntnis der Helmholtzschen Schule lautete: »Wir haben uns verschworen, die Wahrheit geltend zu machen, daß im Organismus keine anderen Kräfte wirksam sind, als die gemeinen physikalisch-chemischen...« (zit. nach AMMON, 1974, S. 17).

tonangebend – waren von nachhaltigem Einfluß auf die psychologischen Überlegungen FREUDS in den präpsychoanalytischen Jahren; sie sind es im Grund immer geblieben« (DREWS & BRECHT, 1975, S. 20 f.).

Aus äußeren Gründen gezwungen, seine theoretische Laufbahn als Physiologe aufzugeben, war er schließlich als klinischer Neurologe mit der menschlichen Psychopathologie konfrontiert, mit der bizarren Symptomatik der »Nervösen«.

Zwei Interessen fielen hier zusammen: sein wissenschaftlicher Forschergeist und das heimliche Interesse FREUDS, den Menschen als Philosophen zu verstehen; dieses vertraut er 1896 seinem befreundeten Kollegen, dem Berliner Arzt Wilhelm FLIESS an:

»Ich sehe, wie Du auf dem Umwege über das Arztsein Dein erstes Ideal erreichst, den Menschen als Physiologe zu verstehen, wie ich im geheimsten die Hoffnung nähre, über dieselben Wege zu meinem Anfangsziel der Philosophie zu kommen. Denn das wollte ich ursprünglich, als mir noch gar nicht klar war, wozu ich auf der Welt bin« (FREUD, 1896, S. 165).

Als Facharzt für psychische Erkrankungen begab er sich mit seinen Forschungen auf ein Feld, das bisher nur intuitiven Denkern, Philosophen und Poeten oder der Domäne der Religion erschlossen war.

Seine Fragestellungen waren letztlich philosophisch motiviert, doch er konnte philosophische Antworten nicht akzeptieren, nicht zuletzt, um nicht vollends von der ihn umgebenden medizinischen Fachwelt für nichtig erklärt zu werden; um deren Akzeptanz und um die wissenschaftliche Verifizierung seiner Antworten hat er immer gerungen.

So können wir also FREUD weder als originär wissenschaftskritisch noch als naturwissenschaftlich »verblendet« verstehen, sondern als einen ungemein kritischen, offenen *Hinterfrager*, der sich dennoch nicht von seinem naturwissenschaftlichen Rahmen lösen möchte. Sein Weg, der revolutionäre Entdeckungen hervorbrachte, ist gekennzeichnet von dem Versuch, ein psychodynamisches Konzept in das Vorstellungssystem der zeitgenössischen Neurophysiologie, aus der er hervorgegangen war, zu integrieren. Gleichzeitig sieht er seine psychoanalytische Bewegung als geistigen Wegbereiter für eine fortschrittlichere Wissenschaft.

Letztlich waren wohl immer »zwei Seelen in seiner Brust«, wie auch dieses Zitat illustriert:

»Ich bin nicht immer Psychotherapeut gewesen, sondern bin bei Lokaldiagnosen und Elektroprognostik erzogen worden wie andere Neuropathologen, und es berührt mich selbst noch eigentümlich, daß die Krankengeschichten, die ich schreibe, wie Novellen zu lesen sind und daß sie sozusagen des ernsten Gepräges der Wissenschaftlichkeit entbehren« (FREUD, 1895, S. 131).

Er schützt seine Theorie vor unhaltbarer Spekulation, unterwirft sich aber auch einem mechanistischen Denkschema, das den Gegenstand immer wieder in eine Form zwingt, die, wie wir sehen werden, den ganzheitlichen Blick verstellt.

2.2.1.2 Psychoanalytische Theoriebildung im naturwissenschaftlichen Kontext

Wie schon gesagt, sind die Uranfänge der Psychoanalyse in der Auseinandersetzung FREUDS und BREUERS mit konversionshysterischen Krankheitsbildern zu lokalisieren.

Das Interesse an der Hysterie verdankte FREUD seinem Studienaufenthalt in Paris (Herbst 1885 bis Februar 1986), wo der berühmte Arzt CHARCOT sich mit hypnotischen Behandlungen an Hysterikerinnen versuchte. CHARCOT hatte die Hysterie »sozusagen über Nacht zu einer anerkannten Krankheit des Nervensystems gemacht« (LORENZER, 1973, S. 19), nachdem die Hysterie vordem von der medizinischen Fachwelt als »Simulation« oder höchstens »Einbildung« oder als eine »sonderbare Erkrankung der Gebärmutter« abgetan wurde (vgl. ebenda).

Immerhin waren durch CHARCOT schon »die Wirkung bloßer Gedankenkräfte« (vgl. LORENZER, 1973, S. 20), also psychische Momente als mitwirkende Faktoren an der Hysterie ins Blickfeld gerückt. Der Begriff »psychisch« war allerdings in der damaligen psychiatrischen Redeweise als bloßer Ausdruck eines somatischen Prozesses zu verstehen, und

»die wissenschaftliche Untersuchung, ausgerichtet auf die Suche nach greifbaren somatischen Veränderungen, zielte in Aufklärung der naturwissenschaftlichen Kausalitätsgesetzlichkeit darauf, die Veränderung von Körpervorgängen, die den psychischen Erscheinungen zugrunde liegen, zu ermitteln« (LORENZER, 1973, S. 21).

Für CHARCOT lag der Hauptakzent bei der hysterischen Ätiologie indes auf der hereditären Degeneration; ein traumatisches Ereignis wurde nur als inhaltlich unspezifischer Zusatzfaktor betrachtet, als auslösendes Moment.

FREUD und BREUER verlegten nun ihr Interesse auf diesen inhaltlichen Faktor, und die Annahme einer somatischen Disposition trat zunehmend in den Hintergrund. Die Störung ist indes noch eine äußerliche, quantifizierbare; es geht um den »traumatischen Einfluß auf den Affektablauf«, der zum »Einklemmen des Affektes« (FREUD, 1905c, S. 150) führt; die »kathartische Methode« soll hier in erster Linie eine Abfuhrmöglichkeit bieten.

Auch nach Aufgabe der Hypnose, als die schlichte Abreaktion zugunsten einer inhaltlichen Rekonstruktion und Verarbeitung in den Hintergrund tritt, verbleibt FREUD noch ganz im naturwissenschaftlichen Rahmen:

»In einer thematisch bestimmten Situation schien lediglich an einem ›Apparat‹ eine Störungstaste gedrückt worden zu sein; der inhaltliche Zusammenhang interessierte in der Theorie und für die therapeutische Praxis nur insofern, als es die pathogene Ereigniskonstellation wieder heranzuholen galt, um die Störung zu lösen« (LORENZER, 1973, S. 29 f.).

Ungewöhnlich war allerdings, daß FREUD sich mit der Konversion auf eine Symptomatik einließ, die sich nicht morphologisch erfassen ließ; seine Orientierung am funktionellen Syndrom ist für ihn aber immer nur eine vorübergehende;

»Ich bin ... gar nicht geneigt, das Psychologische ohne organische Grundlage schwebend zu erhalten« (FREUD, 1898, S. 357).

Er bemüht sich immer wieder um Konstrukte, die die psychischen Erscheinungen am Körpergefüge lokalisierbar machen könnten.[4]

4 »FREUD quälte sich mit der Absicht ›eine naturwissenschaftliche Psychologie zu liefern und psychische Vorgänge darzustellen, als quantitativ bestimmte Zustände aufzeigbarer materieller Teile‹, die er glaubte, in den ›Neuronen‹ gefunden zu haben. Er konstruierte ein kompliziertes Organisationssystem dieser ›Teile‹, um die psychodynamischen Vorgänge, die er bei der Hysterie, bei der Angstneurose und beim Traum beobachtet hatte, als Funktionen einer spekulativen physiologischen Maschinerie erklärbar zu machen. Fließ erfuhr schließlich darüber: ›Es schien alles ineinander zu greifen, das Räderwerk paßte zusammen, man bekam den Eindruck, das Ding sei jetzt wirklich eine Maschine und werde nächstens auch von selber gehen‹« (AMMON, 1974, S. 16).

Kris (vgl. Jappe, 1971) spricht von einem »intellektuellen Konflikt« (S. 8), der sich für Freud aus der einerseits vorbehaltlosen Hingabe an die Beobachtung, die das subjektive Moment in den Vordergrund stellte, und dem gleichzeitigen Bemühen einer naturwissenschaftlichen Verifizierung ergab; letzteres setzte immer wieder seine Akzente, vor allem auch in seiner Terminologie. Seine Praxis des verstehenden Zuhörens entwickelte indes »eine Eigendynamik, die sich keineswegs stillegen ließ (wie sonst üblich im Gang einer geschlossenen experimentellen Untersuchung), nachdem die ersten Schichten der traumatischen Zusammenhänge freigelegt waren« (Lorenzer, 1973, S. 36).

Die Offenheit seiner Vorgehensweise, das immer tiefere Vordringen in die Symptomatik führte Freud in immer frühere Entstehungszeiten und zu der Erkenntnis der »unvergleichlichen Bedeutung sexueller Erlebnisse für die Ätiologie der Psychoneurosen« (Freud, 1906, S. 151).[5]

»Ohne diese sexuellen Traumen der Kinderzeit in Betracht zu ziehen, konnte man weder die Symptome aufklären, deren Determinierung verständlich finden, noch deren Wiederkehr verhüten. Somit schien die unvergleichliche Bedeutung sexueller Erlebnisse für die Ätiologie der Psychoneurosen als unzweifelhaft festgestellt, und diese Tatsache ist auch bis heute einer der Grundpfeiler der Theorie geblieben« (Freud, 1906, S. 151).

Diese Entdeckung schien Freud für eine Zeitlang zu einer lückenlosen kausalen Erklärung der Hysterie zu befähigen; das »infantile Sexualtrauma«, als »unzeitige, die Entwicklung des neurophysiologischen Apparates unzuträglich schockierende sexuelle Verführung des Kindes durch den Erwachsenen« (Lorenzer, 1973, S. 36), war als abgegrenzter, erklärbarer Faktor gegenüber ungewissen psychologischen Spekulationen und den bisherigen unverbindlichen, vagen Vorstellungen über die sexuelle

5 Ein Zitat aus »Zur Geschichte der psychoanalytischen Bewegung« (Freud, 1914b) illustriert am besten, auf welche Weise Freud zur Theorie des »infantilen Sexualtraumas« gelangte: »Man merkte zuerst nur, daß man die Wirkung aktueller Eindrücke auf Vergangenes zurückführen mußte. Allein, ›der Sucher fand mehr als er zu finden wünschte‹. Man wurde immer weiter zurück in diese Vergangenheit gelockt und endlich hoffte man in der Pubertätszeit verweilen zu dürfen, in der Epoche des traditionellen Erwachens der Sexualregungen. Vergeblich, die Spuren wiesen noch weiter nach rückwärts, in die Kindheit und in frühe Jahre derselben« (S. 55).

Verursachung der Hysterie geeignet, FREUDS Erkenntnisse und Hypothesen wieder auf den sicheren Boden physiologischer Vorgänge zu führen.

»Freud schien am Ziel angekommen. Die naturwissenschaftliche Aufklärung seines Gegenstandes ›hysterische Krankheitserscheinungen‹ war bis zum Aufriß eines befriedigenden Erklärungsschemas mit klarem Kausalnexus zwischen Symptom und Ursachengefüge gediehen. Ein beobachtbares hysterisches Symptom ließ sich auf einen bestimmten Krankheitsprozeß zurückführen. Dem Krankheitsprozeß wiederum schien eine angebbare Ursache – die Sexualverführung – zugrunde zu liegen. Die Verhältnisse waren so eindeutig und genau nach demselben Erkenntnismuster zu durchschauen wie bei der Tuberkulose oder der Lues« (LORENZER, 1973, S. 38).

Doch nicht lange darauf mußte er aufgrund »ehrlicher und kräftiger intellektueller Arbeit« (FREUD, 1897, S. 284) seine Verführungstheorie revidieren; verschiedene Widersprüche stellten sich dieser entgegen, vor allem FREUDS – bezeichnende und hinterfragbare – Irritation, daß

»in sämtlichen Fällen (von Hysterie) der *Vater* als pervers beschuldigt werden mußte, *mein eigener nicht ausgeschlossen* (Hervorhebung der Verfasserin), die Einsicht in die nicht erwartete Häufigkeit der Hysterie, wo jedesmal dieselbe Bedingung erhalten bleibt, während doch solche Verbreitung der Perversion gegen Kinder wenig wahrscheinlich ist« (FREUD, 1897, S. 283).

Die Annahme eines »*von außen* an das Funktionsgefüge herangetragenen Eingriffs nach dem Modell physikalischer Störungsbedingungen« (LORENZER, 1973, S. 47) im Sinne traumatischer Sexualbeziehungen durch den verführenden Erwachsenen mußte falsifiziert werden. FREUD wandelte die Theorie der »infantilen Sexualtraumen« in die Theorie des »Infantilismus der Sexualität« um (vgl. FREUD, 1906, S. 153).
Dieser Verzicht auf die Theorie des Verführungstraumas bedeutete aber nun auch den Verzicht auf eine lückenlose Aufklärung des hysterischen Phänomens anhand von beobachtbaren, kausalgesetzlichen Kategorien; FREUD mußte nun wiederum von beobachtbaren Ereigniszusammenhängen auf die Ebene von Phantasiezusammenhängen zurückkommen, löste diese Aufgabe aber durch Entwurf eines »psychischen Apparats«, der, in Anlehnung an die Funktionskomplexe des Nervensystems, ein Modell für die Zusammenhänge der »psychischen Faktoren« bieten sollte. So lö-

ste er sich nicht vom Paradigma naturwissenschaftlicher Kausalgesetzlichkeit, wenn sich auch die Voraussetzungen zur Erfassung des Gegenstandes erheblich komplizierten.

»Neu war, daß mit der Konzentration der Untersuchung auf Phantasie und Erleben der Abstand zwischen den beobachtbaren Daten der Neurose, nämlich zwischen der Symptomatik auf der einen Seite und biologisch-materiellen Interessen auf der anderen Seite, erweitert wurde« (LORENZER, 1973, S. 42).

Der Faktor »hereditäre Disposition« schien wieder an Gewicht zu gewinnen, doch FREUD kapitulierte nicht:

»Der gegenüber dem Traumakonzept siegreiche Gesichtspunkt der Disposition wurde vielmehr selbst zum Ansatz der nächsten Phase in naturwissenschaftlicher Forschungsabsicht. Die sexuelle Problematik, die als *infantiles Trauma* falsifiziert worden war, entfaltete sich im Bereich der Disposition als *Triebprozeß*, womit die Erforschung der Kausalgenese wieder sicheren Boden fand, der sich in der Folgezeit unangefochten als das Fundament der Psychoanalyse festigte« (LORENZER, 1973, S. 43).

Der Trieb als »psychische Repräsentanz einer kontinuierlich fließenden, innersomatischen Reizquelle« (FREUD, 1905c, S. 76) versprach eine sichere Verbindung der psychoanalytischen Erkenntnisse mit körperlich-biologischen Vorgängen herzustellen.
Somit befand man sich wieder auf stabilem Grund und das Ziel, »Psychoanalyse als Naturwissenschaft vom Seelischen« zu etablieren, rückte wieder in greifbare Nähe.

»Die jene Traumatheorie ablösende Lehre von der Triebentwicklung gab eine sichere Basis ab, um den Gegenstand der Psychoanalyse als Natur zu bestimmen« (LORENZER, 1973, S. 46).

Auch bei zunehmender Konzentration auf Phantasiezusammenhänge, auf innerseelische Faktoren, war es also das vorrangige Ziel FREUDs, diese Phänomene in materiellen Bedingungen zu verankern.

»Dieses Ziel hatte einen neuen Haltepunkt in der biologischen Matrix der Triebe gefunden« (LORENZER, 1973, S. 47).

Aber die sich verselbständigende Praxis des »Zu-Wort-Kommens« des Patienten stieß die psychoanalytische Forschung auf ein neuartiges Untersuchungsfeld: die Traumproblematik.

»Zum ersten Mal trieb hier der neue methodische Umgang mit dem Material der Analyse Ergebnisse hervor, die deutlich machten, daß der mit solcher Methode verknüpfte Untersuchungsgegenstand dem Bereich der vom Menschen selbst hergestellten Symbole, also zwischenmenschlicher Kommunikation zugehört« (LORENZER, 1973, S. 44).

Die Beschäftigung mit der Traumproduktion des Menschen, mit seinen inneren Gesetzen zieht die Beschäftigung mit Sprachbildern nach sich, mit von Menschen geschaffener Symbolik, und unversehens stehen soziale Interaktionen im Mittelpunkt des Interesses. Der konfliktuösen Beziehung des Kindes zu seinen Eltern, so wie überhaupt den Wechselbeziehungen des »psychischen Apparats« mit seiner sozialen Umwelt, mußte Rechnung getragen werden.

Diese Beziehungen konnten nicht länger als Reiz-Reaktions-Verhältnis betrachtet werden; die Idee eines unabhängig von der Umwelt sich entwickelnden »psychischen Apparats«, den nur einmal ein von außen kommender Reiz überfordern könnte, mußte aufgegeben werden; der traumatische Faktor wurde, als Resultat einer Wechselbeziehung zwischen dem Kind und seinen ersten Liebesobjekten, als im psychischen Apparat verinnerlicht erkannt.

FREUD zog die theoretischen Konsequenzen aus seinen Ergebnissen, und der Konflikt des Individuums mit seiner Außenwelt wurde nun so ins Zentrum seiner Theorie gerückt,

»daß die Psychoanalyse sich unmerklich von einer funktionalistischen Psychologie zu einer Analyse der Sinnzusammenhänge verwandelte« (LORENZER, 1973, S. 48).

Dies zog natürlich die Beachtung der sozialen Determinanten im neurotischen Geschehen nach sich und FREUD verhehlte nicht, daß die »kulturellen« Faktoren erheblichen Beitrag zur »modernen Nervosität« leisteten (vgl. FREUD, 1938, S. 42 ff.), ja wirft sogar die Frage auf, »ob unsere ›kulturelle‹ Sexualmoral der Opfer wert ist, welche sie uns auferlegt« (FREUD, 1908, S. 32).

Dennoch stellt er sich letztlich nicht den Konsequenzen der von ihm aufgedeckten, sich verschärfenden Widersprüchen, sondern zwingt seine Erkenntnisse immer wieder in biologische Kategorien zurück; das von ihm postulierte Über-Ich als Instanz der verinnerlichten gesellschaftlichen Zwänge wird gleichzeitig, als Abkömmling des Es, mit Energie ausgestattet und so wiederum zum »quantitativ bestimmbaren Funktionskomplex« (LORENZER, 1973, S. 49).

Die Doppelgesichtigkeit seines Gegenstandes als »Naturgegenstand« und »Kulturgegenstand« wird nicht ausreichend problematisiert, und FREUD scheint vor den kulturellen Widersprüchen zu kapitulieren, als er schließlich anstelle einer Reflexion dieses »Nebeneinanders von naturwissenschaftlichen und sozialwissenschaftlichen Kategorien« (ebenda) eine einfache biologistische Hypothese aufstellt: die spekulative Annahme eines Todestriebes, einer biologischen, destruktiven Tendenz im Menschen.

So konnte letztlich wieder ein lückenloses Erklärungsmodell geliefert werden, da die sozialen Störungsfaktoren und die gesamte (pathologische) Entwicklung des Individuums letztlich auf biologische Grundprozesse, auf die Auseinandersetzung zweier gegensätzlicher Naturprinzipien, Eros und Todestrieb, zurückgeführt werden konnte.

»Die von der psychoanalytischen Praxis aufgenötigte Berücksichtigung der Ebene sozialer Tatsachen wurde wiederum reduziert auf Naturprozesse. Der vorübergehend aufgesprengte Rahmen der Naturwissenschaft war restituiert, der Gegenstand der Psychoanalyse präsentierte sich wieder als Natur« (LORENZER, 1973, S. 50).

Und in diesem Sinne spielte der menschliche Körper natürlich eine entscheidende Rolle – als medizinisches Untersuchungsobjekt, als quantifizierbare Größe, als beobachtbares und meßbares Korrelat des Psychischen. Und insofern stimmen wir BITTNER zu; die FREUDsche Orientierung am Körper ist so zentral, wie es das Interesse des Organmediziners ist. Doch eine solche Einstellung hat wenig mit dem Interesse des Körpertherapeuten am Körpergeschehen zu tun, ja steht ihm sogar entgegen. Der Körper ist hier das Objekt, und im Interesse »objektiver« Wissenschaft beruft man sich auf ihn.

Positiv betrachtet bedeutet FREUDs naturwissenschaftliche Herangehensweise eine Absicherung gegen idealistische Versuchungen. Es ist zuzugestehen, daß,

»indem FREUD eine Kultur des verstehend-interpretierenden Zuhörens ausbaute, zugleich aber sein Begreifen strikt nach dem Modell der Naturwissenschaften betrieb ... sich ein fruchtbarer Irrtum (ergab), dem wir die Psychoanalyse nicht als Sammlung von Mandalas und Mythologismen, sondern als Strukturlehre verdanken« (LORENZER, 1986, S. 1059).

FREUD nur einer »medizinischen« Haltung gegenüber dem Körper zu bezichtigen wäre natürlich unhaltbar angesichts der Tatsache, daß schließlich FREUD es war, der den »Körper der Lust« entdeckte und ins Zentrum seiner Theorie rückte[6]; betrachten wir daher nun die andere Sichtweise FREUDS auf den Körper, betrachten wir den Körper als »Gegenstand der Biologie«.

2.2.2 Der Körper im Kontext der Triebtheorie

2.2.2.1 *»Die Anatomie ist das Schicksal!«*

»Die Anatomie ist das Schicksal!« (FREUD, 1912c, S. 209).

Dieser Ausspruch FREUDS charakterisiert ein weiteres Mal die Körpergebundenheit seiner Theorie – die psychoanalytische Lehre basiert auf der Triebtheorie. Die menschliche Psyche ist determiniert vom Triebgeschehen:

»Die Kräfte, die wir hinter den Bedürfnisspannungen des Es annehmen, heißen wir Triebe. Sie repräsentieren die körperlichen Anforderungen an das Seelenleben« (FREUD, 1938, S. 11).

Trieb also als somato-psychischer Grenzbegriff, das Triebgeschehen ist biologisch und psychologisch zugleich zu verstehen.
Die Triebtheorie wurde, wie wir sahen, nach FREUDS Revision der Verführungstheorie postuliert: Nachdem ihm in den Erzählungen seiner Patienten und Patientinnen die Häufigkeit des erlittenen sexuellen Mißbrauchs »wenig wahrscheinlich« anmutete (vgl. Kapitel 2.2.1.2, S. 69), verlegte er diese schließlich in den Bereich der Phantasien. Biologisch fundiert wurden seine Theorien wieder, nachdem er als Quelle dieser Phantasien die Triebkraft einer kindlichen Sexualität postulierte.
So schien sich schließlich »so manche Verführungsphantasie als Abwehrversuch gegen die Erinnerung der eigenen sexuellen Betätigung (Kindermasturbation)« (FREUD, 1905c, S. 152) entlarven

---

6 Von HIRSCH (1989) erfahren wir auch etwas zu FREUDS *persönlichem* Verhältnis zum Körper: »FREUD, der eine gewisse hypochondrische Neigung hatte, korrespondierte scherzhaft mit JUNG über seinen Körper, den er ›Konrad‹ nannte, wie es auch der Held des damals populären Romans *Imago* von Carl SPITTELER (1945) tat« (S. 5). FREUD schreibt an JUNG: »Zum Glück habe ich dem armen Konrad durch besondere Schonung in Hamburg und Berlin seine normale Digestion wiedergegeben« (zit. nach HIRSCH, 1989, S. 5).

zu können, und an die Stelle der Annahme eines von außen kommenden infantilen sexuellen Traumas durch Verführung Erwachsener kam nun die Entdeckung einer originär kindlichen sexuellen Begierde auf den Erwachsenen.

FREUD vermutete nun eine infantile Sexualbetätigung, und zwar vom frühen Säuglingsstadium an; diese ist zunächst autoerotisch, »sie kennt noch kein Sexualobjekt... und ihr Sexualziel steht unter der Herrschaft einer erogenen Zone« »in Anlehnung an eine der lebenswichtigen Körperfunktionen« (FREUD 1905c, S. 89). Durch libidinöse Besetzung der verschiedenen Zonen eignet sich das Kind allmählich den Körper in seiner Ganzheit an.

Der Körper findet also in einem ersten psychoanalytischen Zugang Beachtung, insofern er Sexual-Körper ist, Körper als »eine Ganzheit von erogenen Zonen, das heißt, sexueller Erregungszonen, die sich vor allem auf die Körperöffnungen konzentrieren (orale, anale, genitale Zonen)« (BERNARD, 1980, S. 26). Die »sexuelle Morphologie«, so BITTNER (1986), schafft die Basis, »auf der die seelische aufbaut« (S. 716).

In den »Drei Abhandlungen zur Sexualtheorie« (1905) veranschaulicht FREUD die frühkindliche psychische Entwicklung korrespondierend mit der libidinösen Besetzung der jeweils phasenspezifisch bedeutsamsten Körperzone (orale, anale, genitale Phase). Die Eindrücke und Schwierigkeiten, die in diesen Phasen entstehen, prägen die Persönlichkeit des Kindes, vor allem in Hinblick auf seine spätere Sexualbetätigung und Objektwahl; sie können auch Fixierungen auf bestimmte Phasen zur Folge haben, oder es kann im späteren Leben zu Regressionen darauf kommen.

FREUD betrachtet aber die Erogenität als eine allgemeine Eigenschaft sämtlicher Organe – alle Organe können letztlich vom Sexualtrieb »besetzt« werden und daher über ihre Form und Funktion hinaus Bedeutung erlangen (vgl. BERNARD, 1980, S. 69).

Abgesehen von der Besetzung der oralen, analen und genitalen Zone, die nach entwicklungsspezifischen Gesetzmäßigkeiten erfolgt (das Saugen, die Reinlichkeitserziehung, die Entdeckung des Genitales), variiert die »Körpererfahrung« jedes einzelnen entsprechend seinen libidinösen Bevorzugungen sowie der spezifischen Stimulierung durch andere. Das »Körperbild« des Menschen ist immer von seinen ganz individuellen Besetzungen, seinen Überbewertungen und Vernachlässigungen von Körperzonen, seinen Fixierungen und Regressionen auf sie geprägt, und dies steht natürlich im engen Wechselspiel mit den frühen Objekten, die durch Zu- und Abwendung vom Körper und Körperzonen des Kindes diesen Bedeutung verleihen.

So ist das »Körperschema« des Menschen niemals dem Körperbild des Anatomen entsprechend, sondern von »libidinöser, dynamischer Struktur, die sich gemäß unserem Verhältnis zum physischen, vitalen, sozialen Milieu pausenlos ändert...« (BERNARD, 1980, S. 26). »Körpererfahrung« ist vermittelt durch eine »phantasiegebildete Anatomie« (BERNARD, 1980, S. 70), die

»dem von Anatomen beschriebenen objektiven Körper nicht nur die Gliederung und die Struktur (entzieht), sondern auch die Realität, da sie ihn den Phantasien des Imaginären ausliefert« (BERNARD, 1980, S. 67).

FREUDS Interesse galt aber weniger dieser frühkindlichen Körpererfahrung als den Konflikten und Traumatisierungen, die das Kind im »Ödipuskomplex« zu bewältigen hat: Seine Theorie des »zweizeitigen Ansatzes des Sexuallebens« (FREUD, 1938, S. 15) impliziert einen »Höhepunkt« der frühkindlichen Sexualität »etwa gegen Ende des fünften Lebensjahres... dem dann eine Ruhepause folgt« (ebenda), die Latenzzeit.

Mit der Pubertät blüht das Sexualleben dann wieder auf und führt zur erwachsenen Sexualität. Der »Höhepunkt« im fünften Lebensjahr ist für FREUD die bedeutsamste kindliche Entwicklungskrise: Das Kind richtet seine Sexualstrebungen auf den gegengeschlechtlichen Elternteil und empfindet den gleichgeschlechtlichen als Konkurrenten. Diesem »Ödipuskomplex« des Kindes wird »in unseren kulturellen Verhältnissen... regelmäßig ein schreckhaftes Ende bereitet« (FREUD, 1938, S. 46).

Das Kind ist mit der anatomischen Verschiedenheit der Geschlechter sowie mit den – von außen kommenden – Schranken seiner Triebhaftigkeit konfrontiert, d. h., der Knabe erfährt die »Kastrationsdrohung«, das Mädchen seinen »Penismangel«.

Die Lösungs- und Verarbeitungswege, die sie in dieser Krise einschlagen, sind entscheidend für ihre spätere psychosexuelle Entwicklung. Der Prozeß selbst verfällt jedoch der infantilen Amnesie.

»Das ganze Erlebnis mit all seinen Folgen... verfällt einer höchst energischen Verdrängung, und wie es die Gesetze des unbewußten Es gestatten, bleiben alle miteinander streitenden Gefühlsregungen und Reaktionen, die damals aktiviert wurden, im Unbewußten erhalten und bereit, die spätere Ich-Entwicklung nach der Pubertät zu stören« (FREUD, 1938, S. 47).

Für FREUD ist also der Ödipuskomplex, die Lösungen oder das Scheitern der frühkindlichen sexuellen Konflikte, von determinierender psychischer Bedeutung, hier ist der Grundstein für die neurotische Entwicklung zu suchen; der »Kastrationskomplex« ist das »stärkste Trauma seines jungen Lebens« beim Jungen (ebenda), die »ganze Entwicklung (des Mädchens) vollzieht sich im Zeichen des Penisneids« (FREUD, 1938, S. 49).

Der zentrale kindliche Konflikt ist in der psychoanalytischen Theorie also tatsächlich körperbezogen; besser gesagt phallus-zentriert: das männliche Genital – hat man es, oder nicht, und wenn man es hat, muß man fürchten, es zu verlieren – es geht um Kastrationsangst und Penisneid, um Kategorien also, die sich heutzutage weniger als »biologisch« denn als kulturspezifisch erweisen.

Zudem zeugen sie von einer punktförmigen Konzentrierung auf Genitalität, die die entscheidende Bedeutung der sinnlichen Erfahrung, die Erfahrung des ganzen Körpers als Selbst-Erfahrung in den Hintergrund treten läßt. Liest man die psychosexuelle Phasenlehre, so könnte man den Eindruck gewinnen, der Körper sei für das Kind »nur ein Mosaik erogener Zonen« (BERNARD, 1980, S. 66), ein »Harlekinskostüm« (DELEUZE, zit. nach BERNARD, 1980, S. 66), ein »aus mehr oder weniger überreizten oder erregten erogenen Zonen ›zusammengeflickter‹ Körper, wie er vom Kind in seiner Lust erfaßt wird« (ebenda). Diese sexuelle Terminologie, die Benennung aller Besetzungen, Wünsche und Kräfte des Menschen als »Sexualität« ist aber irreführend. FREUD macht sich zwar zum Anwalt des Körpers, indem er dessen »archaische Sprache der Phantasien ... jenseits der Rationalisierungen, der verfinsternden anatomischen, physiologischen, psychologischen und phänomenologischen Diskurse« (BERNARD, 1980, S. 74) zutage fördert. Er meint aber immer den Sexual-Körper, mit der entsprechenden Wertung, der die Sexualität bei ihm unterliegt. Dazu ANZIEU (zit. nach KAPFHAMMER, 1985):

»In den Tagen von FREUD war es Sex, der verdrängt war. Dies führte ihn dazu, so sehr auf Sexualität zu beharren. Heute ist die große Sache, die fehlt, ... der Körper als eine vitale Dimension der menschlichen Realität, als ein irreduzibles und präsexuelles allgemeines Faktum, als das Fundament aller psychischer Funktionen« (S. 165 f.).

Sexualität ist nämlich,

»mindestens in der modernen Deformation zu ›Sex‹, ein zu enger Begriff, um die Fülle und Vielseitigkeit der Regungen, Energien, Verbindungen richtig zu bezeichnen – auch wenn sie alle immer eine Verbindung zum Sexuellen, besser gesagt zum Erotischen haben« (zur LIPPE, 1978, S. 143).

Sicherlich hat ja gerade FREUD die weitere Fassung der Sexualität betont und von der Genitalität unterschieden; dennoch bleibt er, angesichts seiner triebfeindlichen Umgebung, in einer zu engen Sichtweise verhaftet; unterdrückte Körperlichkeit und Sinnlichkeit machten sich eben vor allem in aufbegehrender Sexualität bemerkbar.

Und indem FREUD durch die Falsifizierung des infantilen Sexualtraumas das Kind zum Triebwesen macht, ist es immer auch mit schuld an seiner Neurose; es wird nicht einseitig traumatisiert, wie ursprünglich angenommen, sondern scheitert an einem phasenspezifischen Konflikt, wenn nämlich sein (zu hoher) Triebanspruch mit den Ansprüchen seiner Kultur, repräsentiert durch die Sanktionen seiner Erzieher, kollidiert.

Die frühen Kinderjahre sind also so störanfällig und so bedeutsam für die psychische Entwicklung, weil es sich in erster Linie um einen Prozeß handelt, in welchem, so FREUD, »der kleine Primitive ... in wenigen Jahren ein zivilisiertes Menschenkind geworden sein« (FREUD, 1938, S. 43) soll, was ohne »Nachhilfe der Erziehung, des Elterneinflusses ... die als Vorläufer des Über-Ichs die Aktivität des Ichs durch Verbote und Strafen einschränkt« (ebenda), nicht möglich ist. Das labile Ich des Kindes muß mit seiner Triebhaftigkeit und/oder den strengen Forderungen und Schranken seiner Kultur fertig werden.

Daß dies »die Vornahme von Verdrängungen begünstigt oder erzwingt« (FREUD, 1938, S. 42), räumt FREUD dabei durchaus ein, und er stellt sich auf die Seite der unterdrückten Triebhaftigkeit, wenn er den »Kultureinfluß unter die Bedingungen der Neurose« (FREUD, 1938, S. 43) aufnimmt und zu bedenken gibt, daß wohl »keine andere Funktion im Laufe der Kulturentwicklung eine so energische und so weitgehende Zurückweisung erfahren hat wie gerade die sexuelle« (ebenda).

Allein, die Kultur – und damit der Primat des Geistes – steht eindeutig höher, nur »der Barbar ... hat es leicht, gesund zu sein« (ebenda); gesellschaftlicher Fortschritt ist also, dies nimmt FREUD trotz aller Kritik hin, nur zum Preis der Unterdrückung von Sexualität, von Körperlichkeit zu betreiben. Der Körper in der FREUDschen und damit der klassischen Psychoanalyse unterliegt also derselben ambivalenten Bewertung wie die Sexualität.

2.2.2.2 »Das Ich ist vor allem ein körperliches«

»Das Ich ist vor allem ein körperliches« (FREUD, 1923a, S. 182),

ein weiterer Satz FREUDS, der uns die enge Verknüpfung von körperlicher und seelischer Entwicklung verdeutlichen soll. In »Das Ich und das Es« (1923a) postuliert FREUD die Ich-Instanz als »die Projektion einer Oberfläche« (S. 182), und zwar nicht nur im Sinne des utopischen Modells, als dem »Es« aufsitzend, sondern ausdrücklich abgeleitet von der unmittelbar gegebenen physischen Oberfläche – der des Körpers. Das Ich wäre demnach, so BITTNER (1986), »die psychisch repräsentierte Körperoberfläche« (S. 722), eine »Fläche aus Seelenmaterie« (ebenda). Das Kind erfährt sich selbst und seine Getrenntheit von den anderen über den Körper – das »Körper-Ich« geht der Ich-Entwicklung voraus.

»Der eigene Körper und vor allem die Oberfläche desselben ist ein Ort, von dem gleichzeitig äußere und innere Wahrnehmungen ausgehen können« (FREUD, 1923a, S. 182).

Der eigene Körper wird zunächst »wie ein anderes Objekt gesehen« (ebenda), aber allmählich von den anderen Objekten unterschieden, indem nicht nur Empfindungen des *berührenden* Körperteils, sondern auch solche des *berührten* wahrgenommen werden. Aus diesen »zweierlei Empfindungen« (ebenda), die sich beim Ertasten des eigenen Körpers einstellen im Kontrast zum Berühren und Berührt-Werden von anderen, entwickelt sich das Gefühl für den eigenen Körper im Unterschied zum »nicht-eigenen« Körper; das Erleben des »Selbst« und die Getrenntheit vom »Nicht-Selbst« wird möglich.
Die Beziehung zur Pflegeperson, die diese körperlichen Wahrnehmungen vermittelt, ist also unentbehrlich, insofern sie einerseits die Reize aus dem Körperinnern des Kindes zu befriedigen weiß, andererseits durch ihre Pflege äußere Reize vermittelt; sie ermöglicht dem Kind die notwendige narzißtische Körperbesetzung ebenso wie die erste Zuwendung zur Objektwelt.

»Das erste erotische Objekt des Kindes ist die ernährende Mutterbrust, die Liebe entsteht in Anlehnung an das befriedigte Nahrungsbedürfnis. Die Brust wird anfangs gewiß nicht vom Körper unterschieden, wenn sie vom Körper abgetrennt, nach ›außen‹ verlegt werden muß, weil sie so häufig vom Kind vermißt wird, nimmt sie als ›Objekt‹ einen Teil der ursprünglich narzißtischen Libidobesetzung mit sich. Dies erste Objekt vervollständigt sich später zur Person der Mutter, die nicht nur nährt, sondern auch pflegt und so manche andere, lustvolle wie unlustige Körperempfindung beim Kind hervorruft. (...) In diesen beiden Relationen wurzelt die einzigartige, unvergleichliche, fürs ganze Leben unabänderlich festgelegte Bedeutung der Mutter als erstes und stärkstes Liebesobjekt, als Vorbild aller späteren Liebesbeziehungen – bei beiden Geschlechtern« (FREUD, 1938, S. 45).

Die Erfahrung des eigenen Selbst wie des anderen, der Grundstein für menschliche (Liebes-) Beziehungen, wird also als psychophysischer Prozeß, zunächst angelehnt an elementare körperliche Bedürfnisse (Nahrungsaufnahme) und immer somatisch fundiert durch die Triebkräfte gesehen.
Diese frühe Entwicklungsphase wird von FREUD allerdings weniger beachtet als das Stadium des Ödipuskomplexes, und sie ist geprägt von einer triebtheoretischen Terminologie, die dieser Phase nicht wirklich gerecht wird; Begrifflichkeiten wie bei der Feststellung über die früheste Bezugsperson des Kindes: »In der Körperpflege wird sie zur ersten *Verführerin* des Kindes« (FREUD, 1938, S. 45, Hervorhebung der Verfasserin) – um nur ein Beispiel von vielen zu nennen – führen zu unangemessener Sexualisierung und damit impliziter Wertung frühkindlicher Körperlichkeit und Sinnlichkeit. Es geht nicht um Bedürfnisse, sondern um Triebhaftigkeit, nicht um Mangel, sondern Begehrlichkeit. Körperpflege, nur als erotische Stimulierung der verschiedenen Körperzonen gedacht, vernachlässigt die Bedeutsamkeit eines basalen Bedürfnisses nach körper-seelischem Halt, das empathisch und in erster Linie »durch die Haut« beantwortet werden muß.
Der Säugling der klassischen Theorie, motiviert durch »quasi-ontologische Energieprozesse« (KAPFHAMMER, 1985, S. 14), wird nicht deutlich genug in seiner totalen körperlichen Bezogenheit auf die Pflegeperson gesehen; deren zentrale Rolle eines »empathischen Organisators« (KAPFHAMMER, 1985, S. 176) innerhalb einer reziproken, kontinuierlichen Interaktion wird nicht genügend hervorgehoben.

Wenn FREUD behauptet, »daß es keinen Unterschied macht, ob das Kind wirklich an der Brust gesaugt hat oder mit der Flasche ernährt wurde und nie die Zärtlichkeit der Mutterpflege genießen konnte« (FREUD, 1938, S. 46), die Entwicklung gehe »in beiden Fällen die gleichen Wege, vielleicht ist im letzteren die späte Sehnsucht um so höher«, (ebenda), so bezeugt er nur beiläufiges Interesse für das frühkindliche Schicksal; gleich anschließend dann aber die Versicherung, daß der Säugling sowieso unersättlich ist:

»Und so lange auch das Kind an der Mutterbrust genährt wurde, es wird immer nach der Entwöhnung die Überzeugung mit sich nehmen, es sei zu kurz und zu wenig gewesen« (ebenda).

Diese Anthropologie durchzieht nach MOSER (1990) auch noch die klassische Psychoanalyse:

»In der klassischen Analyse unterliegt der Patient dauernd einem schweren Verdacht: daß in ihm im Grunde noch das ›polymorph-perverse‹ Kleinkind lauert, das nur auf Verwöhnung, Triebbefriedigung und diffuses Wohlbefinden aus ist. Deshalb findet sich in FREUDs Psychoanalyse stets eine latente und karge Pädagogik: weg vom unbezähmbaren Kleinkind, auch wenn es nie zu seinem Recht kam, und hin zum sublimierenden Erwachsenen, der freiwillig und ohne kontinuierliche Frustration nie zur Reifung und zur Preisgabe seiner Neurose bereit wäre!« (S. 227).

Der Körper als Sexual-Körper, Körperlichkeit gleichgesetzt mit Sexualität, ist das zu Unterwerfende, zu Überwindende, zu Sublimierende. Obwohl von zentraler Bedeutung und determinierender Qualität, wird der Körper nicht etwa als Quelle von Weisheit gewürdigt, sondern als Quelle von Konflikten; die Sehnsucht nach ungehemmter Körperlichkeit findet FREUD, »begreiflich«, aber »im tiefsten Sinne kulturfeindlich« (FREUD, 1938, S. 43). Dazu zur LIPPE (1978):

»Man muß FREUD von seiner typisch bürgerlichen Unfähigkeit befreien, die großartige Kraft und Feinsinnigkeit aller menschlichen Sinnlichkeit nicht immerzu als die Hinterlist und die Brutalität und die Gemeinheit zu interpretieren, zu der eine sinnenfeindliche Geschichte sie deformiert hat« (S. 143).

Natürlich ist die Psychoanalyse auf diesem Kenntnisstand nicht stehengeblieben. Worum es hier gehen soll, ist die Einstellung FREUDs als ein Paradigma der klassischen Psychoanalyse zu skizzieren. Wir werden sehen, daß diese Einstellung die Methode, die ja eine körperabstinente ist, prägt.

Nachfolgende Analytiker haben die präödipale Phase in ihrer Bedeutsamkeit für die psychische Entwicklung angemessener erfaßt und erforscht, wobei sich die von FREUD gesetzten Akzente verschieben mußten. Durch unmittelbare, langfristige Säuglings- und Kleinkindbeobachtung haben vor allem René SPITZ und Magret MAHLER die frühen Entwicklungsstadien des Menschen erhellt. Dabei rückt die Interaktion zwischen Mutter und Kind, und damit die präverbale Kommunikation, eindeutig in den Vordergrund.

»Körpererfahrung« – das ist auf der präödipalen Stufe nicht zu trennen vom ersten Liebesobjekt, denn es ist »vor allem die Erfahrung der Pflege – oder der Vernachlässigung – durch die Mutter«, wie auch BITTNER (1986, S. 717) weiß.

Die Notwendigkeit einer adäquaten, empathischen Zuwendung von seiten der Pflegeperson wird betont, so daß aus der »Begehrlichkeit« des Kindes ein »Bedürfnis« wird; Haut- und Körperkontakt, Rhythmus, Nuancen in der Stimme und andere präverbale Botschaften und Erfahrungen kristallisieren sich als entscheidend wichtig für die Ich-Entwicklung heraus.

»Im Gegensatz zur Triebpsychologie geht es hier um eine Psychologie der primären Bindung und eine der sich aus dieser entwickelnden Körper-Selbst- und Objektvorstellungen« (HIRSCH, 1989, S. 7).

Wir werden uns daher auf diese psychoanalytischen Konzeptionen von »Körpererfahrung« stützen können; dabei gilt es aber auch zu fragen, ob und inwieweit diese Theorien zu praktischen Konsequenzen im Sinne einer körperorientierten Therapie geführt haben; wir werden hier auf Widersprüche bzw. mögliche »Denkhemmungen« stoßen; zudem bleibt festzustellen, daß die klassische Psychoanalyse nach wie vor eher an der Triebtheorie als an den entwicklungspsychologischen Beiträgen orientiert ist.

2.3 Das Leib-Seele-Geschehen
in psychoanalytischer Forschung und Theorie –
ein Überblick

Beziehen wir uns nun auf die von BITTNER (1986) angeführten psychoanalytischen Beiträge zur Leib-Seele-Problematik, die seiner Meinung nach ebenfalls die Körpergebundenheit der Psychoanalyse unterstreichen.

In den zwanziger Jahren, also der vielleicht kreativsten Phase der Psychoanalyse, die von Experimenten und unorthodoxen Anschauungen geprägt ist, gab es von vielen FREUD-Schülern Bemühungen, den »geheimnisvollen Sprung« vom Psychischen ins Körperliche zu erfassen. Sie suchten organische Phänomene in einen psychoanalytischen Bedeutungszusammenhang zu stellen.

Jenseits des traditionellen organmedizinischen Verständnisses und in Anlehnung an FREUDS Konzept der Konversion bei hysterischen Symptomen wollten sie somatische Symptome allgemein als Elemente einer Organsprache, und damit psychoanalytisch entschlüsselbar, verstehen.

GRODDECK (1917), wohl der originellste Kopf unter diesen Pionieren, war der Wegbereiter der Psychosomatik, indem er das Konzept der hysterischen Konversion auf alle Lebensprozesse ausweitet:

»Ich halte es für einen grundsätzlichen Irrtum anzunehmen, nur der Hysteriker habe die Gabe, sich zu irgendwelchen Zwecken krank zu machen; jeder Mensch besitzt diese Fähigkeit und jeder verwendet sie in einer Ausdehnung, die man sich nicht groß genug denken kann« (S. 7).

Der Mann, von dem FREUD den Terminus »Es« für den Bereich des triebhaften Unbewußten übernahm, hatte eine sehr radikale Vorstellung von dem Leib-Seele-Geschehen. »Körper und Geistseele« seien »dasselbe«, nämlich »Äußerungsformen des Es« (GRODDECK, 1933, S. 51), der Instanz, welcher er geradezu mystische Potenz verleihen will. Das Es, die elementare Kraft im Menschen, drückt sich immerfort, sowohl psychisch als auch organisch, in Symbolen aus, so daß GRODDECK auch vom »Körper als Symbol« spricht. Nicht nur psychische, sondern auch jede organische Krankheit wird als symbolischer Ausdruck der »tief verborgenen Entschlüsse des unbekannten Es« (GRODDECK,

1917, S. 7) betrachtet, ja schon die Unterscheidung zwischen »psychischer« und »organischer« Krankheit widersprachen seiner monistischen Einstellung.

Die Psychosomatik, die Lehre von den psychischen Ursachen körperlicher Erkrankungen, hat also ihre Wurzeln in der Psychoanalyse; ihr Wegbereiter war GRODDECK. Seine eher undifferenzierte Betrachtung des Psychischen und sein mangelhaftes theoretisches System ließen ihn, dem »temperamentvollen Arzt, dem der wissenschaftliche Dünkel so vieler Gelehrten stets ein Greuel war« (FERENCZI, 1921a, S. 94), indes bei der weiteren psychosomatischen Forschung in den Hintergrund treten; der systematische Ausbau der psychosomatischen Theorie blieb nachfolgenden Analytikern überlassen. FREUD hat GRODDECK trotz seiner sehr unorthodoxen Sichtweise im Kreise der Analytiker akzeptiert und geschätzt.

FERENCZI (1924) entwickelte eine »Bioanalyse«, die die psychoanalytischen Erkenntnisse auf Organe, Organteile und Gewebeelemente übertragen sollte (vgl. GRAF, 1984, S. 39). In seiner Arbeit über »Denken und Muskelinnervation« (vgl. MÜLLER-BRAUNSCHWEIG, 1986, S. 25) legt er dar, wie das Denken, als ein Probehandeln, in direkter Verbindung zu Innervationen, Bewegungen und Tonusänderungen steht.

Auch Felix DEUTSCH (1922) und Otto FENICHEL (1928) widmeten sich dem Grenzgebiet zwischen Physiologie und Psychoanalyse. Organische Gesundheit ist nach DEUTSCH abhängig vom Grad der pathologisch gebundenen Libido; der gesellschaftliche Zwang zur permanenten Triebunterdrückung erfordere die ständige Abfuhr gestauter Triebenergie, was DEUTSCH den Konversionsvorgang nicht nur als speziell hysterisches, sondern kontinuierliches psychohygienisches Geschehen verstehen läßt.

»Konversionen sind in bestimmten Grenzen notwendige Formen psychischer Ausdrucksweisen, notwendig geworden durch die kulturellen Ansprüche an den Menschen«, also »notwendige Reaktionsweisen zur Erhaltung der Gesundheit und des Wohlbefindens« (DEUTSCH, zit. nach AMMON, 1974, S. 40).

Körperphänomene wie das Erröten, flüchtiger Kopfschmerz, Schweißabsonderung und andere motorische Ausdrucksformen dienten nur »der Abfuhr von gestauter Libido, von Affekttrümmern, die durch ihre Summierung belasten« (ebenda). Dieses

kontinuierliche Konversionsgeschehen wird zur akuten patholo-
gischen Symptomatik, wenn starke Triebverdrängung zur permanenten Überbesetzung eines Organes führt.

So komme auch in jeder Psychoanalyse »das Körperliche irgendwie zu Worte« (DEUTSCH, 1926, S. 20), und zwar in Form von »organischen Konversionspuffern«; körperliche Symptome würden »als Sicherheitsventile gegen das Auftauchen des Verdrängten« (ebenda) in Erscheinung treten.

Jede Organfunktion steht für DEUTSCH »in einem fest determinierten Verhältnis zum Unbewußten« (DEUTSCH, 1926, S. 25), jede Erinnerung hat ein mit dem seinerzeitigen Erleben verbundenes körperliches Korrelat.

So hat neben den sprachlichen Mitteilungen jede körperliche Äußerung seiner Patienten Sinn und Bedeutung:

»Wir erkennen, was irgendeine Lageveränderung in der Analyse bedeutet, Liegen mit übereinandergeschlagenen Beinen, mit gespreizten Beinen, auftretende Wärme- und Kälteempfindungen, ein Darmkollern, ein Schweißausbruch. Es sind vorlaute Vorposten des Vorbewußten, die ersten Anzeichen eines bald sprachlich ausdrückbaren Bewußten« (DEUTSCH, 1926, S. 22).

FENICHEL wies 1927 darauf hin, daß

»die volle Herrschaft über die Mobilität in jeder Neurose, ja auch in den verbreitetsten leichten Hemmungszuständen... Einbußen erleidet. (...) Wenn z. B. ein Patient sich der Richtigkeit einer Deutung nicht mehr entziehen kann, es aber dennoch versucht, zeigt (sich) oft, daß er dabei die gesamte Skelettmuskulatur krampfhaft innerviert, als wolle er muskuläre Sicherung dagegen schaffen, daß in seinem Innern verborgene verdrängte Regungen zum Vorschein kommen, als wolle er dem inneren Druck der Verdrängung einen äußeren Druck entgegensetzen« (FENICHEL, 1927, S. 36).

Seine Beobachtung, »daß geeignete, vor allem hysterische Personen, gelegentlich durch Versuche, ihre krampfhaft innervierte Muskulatur zu entspannen, in Affektzustände geraten, die einzig dem Verhalten zu vergleichen sind, das Patienten zeigen, wenn in psychokarthartischen Behandlungsverfahren an ein ›bedeutungsvolles Trauma‹ gerührt wird« (ebenda), läßt sofort an körpertherapeutische Verfahren wie der Bioenergetik denken, und tatsächlich gehörte deren Urvater, W. REICH (1933; 1942) ebenfalls zum Kreis der am Leib-Seele-Problem forschenden Psychoanalytiker der zwanziger Jahre. Es ist anzunehmen, daß REICHs Theorien die der genannten mit beeinflußt haben und umgekehrt, wenn sich auch selten auf REICH bezogen wird und dieser sich in seinen Standardwerken als isolierter Einzelkämpfer darstellt.[7]

REICH, mit seiner Theorie der funktionalen Entsprechung von Charakterabwehr und Muskelpanzerung ist jedoch noch »ein Kapitel für sich«. Da die Radikalität seiner Theorien für die offizielle Psychoanalyse nicht akzeptabel war und zu seinem Ausschluß aus der Psychoanalytischen Vereinigung (1934) führte, darf man sich im Grunde in Fragen der »Körperbezogenheit« der Psychoanalyse nicht auf ihn berufen. Interessant ist vielmehr das Schicksal, das seine Forschungen innerhalb der Psychoanalyse nahm.

Im Unterschied zu den meisten seiner das Leib-Seele-Geschehen erforschenden Kollegen zog REICH direkte therapeutische Konsequenzen aus seinen psychosomatischen Theorien, indem er Körper und Körpersprache konkret in die Therapie einbezog, ja zum Mittelpunkt machte (vgl. auch im Vorwort, S. 11 f.).

Diese einschneidende Veränderung der analytischen Technik, das Überschreiten des Abstinenzgebotes, war wohl einer der Gründe für seinen Ausschluß aus der Psychoanalytischen Vereinigung; er setzte sich damit über das als Berührungstabu verstandene Abstinenzgebot ebenso wie über das Dogma der Versprachlichung hinweg, ein Schritt, den die meisten Kollegen, bei allem Interesse für Körpersprache, nicht folgen konnten oder wollten.[8] Psychoanalytische Forschungen und Theorien über das Leib-Seele-Geschehen hatten also ihre Grenze dort, wo sie das traditionelle Setting ernsthafter in Frage stellten.

Die ersten psychoanalytischen Versuche, das »Leib-Seele-Verhältnis« zu erhellen, sind geprägt von dem Enthusiasmus, der Originalität und Experimentierfreudigkeit der »zweiten Generation«

---

7 FENICHEL und REICH hatten nicht nur ihr Interesse für körperliche Prozesse in der Psychoanalyse gemeinsam, sondern waren auch beide politisch engagierte Psychoanalytiker. So lobte FENICHEL den Mut REICHS, die Verbindungen zwischen Sexualmoral und kapitalistischem System herzustellen (vgl. JACOBY, 1985, S. 95). Letztendlich kam es aber zum Bruch; FENICHEL verdächtigte REICH »theoretischer Simplifizierung sowie des Biologismus und der Fetischisierung der genitalen Sexualität« (JACOBY, 1985, S. 96).

8 Ausnahme ist z. B. FERENCZI mit seinen technischen Experimenten; siehe nachfolgende Kapitel.

von Psychoanalytikern. Das Bemühen, psychisches Geschehen vollständig biologisch zu erfassen oder umgekehrt, ist, neben vielen zutreffenden und interessanten Beobachtungen, manchmal von naiven Vereinfachungen geprägt; teilweise wird Biologisches zu psychologistisch erfaßt oder andersherum Psychisches mit aller Gewalt in ein biologisches Schema zu pressen versucht.

Im Zuge von FREUDS Abgrenzungsstrategie gegenüber der herkömmlichen Naturwissenschaft mußten biologische Forschungen vernachlässigt und das genuin Psychische seiner Wissenschaft verteidigt werden, so daß die oben erwähnten tiefenpsychologischen Beobachtungen über das Körpergeschehen nur am Rande in die Theorie einflossen und keine wesentlichen theoretischen und technischen Konsequenzen nach sich zogen, vielmehr wurden sie, wie wir sehen werden, im Laufe der Jahrzehnte eher wieder vernachlässigt.

In den Fällen, wo Analytiker weiterreichende *praktische* Konsequenzen aus ihren Forschungen ziehen wollten, gerieten sie ins Abseits bzw. wurden von der Psychoanalyse exkommuniziert (z. B. FERENCZI und REICH).

Die Äußerung FREUDS »Das Ich ist vor allem ein körperliches« stellt nach HIRSCH (1989) den Höhepunkt und gleichzeitig Abschluß der psychoanalytischen Würdigung des Körpers dar – was die Metapsychologie betrifft.

Standen vordem die biologisch-triebhaften, die körpergebundenen Kräfte im Vordergrund des Interesses, so rückte nun »das relativ autonome Ich als innere, regulierende Instanz zwischen Es und Über-Ich, als ein Teilgebiet der Persönlichkeit in das Zentrum der Aufmerksamkeit« (GRUNERT, 1977, S. 8).

Der menschliche Körper kommt in der Metapsychologie nicht mehr vor:

»Wie BITTNER (1986) feststellt, hat dann FREUD in der weiteren Entwicklung der Narzißmustheorie den Körper nicht mehr als Objekt des narzißtischen Triebes genannt, sondern ihn durch das eigene Ich ersetzt, wenn auch z. T. noch kürzlich auf die alte Vorstellung des Körpers als Objekt der Triebe zurückgegriffen wurde. BITTNER beklagt, daß die größere Klarheit, die durch den Verzicht des Körpers als Objekt der narzißtischen Liebe erreicht wurde, mit dem Verlust der Einbeziehung von phänomenologischen Erkenntnissen der Körperpathologie erkauft wurde, der Körper dadurch keinen Platz mehr in der Metapsychologie habe, was auch bereits SZASZ (1955) aufgefallen war« (HIRSCH, 1986, S. III).

Andererseits hat das zunehmende Interesse für die Strukturierung des Ichs, vor allem in seinen Anfangsstadien, den Blick wieder zum Körper hingelenkt; frühe Körpererfahrung erweist sich als Grundlage, als »der innere Kern für die Gestaltung und Stabilität des Selbst« (GRUNERT, 1977, S. 11).

Direkte Kleinstkindbeobachtungen sowie die Befunde von Kinderanalysen, wie sie von A. FREUD, D. WINNICOTT, M. KLEIN, R. SPITZ, M. MAHLER und anderen psychoanalytischen Autoren mitgeteilt wurden, verweisen auf die enge Verknüpfung von innerpsychischer Strukturierung und biologisch-motorischer Reifung. Körperprozesse dienen als Modelle für zahlreiche Ich-Funktionen.

Mit der Theorie der normalen psychischen Entwicklung rücken die Selbst-Psychologen die Strukturierung des Ichs ins Zentrum der Aufmerksamkeit; der ödipale Konflikt als »körperbezogenes«, als Problem der Triebhaftigkeit, tritt angesichts der narzißtischen Problematik und den »frühen Störungen« zurück hinter der Frage der Integrität des Selbst, welche das Errichten fester Körpergrenzen als prinzipielle Voraussetzung hat (vgl. KAPFHAMMER, 1985, S. 172).

P. SCHILDER (1933) prägte den Ausdruck »Körperbild«, den Selbst-Psychologen wie H. HARTMANN (1950) und E. JACOBSOHN (1964) zur Beschreibung der Konstituierung von Selbst(objekt)repräsentanzen über die frühkindliche positive Besetzung des Körpers verwendeten (vgl. BITTNER, 1986, S. 727).

Für die Psychoanalyse beeinflussen Körperbilder nicht nur in der Frühkindlichen Entwicklung, sondern ein Leben lang entscheidend »das Selbstgefühl des Menschen, sein narzißtisches Gleichgewicht, das, was E. ERIKSON die Ich-Identität nennt« (GRUNERT, 1977, S. 11).

So sind das Verhältnis eines Patienten zu seinem Körper, seine diesbezüglichen Empfindungen, Phantasien, Störungen, der Indikator für sein Selbst-Gefühl, für das Niveau seiner Ich-Struktur, für seine psychische Integrität:

»Körperliche Integrität und narzißtische Stabilität hängen untrennbar zusammen, sind letztlich zwei Seiten eines Erlebniszusammenhanges. (...) Bei einem gestörten Körperbild, einem defekten Körperschema, kann es ein verläßlich besetztes und mit neutralisierter Energie ausgestattetes Selbst-Gefühl nicht geben« (ebenda).

Der Psychoanalytiker ist also imstande, an den Körperempfindungen und den Körperäußerungen einiges über den Grad der psychischen Struktur seines Patienten zu erfahren.

Ein extremes Beispiel bietet das Erleben in der schizophrenen Psychose; das Körperbild ist hier nicht nur verzerrt, sondern regelrecht zerstört; »der Körper verfügt nicht mehr über stabile Grenzen und scheidet unzuverlässig Innen von Außen« (KAPFHAMMER, 1985, S. 171); das Subjekt fällt also psychisch in frühe Stadien vor Erwerb von Körpergrenzen und Körper-Selbst zurück.

Dem wahnhaften Erleben von Zerstückelung, Verschmelzung mit der Welt oder Nicht-Existenz usw. liegt die Desintegration des Körperschemas, die Auflösung des körperlichen Kerns, zugrunde.

In schweren psychosomatischen Erkrankungen wiederum kann die psychische Repräsentanz vom eigenen Körper nur aufrechterhalten werden, wenn dieser schmerzt (vgl. KAPFHAMMER, 1985, S. 171). Selbstmißhandlung, hypochondrische Konzentration auf den Körper, permanente sensorische Selbststimulierung (Hospitalismus) erweisen sich als letzte Abwehrstrategie gegen eine bedrohliche Desintegration des Körperbildes und damit der psychischen Existenz.

Ganz allgemein zeigen Dissoziationsphänomene unterschiedlicher Strukturierung das

»je charakteristische Ausmaß (an), in dem der Ich-Erlebniszustand, wie er durch Körpersensationen und Emotionen definiert werden kann, von dem abgespalten ist, wie er durch rationale Denk- und Beobachtungsprozesse definiert werden kann« (ebenda).

Wegweisend für die moderne psychoanalytische Psychosomatik ist u. a. MCDOUGALL (1974), die in ihrem Aufsatz »The psychosoma and the psychoanalytic process« (vgl. KAPFHAMMER, 1985, S. 23) klar zum Ausdruck bringt,

»daß die psychoanalytische Praxis eine konstante Konfrontation mit psychosomatischen Verhalten einer allgemeinen Art bedeutet« (ebenda).

Gerade MCDOUGALL aber wird z. B. von Befürwortern einer körperbezogenen Psychoanalyse scharf attackiert; MOSER (1987) beschreibt in »Der Psychoanalytiker als sprechende Attrappe« eine Kluft, die zwischen einer hochdifferenzierten psychosomatischen *Theorie* der Psychoanalyse, einer hohen Sensibilität für körper-seelische Abspaltungsphänomene usw., und einer rigide anmutenden, körperfernen, auf Versprachlichung fixierten therapeutischen *Praxis* besteht (vgl. Kapitel 3.4.3).

Und hier stoßen wir auf ein allgemeines Phänomen: denn am Dogma der Versprachlichung, am Berührungstabu und der Beibehaltung des klassischen Settings ist in psychoanalytischer Forschung trotz vielfältiger »körpernaher« Theorien nicht wesentlich gerührt worden.

Die Grundhaltung läßt sich zusammenfassen in: Einbeziehung des Körpers durch Phantasien, Träume, mitgeteilte Empfindungen, diagnostische Wahrnehmung: ja; ebenso wie die Orientierung an körperlichen Prozessen in der Theorie der gesunden wie pathologischen Entwicklung; aber:

»Deswegen muß – und dies sei unmißverständlich festgestellt – keine reale Berührung stattfinden. Die Gefühle ... zu spüren und bewußt zu machen ist viel wichtiger, als eine Berührung real auszuführen. In dieser Sicht kann phantasierte ›Berührung‹ mehr ›berühren‹ und bewegen als reale« (KUTTER, 1991, S. 372).

Insofern sei noch einmal an BITTNER (1986) erinnert, der in seinem Aufsatz die erstaunliche Behauptung aufstellt, daß eher noch »die sogenannten Körpertherapien in Wirklichkeit den Körper vernachlässigen« (S. 712) als die Psychoanalyse; diese weise ihm vielmehr einfach einen »komplizierteren Ort zu« (BITTNER, 1986, S. 709).

Ob diese Einschätzung richtig ist, ob sie therapie-technisch plausibel begründbar oder auf hinterfragbare Prinzipien zurückführbar ist, werden wir im folgenden sehen. Bevor wir aber im »praktischen« Teil die historischen Begründungen für die »Körperabstinenz« der Psychoanalyse erfahren, sei noch einmal das *theoretische Verhältnis* der Psychoanalyse zum Körper reflektiert.

2.3.1 Die Festlegung der Psychoanalyse auf das Psychische – kritische Reflexionen

Die Psychoanalyse kann sich also auf ein genuin körperbezogenes Fundament ebenso wie auf eine Fülle von Beschreibungen und Theorien berufen, die das Leib-Seele-Geschehen zum Gegenstand haben. Wir sahen jedoch, wie der Körper bei FREUD immer »Gegenstand« blieb, wie in der Medizin und der Biologie; auch seine vorübergehende »Befreiung« durch FREUDS Betonung der Trieb-bedürfnisse wird wieder relativiert durch die Betonung der Subli-mierung als notwendige Bedingung kulturellen Fortschritts. Den-noch ist festzuhalten, daß die Psychoanalyse ein umfassenderes Verständnis von Krankheit und Störung, damit auch von der Kör-perlichkeit des Menschen an den Tag legt, und aus diesem Ver-ständnis ist nicht zuletzt auch die Psychosomatik hervorgegan-gen.

Die Psychosomatik stellt einen Gegenpol zur iatrotechnischen Medizin dar, indem sie deren mechanistischen Sichtweise eine Theorie der körper-seelischen Zusammenhänge entgegenstellt. So ist zunächst anzunehmen, daß psychoanalytische Psychosomatik eine grundlegende Alternative zur herkömmlichen Medizin dar-stellt.

Die ersten psychoanalytischen Versuche einer umfassenderen Be-trachtungsweise von leib-seelischen Geschehen (siehe vorange-hendes Kapitel) wertet KAPFHAMMER (1985) jedoch als »bedroh-liche Entspezifizierung des psychoanalytischen Ansatzes durch verfrühte medizinische Integrationsbemühungen« (S. 21).

FREUD fühlte sich bemüßigt, seine Schüler vor Vereinfachungen und naiven Gleichsetzungen zu warnen und sie zu ermahnen, sich auf psychologische Denkweisen zu beschränken (vgl. KAPFHAM-MER, 1985, S. 21).

Diese Betonung des genuin psychologischen Ansatzes der noch jungen, nach Emanzipierung strebenden Disziplin bei gleichzeiti-gem Verhaftetbleiben an medizinische Voraussetzungen und ein letztlich »ambivalente(s) Arrangement mit ärztlicher Standespoli-tik« (KAPFHAMMER, 1985, S. 12) erhellt das widersprüchliche Verhältnis von Psychoanalyse und Medizin. Die Anerkennung der Psychoanalyse durch die Medizin hat zur Folge, daß im Zuge einer Polarisierung von Psyche und Soma eine klinische Arbeits-teilung stattfindet, die die Psychoanalyse auf eine rein psychische Zuständigkeit verweist.

Von UEXKÜLL (zit. nach BRÄHLER, 1986) hierzu:

»Die gegenwärtige Medizin besitzt zwei Paradigmata, die sich gegenseitig ausschließen: die ›Maschinendefinition‹ für den Körper und das FREUD-sche Paradigma des psychischen Apparates für die Seele. Die Konsequenz ist eine dualistische Medizin, nämlich eine für Körper ohne Seelen und eine andere für Seelen ohne Körper« (S. 3).

Für die Medizin gilt, daß sie ihre Zuständigkeit ausschließlich auf organische Befunde beschränkt, das subjektive (Körper)erleben spielt für die naturwissenschaftlich-objektivierende Disziplin kaum eine Rolle. Bezeichnend ist z. B., daß Medizinstudenten den menschlichen Körper zunächst als Leichnam kennenlernen; ihr Studiengang ist ein von objektiver Wissensvermittlung gekennzeichneter Sozialisierungsprozeß, der Kontakt mit Patienten erfolgt erst zum Physikum; medizinische Soziologie, medizinische Psychologie und Psychosomatik sind nur »Farbtupfer« auf ihrem technologischen Programm.

Versagt die Apparate-Medizin, ist kein organischer Befund vorhanden, so wird der Patient an den Psychiker delegiert; die Psychoanalyse, bzw. psychoanalytische Psychosomatik, wenn auch, wie gesagt, als ganzheitlicheres Programm gegen die mechanistische Medizin entstanden, wird so auf das »nur Psychische« festgelegt; zudem ist sie selbst in der Körper-Seele-Polarisierung befangen, wie z. B. auch ihr historischer Streit um ihre Bezeichnung zwischen Psychikern und Somatikern belegt (vgl. BRÄHLER, 1986, S. 10).

Von daher erweist Psychosomatik sich oft als »Einbahnstraße ›seelischer Konflikt – körperliches Leiden‹« (ebenda), »es finden auch hier oft unhaltbare Vereinfachungen statt« (ebenda).

GRUNERT (1977) gibt zu,

»daß die Selbstbeschränkung der Psychoanalyse auf das Psychische nunmehr die Gefahr birgt, mannigfaltige körperliche Ausdruckserscheinungen nicht immer ausreichend zu berücksichtigen und somatogene Vorgänge entweder zu übersehen oder zu gering einzuschätzen. Die Neigung, körperliche Sensationen, wenn irgend möglich, als psychogene Reaktionen zu interpretieren, entspricht dem Versuch der naturwissenschaftlich orientierten Medizin, seelische Erlebensweisen als Epiphänomene somatischer Vorgänge zu betrachten« (S. 9).

Somit erweckt die Psychoanalyse manchmal den Eindruck einer »artifiziellen, esoterischen Isolierung« (ebenda); die Tendenz zur Rücküberweisung an den Organiker, sobald die somatischen Symptome des Patienten mit den herkömmlichen psychoanalytischen Mitteln nicht mehr zu erschließen sind, versperrt zudem die Entwicklung einer Sensibilität für körperliche Phänomene.

»Eine psychodynamische Grundhaltung, die ein reiches Phantasie- und differenziertes Sprachangebot voraussetzte, mußte vor einer auffälligen

Stummheit körperlicher Symptome kapitulieren und war daher geneigt, bei akuten Krankheitsprozessen die Zuständigkeit organmedizinischer Experten zu betonen« (KAPFHAMMER, 1985, S. 12).

An den psychosomatischen Konzeptionen der Psychoanalyse kritisiert KAPFHAMMER »die kaum hinterfragte Überzeugung…, psychosomatische Reaktionen resultierten generell aus der Regression von einem höheren psychischen Funktionsniveau, und ›Somatisierung‹ stünde im Dienst der Abwehr eines intrapsychischen Triebkonfliktes« (KAPFHAMMER, 1985, S. 36).

»Konsequenterweise bleiben für die Beschreibung der psychosomatischen Phänomenologie lediglich präödipale, defizitäre Begriffe und Kategorien. Die Hauptrichtung der klinischen Beurteilung ist eindimensional ›regressiv‹, d. h., sie nimmt eine Regression von einem entwicklungsmäßig bereits ausdifferenzierten, hohen psychischen Niveau zumindest psychoneurotischer Prägung auf eine undifferenziertere Entwicklungsstufe mit somatischen Ausdrucksformen an« (KAPFHAMMER, 1985, S. 31).

Abgesehen von einer impliziten Fixierung auf den Ödipuskomplex, die alle anderen Störungen in Relation hierzu »rückständig«, nämlich prä-ödipal, erscheinen läßt, wird so auch Körperlichkeit stets verknüpft mit niedrigerem Niveau, mit Undifferenziertheit, Unreife usw.

Es heißt weiter, daß die Psychoanalyse an der Wirklichkeit einer großen Gruppe von Patienten vorbeigeht, an jenen nämlich, deren Somatisierung nicht Ausdruck eines hochstrukturierten Symbolsystems und entsprechend Manifestation eines relativ stabilen psychischen Apparates ist. Diese »stumme«, diffuse Symptomatik wird entweder als »nicht analysierbar« an den Organiker verwiesen, oder es wird ihr mit den klassischen Mitteln der Psychoanalyse begegnet.

Die weitgehend »stummen« körperlichen Erscheinungen entziehen sich aber einer nur »freischwebenden Aufmerksamkeit« – sei es, daß sie als diffuse, uncharakteristische Beschwerden dem Individuum selbst nicht zugänglich, sei es, daß sie auf herkömmlich psychoanalytische Weise nicht dechiffrierbar sind – sie müßten vielmehr als eigenständige Ausdrucksformen gewürdigt und beantwortet werden.

Es handelt sich nicht, wie bei der hysterischen Konversion, um eine Symptomatik, die einer »linearen symbolhaften Kompromißdarstellung des intrapsychischen Konflikts« entspricht, sondern oft eher um »die physiologische Reaktion der vegetativen Organe auf anhaltende und periodisch wiederkehrende emotionale Zustände« (ALEXANDER, 1951, S. 22 f.).

Das Medium der Sprache findet also oft nur schwer Zugang, ja erweist sich nicht selten eher als »ideales Abwehrobjekt, indem sie nämlich der Verleugnung des Verlustes von eigener Sinnlichkeit dienen kann« (POHLEN & WITTMANN, 1980, S. 93). Dem leistet eine implizite Wertung der Psychoanalyse Vorschub, die Sekundärprozeßhaftes, Versprachlichtes höher wertet als Primärprozeßhaftes, Sinnliches.

»Wie zu erwarten, verführen Therapien, die vorwiegend im Verbalisieren und Reflektieren verhaften, zu einer Verstärkung der intellektualisierten Abwehr« (BECKER, 1989, S. 79 f.).

Das Gebot der Versprachlichung und der Sublimation steht wenig hinterfragt hinter der therapeutischen Technik und läßt so trotz immer differenzierterer entwicklungspsychologischer und psychosomatischer Theorien psychische Reifung quasi als ausschließlichen Desomatisierungsprozeß erscheinen.

Körperliche Symptomatik wird zwar als Ausdrucksform eines psycho-physischen Geschehens verstanden, aber in der Weise, daß das Körperliche »hinter« dem Seelischen steht; »d. h., das Körperliche mußte durch Psychisches sozusagen abgelöst werden« (MÜLLER-BRAUNSCHWEIG, 1986, S. 19).

Die Entwicklung der Psychoanalyse ist gekennzeichnet durch ihre zunehmende Konzentration auf das Psychische »hinter« dem Körperlichen:

»Vom körperlichen Symptom zur psychischen Ursache, von der somatischen Behandlung zur sprachlichen Deutung, von der Suche nach physiologischen Veränderungen zur Einsicht in eine zugrundeliegende psychische Dynamik« (MÜLLER-BRAUNSCHWEIG, 1986, S. 20).

FREUDS Ansicht, »daß es in der Richtung unserer persönlichen Entwicklung zu einer höheren Kulturstufe liegt, unsere Muskelarbeit einzuschränken und unsere Gedankenarbeit zu steigern« (FREUD, 1905d, S. 182), setzt sich kaum hinterfragt in die therapeutische Arbeit um. Sein Konzept verfolgt zu linear eine Progression, also Desomatisierung, und vernachlässigt die Bedeutung der Regression.

Eine Tendenz zur Desomatisierung durchzieht mithin Theorie und Praxis der Psychoanalyse;

»Desomatisierung bedeutete auch eine therapeutische Linie, die sich von undifferenzierteren, unbewußteren, körpernäheren, vorsprachlichen Zuständen aus auf differenziertere, bewußtere, körperfernere und verbalisierbare psychische Zustände hin bewegte und damit auch die Richtung der Phylogenese verfolgte. Diese Tendenz zur ›Desomatisierung‹ ergab sich auch aus dem Bestreben, die... regressiven psychischen Zustände wieder rückgängig zu machen« (MÜLLER-BRAUNSCHWEIG, 1986, S. 19 f.).

Zu wenig betont wird dabei nach BECKER, daß Reifung als »eine ständige Fluktuation und ein ständiger Austausch zwischen De- und Resomatisierung« (BECKER, 1989, S. 141) begriffen werden muß:

»Primärprozeßhaftes, Leibliches, Unbewußtes ist also nichts zu Überwindendes, sondern notwendiger Bestandteil des psychophysischen Seins« (ebenda).

Dem müßte therapeutisch Rechnung getragen werden, was nicht nur das klassische psychoanalytische Setting in Frage stellen würde, sondern auch eine klare Absage an die gesellschaftlichen Werte bedeutete:

»Subjekthafte Leiblichkeit, primärprozeßhaftes Denken stehen in fast allen Bereichen des Arbeitsprozesses dem erwünschten Verhalten entgegen, Entfremdung im Leib-Seelischen dient der Produktivität« (BECKER, 1989, S. 142).

Zwar ist das Ziel der Psychoanalyse letztlich *Integration*, Versöhnung der Triebhaftigkeit mit der Vernunft und der Außenwelt, doch geht dies, im Zuge der Anpassung an gesellschaftliche Verhältnisse, eindeutig auf Kosten der Körperlichkeit; die Tendenz geht zur Sublimation, nicht zur Selbstverwirklichung.
Sinnlich-körperliche Ausdrucksformen werden zwar erfaßt, können »gedeutet« werden, unterliegen aber dem Paradigma der Versprachlichung, werden als originäre Kommunikationsmittel nicht akzeptiert, sondern müssen auf »reifere«, reflektiertere Ebenen gehoben werden. So wird ihr sinnstiftendes Potential nicht erkannt. Zur LIPPE (1978) dazu:

»Wir brauchen aber diese Wege und Mittel – und die Besetzungsenergien, die in der Verdrängung nur negativ und zerstörerisch an sie gebunden sind! – als Kräfte eines vernünftigeren Lebens, das die sinnliche und bildliche Ebene in die menschliche Vernunft mit einbezieht« (S. 152).

Der Rationalisierungsprozeß unserer Kultur, der uns durch erhöhten Denkaufwand und moderne Maschinen zweifellos Bewegungsaufwand erspart, sollte nicht dazu führen, daß wir uns »eine ganze Ebene unserer Existenz ›ersparen‹« (ebenda), die Ebene des intuitiven Wahrnehmens, Spürens und Handelns.

In unserer historischen Tradition ist »dieser Weg des Ausdrucks zu dem Ventil des Verdrängten degradiert worden« (zur LIPPE, 1975, S. 156), dies hat FREUD erkannt und beschrieben, aber er hat nicht gesehen, zumindest nicht genügend hervorgehoben, daß er »eine grundlegende Alternative zu intellektuellen Ausdruckswegen anbietet« (ebenda).

3. Der Körper in psychoanalytischer Praxis

3.1 Das psychoanalytische Setting –
eine »Stillegung« des Körpers?

Betrachten wir vor diesem Kontext das traditionelle psychoanalytische Setting: Welchen Platz, welche Bedeutung hat hier der Körper? Er darf – oder soll? – sich hinlegen, soll entspannen – oder ruhiggestellt werden? – auf der klassischen Couch. Dies bedeutet zugleich das Verbot, sich in irgendeiner Weise zu betätigen – es darf nicht herumgelaufen, getanzt, geturnt, gebalgt und vor allem nicht berührt werden.

Der Analytiker ist, zumindest in der klassischen Anordnung, dem Patienten unsichtbar, sitzt hinter der Couch. »Kontakt« läuft also nur über das Sprechorgan, und so will es die Theorie – wo Es war, soll Ich werden. Wo Motorik, Mimik, Körperspannung, Schmerz, Verlangen ist, soll Verbalisierung erfolgen – es darf (muß!) *alles* gesagt, aber *nichts* getan werden; der Analytiker, der ebenfalls nichts *tun* darf, der dem Patienten verborgen bleibt, organisiert die Situation durch sein Schweigen und seine Deutungen.

Die psychoanalytische Beziehung ist, so HENNY (1978), »zumindest was die phänomenologische Seite betrifft – durch die *Abwesenheit des Psychoanalytikers* gekennzeichnet« (S. 11, Hervorhebung der Verfasserin). NACHT (zit. nach HENNY, 1978) definiert diese spezifische Situation:

»Keine visuelle Wahrnehmung für den Patienten, weder Sehen noch Hören, ausgenommen die interpretative Sprache, die keineswegs die erwartete Antwort des Sekundärprozesses darstellt; der Analytiker verbirgt sich, so daß er nicht gesehen werden kann: er ist vom Patienten durch die Herstellung der Situation (setting), welche den psychoanalytischen Raum definiert, abgeschnitten. Wir betonen also die Abwesenheit, das Verschwinden des Sensoriums, welches die Figur, die Szene schafft, auf der der Prozeß entsteht, sich fortsetzt und erschöpft. (...) Man könnte diese Situation mit neuropsychologischen Begriffen als reizlose Situation bezeichnen, die versucht, den Primärprozeß neu zu beleben« (S. 11).

Vom *Körper* des Patienten ist keine Rede; dieser kommt nur zum Ausdruck, wenn seine Botschaften verbalisiert werden; dem Analytiker liefert er überdies in seiner Erscheinung Hinweise, die er, im Zusammenhang mit seinem Wissen über Körperbilder, Körperhaltungen und psychischer Struktur, diagnostisch oder deutend nutzen kann.

Ansonsten gilt nur

»freie Assoziation als das einzige oder vorherrschende Kommunikationsmedium des Patienten unter Aufhebung jeden ›Rechts‹, eine Verbalisierung zu unterdrücken... Das keineswegs unwichtigste Element in der strukturellen Konfiguration ist die Rückenlage des Patienten, deren Änderung (...) im allgemeinen aus technischen Gründen zugunsten der Verbalisierung entsprechender Impulse widerstanden wird« (STONE, 1973, S. 23 f.).

So ist der Körper also »stillgelegt«; selbst die Wahrnehmungsorgane des Patienten sollen »zur Ruhe kommen«, sich nach innen kehren; alle Spannungen des Patienten dürfen sich nur noch durch das Medium der Sprache entladen. Die Situation ist von Versagung gekennzeichnet:

»Körperliche Befriedigung ist völlig ausgeschlossen; es besteht die Tendenz, jede offensichtliche Form emotionaler Befriedigung oder welcher Bedürfnisbefriedigung auch immer áuszuschließen; der Therapeut sucht nur das psychische Leben des Patienten zu verstehen und seine Einsicht dem Patienten zu vermitteln« (STONE, 1973, S. 103).

Wie kommt es zu dieser Anordnung, zu dieser »Behandlung durch Worte und Gedanken« (STONE, 1973, S. 60), die sich aus einer stets körpergebundenen Theorie entwickelt hat, die ihren Anfang in der Entschlüsselung körpersprachlicher Botschaften, den Konversionssymptomen, nahm? Wie konnte die Sprache zum ausschließlichen Medium einer ursprünglich ärztlichen Behandlung werden?

Wir wollen die therapie-technische Entwicklung FREUDS von den frühen Hysteriebehandlungen bis zur »psychoanalytischen Situation« nachvollziehen, um die von ihm aufgestellte Methode begreiflich zu machen. Wir werden sehen, wie sich der Stellenwert der Sprache für einen immer um ein »organisches Fundament« und eine »naturwissenschaftlich« begründbare Methode bemühten FREUD erst allmählich im Kontext seiner Erfahrungen und seiner Theorien wandelte. In dem Maße, wie sich die ursprüngliche ärztliche Beziehung zur psychoanalytischen Übertragungs-/Gegenübertragungsbeziehung wandelt, ändert sich der Stellenwert des Sprechens und wird gleichzeitig die »Ruhigstellung« des

Körpers vonnöten. Wir wollen FREUDS technische »Ratschläge« anschauen, die die historische Entwicklung einer »Distanznahme (des Arztes) gegenüber dem Analysanden« (HENNY, 1978, S. 12) begründet.

3.1.1 Das Wechselspiel von Sprache und Körper im Wandel der Arzt-Patient-Beziehung

> »Die Psychoanalyse zeichnet sich vor allen anderen medizinischen Disziplinen dadurch aus, daß in ihr die Sprache das zentrale ›Heilmittel‹ ist« (JAPPE, 1971, S. V).

Die Bedeutung, die das Sprechen in der analytischen Situation einnimmt, hat sich jedoch seit den Anfängen der Psychoanalyse erheblich gewandelt, und diese Wandlungen skizzieren einen Stilwandel im Dialog zwischen Arzt und Patient.

Im Zurückverfolgen dieser Ursprünge, die die heutige Bedeutung des Sprechens in der analytischen Situation erklären, entwickelt sich uns zugleich die Geschichte der analytischen Technik. Wir werden sehen, wie sich das Sprechen des Patienten vom »Abreagieren« zur einsichtsvollen Reflexion wandelt, und dabei werden wir nachvollziehen, wie sich »psychische« und »motorische« Aktionen zunehmend polarisieren.

Die frühen Hysteriebehandlungen FREUDS und seines Kollegen BREUERS sind, wie wir sahen, gekennzeichnet von einem zunehmenden Interesse für den inhaltlichen Gehalt des auslösenden Traumas, und so trat für sie die Annahme einer »somatischen Disposition« zunehmend in den Hintergrund.

Angestoßen wurden sie dabei von ihren Patientinnen; es war die berühmt gewordene »Anna O.«, eine hochintelligente, »klassische« Hysterikerin, die die »talking cure« ins Leben rief. Ihr behandelnder Arzt, Josef BREUER, mußte überrascht feststellen, daß ihre Symptome vollständig verschwanden, wenn er ihr gestattete, ihm das Auftreten eines Symptoms in allen Details und mit der entsprechenden Gefühlsintensität mitzuteilen. So entwickelte sich die »kathartische Methode«, an welcher fortan FREUD und BREUER arbeiteten, und

»die neue Methode verselbständigte sich als Keim eines vom bisherigen psychiatrischen Verfahren fundamental sich absetzenden Vorgehens« (LORENZER, 1973, S. 28).

Das schlichte Zuhören und Ernstnehmen des Patienten – noch dazu eines »Nervösen« – von seiten des Arztes, die Geduld und der Zeitaufwand, der damit verbunden ist, »sprengte entschieden die herkömmlichen Grenzen des psychiatrischen Befragungssettings, der Patient selbst avancierte zum Beobachter, der als Mitbeobachter zu Worte kam« (LORENZER, 1973, S. 27).

Doch zunächst ist nur bedeutsam, daß Zeit und Interesse des Arztes inhaltlichen Momenten gewidmet werden; ansonsten behält die Arzt-Patient-Beziehung noch ihre traditionellen Merkmale: »scheinbar allwissend, autoritär, hilfreich der eine, unwissend, völlig ergeben, hilfsbedürftig der andere« (STONE, 1973, S. 14).

Der Patient hat zwar das Wort, »entlädt« sich aber nur, unfreiwillig, bewußtlos und daher unkontrolliert, nachdem er sich der Hypnose durch den Arzt unterworfen hat:

»Er spricht mit starker Affektentwicklung, dramatisch agitiert, eruptionsartig, in fortlaufendem Strom. Es fehlt ihm jedes Bewußtsein für die gegenwärtige Situation, das seinen Redefluß hemmen könnte. Auf die Gegenwart bezogen bleibt allein der Arzt, der darum allein die Situation kontrolliert. Er hat den Patienten in diesen Zustand versetzt, um ihn zum Reden zu bringen; er wird diesen Zustand wieder beenden und entscheidet schließlich auch darüber – wenigstens der Intention nach –, welche der hervorgerufenen Erinnerungen der Patient im Wachzustand behalten soll« (JAPPE, 1971, S. 2).

Die ganze Anordnung gleicht eher noch einem »pharmakologischen oder chirurgischen Eingriff« (STONE, 1973, S. 14 f.); hier bewußtloser oder unwissender Patient, dort der Arzt, der sich nur in seiner professionellen Identität am therapeutischen Prozeß beteiligt sieht. Das Sprechen des Patienten muß in diesem Kontext in erster Linie als ein Abreagieren, weniger inhaltliche, psychische Leistung denn motorischer Akt, begriffen werden.

FREUD bleibt hier also noch im naturwissenschaftlich-psychiatrischen Ätiologierahmen: Hysterie erklärt sich für ihn nun aus der Annahme, daß »Affekte und Reste von Erregungen, welche das Nervensystem als Traumen beeinflußt haben« (FREUD, 1895, S. 70), in »körperlichen Dauersymptomen gebunden« (ebenda) werden, wenn sie nicht adäquat durch Abreagieren bewältigt werden können; dazu soll seine Methode verhelfen. Wenn FREUD sagt, »der psychische Prozeß, der ursprünglich abgelaufen war, muß so lebhaft als möglich wiederholt, in statum nascendi gebracht und dann ›ausgesprochen‹ werden« (FREUD, 1895, S. 11), so meint er »ausgesprochen« in »des Wortes wörtlichster Bedeutung nicht nur hinausgesagt, sondern auch durch Sprechen verausgabt und zum Verlöschen gebracht« (JAPPE, 1971, S. 9).

Katharsis und Verbalisierung scheinen hier noch kaum unterschieden, Sprache wird als »Surrogat für die Tat« (FREUD, 1895, S. 11) eingesetzt, führt zur »Entledigung« der Affekte mehr als zur »Verarbeitung«.

Die Störung ist eine äußerliche, quantifizierbare, erklärbar aus einem »traumatischen Einfluß auf den Affektablauf« (vgl. FREUD, 1906, S. 150); ein »eingeklemmter Affekt« wird quasi durch Sprache »hinausgespült«.[1]

Indes vermutet JAPPE, daß FREUD schon in seiner kathartischen Methode neben der Erregungsabfuhr die Bedeutung einer »assoziativen Erledigung« erkannte. In seiner »Theorie des hysterischen Anfalls« (1892) erläutert er, das Nervensystem halte die Erregungssumme konstant, »indem es jeden sensiblen Erregungszuwachs assoziativ erledigt oder durch entsprechende Reaktion abführt« (FREUD, 1892, S. 12). Es besteht also, so JAPPE, von Beginn der psychoanalytischen Entwicklung an eine Dichotomie im Verständnis der Verbalisierung von Abfuhr einerseits und Erledigung andererseits, »die bis auf den heutigen Tag nicht überwunden ist« (JAPPE, 1971, S. 13).

Die ursprüngliche »talking cure« wurde wiederum in Wechsel-

---

1 Dieses »naturwissenschaftliche« Verständnis der Psyche veranschaulicht z. B. folgende Passage: BREUER muß seine Patientin für einige Wochen wegen seines Urlaubes verlassen. Er findet sie bei seiner Rückkehr in einem »traurigen moralischen Zustande, träge, unfügsam, launisch, selbst boshaft« (BREUER, 1895, S. 28). Er betrachtet dies weniger im Kontext ihrer Beziehung als Reaktion auf ein Verlassenwerden denn als quantitative »Anhäufung« der liegengebliebenen Geschichten, die sie ihm in seiner Abwesenheit nicht wie sonst erzählen, also »loswerden« konnte und die sich deshalb stauten und Unlust verursachten: »Ein erträglicher Zustand wurde aber erst erreicht, als ich die Patientin für eine Woche in die Stadt hereinkommen ließ und ihr nun Abend für Abend 3-5 Geschichten abrang. Als ich damit fertig war, war alles aufgearbeitet, was sich in den Wochen meiner Abwesenheit aufgehäuft hatte« (ebenda).

beziehung zu den praktischen Erfahrungen und den Rückmeldungen der Patienten zur »freien Assoziation« ausgebaut. Die Tatsache, daß manche Patienten nicht hypnotisierbar waren, vor allem auch die Erkenntnis, daß nicht nur kathartische Entledigung, sondern auch Einblick und Einsicht in den Zusammenhang seiner Störung für die Besserung des Patienten vonnöten war, führte zum Verzicht auf die Hypnose.

Das Verfahren wurde abgelöst durch eine immer noch suggestive »Druck-Einfall- oder Assoziationserweckungsmethode« (vgl. JAPPE, 1971, S. 2), die konzentrierte Befragung des Patienten, der sich, mit geschlossenen Augen liegend und unter dem Druck der Hand seines Arztes, ganz auf sein Symptom und all seine Umstände besinnen sollte, um sich so an dessen Entstehungsgeschichte heranzutasten. Der Patient war nun also mit seinem Bewußtsein beteiligt; die neue Methode bedeutete auch einen ersten Schritt zum Verzicht auf die absolute Monopolstellung des Arztes.

Dennoch änderte sich die Beziehung noch nicht wesentlich: der Arzt nutzt weiterhin seine Autorität, um an das Material des Patienten zu gelangen; dieser leistet seinen Beitrag, das Erinnern von schmerzlichen Erfahrungen, zunächst nur gehorsam und widerwillig, »dem Mitbringen des Urins, der untersucht werden soll, oder dem Ausdrücken von Eiter, das ertragen werden muß, vergleichbar« (STONE, 1973, S. 14 f.).

Die Sprechsituation ist indes verändert;

»Arzt und Patient teilen dabei dieselbe Gegenwart und Situation. Die reine Sprechaktion wird von beiden Partnern etwa gleichmäßig getragen, gleichmäßiger jedenfalls als in der früheren Form, gleichmäßiger auch als im allgemeinen bei der späteren Technik. Das Gespräch verläuft in kurzen Phasen von Frage und Antwort, neuerlicher bzw. Zusatzfrage, Gegenfrage oder Verweigerung der Antwort, Insistieren auf ihr und neuem Ansatz« (JAPPE, 1971, S. 3).

Die Therapie wandelt sich also vom einseitigen, unkontrollierten Redefluß des Patienten zum Gespräch zwischen zweien; das Gespräch erinnert aber eher an ein Verhör; »zwar ist der ›Delinquent‹ nicht der Patient, sondern das Verdrängte, aber die Aufgabe, dieses zu finden und zu ›stellen‹, ist ganz dem Arzt übertragen« (ebenda).

»Ich vermute, daß diese ersten Schwindelanfälle... hysterische waren, und beschließe, in die Analyse derselben einzugehen. Sie weiß zunächst nur, daß dieser erste Anfall sie überfiel, während sie ausgegangen war, Einkäufe zu machen. – Was wollten sie denn einkaufen? Verschiedenes, ich glaube für einen Ball, zu dem ich eingeladen war. – Wann sollte dieser Ball stattfinden? – Es kommt mir vor, zwei Tage später. – Da muß doch einige Tage vorher etwas vorgefallen sein, was sie aufregte, was Ihnen einen Eindruck machte. – Ich weiß aber nichts, es sind einundzwanzig Jahre her. – Das macht nichts, Sie werden sich doch erinnern. Ich drücke auf Ihren Kopf, und wenn ich mit dem Druck nachlasse, werden Sie an etwas denken oder etwas sehen; das sagen Sie dann...« (FREUD, 1895, S. 91).

Der Patient befindet sich also per se in einer Verteidigungsstellung; sein Widerstand wird zunächst nur als Hindernis betrachtet, das zu überwinden ist:

»Überredung, Ermahnung, das Auflegen der Hand waren gebräuchliche therapeutische Methoden... die Beziehungen zwischen Arzt und Patient waren nicht stärker formalisiert als traditionellerweise üblich« (STONE, 1973, S. 15).

Der Akzent verschiebt sich nun jedoch von der Katharsis im Sinne von Stauungsentladung auf die Rekonstruktion von verdrängten Zusammenhängen mit dem Ziel der Bewußtwerdung.

»Der Druck-Einfall-Methode geht es nicht um Nachvollzug von Erlebnissen, sondern um Material für eine rekonstruierende Tätigkeit. Verlorengegangene Reminiszenzen müssen gefunden werden, und sei es auch mit der Hilfe Dritter oder durch verifizierende Dokumente. Ziel der Therapie ist eine Erweiterung des Bewußtseins, verstanden als Zuwachs an Wissen um die Vergangenheit...« (JAPPE, 1971, S. 11).

Diese Form der Befragung, die durch äußerste Konzentration des Patienten und Drängen des Arztes, fixiert auf die »Aufdeckung« des Verdrängten, charakterisiert ist, wandelte sich im folgenden zur freien Assoziation. Die Erfahrung, daß z. B. viele Patienten erst nach langem Probieren den entscheidenden, weiterführenden Einfall produzieren, um dann festzustellen: »Das hätte ich Ihnen schon das erstemal sagen können... (aber) ich hab' mir nicht denken können, daß es *das* sein sollte!« (FREUD, 1895, S. 224), führte FREUD zur Formulierung der »Grundregel«, nämlich der Ermahnung, jede Zensur zu unterlassen und ihm alle Gedanken mitzuteilen, gleichgültig, ob sie ihr als unwichtig, nicht dazugehörig oder zu unangenehm vorkamen. Nachdem er ursprünglich noch ganz unbeirrt in Anlehnung an die Hypnose suggestiv durch

Drängen, Händedruck, Befragen usw. auf die Patienten einwirkte, ließ er sich davon abhalten, nachdem Patienten ihm vorwarfen, dies störe ihre Gedankentätigkeit; so nahm er sich um einen weiteren Schritt in seiner ärztlichen Aktivität zurück. Nicht zuletzt ging es ihm auch um persönliche Energieersparnis und Schutz (vgl. Kapitel 3.3.1).

Was sich nunmehr, wahrscheinlich noch in den neunziger Jahren (vgl. JAPPE, 1971, S. 5), herauskristallisierte, die freie Assoziation, kann, zumindest in bezug auf die Sprechsituation zwischen Arzt und Patient, als Synthese der vorherigen Verfahren begriffen werden.

»Gegenüber der zuletzt beschriebenen Methode ergibt sich wieder eine stärkere Polarisierung zwischen Sprecher und Zuhörer. Das grundlegend Neue ihr wie der Hypnose gegenüber liegt darin, daß hier das Schweigen des Arztes in absichtsvoller Zurückhaltung als Medium der Kommunikation eingeführt wird« (JAPPE, 1971, S. 4).

Dazu CREMERIUS (1969):

»Am Schweigen begreift der Patient, in welchem Umfange die Aufforderung, sich mitzuteilen, gemeint war. Er lernt, daß hier etwas anderes gemeint ist als die übliche Bitte um Informationen, die der Arzt dann bald durch Fragen, Äußerungen bestimmter Richtungen seines Interesses etc. unterbricht, um in ein Wechselgespräch einzutreten ... Schweigen schafft somit zusammen mit den anderen Bedingungen wie Liegen usw. eine wahrhaft offene Situation. Ihr gegenüber versagen die konventionellen Spielregeln, muß der Patient eine neue Einstellung gewinnen, ein eigenes Verhalten finden« (S. 69).

Das Schweigen des Analytikers wird zu einer Einstellung, die mit der freien Assoziation des Patienten korrespondiert; er reagiert auf die unzensierte Rede mit einer nicht auswählenden, nicht wertenden »gleichschwebenden Aufmerksamkeit«.

»Indes ist diese Technik eine sehr einfache. Sie lehnt alle Hilfsmittel, wie wir hören werden, selbst das Niederschreiben ab und besteht einfach darin, sich nichts besonders merken zu wollen und allem, was man zu hören bekommt, die nämliche ›gleichschwebende Aufmerksamkeit‹... entgegenzubringen« (FREUD, 1912a, S. 172).

Die auswählende, angestrengte Aufmerksamkeit des Analytikers würde zum einen nur subjektive Interpretationen des Analytikers nach sich ziehen, außerdem zu rationalistisch auf Zusammenhänge fixiert bleiben; die permissive Gefühlseinstellung des Analytikers zum noch ungeordneten Material seines Patienten bedeutet, auf der Ebene des Patienten »mitzuschwingen« – eine Ordnung stellt sich dann von selber ein:

»... so ist das Unbewußte des Arztes befähigt, aus den ihm mitgeteilten Abkömmlingen des Unbewußten dieses Unbewußte, welches die Einfälle des Kranken determiniert hat, wiederherzustellen« (FREUD, 1912a, S. 175 f.).

Die geforderte absichtslose, möglichst unzensurierte freie Rede, die durch die Grundregel und die Zurückhaltung des Arztes vom Patienten hervorgebracht werden soll, ähnelt seinem Sprechen in der Hypnose; da er jedoch bei vollem Bewußtsein, auf die Gegenwart bezogen bleibt, verliert er nicht die Möglichkeiten der Kontrolle.

Seine »freie Assoziation« ist frei und unfrei zugleich; es ist die *Erlaubnis*, alles zu sagen, und zugleich das *Verbot*, etwas zurückzuhalten. Der Analytiker, der auf die verdeckten Zusammenhänge und zurückgehaltenen Botschaften hinter den freiwilligen Äußerungen gerichtet ist, hat mit seinem Wissen Übersicht und Kontrolle, eingeschränkter und viel subtiler jedoch als in der Hypnose; Wirkung hat sein Wissen erst, wenn er es durch geeignete Intervention an den Patienten zurückgeben kann, also in Form einer Deutung. Die Deutung ist keine Wissensvermittlung, sondern muß an dem Punkt treffen, wo der Patient sie sich zu eigen machen kann. Der Patient, »egozentrisch und unfrei« (JAPPE, 1971, S. 5) in seinen Assoziationen, wird zum unabdingbaren Mitarbeiter der Therapie, zum »fragenden, antwortenden, hilfreichen oder widerspenstigen Gesprächspartner des Arztes« (ebenda).

In dieser Konstellation wird deutlich, daß weder die reine Katharsis noch nur das bloße Wissen um die Zusammenhänge der Störung diese beseitigen; vielmehr muß »das Wissen auf einer inneren Veränderung im Kranken beruhen ... wie sie nur durch eine psychische Arbeit mit bestimmtem Ziel hervorgerufen werden kann« (FREUD, 1916/17, S. 291).

Der »freie Einfall« stößt auf unbewußte Widerstände; das Schweigen des Arztes läßt diese klar hervortreten, führt sie dem Patienten vor Augen. Es wird nun deutlich, daß Widerstände nicht durch autoritäre Interventionen, sondern nur durch Erhellung ihrer Dynamik zu überwinden sind:

»Es stellt sich dann eine neue Art von Arbeitsteilung her: der Arzt deckt die dem Kranken unbekannten Widerstände auf; sind diese erst bewältigt, so erzählt der Kranke oft ohne alle Mühe die vergessenen Situationen und Zusammenhänge. Das Ziel dieser Techniken ist natürlich unverändert geblieben. Deskriptiv: die Ausfüllung der Lücken der Erinnerung, dynamisch: die Überwindung der Verdrängungswiderstände« (FREUD, 1914a, S. 207).

Die Bedeutung des Sprechens wechselt unversehens ihren Platz:

»Von der Abfuhr der Erregung durch Sprechen ist keine Rede mehr; vielmehr geschieht sprechend die Reproduktion der Erlebnisse; der energetische Gesichtspunkt hat sich auf die psychische Arbeit zur Überwindung der Widerstände verlagert, die als Voraussetzung und Folge der Verbalisierung begriffen wird« (JAPPE, 1971, S. 13 f.).

Für FREUD folgt daraus für die therapeutische Praxis:

»Er richtet sich auf einen beständigen Kampf mit dem Patienten ein, um alle Impulse auf psychischem Gebiet zurückzuhalten, welche dieser aufs Motorische lenken möchte, und feiert es als einen Triumph der Kur, wenn es gelingt, etwas durch die Erinnerungsarbeit zu erledigen, was der Patient durch eine Aktion abführen möchte« (FREUD, 1914a, S. 213).

Die Dichotomie von Katharsis, motorischer Aktion einerseits und gedanklicher, psychischer Erledigung andererseits ist geblieben.

»Geändert hat sich die therapeutische Wertung: Motorische Aktion ist nun als Agieren unerwünscht, therapeutisch belangvoll letztlich nur die psychische Verarbeitung im Medium sprachlichen Vollzugs von Erinnerungen und Erlebnissen. In dieser Wertung sind seither Differenzierungen und Verschiebungen eingetreten; der Gegensatz als solcher ist aktuell geblieben« (JAPPE, 1971, S. 14).

Die freie Assoziation als Mitteilungsform des Patienten sowie die Deutung als das »entscheidende und grundlegende Instrument des Analytikers« (JAPPE, 1971, S. 5) bilden seither die technische Basis der psychoanalytischen Therapie; hinzu kommt die Liegeposition auf der Couch, ein seit den Anfängen der Psychoanalyse tradiertes »Zeremoniell« (FREUD, 1913, S. 193), was allerdings wenig thematisiert wird (siehe dazu Kapitel 3.3).

»Die Entwicklungen, die sich seither angebahnt haben, fußen auf der Grundregel. In deren Auffassung ergeben sich indes Differenzierungen, die sich sehr wohl an der Art, wie in der Analyse gesprochen wird, und an der Rolle, die das Sprechen überhaupt dabei spielt, ablesen lassen« (JAPPE, 1971, S. 5).

3.1.2 Die verschiedenen Bedeutungen des Schweigens

Am Anfang steht die freie Assoziation noch ganz im Banne des Wortes; es geht vor allem darum, Material für Deutungen zu gewinnen; der Patient wird auf die Grundregel »verpflichtet«.

»Diese ausschließliche Faszination durch das Gesagte tritt allmählich zurück hinter der Frage, *warum* gesprochen und nicht gesprochen wird« (JAPPE, 1971, S. 6).

Die symptomorientierte, triebpsychologische Betrachtung des Schweigens als einer bloßen Störung des therapeutischen Geschehens wird allmählich abgelöst, als mit der Bedeutung des Ichs die Abwehrmechanismen entdeckt und systematisiert werden.
Der Satz von Anna FREUD (1988): »Nicht die Befolgung der analytischen Grundregel an und für sich, sondern der Kampf um die Befolgung der Grundregel ist das, worauf es uns ankommt« (S. 15), markiert eine Wende im Verständnis der analytischen Situation: Nicht nur das Gesprochene, sondern das gesamte Verhalten des Patienten ist von Interesse; es geht nicht um Symptome, sondern um die gesamte psychische Struktur, die in den Prozeß einbezogen ist.
Der Patient wird nunmehr »in-Beziehung-zu« interessant; sein Sprechen in Beziehung zum Schweigen, in Beziehung zur Grundregel, in Beziehung zum Analytiker...
REICH war einer der ersten, der den Blick vom Inhalt auf die Abwehr des Verdrängten richtete; Schweigen, Einfallslosigkeit, Stocken, vor allem aber die Körperbotschaften können ebenfalls, in manchen Fällen besser Hinweise auf die innere Dynamik einer Störung geben als Worte. Anna FREUD ist, als Schülerin REICHs, in ihrem Konzept der Abwehrmechanismen stark von REICHs »Charakteranalyse« (1933) beeinflußt worden. Doch während jener den Weg ging, angesichts stockender Assoziationen den Körper »sprechen« zu lassen, verlegte sich A. FREUD, und mit ihr die klassische Psychoanalyse, auf die Deutung bzw. verbale Bearbeitung der Abwehrmechanismen. Insofern die klassische Psychoanalyse also auf das Wort angewiesen bleibt, konnte eine wirklich offene Haltung gegenüber dem Schweigen kaum oder nur langsam durchsetzen; statt dessen nahmen die Deutungen nicht selten den Charakter von Vorwürfen an.
G. & R. BLANCK (1978) stellen fest:

»Am verwirrendsten für Therapeuten sind der schweigende und der sogenannte agierende Patient. Das Schweigen wird allzu oft – *bestenfalls* verärgert, *schlimmstenfalls* verurteilend – als krasseste Verletzung des Gebots der freien Assoziation betrachtet. Es läßt sich mit dem Begriff der ›talking cure‹ nicht in Einklang bringen. Üblicherweise wird es als Widerstand angesehen, bei dem es sich meistens um das Zurückhalten negativer Gedanken in der Übertragung handelt« (S. 261).

Nach JAPPE löst sich die psychoanalytische Haltung erst in den letzten Jahren wirklich von einer »Überbewertung des Sprechaktes« (JAPPE, 1971, S. 7):

»Erst nach langer Konzentration der Methode auf das gesprochene Wort wird eine Erfahrung tradierbar, die des Sprachzusammenhangs im ganzen sicher genug ist, um aus der Äußerung im einzelnen keinen Fetisch mehr machen zu müssen; die averbaler Kommunikation breiten Raum geben kann, ohne den Sprachhorizont zu verlieren – technisch gesprochen: ohne den Boden der Grundregel zu verlassen. Sie erhält damit erst den Sinn, auf den sie eigentlich angelegt ist: Sie wird zum Angebot einer offenen Situation« (ebenda).

Das Verständnis für Übertragung und Gegenübertragung, das die therapeutische Situation zu einer Interaktion werden läßt, schafft den Boden hierfür:

»Sie (die Übertragung) durchdringt die Gesamtheit des Materials des Patienten und bedingt, jenseits des sprachlichen Ausdrucks, Haltung und Verhalten« (HENNY, 1978, S. 14).

Verbalisierung ist nunmehr nicht nur als reproduktiver Akt zu verstehen, sondern auch als »die Bildung eines Kontextes, in den sich mit der Zeit all diese Einzelakte einfügen und dadurch eine neue psychische Realität erhalten« (JAPPE, 1971, S. 18).
Somit sollte die therapeutische Situation zur »Atmosphäre« werden, die Sprechen und Schweigen als gültige Erlebens- und Äußerungsweisen umfaßt.

»Der kommunikativen Offenheit gegenüber dem Schweigen kann nur eine Auffassung der Verbalisierung entsprechen, die über den einzelnen Verständigungsakt hinaus die gesamte Behandlung als eine allmähliche Explikation der Objektbeziehungen des Patienten begreift. Diese entfalten sich zunächst in der affektiven Beziehung zum Analytiker und stellen sich auf alle möglichen Arten dar, bis sie nach und nach verbatim verstanden werden können« (ebenda).

Die Bedeutung des Schweigens ist aber in doppelter Hinsicht zu untersuchen: als das Schweigen des Patienten und als das Schweigen des Analytikers. Wie wir gesehen haben, entspricht dem Schweigen des letzteren eine therapeutische Grundhaltung, ist sein Schweigen der Raum, den der Patient sich nehmen darf.

Es muß jedoch immer wieder geprüft werden, wann das Schweigen des Therapeuten (und damit das des Patienten) gebrochen und wann es aufrechterhalten werden muß:

Das Schweigen des Patienten kann trostlose Leere bedeuten, die eines Signals durch den Analytiker bedarf; es kann aber auch eine angenehme Reise durch die Phantasie beinhalten, es kann den regressiven Wunsch nach »wortloser Verbundenheit«, nach Verschmelzung mit dem Analytiker bedeuten, dann sollte es nicht vorzeitig unterbrochen werden; es mag auch »analen Trotz«, ein bewußtes Zurückhalten von Worten bedeuten oder aber den Raum, den der Patient sich endlich nehmen darf.

So kann das Schweigen ebenso wie die Worte des Patienten immer nur im Kontext der therapeutischen Beziehung begriffen werden. Als solche ist Verbalisierung »kein eindimensional gerichtetes Geschehen, das einmal erledigt sein könnte«, sondern

»vielmehr bleibt Verbalisierung unvollendbar vieldeutig und grundsätzlich doppelsinnig wie die Objektbeziehung selbst« (JAPPE, 1971, S. 18).

Auf seiten des Analytikers ist bedeutsam, wie er das Schweigen interpretiert; ob er es als »Widerstand« deutet oder als eine Verhaltensbotschaft; ob er, ebenfalls schweigend, seine Gegenübertragung reflektiert, ob er versucht, das, was er im Patienten vermutet, zu verbalisieren oder ob er das schweigende Zusammensein als für den Patienten momentan notwendige Beziehungsform akzeptiert und auf Worte verzichtet. Halten wir für die weitere Diskussion fest, daß im analytischen Kontext ein Nicht-Sprechen notwendigerweise ein Schweigen bedeutet; auf Körpersprache, auf Signale durch Körperkontakt (z. B. das Halten einer Hand) kann nicht zurückgegriffen werden. So ist quasi mit Verzicht auf die Sprache die Kommunikation weitgehend unterbrochen; der Analytiker mag eine freundlich-akzeptierende Haltung dem Schweigen gegenüber einnehmen, er kann diese seinem Patienten aber kaum vermitteln, und wenn, dann nur durch Reste von Körpersprache, durch eine »Ausstrahlung«, die sinnlich erfaßt werden muß.

Es besteht somit das Dilemma, daß heutzutage zwar vielen Patienten gewährt wird, auf Worte zu verzichten, daß die einzige Alternative – Schweigen – indes keine wirkliche Lösung bietet. Hier erweisen sich körperorientierte Herangehensweisen als sehr hilfreich, wie ROTH (1986) aufzeigt:

»Auf einer frühen Ebene bergen Wörter die Gefahr, das falsche Selbst zu füttern. Schweigen allein kann auf der anderen Seite zum Abgrund werden. Körperlicher Kontakt hingegen vermag eine *Brücke* zu bilden, die trägt, aber nicht zwingt – wenn sie als eben das gemeint ist und auch als solche vermittelt werden kann« (S. 164).

Wir werden auf diesen Gedanken noch zurückkommen.
Neben dem Schweigen (des Analytikers) als ein Raum geben, als Grundvoraussetzung für den therapeutischen Prozeß und dem Schweigen als eine Variante der Intervention kann das Schweigen des Analytikers auch eine spezifische Gegenübertragungsreaktion darstellen. Es kann Hilflosigkeit bedeuten, die Angst, »etwas zu tun«, es kann ein intensives Handeln, z. B. Verweigerung eines Wunsches, bedeuten und kann so auch in passive Grausamkeit übergehen. Schweigen wird allzuoft als Lösung angesehen, das Abstinenzprinzip einzuhalten:

»Wenn aber Abstinenz als theoretisch begründbare, technische Grundregel mit den Verhaltensaspekten Passivität und Schweigen verwechselt oder gleichgesetzt wird (›ich habe mich abstinent verhalten‹ meint dann ›ich habe geschwiegen‹; oder ›ich war völlig passiv‹ meint ›ich habe mich abstinent verhalten‹ etc.), dann könnte leicht eine im Einzelfall notwendige technische Maßnahme wie die des Schweigens oder passiven Abwartens in vermeintlicher Analogie zum Abstinenzprinzip als generalisierte Gegenübertragungshaltung mißbraucht werden« (von SCHLIEFFEN, 1982, S. 299).

Eine ängstliche Identifizierung mit den analytischen Ausbildungsnormen führt bei vielen Analytikern zum Rückzug in die schweigende, abwartende Position, um »Kunstfehler« möglichst zu vermeiden.
Von SCHLIEFFEN (1982) meint diese »abstinente« Haltung als ein generalisiertes Phänomen innerhalb der psychoanalytischen Gemeinschaft wiederzufinden; der schweigende oder schweigsame Analytiker scheint der »Prototyp« des Psychoanalytikers zu sein; dahinter stecke u. a. eine »berufsbezogene Ideologie« (vgl. von SCHLIEFFEN, 1982, S. 289). Diese Haltung wirkt sich oft auf das gesamte private und öffentliche Leben des Analytikers aus.

»PARIN hat uns auf die Neigung des Analytikers aufmerksam gemacht, sich aus öffentlichen Diskussionen über ›brennende Zeitprobleme‹ herauszuhalten (PARIN, 1978) – mit anderen Worten: zu schweigen. Im Rahmen unserer Betrachtungen würde das bedeuten, daß der Analytiker einen analytischen Parameter, den einer – falsch verstandenen – Abstinenz, auf seinen Umgang mit gesellschaftspolitisch relevanten Fragen überträgt« (von SCHLIEFFEN, 1982, S. 294).

3.1.3 Übertragung und Agieren

Körperliche Berührungen zwischen Patient und Arzt sind notwendige Bestandteile einer Behandlung; dabei kann, im Dienste der Gesundheit, keine besondere Rücksicht auf die Intimsphäre des Patienten genommen werden; der Arzt erhält Einblick und Zugriff auf alle Bereiche des Körpers, ohne daß dies problematisiert würde.

Die Ursituation der psychoanalytischen Methode war ebenfalls die ärztliche Behandlung; und mit der oben genannten Selbstverständlichkeit konnte sich auch FREUD dem Körper seiner Patienten und Patientinnen zuwenden; in den frühen Hysteriebehandlungen waren körperliche und medizinische Verfahren noch ohne weiteres mit der Psychotherapie vermischt.

Seine Selbstdefinition als rein professionell beteiligter Arzt machte es FREUD z. B. möglich, Hysterikerinnen »zweimal täglich am ganzen Körper« (FREUD, 1895, S. 42) zu massieren, ebenso, wie er Spaziergänge mit ihnen unternahm, ihnen die Hand auflegte, sich aktiv um ihre Ernährung kümmerte, sie in manchen Fällen sogar fütterte usw. Dabei konnte er sich von der Wirkung »körperorientierter« Therapie überzeugen:

»So macht sich jedesmal schon während der Massage mein Einfluß geltend, sie wird ruhiger und klarer und findet auch ohne hypnotisches Befragen die Gründe ihrer jedesmaligen Verstimmung. Auch das Gespräch, das sie während des Massierens mit mir führt, ist nicht so absichtslos, wie es den Anschein hat; es enthält vielmehr die ziemlich vollständige Reproduktion der Erinnerungen und neuen Eindrücke, die sie seit unserem letzten Gespräche beeinflußt haben und läuft oft ganz unerwartet auf pathogene Reminiszenzen hinaus, die sie sich unaufgefordert abspricht« (FREUD, 1895, S. 46 f.).

Neben dieser »professionellen« Rolle gab es in der Beziehung FREUDS zu seinen Patienten und Parientinnen immer auch den

»Privatmenschen«. Die Schriften aus den Zeiten der Hysteriebehandlung (aber auch aus den späteren Zeiten – wie wir sehen
werden) belegen eine herzliche, engagierte und unverstellte, oft
auch freundschaftliche Beziehung FREUDs zu seinen Patienten; er
tritt aber auch autoritär auf, spart nicht mit Suggestionen, Beleh-
rungen und Ermahnungen. Neben der »professionellen« kann
FREUD sich also auch noch eine »natürliche« Beziehung leisten,
bzw. gerade die professionelle Identität des »unbeteiligten« Arztes erlaubt ihm daneben eine uneingeschränkte, unverkrampfte
»Realbeziehung«. Die Wandlungen in der therapeutischen Beziehung, die in der ärztlichen Situation ihren Ursprung nahm, hat
jedoch Konsequenzen, die wir uns jetzt anschauen wollen.

Aus verschiedenen Gründen nahm FREUD im Laufe der weiteren
Entwicklung seiner Technik Abstand von jeglicher körperlicher
Berührung und »Behandlung«, und die zunächst offene, experimentelle Situation der frühen Hysterie-Behandlungen formali-
sierte sich zur »psychoanalytischen Situation«, zum »Prinzip des
Vermietens einer bestimmten Stunde« (FREUD, 1913, S. 186) an
mehreren Tagen der Woche mit fester Sitzanordnung – Couchlage
des Patienten, dahinter sitzender Analytiker.

Ein Grund zum Verzicht auf Körperkontakt ergab sich, wie wir
gesehen haben, aus dem Bemühen, die Behandlung weitestmöglich von suggestiven Elementen zu befreien – der Druck auf die
Stirn beispielsweise wurde vom Patienten als hinderlich für seinen
freien Gedankenfluß bemängelt, und FREUD respektierte dies.

Parallel zur Erkenntnis, daß die Symptome der Patienten und Patientinnen nicht so sehr auf quantifizierbaren Störungen des
»Nervenapparates«, sondern vielmehr auf innerlichen, psychischen Zusammenhängen beruhten, war auch eine medizinisch-
körperliche Behandlung weniger von Interesse.

Ausschlaggebend für das kategorische Berührungstabu, wie es
noch heute besteht, war jedoch in hohem Maße die Entdeckung
der Übertragung und des Widerstands mit ihren Gesetzmäßigkeiten. Die Prinzipien der Übertragung und Gegenübertragung, die
ganz weitgehend den psychoanalytischen Prozeß determinieren,
lassen sich nicht mit körpertherapeutischen Methoden, die körperliche Berührung und körperliche Interaktionen einschließen,
vereinbaren – so die Meinung vieler Psychoanalytiker.

BITTNER (1986) meint in Hinblick auf FREUDs frühere Behandlungen:

»FREUD hat damals noch nicht klar gesehen, daß es sich bei der körperlichen Berührung um eine überwältigende Übertragungsintimität handelt...« (S. 714).

Die Übertragungsbeziehung scheint Körperkontakt, überhaupt motorisches Agieren zu verbieten; betrachten wir also ihre Gesetzmäßigkeiten und die Interpretationen, die sie in der sich wandelnden Theorie erfährt; überprüfen wir die Begründungen, die sich daraus für ein Abstinenzprinzip ergeben.

Die von FREUD vorgeschlagene »Handhabung« der Übertragung wirft ein Licht auf seine Haltung zum Agieren; seine Einstellung zu ihr bleibt stets ambivalent und zögerlich; einerseits unliebsam, weil im Dienste des Widerstandes, weil agiert wird, was erinnert werden soll, weil Befriedigung gesucht wird, die den ursprünglichen Leidensdruck vergessen läßt, ist ihm die Übertragung, als »Zwischenreich zwischen der Krankheit und dem Leben« (FREUD, 1914a, S. 214), andererseits das »mächtigste Hilfsmittel der Behandlung« (FREUD, 1923b, S. 223).

Zunächst nur als eher befremdliche Erscheinung eines besonderen Falls von Affektverschiebung betrachtet, wird das »Liebesverlangen« des Patienten schließlich als etwas identifiziert, »wonach alle Kranken in der Analyse streben, etwas zu agieren, im Leben zu wiederholen, was sie nur erinnern, als psychisches Material reproduzieren und auf psychischem Gebiete erhalten« (FREUD, 1915, S. 225) sollen. Mit Widerstand und Übertragung kommen Begriffe ins Spiel, die den Erlebens- und Verhaltensaspekt des Krankheitsgeschehens deutlich machen; Therapie bedeutet dann nicht länger, einen als bloßen Symptomträger verstandenen Kranken von diesem Symptom zu befreien, sondern wird vielmehr zu einer Auseinandersetzung mit dem Erleben und Verhalten des Patienten. Mit der Entdeckung der Übertragung wird deutlich, daß es nicht nur um Rekonstruktionen und um Einsicht gehen kann, sondern daß es sich hier um Dimensionen handelt, die über das gesprochene Wort hinausgehen. Die Konzentration auf das Gesagte verschiebt sich zugunsten eines gewissen Maßes von »Agieren«.

Zunächst nur als ein Symptom unter vielen betrachtet, wird die Übertragung von FREUD im weiteren als notwendig zum psychoanalytischen Prozeß gehörige Erscheinung anerkannt, schließlich sogar als allgemein menschliches Phänomen, das die Psychoanalyse nur deutlicher zutage fördert:

»Die psychoanalytische Kur schafft die Übertragung nicht, sie deckt sie bloß, wie anderes im Seelenleben Verborgene, auf« (FREUD, 1905a, S. 182).

Er kommt schließlich nicht umhin, Übertragung als ein unumgängliches Agieren des Patienten zu akzeptieren:

»... so dürfen wir sagen, der Analysierte erinnere überhaupt nichts von dem Vergessenen und Verdrängten, sondern er agiere es. Er reproduziert es nicht als Erinnerung, sondern als Tat, er wiederholt es, ohne natürlich zu wissen, daß er es wiederholt« (FREUD, 1914a, S. 210).

So erkennt er den Nutzen in der Übertragung als einem »Tummelplatz, auf dem ihm (dem Patienten) gestattet wird, sich in fast völliger Freiheit zu entfalten, und auferlegt ist, uns alles vorzuführen, was sich an pathogenen Trieben im Seelenleben des Analysierten verborgen hat« (FREUD, 1914a, S. 214).

»Stück für Stück dieses Krankseins wird nun in den Horizont und in den Wirkungsbereich der Kur gerückt, und *während es der Kranke als etwas reales und aktuelles erlebt*, haben wir die therapeutische Arbeit zu leisten, die zum guten Teil in der *Zurückführung auf die Vergangenheit* besteht« (FREUD, 1914a, S. 211, Hervorhebungen der Verfasserin).

Zwei Faktoren sind hier bezeichnend, zum einen die Ansicht, hier würden nur »pathogene Triebe« agiert, zum anderen die Auffassung, die Erlebens- und Verhaltensweisen des Patienten entbehrten der realistischen Grundlage.[2]

Ein gewisses Maß an »Agieren« wird jetzt zwar von FREUD anerkannt und akzeptiert; Übertragungen erscheinen jedoch als quasi endopsychische »Neuauflagen, Nachbildungen« (LAPLANCHE & PONTALIS, 1986, S. 553) ursprünglicher, infantiler Gefühle, wobei die Person des Arztes in der Phantasie durch die frühere Bezugsperson ersetzt wird.

So bleibt die Übertragung letztlich ein isolierbares Phänomen, eine infantile, pathogene Reproduktion, gekennzeichnet von neurotischen Gefühlseinstellungen und Realitätsverkennung. Übertragung, in erster Linie als Wiederholung des infantilen ödipalen Konfliktes betrachtet, erscheint eher als Symptom, was aufzulösen ist und weniger als Ausdruck einer Beziehung im »Hier und

2 Nach Einschätzung FREUDS wiederholt der Patient in der Übertragung, »alles, was sich aus den Quellen seines Verdrängten bereits in seinem offenkundigen Wesen durchgesetzt hat, seine Hemmungen und unbrauchbaren Einstellungen, seine pathologischen Charakterzüge« (FREUD, 1914a, S. 211).

Jetzt«, einer Beziehung, an der der Analytiker gleichermaßen beteiligt ist.

Und so ist sie für FREUD zwar diagnostisch wertvoll, an erster Stelle aber korrekturbedürftig:

»Der Arzt will ihn dazu nötigen, diese Gefühlsregungen in den Zusammenhang der Behandlung und in den seiner Lebensgeschichte einzureihen, sie der denkenden Betrachtung unterzuordnen und nach ihrem psychischen Werte zu erkennen« (FREUD, 1912b, S. 167).

Keinesfalls sollte auf das Verhalten eingegangen werden, es sei denn durch aufklärende Deutung; so ergibt sich ein ständiger »Kampf zwischen Arzt und Patienten, zwischen Intellekt und Triebleben, zwischen Erkennen und Agierenwollen« (ebenda). Wiewohl also FREUD die Doppeldeutigkeit der Übertragung als sowohl Widerstand wie Hilfsmittel, als Zwang zur Wiederholung wie als Chance zur Umsetzung in Erinnerung und diagnostischen Hinweis anerkennt, betont er in erster Linie die Notwendigkeit,

»... den Bereich dieser Übertragungsneurose möglichst einzuschränken, möglichst viel in die Erinnerung zu drängen und möglichst wenig Wiederholung zuzulassen« (FREUD, 1920, S. 131).

Für FREUD blieb Übertragung stets nur *ein* Faktor neben seiner realen Beziehung zum Patienten. »Das eine ist die Welt der Technik und das andere ist die Welt der persönlichen Beziehung« (CREMERIUS, 1980, S. 152). Auch LAPLANCHE & PONTALIS (1986) vermerken:

»Viele Äußerungen zeigen, daß FREUD die Gesamtheit der Behandlung in ihrer Struktur und ihrer Dynamik nicht mit einer Übertragungsbeziehung gleichsetzt« (S. 553).

Da er sich letztlich nie wirklich von der Vorstellung der Übertragung als einem Symptom lösen konnte, gab es für ihn die »professionelle« und die »private« Beziehung. Auf der Basis der Realbeziehung konnte er sich weiterhin herzlich und unverkrampft geben, was alle möglichen Verstöße gegen seine eigenen Abstinenzregeln, Körperkontakt eingeschlossen, ebenfalls möglich machte. Wir hören von symbolischen Wunschbefriedigungen in der analytischen Situation – Überreichen eines Goldorangenzweigs, mitfühlendes Reichen der Hand, wir hören, daß er Frühstück servieren läßt, Bücher verleiht, Ansichtskarten aus den Ferien schickt usw.; wir wissen aber auch von Manipulationen,

von lehrerhaftem Auftreten, Suggestionen, Zurechtweisungen usw. (vgl. CREMERIUS 1980, HAYNAL 1987).
Diese wohlwollenden und erzieherischen Maßnahmen schienen zur »Förderung des Arbeitsbündnisses« angezeigt, während die von FREUD geforderte »Neutralität« für die Bewältigung der (Übertragungs-) Widerstände vorbehalten blieb.

»FREUD konnte sich dieser Zweiteilung überlassen, ohne an die Wirkungen seines Verhaltens auf die unbewußten Übertragungsaspekte zu denken, weil er die eigentliche Übertragung als ›zwangsläufige Übertragungsneigung‹... versteht, die autonom und unbeeinflußt vom Verhalten des Analytikers ihren von den Introjekten, den inneren Imagines der Kindheit, vorgezeichneten Weg nimmt. (...) Von hier aus verstehen wir auch, daß der Ermahner zum Versagungs-Inkognito so frei und spontan sein konnte, ohne in einen inneren Widerspruch zu geraten« (CREMERIUS, 1980, S. 153).

Die FREUDsche Einstellung zur Übertragung ließ ihn entsprechende Regeln zu ihrer »Handhabung« formulieren, die in seiner Nachfolge jahrzehntelang als Merkmale der »Standardtechnik« tradiert wurden. Diese »Ratschläge« – wie er sie selbst nennt – waren »im wesentlichen negativ«, wie FERENCZI (1928b, S. 248) später anmerken wird, also in Verboten und Analogien formuliert, die die Strenge der Situation betonen.
Wenn FREUD jedoch seinen Kollegen »nicht dringend genug empfehlen (kann), sich während der psychoanalytischen Behandlung den Chirurgen zum Vorbild zu nehmen, der alle seine Affekte und selbst sein menschliches Mitleid beiseite drängt und seinen geistigen Kräften ein einziges Ziel setzt: die Operation so kunstgerecht als möglich zu vollziehen« (FREUD, 1912a, S. 175), so ist dies in seiner Schärfe als Warnung für allzu eifrige oder allzu disziplinlose Schüler und für die Vielzahl von Laien, die »psychoanalytisch« herumexperimentierten, zu verstehen; zudem bestand die Notwendigkeit, den Kontrast der psychoanalytischen Situation zum seelsorgerischen oder Alltags-Gespräch hervorzuheben. STONE (1973) schlägt für die Interpretation des »Chirurgen«-Bildes vor, die Aufmerksamkeit auf den Ausdruck »beiseite drängen« zu lenken, um so deutlich zu machen, daß »sympathetische Einstellungen« unleugbar vorhanden seien, »aber den Erfordernissen des kunstgerechten technischen Vorgehens untergeordnet werden müssen« (S. 29). Dies sei jedoch keine Direktive für die allgemeine persönliche Haltung.

Das Gebot, die eigenen Probleme, Gefühlsreaktionen und Gedanken aus dem Gespräch herauszuhalten, ist zunächst ein sinnvoll begründetes therapeutisches Prinzip; es soll die Fremdbestimmung des Patienten möglichst niedrig halten. Die »Spiegel«-Analogie unterliegt jedoch auch der Fiktion einer empiristischen Objektivitätsvorstellung, die ihren Erkenntnisgegenstand von allen subjektiven Elementen zu »bereinigen« trachtet, und hier erkennen wir auch wieder FREUDS naturwissenschaftliche Identifizierung. Die wortwörtliche Aneignung der Chirurgen-Analogie und der Spiegelmetapher hat FREUD jedoch nie intendiert; wie viele Berichte seiner Schüler und Patienten belegen, hat er vielmehr oft »anders gehandelt als gedacht, und er hat dort die strengsten Gesetze erlassen, wo er sich selbst am freiesten bewegt hat« (MOSER, 1990, S. 224).

Tatsächlich war aber über Jahrzehnte hinweg die strenge Einhaltung der FREUDschen Regeln die Norm; in Sorge um die Erhaltung einer »reinen Lehre« wurden FREUDS »Ratschläge« zur »klassischen« und damit einzig richtigen Technik erklärt.

»Ihre Vertreter behaupten, die Hauptzüge der psychoanalytischen Technik, wie sie FREUD 1912-1915 festgelegt habe, dienten noch heute als Basis der psychoanalytischen Praxis...« (CREMERIUS, 1982, S. 495).

In strikter Befolgung der »Ratschläge« wurde die »professionelle« Seite der Beziehung zur ausschließlichen gemacht, während die FREUD selbstverständlich erscheinende »Natürlichkeit« in den Hintergrund trat. Seine »Spiegel«-Metapher[3], eher als Warnung gegen ein Zurückfallen in frühere Formen der Suggestionsbehandlung gemeint, führte vielerorts zu

»absurden Mißdeutungen, Übertreibungen oder anderen Mißbräuchen..., denen schwer zwanghafte oder labile Persönlichkeiten anhängen, indem sie dieses Konzept als Rationalisierung für passive Grausamkeit benutzen oder es in unkritischer Begeisterung als den Buchstaben des Gesetzes ansehen...« (STONE, 1973, S. 38).

Aufgrund dieser Mißbräuche wiederum wird das psychoanalytische Verfahren in der öffentlichen Meinung oft als gefühlskalt und intellektuell angesehen.

3 »Der Arzt soll undurchsichtig für den Analysierten sein und wie eine Spiegelplatte nichts anderes zeigen, als was ihm gezeigt wird« (FREUD, 1912a, S. 178).

Mit den Vorstellungen eines nur spiegelnden Gegenübers und der Übertragung als quasi endopsychische Erscheinung entwickelte und stabilisierte sich das Ideal psychoanalytischer Passivität. THOMÄ (1980) meint:

»Die Übertragungsneurose wird demgemäß noch immer von vielen Psychoanalytikern (z. B. von MELTZER, 1967, S. 78) als naturwüchsiger Prozeß verstanden, der sich nach Inhalt und Form von selbst einstelle und um so mehr von Natur aus, je passiv-schweigsamer der Analytiker sich verhalte« (S. 15).

Dieses Stillschweigen, diese Passivität des klassischen Analytikers kann aber, so THOMÄ, als »höchst aktive Zurückweisung« erlebt werden (ebenda). Während THOMÄ dies auf das (vermeintliche) Gegensatzpaar Sprechen (= Handeln) und Schweigen (= Passivität) bezieht, meine ich, diesen Vergleich auch auf die Kategorien Handeln und Sprechen beziehen zu können. Das »Nur-Sprechen« des Analytikers, die (vermeintlich) ausschließliche Reduktion seiner Aktivitäten auf Deutungen, kann ebenfalls nicht die angestrebte »Passivität« garantieren; körpertherapeutische Methoden, die eine (körperliche) Aktivität auf beiden Seiten erfordern können und die deswegen verpönt sind, müssen nicht unbedingt suggestiver und direktiver sein als manche vermeintlich »neutrale« Deutung. Diese Hypothese wird im folgenden noch ihre Begründungen finden (vgl. vor allem Kapitel 4.1.3.3).

Doch wir befinden uns nun unversehens schon in der Diskussion um das Prinzip der Abstinenz – eine Kategorie, die wir im folgenden, wiederum historisch, nachvollziehen und im besonderen auf die Frage der Körperlichkeit überprüfen werden.

Festzuhalten ist hier zunächst, daß FREUD – zumindest in therapeutischer Hinsicht – »kein Freudianer« war, wie MOSER (1990, S. 218) hervorhebt, d. h., er war weit davon entfernt, die von ihm aufgestellten Regeln zu verabsolutieren und sie der Menschlichkeit – heute würde man auch sagen »Authentizität« – überzuordnen.

Sein Verständnis von der Übertragung war noch eng und ist in vieler Hinsicht heutzutage korrigiert und erweitert worden; andererseits entspringen diesem engen Verständnis die klassischen Prinzipien der analytischen Situation, deren Strenge noch dadurch verschärft wird, daß die Natürlichkeit FREUDS bei seinen allzu getreuen Nachfolgern vermißt wird. Diese starre Befolgung der »wesentlich negativen« Ratschläge FREUDS überschattet, trotz vielfältiger theoretischer Fortschritte, die technische Flexibilität der Psychoanalyse (und führt u. a. auch zu einer Unnatürlichkeit und Körperferne, wie FREUD sie nicht kannte). THOMÄ (1980) meint:

»Obwohl ihre rigide Anwendung die volle Blüte des Paradigmas S. FREUDS geradezu verhindert und sie teilweise einem Wissenschaftsbegriff entsprungen sind, der durch FREUDS Entdeckungen an seine Grenze kam, wird die klassische Reinheit psychoanalytischen Erkennens an das exakte Erfüllen von Regeln gebunden, deren strenge Anwendung weder der Erkenntnis noch der Therapie förderlich ist, so daß man überspitzt sogar sagen kann, daß gerade die Flexibilität in der Handhabung der Regeln psychoanalytische Entdeckungen ermöglicht und ihr therapeutisches Potential bereichert hat« (S. 4).

Von dieser Flexibilität FREUDS hatten wir uns auch in den vorangegangenen Kapiteln überzeugen können – sie wird in der heutigen Debatte oft vermißt.

3.1.4 Das Prinzip der Abstinenz

Aus der Übertragung ergibt sich das Gebot der Abstinenz, sowohl beim Patienten als auch beim Analytiker; und letzterer trägt allein die Verantwortung dafür, daß diese aufrechterhalten wird. LAPLANCHE & PONTALIS (1986) definieren:

»Der Abstinenzbegriff ist implizit mit dem Prinzip der analytischen Methode selbst verknüpft, insofern diese ihre wesentliche Tat in der Deutung sieht, anstatt die libidinösen Bedürfnisse des Patienten zu befriedigen« (S. 23).

Oberflächlich ergibt sich hieraus sofort der Sinn des Berührungsverbots – Körperkontakt heißt eingehen auf die Wünsche des Patienten, sprechen heißt statt dessen »drüber reden«. Aber auch die Worte müssen gewählt sein, dürfen nicht befriedigen, sondern nur interpretieren; zu fragen wäre, ob jeglicher Körperkontakt befriedigend wirken muß oder ob Körperkontakt, Körperinteraktionen nicht auch deutende, prozeßfördernde Qualitäten haben können.

Vor allem ist zu hinterfragen, ob wirklich die Vermeidung von Befriedigung in so hohem Maße therapeutisch sinnvoll ist oder ob nicht eher ein gewisses Maß an Befriedigung sogar notwendig für den weiteren Prozeß sein kann.

Doch schauen wir uns zunächst die FREUDschen Begründungen des Abstinenzprinzips an:

Die Gefühle und Wünsche, die der Patient auf den Analytiker überträgt, dürfen nicht »verscheucht« oder »verleidet« (FREUD, 1915, S. 226) werden, da sie, gemäß FREUDs Theorie der Übertragung, beiden Beteiligten die ursprüngliche Konfliktsituation vor Augen führen; ebenso unrichtig wäre es aber auch, den Gefühlen und Wünschen nachzugeben.

Der Antrieb für eine psychoanalytische Behandlung besteht ja gerade in einem Leidensdruck, der, laut Theorie, letztlich auf die Versagungssituation des infantilen Lebens zurückgeführt werden kann; da die Triebpsychologie FREUDs diese Versagung nicht als zu behebenden »Mangel« begreift, sondern als verdrängten Konflikt, der bewußt gemacht und »durchgearbeitet« werden muß, scheint es logisch, daß jegliche Form der Ersatzbefriedigung im therapeutischen Prozeß eher hinderlich sein muß. So ergibt sich der analytische Grundsatz,

»daß man Bedürfnis und Sehnsucht als zur Arbeit und Veränderung treibende Kräfte bei den Kranken bestehen lassen und sich hüten muß, dieselben durch Surrogate zu beschwichtigen« (FREUD, 1915, S. 224).

Mit anderen Worten:

»Die Kur muß in der Abstinenz durchgeführt werden; ich meine dabei nicht allein die körperliche Entbehrung, auch nicht die Entbehrung von allem, was man begehrt, denn dies würde vielleicht kein Kranker vertragen« (ebenda).[4]

Die Frage der Übertragungsliebe bzw. der Abstinenz ist für FREUD in seinen »Bemerkungen über die Übertragungsliebe« (1915) noch sehr direkt eine Frage der Zulässigkeit oder Unzulässigkeit des sexuellen Verkehrs mit Patienten; bezeichnend hierbei, daß er nur von Patient*innen* und ihren – männlichen – Ärzten spricht. Tatsächlich ist zu vermuten, daß die ersten Patienten und Patientinnen in der Psychoanalyse auf direktere und naivere Weise nach Körperkontakt und sexueller Erfüllung verlangt haben als die moderne psychoanalytisch »gewiefte« Klientel, die psychoanalytische Begriffe schon alltagssprachlich verwendet.

4 Man beachte diesen Zusatz!

Es handelt sich also um eine sehr direkte, brisante sexuelle Versuchungssituation, und zwar auf *beiden* Seiten, wie FREUD heraushebt; er bezeugt hier viel Verständnis:

»Ich will nicht behaupten, daß es dem Arzt immer leicht wird, sich innerhalb der ihm von Ethik und Technik vorgeschriebenen Schranken zu halten. Besonders der jüngere und noch nicht fest gebundene Mann mag die Aufgabe als eine harte empfinden. Unzweifelhaft ist die geschlechtliche Liebe einer der Hauptinhalte des Lebens und die Vereinigung seelischer und körperlicher Befriedigung im Liebesgenusse geradezu einer der Höhepunkte desselben. Alle Menschen bis auf wenige verschrobene Fanatiker wissen das und richten ihr Leben danach ein; nur in der Wissenschaft ziert man sich, es zuzugestehen« (FREUD, 1915, S. 229).

Die »Abstinenzregel« begründet sich also bei FREUD durchaus nicht oder nicht nur moralisch, sondern aus überwiegend therapietechnischen Gründen. Hier setzen jedoch seine triebpsychologischen und kulturell-ethischen Vorstellungen Akzente; die Theorie des Ödipuskomplexes – die direkt-genitale Wünsche im Kind (im Patienten) vermutet – legt Versagung nahe; die triebtheoretische Annahme einer prinzipiellen Identität von Sinnlichkeit und Sexualität bedeutet, daß Körperlichkeit per se auszuschließen ist; und Beherrschung der Triebe erscheint letztlich lohnenswerter als die simple Befriedigung:

»Und doch bleibt für den Analytiker das Nachgeben ausgeschlossen. So hoch er die Liebe schätzen mag, er muß es höher stellen, daß er die Gelegenheit hat, seine Patientin über eine entscheidende Stufe ihres Lebens zu heben. Sie hat von ihm die Überwindung des Lustprinzips zu lernen, den Verzicht auf eine naheliegende, aber sozial nicht eingeordnete Befriedigung zugunsten einer entfernteren, vielleicht überhaupt unsicheren, aber psychologisch wie sozial untadeligen« (FREUD, 1915, S. 229).

Die Akzeptanz des ödipalen wie des Übertragungswunsches verbleibt auf der verbalen Ebene – polemisch ausgedrückt, ist sie ein »Lippenbekenntnis« – die Ausführung des Wunsches ist letztlich nicht erwünscht.
Die Toleranz für die Übertragung bei gleichzeitiger Weigerung, auf sie einzugehen, kommt nun, als »Handhabung« der Übertragung, dadurch zum Ausdruck, daß die libidinöse Energie der Übertragungswünsche und -gefühle nur verbal abgeführt werden darf, während das Setting jede andere Art von Abfuhr und Befriedigung versagt.
Sowohl (!) Patient wie Analytiker lernen, ihre Übertragungs-/Ge-

genübertragungswünsche zu sublimieren; der Patient lernt, seine Begierden und Aktionen in Worte zu fassen, in Sprache umzulenken und zu abstrahieren, letztlich dadurch die (ver)urteilende Vernunft obsiegen zu lassen; der Analytiker ordnet seine Leidenschaft ethischen Prinzipien unter, identifiziert sich mit einem »höherwertigen« Ziel und richtet danach sein Handeln und sein Sprechen aus.

Die Liegeposition des Patienten auf der Couch soll körperliche Passivität garantieren; schließlich muß der Analytiker *hinter* der Couch verschwinden, um auch noch den Augenkontakt und die Versuchungen, die hiervon ausgehen, zu verhindern. Eine Anekdote des berühmten »Wolfsmannes« illustriert, wie es angeblich zu dieser klassischen Anordnung kam:

»FREUD saß, wie er mir erzählte, ursprünglich auf der anderen Seite neben dem Diwan, so daß der Analytiker und der Analysand einander sehen konnten. Diese Situation ausnützend, unternahm eine Patientin alle möglichen – oder besser gesagt, alle unmöglichen Verführungsversuche. Um Ähnliches ein für alle Mal auszuschalten, wechselte FREUD von diesem Platz auf die gegenüberliegende Seite über« (zit. nach STERN, 1983, S. 69).

So lapidar, scheint es, nehmen manchmal jahrzehntelange Traditionen ihren Anfang; begründete diese Episode das Hinter-der-Couch-, das Aus-Sicht-und-Reichweite-Verschwinden des Analytikers, so ergibt sich die Liegeposition des Patienten aus der historischen Entwicklung; sie ist gewissermaßen als ein Relikt zu verstehen, das einzige konkrete Merkmal, das an die frühere, medizinische Tätigkeit, an die ersten Hysteriebehandlungen FREUDS, erinnert und das nie aufgegeben wurde. Wir werden auf diesen interessanten Sachverhalt in Kapitel 3.3 näher eingehen.

Eine der Ödipus-Theorie verhaftete Sichtweise muß im »Liebesverlangen« des regredierten Patienten immer den sexuellen Triebwunsch sehen, der schon beim kleinen Kind vermutet wird. Wir werden im weiteren sehen, daß bei anderer Interpretation des Ödipuskomplexes bzw. bei differenzierterer Beobachtung und Interpretation der frühkindlichen Lebensphase die Übertragungswünsche des Patienten eine ganz andere Bewertung erfahren können, eine Bewertung, die auch Konsequenzen für ihre technische Handhabung nach sich zieht. Geht es nicht um zu verurteilende (oder mindestens doch zu sublimierende) Triebe, sondern um (existentielle) Bedürfnisse, so stellt sich die Frage der Bedürfnisbefriedigung, und damit auch des Körperkontaktes, anders.

Die kritische Analyse der (Deutungs-) Aktivitäten des Analytikers wirft zudem die Frage auf, ob das Problem der Abstinenz, die »Bewältigung« der Übertragung und Gegenübertragung mit der einfachen Formel »reden immer, handeln nie« gelöst werden kann. Das Problem der Abstinenz ist, wie wir sehen werden, mit einer motorischen »Ruhigstellung« und einer Überbewertung des Verbalisierens nicht gelöst.

Es scheint jedoch, daß diese äußere Lösung des Problems viele Psychoanalytiker in dieser Illusion wiegt, da ja keiner von beiden Beteiligten sich ein Handeln erlaubte, und immer »nur« geredet würde.

LAPLANCHE & PONTALIS (1986) vermerken hier kritisch:

»Ganz wie das ›Handeln‹ ist das Sagen des Patienten ein Beziehungsmodus, dessen Ziel es zum Beispiel sein kann, dem Analytiker zu gefallen, ihn in Distanz zu halten etc.; ganz wie das Sagen ist das Handeln ein Modus, eine Kommunikation zu übermitteln (z. B. Fehlleistung)« (S. 557).

Und WILSON (zit. nach STERN, 1983) meint:

»Unter dem Deckmantel der Anonymität des Therapeuten als eines ›leeren Spiegels‹, auf den der Klient fortgesetzt frei projizieren kann, bis er ein verzerrtes, vielfach verstärktes Syndrom von monströsem Ausmaß, bekannt unter dem Namen Übertragungsneurose, herausdestilliert hat, schlägt der Therapeut häufig einfach seine therapeutische Verantwortung in den Wind, in der Gegenwart seiner Klienten ein sichtbar authentisches menschliches Wesen zu sein. Die Unsicherheit des Therapeuten darüber, ob er in seiner Eigenschaft als Mensch annehmbar ist, wird so vermieden und zutreffend als ›Übertragung‹ auf seiten des Klienten identifiziert. Die Begründung dafür lautet, daß, ›wenn ich nichts gesagt und nichts getan habe und mein Gesicht nicht sichtbar ist, die sogenannten Wahrnehmungen des Patienten schließlich überhaupt keine Wahrnehmungen sein können, sondern statt dessen Projektionen sein müssen! Dahinter verbirgt sich die naive Annahme, daß ›Nichtstun‹ ein Zustand der Inaktivität sei« (S. 180).

Festzuhalten ist hier, daß aus einer Kette von Entdeckungen und Zufällen, von Werthaltungen, theoretischen Erwägungen und praktischen Erfahrungen, die »analytische Situation« geboren wurde, ein Setting, daß schon durch seine Sitzanordnung Akzente setzt und den Prozeß strukturiert.

Eine reflektierte, prozeßfördernde Kommunikation und Interaktion zwischen Therapeut und Patient muß aber die Änderung

dieses Settings, z. B. die Einbeziehung des Körpers, nicht ausschließen.

Und nicht nur dies – die allzu ängstliche Ausklammerung des
Körpers aus dem therapeutischen Prozeß kann sogar, so MOSER
(1987), genau die Probleme verschärfen und stabilisieren, die
durch »Heraushaltung« des Körpers vermindert werden sollten:

> »Der Standard-Einwand der Vertreter einer antiseptischen Abstinenz ist
> natürlich, daß Berührung durch den Therapeuten nur eine neue Sexuali-
> sierung bedeute. Das Umgekehrte ist wahr: die Nicht-Berührung konser-
> viert und vertieft im Patienten die Überzeugung, daß Nähe und Sexuali-
> sierung oder Vernichtung identisch wären, so wie es in den realen
> Berührungen durch die pathogene Mutter oder in deren begleitenden
> Phantasien der Fall war. Gerade die vorsichtige Berührung durch den The-
> rapeuten läßt oft zum ersten Mal die Ahnung aufkommen, es könne Nähe
> ohne Übergriff, Sexualisierung oder Aggressivierung geben. Die dogmati-
> sche Abstinenz kann das intensivste Mitagieren sein, das denkbar ist, weil
> es die phantasmatisch gespeicherten Ängste bestätigt« (S. 61).

3.2 Summa: Das »Verschwinden« des Körpers

Betrachtet man das psychoanalytische Setting in seiner historischen Entwicklung, so ist also ein *Verschwinden* des Körpers aus
der therapeutischen Behandlung zu verzeichnen. Dieses Verschwinden kennzeichnet zunächst die Emanzipation der FREUD-
schen Praxis von der medizinischen Wissenschaft; indem seine
ärztliche Behandlung von Hysterikern und Hysterikerinnen, die
ursprünglich Massage, Spaziergänge, Nahrungsvorschriften usw.
miteinschloß, sich zunehmend zum *Gespräch* wandelt, treten die
körperlichen Elemente in den Hintergrund, und die Psychoanalyse als eine spezifisch psychologische Behandlung bildet sich
heraus. Bewußt wird nach und nach auf alle suggestiven Elemente
der ärztlichen Behandlung verzichtet, um optimale Bedingungen
für die freie Assoziationstätigkeit zu schaffen; das subjektive Erleben des Patienten tritt in den Vordergrund, die Aktivität des
Arztes – und damit auch alle körperlichen Behandlungen – treten
dahinter zurück. Mit Entdeckung von Übertragung und Gegenübertragung kommt der Zurückhaltung des Arztes, seiner »Abstinenz«, noch einmal eine besondere Bedeutung zu.

Es kann also gesagt werden, die körperlichen Elemente der Behandlung treten in dem Maße zurück, wie sich die klassische Arzt-Patient-Beziehung zur »psychoanalytischen Situation« wandelt.

In dem Maße, wie nicht mehr der Patient vom Arzt »behandelt« wird, sondern als Subjekt in den Vordergrund tritt, in dem Maße, wie die psychische Ätiologie von neurotischen Störungen erkannt wird und Konzepte von Disposition und Konstitution in den Hintergrund treten, in dem Maße, wie Sprache und innerpsychisches Geschehen an Bedeutung gewinnen, tritt der Körper zurück.

Die Situation, zunächst offen und flexibel, formalisiert sich und gerinnt zur Struktur einer 50-Minuten-Sitzung mit fester Anordnung (liegender Patient und dahinter sitzender Analytiker) und dem ausschließlichen Medium der Sprache.

Diese Hinwendung zur Sprache, zu Symbolen und Abstraktionen, zuungunsten der traditionellen Krankenbehandlung, die Massage ebenso wie Spritzen, Medikamente, Elektroschock usw. einschließt, kann als großer Fortschritt betrachtet werden; die Vernachlässigung der körperlichen Behandlung bedeutet also zunächst die Würdigung des subjektiven Erlebens des Patienten und die Zurücknahme des Arztes.

Gegner einer körperorientierten psychoanalytischen Praxis berufen sich entsprechend auch auf die Anfänge der Psychoanalyse; für sie kommt die Einbeziehung des Körpers in die psychoanalytische Situation einem Rückfall in Suggestionsbehandlungen gleich. Vor dem Hintergrund der Übertragungs-/Gegenübertragungskonzepte sehen sie im direkten körperlichen Handeln innerhalb der therapeutischen Beziehung eine Quelle von Fehlern, Mißverständnissen und Mißbrauch. Mit der Darstellung der psychoanalytischen Entstehungsgeschichte hoffe ich, diese Bedenken verständlicher gemacht und zu einer differenzierteren Diskussion der Frage des Körperkontaktes angeregt zu haben; daß sich eine praktische Körperorientierung in der Psychotherapie indes nicht unbedingt als Rückfall in bereits überwundene Stadien der Psychoanalyse, sondern im Gegenteil auch als methodischer Fortschritt, als fruchtbare Synthese der früheren Herangehensweisen erweisen kann, werde ich später näher veranschaulichen. Zunächst scheint es wichtig, die psychoanalytischen Beweggründe für eine Körperabstinenz begreiflich gemacht zu haben.

Indem sich die »ärztliche Behandlung« zum »Gespräch« wandelt, tritt verbale Rekonstruktion in den Vordergrund; die körperlichen Ausdrucksformen, die »motorische Abfuhr«, erscheint als Hindernis und Widerstand gegen die psychische Erkenntnis.

Die Handlungen des Patienten, als übertragungsbedingtes Agieren verstanden, erfahren nun eine besondere Bewertung; Übertragung und Gegenübertragung, als Erscheinungen der analytischen Situation, geben der therapeutischen Beziehung eine Brisanz, die Körperkontakt verbietet; Körperkontakt wird in diesem Kontext zur unerlaubten sexuellen Bedürfnisbefriedigung, wird zum Ausleben des verbotenen Wunsches. Die Versuchungssituation, die sich in der Übertragung konstelliert, soll jedoch als »Neuauflage« eines infantilen, ödipalen Konflikts durchschaut, erinnert werden, so daß sich Bedürfnisse nach Körperkontakt, auf infantile Wünsche zurückgeführt, der (ver)urteilenden Vernunft beugen müssen.

Die radikale Wandlung der Methode von der ärztlichen (körperlichen) Behandlung zur psychoanalytischen Situation hat also eine Distanzierung vom Körperlichen als Folge einer Konzentration auf das Psychische zu verzeichnen; sie ist jedoch, wie wir gesehen haben, letztlich dem medizinischen Paradigma verhaftet geblieben. Ein doppeldeutiges Symbol, das einerseits auf die Ursprünge der Psychoanalyse als medizinische Behandlung, andererseits auf ihre Betonung des Psychischen durch »Stillegung« des Körpers verweist, ist die Couch.

3.3 Die Couch

Auch in der klassischen Analyse gibt es neben dem Gebot der Versprachlichung noch eine nicht zu vernachlässigende »materielle Seite des Verfahrens« (STERN, 1983, S. 8) – die Couch.

Zu diesem Möbelstück der analytischen Situation ist viel Widersprüchliches zu sagen. Angesichts einer zunehmenden Vergeistigung der Psychoanalyse mutet die Beibehaltung der Liegeposition des Patienten, als letzter Rest einer körperlichen Behandlung, einer »medizinischen« Anordnung, seltsam an; es ist davon auszugehen, daß, wäre sie nicht das Erbe FREUDS, niemandem heutzutage in den Sinn käme, seine Patienten auf die Couch zu legen; und auch FREUDS Motive bleiben unklar; BRAATOY (1954) empfindet es als

»provozierendstes Phänomen, daß FREUD, der Erz-Rationalist auf dem Gebiet des irrationalen Verhaltens, aus der Hypnose, die er selbst als irrationale Psychotherapie ansah, die liegende Position des Patienten auf der Couch übernahm« (zit. nach STERN, 1983, S. 186 f.).

Es lassen sich einige Begründungen zur Benutzung der Couch bei FREUD und bei späteren Analytikern finden, diese wurden aber quasi erst im nachhinein geliefert, um die Beibehaltung dieses Instruments aus der Zeit der Hypnose- und Suggestionsverfahren zu rechtfertigen. Auffallend ist zunächst, daß die formalen Elemente der analytischen Situation nicht nur über Jahrzehnte, sondern auch schulenübergreifend tradiert werden.
Dissidenten wie STEKEL, JUNG, RANK, HORNEY, REICH behalten die Couch als Instrument, wenn auch teilweise verändert, bei; andere, wie ADLER und FROMM, lehnen sie explizit ab, insgesamt ist aber eine große Mehrzahl von psychoanalytischen Schulen zu verzeichnen, die die Couch zum elementaren Bestandteil ihrer Therapie rechnet (vgl. STERN, 1983, S. 70).

»Es bleibt festzustellen, daß die Couch Veränderungen in der Theorie, der Technik und der therapeutischen Intensität überlebt hat« (STERN, 1983, S. 193).

Die Couch ist das Symbol der Psychoanalyse:

»So wie der Spiegel auf der Stirn des Arztes an den Hals-Nasen-Ohren-Arzt denken läßt, der Gummihammer an den Neurologen und das Skalpell an den Chirurgen, so verbindet man den Psychoanalytiker mit der Couch in seiner Praxis« (STERN, 1983, S. 37).

Es scheint jedoch ein merkwürdig geringes Interesse daran zu bestehen, dieses tradierte Merkmal der Psychoanalyse in seiner technischen Bedeutsamkeit zu diskutieren; dabei steht »die spärliche Aufmerksamkeit, die der Couch in der Fachliteratur zuteil wird, ... in scharfem Gegensatz zum lebhaften Interesse der Öffentlichkeit an der Couch als einem Symbol der analytischen Behandlung« (SPOTNITZ, 1983, S. 11).
Das mangelnde Interesse – bei gleichzeitig weit verbreiteter Verwendung – ließe zunächst auf einen Vorgang der unreflektierten Identifizierung schließen, wie STERN (1983) vermutet:

»Identifizierung als einer der frühesten und stärksten Lernmechanismen behauptet sich oft gegenüber Vernunft und selbst Opposition. Dies mag zur Erklärung dazu beitragen, warum ohne allzu große Prüfung des Prozesses die Verwendung der Couch fortgesetzt wird« (S. 70).

Damit wäre die Couch zunächst nur ein Beispiel für unkritische Übernahme der »traditionellen« psychoanalytischen Werte; aber »mangelndes Interesse«, wie es hier paradox zur öffentlichen Meinung kontrastiert, ist aus psychoanalytischer Sicht immer verdächtig: STERN (1983) erinnert, daß »der Mangel an Aufmerksamkeit gegenüber einem Gebiet menschlicher Tätigkeit womöglich dem Vorgang der Verleugnung zuzuschreiben sei« (S. 16), daß diese wiederum auf die »gefühlsmäßige Überbesetzung des Bereichs« (S. 17), der verleugnet werden muß, zurückzuführen ist, »und daß das Gefühl verdrängt wird, um die Bedrohung zu vermeiden, die mit der Erkundung dieser Gefühle und Gedanken verbunden ist« (ebenda).

Bedrohlich – für den Analytiker ebenso wie für den Patienten – ist zum Beispiel die Doppeldeutigkeit der Couch, wie sie die Öffentlichkeit in ihren Witzen auch klar zum Ausdruck bringt: einerseits ist die Couch der Ort, in dem der Körper »ruhiggestellt« wird, andererseits ist sie auch das Bett, das zum sexuellen Verkehr geradezu einlädt; in vielen Sprachen spricht man von »ins Bett gehen« mit jemandem, wenn man Geschlechtsverkehr meint.

Dieser brisante Sachverhalt mag es notwendig erscheinen lassen, die Couch in ihrer Bedeutung zu vernachlässigen, bzw. zu »verdrängen«:

»Auf der Ebene des Unbewußten mag sie (die Couch) die verdrängten sexuellen und aggressiven Wünsche des Psychoanalytikers sich selbst und seinem Patienten gegenüber verkörpern« (STERN, 1983, S. 19).

Zudem bedeutet die Liegeposition des Patienten für viele einen Akt der Unterwerfung; der Patient ist zwar in der entspanntesten, aber auch in der schutzlosesten Körperhaltung; in der Tierwelt ist ein Auf-den-Rücken-Drehen, ein Die-Kehle-Darbieten, das Signal der Unterwerfung. Dazu Kurt ADLER[5] (1967):

»Fast alle Patienten empfinden es als eine Stellung der Unterlegenheit, auf der Couch zu liegen, während der Analytiker herrenartig über ihnen thront. Mag auch die Entwicklung der Übertragung gefördert werden, die Entwicklung einer echten menschlichen Beziehung wird durch solch eine ungleiche Position praktisch unmöglich gemacht« (zit. nach STERN, 1983, S. 25 f.).

5 Sohn Alfred ADLERS.

Etwas positiver betrachtet, symbolisiert die Situation des liegenden Patienten und seinem aufrecht sitzenden Analytiker die Infantilisierung des ersteren; es drängt sich das Bild einer über das Kinderbett gebeugten Mutter auf.

Trotz dieser bedeutsamen Bilder, die eigentlich ins Auge springen, wird die Couch, so STERN (1983), im allgemeinen oft nur als »Beiwerk« des analytischen Prozesses angesehen. Man bleibt in erster Linie konzentriert auf das Verbale, was bei dieser den vertrauten Kommunikationsformen diametral entgegenstehenden Anordnung und den damit ausgelösten vielfältigen Phantasien und Gefühlen fast wie eine Rationalisierung anmutet.

Die angeführten Gründe, die den Psychoanalytiker zur Rationalisierung und Vernachlässigung der Couch bewegen mögen, sind auf der anderen Seite genau dieselben, die die Öffentlichkeit zu Witzen, Polemisierungen und allgemein lebhaftem Interesse bewegen. Zugleich vereinigt und verdichtet sich in diesem Möbelstück als Symbol, das für Psychoanalyse steht, die ganze sonstige Kritik, die es zu äußern gibt. So wird die Couch zur »Zielscheibe für jegliche Anschuldigung gegenüber der Psychoanalyse« (STERN, 1983, S. 41). Sie bietet auch zahlreiche Angriffspunkte: ob Couch-Benutzung, und damit die Psychoanalyse, ein sexuell provokantes Verfahren oder »zum Einschlafen langweilig« ist, ob Psychoanalyse infantilisiert, weil das Liegen auf der Couch »kindisch« ist oder ob die Unsichtbarkeit der Beteiligten das Ganze zu einem absurden Monolog degradiert; die psychoanalytische Situation erscheint lächerlich, bzw. wird lächerlich gemacht. Dazu STERN (1983):

»An sich scheint die liegende Position für die Kommunikation lächerlich. Sie widerspricht all den erwarteten Formen sozialer Interaktion sprachlicher Art. Da das Reden oft mehr der Sozialisation dient als der Kommunikation, paßt es nicht so recht zusammen, daß ein Mensch sich hinlegt, während der andere außer Sicht aufrecht sitzt« (S. 45).

FREUD hatte indes einige Begründungen dafür, die Normen der Kommunikation und Interaktion zu durchbrechen, um so an das tief Unbewußte im Patienten zu gelangen. Indem sie hinter der Maske der Konvention das wahre Gesicht eines Menschen sucht, hinterfragt seine Methode die gängigen sozialen Normen. Daß dies nicht nur beim Patienten, sondern auch gesellschaftlich an Widerständen rührt und damit Feindseligkeit und Spott provoziert, leuchtet ein. Unbestreitbar auch, daß die Tatsache eines nur passiv zuhörenden Arztes der allgemeinen Erwartung zuwiderläuft, daher verunsichert, aggressiv macht, ebenso wie die Versenkung nach innen, die »Selbstgespräche« eines Menschen, unserer Kultur befremdlich erscheinen.

Dennoch macht man es sich zu einfach, das menschliche Unbehagen gegen die psychoanalytische Couch-Verwendung schlicht als deut- und behandelbaren Widerstand abzutun. Die Methode stellt einen Verstoß gegen soziale Regeln dar, der, vor allem auch in Hinblick auf »frühe Störungen«, also vorwiegend *beziehungs*geschädigten Patienten, immer wieder kritisch zu diskutieren und auf seine Wirkung zu überprüfen ist.

»Die Einschränkungen der psychomotorischen Kommunikation auf den verbalen Austausch mit einem unsichtbaren, seine Anonymität bewahrenden Gesprächsteilnehmer läuft der menschlichen Natur und der gewohnten Erwartung zuwider. Selbstdarstellungen sind im zwischenmenschlichen Dialog auf positive oder negative Rückmeldungen angewiesen, und sie spielen sich gewöhnlich pantomimisch und über alle fünf Sinne – oder über den sechsten, den unbewußten Sinn – ab« (THOMÄ, 1984, S. 535).

Zu fragen wäre also, ob diese einschneidende, widernatürlich erscheinende Frustration, die das Couch-Setting darstellt, plausibel durch die psychoanalytische Theorie begründet werden kann.

3.3.1 Die Couch bei Freud

Orientieren wir uns zunächst an den Begründungen, die FREUD selbst für die Benutzung der Couch liefert:

»Ich halte an dem Rate fest, den Kranken auf ein Ruhebett lagern zu lassen, während man hinter ihm, von ihm ungesehen, Platz nimmt. Diese Veranstaltung hat einen historischen Sinn, sie ist der Rest der hypnotischen Behandlung, aus welcher sich die Psychoanalyse entwickelt hat. Sie verdient aber aus mehrfachen Gründen festgehalten zu werden. Zunächst wegen eines persönlichen Motivs, das aber andere mit mir teilen mögen. Ich vertrage es nicht, acht Stunden täglich (oder länger) von anderen angestarrt zu werden. Da ich mich während des Zuhörens selbst dem Ablauf meiner unbewußten Gedanken überlasse, will ich nicht, daß meine Mienen dem Patienten Stoff zu Deutungen geben oder ihn in seinen Mitteilungen beeinflussen. Der Patient faßt die ihm aufgezwungene Situation gewöhnlich als Entbehrung auf und sträubt sich gegen sie, besonders wenn der Schautrieb (das Voyeurtum) in seiner Neurose eine bedeutende Rolle spielt. Ich beharre aber auf dieser Maßregel, welche die Absicht und den Erfolg hat, die unmerkliche Vermengung der Übertragung mit den Einfällen des Patienten zu verhüten, die Übertragung zu isolieren und sie zur Zeit als Widerstand scharf umschrieben hervortreten zu lassen. Ich weiß, daß viele Analytiker es anders machen, aber ich weiß nicht, ob die Sucht, es anders zu machen, oder ob ein Vorteil, den sie dabei gefunden haben, mehr Anteil an ihrer Abweichung hat« (FREUD, 1913, S. 194).

Die Couch wird zuallererst als ein »Zeremoniell« (ebenda), als ein Relikt aus den Uranfängen der Psychoanalyse eingeführt; interessanterweise kommt der Faktor Selbstschutz, noch dazu sehr persönlich begründet, an erster Stelle, um ihre weitere Verwendung trotz fortgeschrittener Theorie zu begründen. Das »persönliche Motiv« FREUDS, nicht über längere Zeit »angestarrt« werden zu wollen, wird von vielen Kritikern der Psychoanalyse als dessen eigene Scheu und »Berührungsangst« interpretiert, eine individuelle Haltung, die sich paradigmatisch im Gesamtkonzept der Psychoanalyse niedergeschlagen habe.

Erstrebt man die »Handhabung« der Übertragung und »Bewältigung« der Gegenübertragung jedoch im von FREUD empfohlenen Sinne, so scheint die Abneigung, angeschaut zu werden, plausibel. Der Patient soll weitestgehend unbeeinflußt vom Analytiker assoziieren, also ist die Wahrnehmung von dessen Mienenspiel tatsächlich störend; der Analytiker soll möglichst »neutral« bleiben – wenn er angeschaut würde, hieße das, neben seinen Worten auch noch seine Gesichtszüge ständig kontrollieren zu müssen. FREUDS Empfehlung entspringt also nicht nur »persönlichen« Motiven, sondern ergibt sich aus seiner Theorie der Technik; seine Schlußbemerkung legt dann auch nahe, diesen »Rat« als verbindlich zu akzeptieren.

Interessant ist auch FREUDS Feststellung, daß eine Ablehnung der Couch bzw. zumindest große Ambivalenz von seiten des Patienten in seiner Praxis der Normalfall ist; natürlich wird der Wunsch, den Analytiker anzuschauen, als Triebwunsch (»Voyeurtum«) gesehen, und so versteht es sich von selbst, ihn, wie alles andere, zu versagen.

Wir sehen, die Begründungen sind noch sehr getragen von dem Ideal des »unbeteiligten« Chirurgen, der seine Gegenübertragung »niederzuhalten« versucht, der sich am Prozeß nur im Sinne einer Projektionsfigur, eines »Spiegels«, beteiligt sieht; auf der Seite des

Patienten bedeutet es, Übertragung als endopsychische, pathogene »Neuauflage« des ödipalen Konflikts zu begreifen. Es besteht noch die Fiktion, diese unter quasi »experimentellen« Bedingungen »scharf« isolieren zu können. Die Begründungen für die Couch-Verwendung sind also aus den Theorien der Einpersonen- bzw. der Triebpsychologie abzuleiten, einer Position also, die sich nicht zuletzt aus den Zeiten der Neurophysiologie entwickelte, und aus einer ärztlich wissenschaftlichen Haltung, mit der FREUD seine Laufbahn begann. Und insofern ist die Couch, als das einzig verbleibende Instrument aus der früheren medizinischen Behandlung, auch als ein Relikt aus einer Epoche zu verstehen, die FREUD nie ganz überwand.

Schauen wir nun auf weitere Begründungen der Couch-Verwendung, wie sie in der Folge FREUDS vorgenommen wurden. Wenn auch, wie gesagt, dieses »Zunftsymbol« der Psychoanalyse (STERN, 1983, S. 192) in der Fachwelt erstaunlich wenig erörtert wird, gibt es doch seit FREUD einige Erklärungsansätze, die die Dynamik, die von der Liegeposition des Patienten und der Unsichtbarkeit des Analytikers ausgeht, er- und begründen wollen. Diese im nachhinein gelieferten Argumente für ein traditionelles Symbol versuchen auch, den neueren psychoanalytischen Erkenntnissen – so z. B. der Bedeutung der Übertragungs-/Gegenübertragungsbeziehung – Rechnung zu tragen.

3.3.2 Die Couch als »Ruhebett«

Ein Argument, das schon FREUD anführte, ist, daß die Liegeposition auf der Couch motorische Aktivitäten auf ein Mindestmaß reduzieren hilft; seiner Abfuhrmöglichkeiten beraubt, lernt der Patient, »in seiner Körperhaltung auf der Couch passiv zu sein und aktiv in der Art und Tiefe seines Gesprächs« (STERN, 1983, S. 29). Dies bedeutet, laut Theorie, eine Bereicherung für den Patienten, eine Erweiterung seiner »inneren Welt« – er lernt, in größerem Ausmaß ein Probehandeln vor seine Aktionen zu schalten.

»Da der Patient auf der Couch lernt, Gefühle, Gedanken und Intentionen mehr in der Sicherheit von Worten als in Taten umzuwandeln, stellen sich größere Möglichkeiten für kreatives Denken ein« (STERN, 1983, S. 110).

An sich ein plausibler Grund; er fügt sich indes auch gut in FREUDS grundsätzliche Haltung gegenüber »Gefühlen« und »Taten«:

»FREUDS Drang, das klinische Material zu Formeln zu strukturieren, paßte genau zu seinem therapeutischen Ziel, den Patienten von primitiven Gefühlsreaktionen wegzuführen. Er interessierte sich mehr für die Magie der Worte als für die der Gesten und verließ sich auf die Fähigkeit des Patienten, seine Probleme in Worte zu fassen. Die Verwendung der Couch zwang den Analytiker, sich noch mehr auf die rationale Kraft der verbalen Einsicht zu verlassen« (ROAZEN, 1976, S. 173)

So wird die Couch zum Ort, wo der Körper »ruhiggestellt« wird; das bedeutet nicht nur Reifung – von primitiver zu höherer, abstrakter Kommunikation –, wie FREUD sie anstrebte, sondern vor allem auch Schutz und Sicherheit – für den Patienten wie für den Therapeuten.

Für den Patienten scheint es wichtig, »wenn man über Wünsche und Verhalten sprechen kann, ohne Angst zu haben, sie könnten sich automatisch in furcht- oder schamerregendes Tun verwandeln« (STERN, 1983, S. 116 f.). Dies auf der Couch zu erleben bedeutete laut Theorie einen Reifungsfortschritt, da der Patient sich »aus der Zeit der Kindheit« lösen kann, wo »die Worte noch die magische Fähigkeit an sich haben, zur Aktion zu inspirieren oder dazu anzustiften« (STERN, 1983, S. 116 f.).

Wenngleich dieser Lernschritt – erst reflektieren, reden, dann handeln – unbestreitbar wichtig ist, auch zuzugestehen ist, daß es vielen Menschen an einer solchen Impulskontrolle und Introspektionsfähigkeit mangelt – das letzte Zitat illustriert unfreiwillig die ganze »Kehrseite« des Verfahrens: »Worte«, die zur »Aktion inspirieren«, wie bedrohlich! Die Umkehrung davon ist doch das »leere Gerede«, die »Worthülsen«, die blutlosen Parolen und Klischees, sind die vielen Worte, die heutzutage fallen, ohne Wirkung zu haben, ohne zur Handlung zu führen. Diese Gefahr des »Intellektualisierens« bzw. des bedeutungslosen, raschelnden Geredes ist das große Problem der heutigen Psychoanalyse, ein Problem, das sie schon deshalb nicht in den Griff bekommen kann, da es implizit in ihrer Methode angelegt ist.

Die Couch bietet aber auch, und zwar mindestens ebenso, dem Analytiker Schutz und Sicherheit (bedenken wir, daß FREUD den Faktor »Selbstschutz« an erster Stelle nannte):

»Es gibt weitere Möglichkeiten, die Spannungen des Analytikers durch das Liegen des Patienten zu erleichtern und zur Entwicklung positiver Gegenübertragung beizutragen, besonders bei potentiell schwierigen, impulsiven Menschen, die zum Umsetzen ihrer Gedanken und Gefühle in Aktionen neigen« (STERN, 1983, S. 134).

Hier erkennen wir wieder die latente psychoanalytische Furcht vor der Tat, die Furcht auch vor dem »Monster« Patient, das darauf lauert, seine »pathogenen« Triebe ungehemmt auszuagieren.

Natürlich kann Impulsivität des Patienten Angst machen – viele Körpertherapien haben aber in einem weit größeren Ausmaß Wege gefunden, diese in einen therapeutisch sinnvollen Prozeß zu integrieren. Dort herrscht eine Atmosphäre, die sich vor Gefühlen, auch wenn sie lautstark, chaotisch, sprachlos und impulsiv sind, nicht fürchtet (was allein schon durch die Räumlichkeiten zum Ausdruck kommt – »Toberaum« statt »Sprechzimmer«); in der Psychoanalyse, im geordneten Sprechzimmer des Arztes hingegen, kommt latente Furcht und Ablehnung vor allem, was das »Protokoll« durchbricht, zum Ausdruck. Meines Erachtens führt gerade eine angstfreie, tolerante Atmosphäre dazu, destruktive Impulse in Schranken zu halten; die Erfahrung des Patienten, daß er heftige Gefühle »durchleben« kann – und zwar ganzkörperlich –, führt zu angstfreierer Integration dieses Potentials in seine Persönlichkeit, als wenn er nur »drüber redet« und dabei letztlich stillschweigend mit dem Analytiker die Meinung teilt, diese Gefühle seien zu fürchterlich, als daß man sie tatsächlich ausleben dürfe.

Manche Autoren vermuten in der Verwendung der Couch neben dem Faktor »Sicherheit« auch noch den Vorteil der Bequemlichkeit für den Analytiker:

»Einige überarbeitete, ältere Analytiker empfinden den tiefen Sessel hinter der Couch des Patienten nicht als Gefängnis, sondern als Position, wo sie ihren verstorbenen Müttern endlich den berühmten Grabspruch zuflüstern können: ›Nun hast Du Frieden – und ich auch.‹ Fordert man solche Therapeuten auf, eine Änderung vorzunehmen, außer zuzuhören auch noch hinzuschauen, die Situation nötigenfalls neu zu arrangieren, ruft man unter Umständen tiefe Irritation hervor« (BRAATOY, 1954, zit. nach STERN, 1983, S. 144).

Neben Bequemlichkeit bietet die Couch für den Analytiker die Möglichkeit, sich zu verbergen; seine Anonymität kann seine eigene Ängstlichkeit und Unsicherheit kaschieren – so kann er ohne

Gefahr tiefen Einblick in die Seele seines Gegenübers nehmen. Wiewohl dies natürlich wiederum auch den Erfordernissen des therapeutischen Prozesses entspricht, bietet sich die Situation quasi an, die eigene Neurose zu kultivieren. GREENSON (1973) vermerkt:

»Ich bin betroffen über den hohen Prozentsatz von Psychoanalytikern, die spürbar an Lampenfieber leiden. Es ist so auffallend, daß ich mich gezwungen sehe anzunehmen, eins der Motive, das die Psychoanalyse als Beruf anziehend macht, sei die versteckte Position des Analytikers hinter der Couch« (S. 408).

Und:

»Die Analyse von Ausbildungskandidaten... zeigt, daß sie an einer Art Lampenfieber leiden, das verdrängte exhibitionistische Impulse und eine generelle Aggressivierung und Sexualisierung des Schauens und Gesehenwerdens verdeckt. Die Position hinter der Couch bietet ihnen die Gelegenheit zu schauen, ohne gesehen zu werden« (ebenda).

Mit anderen Worten, die Benützung der Couch birgt das Risiko, latente Persönlichkeitsprobleme zu verdecken – auf beiden Seiten – und durch die Methode zu kultivieren. Sie birgt das Risiko, eine pathogene Beziehungskonstellation zu stabilisieren, indem authentische Begegnung vermieden wird. ROBERTIELLO (1967) formuliert polemisch:

»Der Therapeut erklärt: ›Ja, ich mag es auch so. Ich fühle mich unbehaglich, wenn ich mich wirklich mit jemandem einlasse. Auf diese Weise kann ich Geld verdienen, habe Status und gebe über Deinen Fall intellektuelle Deutungen, ohne daß ich die Füße naß machen oder meine Hände beschmutzen müßte, indem ich Dich körperlich oder gefühlsmäßig anrühre. Ich kann meine intellektuelle Abwehr gegenüber Kontakten mit Menschen verstärken und das Gefühl haben, daß ich ein objektiver Wissenschaftler bin und daß dies der einzig richtige Weg ist. (...) Ja, wir wollen auf alle Fälle außer Reichweite bleiben, einander niemals anschauen, und Analytiker spielen‹« (zit. nach STERN, 1983, S. 179).

Diese Form von »Selbstschutz« für den Analytiker bedingt zugleich die Unterlegenheit des Patienten; die verborgenen Schwächen und Ängste des Analytikers werden an den Patienten delegiert:

»Sitzt man hinter dem Patienten, ohne in dessen Blickfeld zu geraten, nimmt man symbolisch eine völlig unangreifbare Position ein, nämlich die eines überlegenen Wesens, dem gegenüber die eigene Persönlichkeit und der Wert des Patienten in Bedeutungslosigkeit versinken; man nagelt den Patienten in seiner Neurose fest« (G. ADLER, 1967, zit. nach STERN, 1983, S. 27).

3.3.3 Neurophysiologische Begründungen der Couch-Verwendung

Bemerkenswert ist, daß die »psychoanalytische Situation« ihre Begründungen auch aus naturwissenschaftlich-experimentellen Theorien schöpft. Die formale Anordnung wird als Zustand »sanfter sensorischer Deprivation« (STERN, 1983, S. 82) empfohlen:

»Auf der Couch ist der Patient Reizen weniger ausgesetzt, als wenn er dem Analytiker gegenüber säße. Da die Exterozeptoren (Organe der äußeren Wahrnehmung) des Patienten weniger gereizt werden, erhalten seine Interozeptoren (Organe der inneren Wahrnehmung) leichteren Zugang zur Psyche. Und da der Analytiker einen weniger deutlichen Eindruck vermittelt, werden die früheren Eindrücke anderer wichtiger Objekte zugänglicher und beeinflussen seinen Geist in stärkerem Maße. (...) Kurz, durch äußerste Einschränkung der aus der Gegenwart stammenden Reize und durch die äußerste Verstärkung der Reize, die Eindrücke vergangenen Erlebens wiederbeleben, erleichtert die Verwendung der Couch die Kommunikation emotional bedeutsamen Materials« (SPOTNITZ, 1983, S. 12).

Diese Sichtweise kann natürlich nur auf der Annahme beruhen, daß es im therapeutischen Vorgang überwiegend um endopsychische Phänomene geht, die durch einen weitgehend neutralen Analytiker »herausdestilliert« werden; dazu werden auch Ergebnisse der experimentellen Psychologie herangezogen:

»»Laborexperimente haben wiederholt gezeigt, daß viele Versuchspersonen bei akustischer und optischer sensorischer Deprivation sehr intensiv innere Reize wahrzunehmen und/oder zu halluzinieren beginnen (ZUCKERMANN et al., 1968).‹ (...) In einer Untersuchung zur Rolle des Liegens fanden ZUBEK und MACNEILL (1967, S. 148), ›daß viele dramatische subjektive Erfahrungen allein von Wahrnehmungsisolierungen herrühren. Dazu können zeitweiliger Verlust des Kontaktes mit der Wirklichkeit gehören, Sprachschwierigkeiten, Veränderungen in der körperlichen Vorstellung und halluzinoide Äußerungen‹« (STERN, 1983, S. 83).

Wir befinden uns also wieder im »Labor« des objektiven Wissenschaftlers ... Doch hier unterliegt die »objektivierende« Herangehensweise dem typischen Irrtum der Wissenschaft: Statt die weitgehend »reizlose« Situation für vertiefte Selbstbeobachtung und unbeeinflußte Selbsterkenntnis zu nutzen, intensiviert der Patient, in seinem Bedürfnis nach Echo, in Wirklichkeit oft nur seine Wahrnehmungen für den anderen:

»Das geringste Geräusch, etwa durch Atmen oder Bewegen im Sessel, kann für jemanden auf der Couch von tiefer Bedeutung sein. Der Anblick des Analytikers zu Beginn der Stunde kann für die weitere Sitzung sozusagen das Tempo angeben« (STERN, 1983, S. 30).

»Liegt ein Patient auf der Couch, werden seine visuellen Kontakte mit dem Therapeuten abrupt verringert, und er hält den Kontakt in erster Linie durch Hören aufrecht. Daher nehmen die Einstellungen des Analytikers, wie sie sich in seinen Worten, dem Klang seiner Stimme und anderen Geräuschen widerspiegeln, große Bedeutung an und können nicht geleugnet werden. Wie beim prägenitalen Kind, besonders beim Kind, das noch nicht mit Worten zu kommunizieren gelernt hat, hängen die Introjektionen des Analysanden von den aktuellen Einstellungen und Eigenschaften des Analytikers ab« (BOYER, 1966, zit. nach STERN, 1983, S. 173 f.).

So ist also der Einfluß des Analytikers nicht zu leugnen und vielleicht auch nicht einmal zu minimieren – jedenfalls nicht durch schlichtes Abkappen bestimmter Wahrnehmungskanäle.
Unbenommen, daß Abstinenz als das persönliche Zurücknehmen des Analytikers therapeutisch wichtig sein kann; unbenommen auch, daß Übertragung immer auch eine Wahrnehmungsverzerrung ist, auf frühere, verinnerlichte Beziehungsformen zurückführbar; aber es könnte ein – gefährlicher! – Trugschluß sein zu glauben und zu beanspruchen, daß diese Wahrnehmungsverzerrung sich im »wissenschaftlichen Labor« isolieren läßt. Die Reduktion der therapeutischen Aktivität (Schweigen, Unsichtbarsein, usw.) muß nicht automatisch weniger beeinflussend sein; die ganze Anordnung kann so verwirren und verunsichern, daß sich der Einfluß, der eigentlich weitgehend ausgeschaltet werden sollte, hinterrücks, und dann wesentlich tiefreichender und verzerrter, wieder geltend macht. Viele Patienten klammern sich dann um so mehr an das Spärliche, was ihnen an Rückmeldung zuteil wird, und »ziehen« daraus alles, was sie benötigen; so ist eine um so verzerrtere Vorstellung vom Analytiker, gesteigerte Außenwahrnehmung, Anspannung und anklammernde Abhän-

gigkeit die Folge. (Vgl. weitere Ausführungen dazu vor allem in Kapitel 4.1.3.1).

Indem sie, wie schon ausgeführt, die Konventionen durchbricht, das Verdrängte und Unbewußte hinter der Maske von Höflichkeit aufzudecken sucht, kann die Methode der Verweigerung von Rückmeldungen beim »normalen« Neurotiker sehr wirksam sein; indem sie aber gegen alle Regeln der sozialen Interaktion verstößt, ist ihre Anwendung, zumindest bei Patienten, deren Störungen vorwiegend im Beziehungsfeld liegen, problematisch.

Patienten, die auf »Spiegelung« angewiesen sind, die nicht oder nicht in erster Linie Aufdeckung des Unbewußten, sondern Objektbeziehung brauchen, könnte eine solche sinnlich-mimische Deprivation eher traumatisierend als prozeßfördernd wirken.

Die »klassischen« Begründungen für das Couch-Setting lassen sich also im Grunde mit den Prinzipien der Objektbeziehungstheorie nicht mehr vereinbaren; besonders schwerer gestörter Patienten sind auf die Realpräsenz des Objektes und auf ein »Gehaltenwerden« angewiesen:

»Da, wo der Therapeut nur auf der sprachlichen Ebene handelt, bleibt sehr viel von seinem inneren Handeln unsichtbar (Gedanken, Gefühle, Assoziationen, Empfindungen). Bei schwer gestörten Patienten mit sehr fragilen inneren Objekten, bei Patienten, die wenig Echo, wenig Spiegelung erfahren haben, verunsichert das u. U. Sie erleben zuwenig Echo. Bei diesen Patienten, bei denen der psycho-physische Dialog (MOSER) mit den frühen Eltern entgleist ist, reicht oft das Gehaltenwerden über Sprache in der Therapie nicht aus« (SCHLÖSSER, S. 3).

3.3.4 Couch und Entspannung

Die Couch-Verwendung findet auch ihre »körperfreundlichen« Begründungen; so erklärt sie sich auch aus der schlichten Beobachtung, daß eine durch die Liegeposition hervorgerufene Entspannung dem analytischen Prozeß förderlich sei.

FREUD betonte als erster, daß »durch geistige Tätigkeit nach Art des Nachdenkens, daß durch Willens- und Aufmerksamkeitsanstrengung keines der Rätsel der Neurose gelöst wird« (FREUD, 1912a, S. 179); die angestrebte innere Nachgiebigkeit, das Aufgeben von Kontrolle wird aber vor allem durch das Liegen auf der Couch gefördert; der Analytiker, der mit »gleichschwebender

Aufmerksamkeit« korrespondieren soll, verwirklicht dies ebenfalls am besten ungesehen, in einem bequemen Sessel;

»Es erlaubt ihm, während langer Stunden des Sitzens sich zu strecken und seine Lage zu verändern, ohne seine Patienten zu verwirren. Es erlaubt ihm, die Augen zu schließen und sich ebenso auf seine eigenen inneren Botschaften wie auf äußere Reize zu konzentrieren, ohne unhöflich zu wirken« (STERN, 1983, S. 103).

Doch zurück zum Patienten; die liegende Position ist die Körperhaltung, in welcher am wenigsten Muskelanspannung vonnöten ist, damit bietet sie einen Zustand optimaler (körperlicher) Entspannung. Die Couch kann also als »non-verbales« Instrument der Psychoanalyse begriffen werden, was allein durch seine entspannenden Eigenschaften therapeutisch günstig wirkt:

»Mit ihrer Fähigkeit, die Körperhaltung zu lockern, hilft sie, die Atmung und dadurch das Gefühl zu lösen« (BRAATOY, 1954, zit. nach STERN, 1983, S. 108).

»Im Liegen verlangsamt sich wahrscheinlich der Puls eines Menschen, die Körpermuskulatur wird sicherlich schlaffer, und die Atmung dürfte langsamer, tiefer und gleichmäßiger werden. Damit verbunden ist gewöhnlich eine Entspannung, die den gesamten Wahrnehmungsvorgang unterstützt, so daß der Patient mehr als üblich auf Gefühle, Gedanken und seine eigenen Worte achtet« (STERN, 1983, S. 109).

Das Liegen auf der Couch, mit seinen Parallelen zum Schlaf, lädt ein zum Primärvorgang und auf die Ebene des Traumes zu regredieren.
Zum einen scheint physiologische Regression die emotionale Regression zu fördern, zum anderen hat die Nähe zum Schlaf für viele Patienten augenscheinlich Aufforderungscharakter, »sich gehen zu lassen«:

»Viele andere nehmen die Couch als Bett zum Schlafen, zum Träumen oder um der Phantasie freien Lauf zu lassen; sie lockern ihre Kleidung, nehmen Brille und Schmuck ab, schleudern vielleicht ihre Schuhe fort ... Auf psychologischer Ebene gehen unsere Patienten wie wir davon aus, daß das auf der Couch Gesagte nicht als eidesstattliche Aussage eines bei vollem Bewußtsein befindlichen und kritischen Menschen genommen werden soll, sondern vielmehr als etwas, was sie gerne denken, wenn sie allein und entspannt sind, wie etwa im Bett« (LEWIN, 1973, zit. nach STERN, 1983, S. 95 f.).

Aber nicht immer sind die Patienten fähig, die Gelegenheit zur Entspannung wahrzunehmen; manche verkrampfen sich nicht nur trotz, sondern gerade wegen der Situation, die zur Regression einlädt. Diese Beobachtungen lassen sich dann diagnostisch auswerten:

»Beim Liegen auf der Couch haben die Muskeln des Patienten nur wenig Körperarbeit zu leisten. Aus diesem Grund ist die von ihnen gezeigte Spannung nur von ›psychologischen Ursachen‹ bestimmt, das heißt durch die Beziehung des Patienten zum Raum, einschließlich der Person hinter seinem Rücken und durch chronische Restspannungen in ihm« (BRAATOY, 1954, zit. nach STERN, 1983, S. 122).

Die Widerstände und Hemmungen drücken sich in körperlichen Verspannungen aus. Dem Patienten wird diese Abwehr und Ängstlichkeit plastisch vermittelt, und er kann sich, gemeinsam mit dem Analytiker, damit auseinandersetzen, welches die Gefühle sind, die seine Entspannung stören. Solche Gefühle wären z. B. die Angst vor Kontrollverlust, einem »Versinken in der Couch«, also auch Angst vor tiefer Regression, Angst vor Übergriffen sexueller und aggressiver Natur von seiten des Analytikers usw.

Daß die Liegeposition direkte Auswirkungen auf das Erleben und Verbalisieren des Patienten hat, merken Analytiker daran, wie anders der Patient sich im »aufrechten« Zustand gibt:

»Viele Analytiker unterscheiden deutlich zwischen dem, was der Patient sagt, bevor er sich auf die Couch legt und unmittelbar nachdem er aufsteht, und dem, was er auf der Couch hervorbringt« (GREENACRE, 1971, zit. nach STERN, 1983, S. 126).

Allerdings läßt sich dies Phänomen auch auf die Handhabung des Analytikers zurückführen, die STERN (1983) als »eine Art Protokoll« bezeichnet:

»Der Patient erfährt, daß der Analytiker, was immer auf der Couch kommuniziert wird, sich bemüht, ihn in freundlicher und höflicher Weise zu empfangen und zu verabschieden ... Einmal auf der Couch, wird dieser Abstand aufgehoben, und auf den Patienten wird strikt im Sinne der die Behandlung erleichternden therapeutischen Strategien eingegangen ... Der Patient schreit vielleicht oder weint, fühlt sich verlegen oder geschockt, aber am Ende der Stunde wird sozusagen Waffenstillstand geschlossen, und die Trennung vollzieht sich in einer so freundlichen, wenn nicht neutralen Weise wie möglich« (S. 141).

So wird die Couch zur »Insel« der Regression (ebenda), eingebettet in ein strenges, »höfliches«, um »Neutralität« bemühtes »Protokoll«.

Zum Schluß sei noch gesagt, daß die Analytiker, sofern sie so sitzen, daß sie ihre Patienten sehen können, die Liegestellungen, die Position der Hände und Beine, kurz alles, was es an körpersprachlichen Botschaften gibt, diagnostisch verwerten können.

Das Hin-und-Her-Wälzen eines Patienten kann z. B. die Ambivalenz zwischen seinem Wunsch nach Nähe bei gleichzeitiger Angst, überwältigt zu werden, zum Ausdruck bringen und bei passender Gelegenheit als solche gedeutet werden. Die Angst, den Analytiker aus den Augen zu verlieren, kann auf frühkindliche Verlassenheitsängste verweisen.

Die Couch ist heutzutage nicht mehr »zwingend« vorgeschrieben; es ist vielen Analytikern wichtiger, die Bedenken und Ängste eines Patienten in bezug auf die Couchlage durchzusprechen, als ihn zu ermahnen, sich hinzulegen. In diesen Gesprächen kommt vieles der allgemeinen Einstellung des Patienten bezüglich des Analytikers und der Therapie zutage.

So wird die Art und Weise, wie der Patient sich auf der Couch gibt – im Vergleich zum »aufrechten« Verhalten –, welche Position er auf ihr einnimmt (von fötal gekrümmt bis bretthart), wie er zu ihrer Benutzung steht usw., vom Analytiker ausgewertet und zur Interpretation genutzt.

Die Couch birgt also durchaus auch »körpertherapeutische« Qualitäten; dies ist neben aller Kritik anzumerken; gleichzeitig ist aber auch zu vermuten, daß dieses »körpertherapeutische« Potential, das in der Couch-Verwendung steckt, zu wenig erkannt und reflektiert wird, daß es durch die Überbetonung des Sprachlichen im Hintergrund bleibt. Denn, wie gesagt, die Couch erscheint immer noch eher als »Beiwerk« des Prozesses, und ihre Wirkung wird in der Fachliteratur zu wenig diskutiert.

3.3.5 Die Couch als »Übergangsobjekt«

Wenn die Couch »das einzige Instrument (ist), daß der Analytiker außer seinem Kopf und seiner Stimme verwendet« (STERN, 1983, S. 193), so könnte man diese auch als den »symbolischen Körper« des Analytikers betrachten, ein Gegenstand, der, zusammen mit den darauf befindlichen Kissen und Decken, als eine Art »Übergangsobjekt« für den Patienten begriffen werden könnte.

Nach psychoanalytischer Auffassung kann die analytische Situation das Muster der Mutter-Kind-Beziehungen in den ersten Lebensmonaten wiederholen. STERN sieht im »Halbdunkel des psychoanalytischen Behandlungszimmers« gar einen »Rahmen ..., der eine schrittweise Wiedergeburt der Persönlichkeit des Patienten erleichtert« (STERN, 1983, S. 35).

In dieser Konstellation kann die Couch sozusagen den (körperlichen) Halt und Beistand, die Wärme und Geborgenheit vermitteln, die der auf frühkindliche Erlebensweisen regredierte Patient braucht.

»Bei vielen Patienten wiederum tritt die Couch als Bett und somit als Mutter-Ersatz und Mutter-Symbol in die Übertragungssituation ein, denn die Bemerkungen des Analytikers werden zum Äquivalent von weckenden Geräuschen und werden mit den weckenden und entwöhnenden Geboten des Vaters oder Über-Ichs gleichgesetzt« (LEWIN, 1973, zit. nach STERN, 1983, S. 94).

So könnte man die Couch quasi als die ideale Lösung betrachten, die die Psychoanalyse gefunden hat, um Regression, Halt-geben und ein gewisses Maß an primitiver Befriedigung zu gewähren, ohne die Regeln der Abstinenz zu verletzen; die Couch übernimmt sozusagen die Haltefunktion, zusammen mit der »Atmosphäre«, die der Analytiker aus seiner optimalen Distanz heraus herstellt. Der Patient kann – psychisch – zum Säugling werden, ohne je die symbolische Ebene zu verlassen; der Analytiker kann gewähren lassen, aber im entscheidenden Moment auf »väterliche« Deutungen zurückgreifen.

Ein Beispiel hierfür wäre die »schrittweise Wiedergeburt« einer schizophrenen Patientin, von der GRIGSON (1976, zit. nach STERN, 1983) berichtet:

»›... Das sieht wie eine Psychiatercouch aus!‹ Ich fragte sie: ›Würden Sie gern darauf liegen?‹ Sie tat das in fötaler Lage.

Sie schwieg. Ich fragte sie, was ich tun solle, wenn sie schweigsam sei. Sie erklärte: ›Sitzen Sie einfach da und seien Sie mein Schutzengel.‹

Diese Interaktion zog sich drei Monate hin. Sie erklärte mir, es sei für sie hilfreich, wenn ich schweigsam und ruhig sei. Das habe eine beruhigende und friedliche Wirkung, und sie brauche Ruhe und Entspannung. Nach etwa der Hälfte der Sitzung fragte ich gewöhnlich: ›Wie mache ich es?‹ ›Prima‹, antwortete sie. Als ich sie eines Tages fragte, was ich tun sollte, erklärte sie: ›Sitzen Sie einfach da, trinken Sie Ihren Kaffee und rauchen Ihre Zigaretten.‹ Kurz danach begann sie zu reden. Jetzt spricht sie während der ganzen Sitzung und ist zur Zeit auf einer Höhe, wie ich es zuvor nie erlebt habe« (S. 158).

Die Couch kann also – im Kontext der therapeutischen Beziehung – symbolisch mütterliche Qualitäten repräsentieren und vermitteln. Vergessen wir aber nicht, daß das Liegen auf der Couch auch noch eine andere Szene in Erinnerung bringen kann als das frühkindliche Anschmiegen an und Getragenwerden von der Mutter; statt zur symbolischen Mutter kann die Couch auch im Erleben des regredierten Patienten zu dem Kinderbett werden, in welchem der allein gelassene Säugling vergeblich danach schreit, hochgenommen zu werden, ein vertrautes Gesicht zu sehen, usw. Die Couch kann also auch wie die »Surrogatmutter« des HARLOW-schen Experimentes empfunden werden.[6] Obwohl bei diesen Experimenten die Bevorzugung stoffbespannter Mütter deutlich wurde, ist eine psychische Schädigung des Affenbabys auch durch ebensolche nicht abzuwenden.

Analogisieren wir die Situation: der »frühgestörte«, d. h. in frühkindlicher Mutter-Kind-Interaktion gestörte Patient kann zur Ausheilung seiner geschädigten Interaktionsformen auch nur auf eine Drahtmutter mit Milch (der unsichtbare Analytiker und seine Stimme) und eine Stoffmutter (die Couch) zurückgreifen – in beiden Fällen ist es zu wenig.

3.3.6 Die Doppeldeutigkeit der Couch

Wir haben gesehen, daß das Liegen auf der Couch die »Regression der Motilität« vorantreibt, die sensorische Deprivation führt zur Regression in den Wahrnehmungssystemen. Gleichzeitig aber wird durch die klassische Anordnung, die die Unsichtbarkeit – zumindest des Analytikers von seinem Patienten – organisiert, die

---

6 Affenbabys, die mit Draht- oder stoffbespannten Ersatzmüttern großgezogen werden, also trotz ausreichender Nahrung und Wärme der Mutter-Kind-Interaktion entbehren müssen, sind in ihren Sozialbeziehungen grundlegend gestört. »Sie unterliegen unkontrollierbarer Angst und Ausbrüchen heftiger Erregung, Feindseligkeit und Zerstörungswut. Wenn diese Affen ausgewachsen sind, nehmen sie keine Sexualbeziehungen auf und zeigen überhaupt keinerlei sexuelles Verhalten« (SPITZ, 1972, S. 255).

Sprache zur einzigen Kommunikationsmöglichkeit zwischen den Protagonisten.

Dem Patienten wird so Widersprüchliches abverlangt: die Couch fördert die Regression, was primärprozeßhaftes, präverbales Empfinden erzeugen kann, die Unsichtbarkeit und die Unberührbarkeit des Analytikers erzwingen jedoch Verbalisation (wenn Kontakt aufrechterhalten bleiben soll), eine vorwiegend sekundärprozeßhafte, zumindest vermittelte Leistung.

»BLUM hat auf einige paradoxe Aspekte der agierenden Wiederholung und der Forderung zur Verbalisierung hingewiesen: Der Handlungsspielraum ist im Liegen eingeschränkt. Indem die Regression gefördert wird, entsteht nach der Theorie eine gewisse Neigung zum Ausagieren anstatt zum Verbalisieren und zur gedanklichen Probehandlung. (...) Die Gebärdensprache ist im Liegen behindert, und die Verbalisierung bleibt das hauptsächliche Kommunikationsmittel. Dieses ist aber nicht immer ein wirkungsvoller Ersatz für verdrängte oder unterdrückte Aktionstendenzen. BLUM erwähnt besonders präverbale Erlebnisse, für die ebenso wie für Affekte, Empfindungen und Stimmungen Worte nicht adäquat sind« (THOMÄ, 1984, S. 533 f.).

Die Paradoxie dieser Situation aufgreifend, formuliert STONE (1973) dieselbe positiv als einen Zustand »intimer Trennung« mit der Sprache als einziger »psychobiologischen Brücke« (S. 104).

Im Gegensatz zu anderen Autoren begreift er die psychoanalytische Situation nicht als Wiederholung der frühen Mutter-Kind-Beziehung, sondern sieht ihren Ursprung in den späteren Zeiten angesiedelt, so daß hier eher die Phasen der »relativen Trennung« (ebenda), die ein Kleinkind erlebt, wiederholt werden. Der Patient wäre dann in »die Periode des Lebens, in der pari passu mit der rapiden Entwicklung des großartigen Kommunikationsmediums der Sprache alle Formen körperlicher Intimität mit der Mutter und direkter Abhängigkeit von ihr aufgegeben oder abgeschwächt werden« (STONE, 1973, S. 103 f.), versetzt – aber wer garantiert, daß er nicht in frühere Phasen regrediert? Beziehungsweise was ist mit der Behandlung früher Störungen?

Ebenso doppeldeutig ist die Benutzung der Couch auch in der Hinsicht, als sie als medizinisches Instrumentarium beibehalten wurde; die analytische Situation löst sich so nicht wirklich von den Merkmalen einer ärztlichen »Behandlung«, die allgemein als Aktivität des Arztes bei völliger Passivität und Unwissenheit des Patienten verstanden wird.

»Auf der Couch zu liegen heißt ›Tu (mir) etwas/für mich‹, und der Therapeut, indem er eine solche Haltung fördert, stimmt schweigend zu, während er dem liegenden Patienten gleichzeitig zu verstehen gibt: ›Ich möchte, daß Sie sich erheben und sich zu behaupten versuchen‹« (WILSON 1974, zit. nach STERN 1983, S. 181 f.).

Mit der Bemerkung, es sei kein Wunder, daß die Benutzung der Couch für schizoide bis schizophrene Persönlichkeiten kontraindiziert sei, rückt WILSON somit den analytischen Prozeß in die Nähe einer »Double-bind-Situation« (ebenda).
Die analytische Gesprächssituation erscheint, wie wir gesehen haben, schon in ihrer Anordnung in der Öffentlichkeit lächerlich.
Beunruhigend und komisch daran ist nicht die Anordnung an sich, sondern die gleichzeitige intime sprachliche Beziehung der Protagonisten; die ursprüngliche Couch-Verwendung zur Hypnose war vertretbarer, weil es sich hier um eine klassische medizinische »Behandlung« handelte, mit unwissenden oder bewußtlosem Patienten.

»An der Analyse erscheint komisch, daß zwei Menschen aus solch absurden Positionen heraus bewußt miteinander in Beziehung stehen sollen; und diese Absurdität spiegelt sich im Humor wider« (STERN, 1983, S. 45).

Die »Widerstände« der Öffentlichkeit eingerechnet, ebenso wie manch plausibles Argument für die Couch – es stimmt zumindest nachdenklich, wenn man verfolgt, wie sich die psychoanalytische Theorie von der Hypnose zur Übertragungs-/Gegenübertragungsbeziehung entwickelte, mit ihrem inzwischen einzigen Instrument« jedoch jahrzehntelang konstant blieb.

»Mit anderen Worten, ich glaube, daß die Körperhaltung auf der Couch viel zu sehr den Beigeschmack des medizinischen Modells (Patient / Arzt / Behandlung) der Psychotherapie hat, das der moderne Humanismus abzulegen versucht« (WILSON, 1974, zit. nach STERN, 1983, S. 181 f.).

3.4 Die Stillegung des Körpers –
ein sinnvoll begründetes Prinzip?

Wir haben historisch nachvollzogen und kritisch geprüft, wie sich das psychoanalytische Setting und damit das allmähliche »Verschwinden« des Körpers begründet; in der kritischen Auseinandersetzung lasse ich nun Befürworter und Gegner einer körperorientierten Psychoanalyse zu Worte kommen.

Die Kritik an der rein auf Versprachlichung orientierten psychoanalytischen Praxis und eine Anregung zur Auseinandersetzung mit den Körpertherapien kommt zunehmend auch aus den eigenen Reihen. Psychoanalytiker, die in ihrer Praxis oder in Eigentherapie die Wirksamkeit körperorientierter Psychotherapie erfahren haben, melden sich zu Wort und plädieren für eine Integration dieser Erfahrungen in die allgemeine psychoanalytische Praxis. Zum einen forderten die klinische Praxis, die sich wandelnden Krankheitsbilder zu einer Überprüfung und Modifizierung der Therapeutik heraus; es gelte aber auch grundsätzlich, das von FREUD festgeschriebene und seitdem als »reine Lehre« tradierte »klassische« Setting zu hinterfragen. Hier wird eine Körperferne konstatiert, die im merkwürdigen Widerspruch zu den immer komplizierter werdenden psychoanalytischen Theorien, beispielweise über psychosomatische Erkrankungen, steht. Gerade auch die psychoanalytische Entwicklungstheorie, die Untersuchungen von René SPITZ, Margret MAHLER et al., Edith JACOBSOHN usw., haben sehr viel zum Verständnis der frühen menschlichen Entwicklung beigetragen, und ebenso wie in den neueren vielfältigen Narzißmusdebatten wird die enge Verschränkung von Körper und Psyche hervorgehoben.

»Aber der reale Körper wird in der Analyse ausgelassen« (MOSER, 1987, S. 124).

Die Autoren versuchen aufzuzeigen, daß die körperabstinente Praxis teilweise geradezu im Widerspruch zur analytischen Theoriebildung steht, daß sich also durchaus aus der eigenen Theorie heraus Begründungen ergeben, das klassische Setting zu modifizieren. Nun ist natürlich, wie schon erwähnt (vgl. Kapitel 1.5 dieser Arbeit), die klassische Methode im Laufe der Jahrzehnte nicht unverändert bestehen geblieben, sondern ist im Erfassen einer immer größeren Bandbreite und Schwere psychischer Störungen erweitert und modifiziert worden. Die internationale Verbreitung der Psychoanalyse sowie die vielen Abspaltungen von der »Bewegung« haben zudem viele teilweise recht unterschiedliche Schulen entstehen lassen und zu einer »heterogenen Vielzahl von Praktiken mit frei variierten Regeln« (CREMERIUS, 1982, S. 485) geführt. Doch gerade die Schwelle von der »talking cure« zu einer körperorientierten Praxis scheint, wie wir feststellten, noch nicht oder nur kaum überschritten.

Die Autoren vermuten hier eine, der abendländischen Philosophie entsprechende, latente Körperfeindlichkeit oder/und eine hartnäckige »idealisierende Besetzung der reinen talking cure« (MOSER, 1990, S. 78) eine sich im Laufe der Institutionalisierung herausgebildete »Scheuklappenmentalität« (MOSER, 1987, S. 146), die eventuell auch zu einer »irreversiblen« »Störung eines umfassenderen Verständnisses von Psychotherapie« (MOSER, 1990, S. 78 f.) geführt hat.

Doch beziehen wir uns zunächst wiederum auf BITTNER (1986; 1988), der als Gegner körpertherapeutischer Verfahren die Haltung der Psychoanalyse illustriert; wie wir sahen (vgl. Kapitel 2.3) ist der Körper eines Patienten bzw. sein Körpererleben in psychoanalytischer Theorie durchaus erfaßt; es bestehen differenzierte psychosomatische Theorien, die z. B. Zusammenhänge zwischen Körpererleben und Selbstbild eines Menschen herstellen können. Aber, so BITTNER (1986):

»Es geht nicht darum, zur Körperlichkeit des Patienten in eine materielle Beziehung einzutreten, sondern darum, sich von ihr zu Phantasien, auch zu Empfindungen am eigenen Körper anregen zu lassen und dem Patienten dieses von ihm ausgelöste Konglomerat von Anregungen in ›geeigneter‹, d. h. wachstumsfördernder Form als Deutungen zurückzugeben« (S. 715).

Eine auch »materielle Beziehung« ginge also zu weit – so beschränkt sie sich auf die flüchtigen Eindrücke des Händeschüttelns bei Begrüßung und Abschied; darüber hinaus kann sich der Analytiker allenfalls noch auf die visuelle Wahrnehmung des Patienten stützen, falls er so sitzt, daß er ihn sehen kann.

Diese Wahrnehmungen müssen wiederum einen komplizierten Übersetzungsprozeß durchlaufen, ehe sie endlich, in wohlüberlegten Worten, den Patienten erreichen.

Die Konsequenzen einer demnach »nur psychischen« Beziehung

zunächst außer acht lassend, muß gefragt werden, ob der durchschnittlich ausgebildete Psychoanalytiker die entsprechende Sensibilität für die »Körperwahrnehmung« seiner Patienten überhaupt hat.

Nach Meinung JAEGGIS (1987) fehlten ihm vielmehr die entsprechenden Beobachtungskategorien; die Körpertherapien hätten demgegenüber »einen Erfahrungsschatz mit körperlichem Geschehen angesammelt, der genutzt werden kann« (JAEGGI, 1987, S. 64).

Eine zur kritischen Auseinandersetzung offene Psychoanalyse könnte hier profitieren:

»Ich denke ganz allgemein: die Verfeinerung des Therapeutenauges und -ohres für die Äußerungsformen des Körpers (Mimik, Gestik, Stimme, Atmung; sowie auch scheinbar genetisch festgelegte Eigenarten wie Kurzsichtigkeit, kurze Arme etc.) und die schon bisher überlieferten Erfahrungen, wie man von daher auf zugrundeliegende Erlebnisse und biographische Details schließen könnte. Es ist besonders darauf zu achten, mittels welcher Körperfunktionen Abwehr aufrechterhalten wird. Der Körper spiegelt nach Ansicht der Körpertherapeuten – ganz im Sinne von W. REICH – Konflikt und Abwehr wider – und dieses Modell leitet die Erkundungen aller Körpertherapeuten, auch wenn in manchen Ausrichtungen dies ein wenig anders konzeptualisiert wird« (ebenda).

»Vielmehr haben sie Methoden entwickelt, um herauszufinden, wie Krümmung und Verkrampfung... (des) Körperbereichs aufsteigende Erregung blockiert, was mit dieser Erregung geschieht und welche Rückschlüsse man dabei ziehen kann auf Bedürfnisse und Erlebnisse, die es früher gefährlich gemacht haben, solche Erregungen zuzulassen und adäquat zu symbolisieren« (a. a. O., S. 65).

Die Wahrnehmungsmöglichkeiten des durchschnittlichen Psychoanalytikers sind demgegenüber begrenzt; zudem ist anzunehmen, daß die Körperlichkeit des Patienten dem auf Phantasien und Sprache konzentrierten Analytiker weniger beachtenswert erscheint als dem auf »Befreiung« des Körpers gerichteten Körpertherapeuten.[7]

Nun könnte eingewendet werden, es gehe auch nicht darum, im Patienten bzw. seinem Körper zu »lesen« wie in einem Buch und ihm die gewonnenen Erkenntnisse konfrontativ »an den Kopf zu

7 Wir lassen in diesem Kontext außer acht, daß letzterer damit ebenfalls einer vereinseitigten Wahrnehmung unterliegen kann.

knallen« – tatsächlich eine Gefahr, die in oberflächlich verstandener Körpertherapie liegt. Natürlich bedarf die Integration des Körperlichen der gleichen sensiblen Behandlung, wie die verbalen Momente der Therapie deren bedürfen. Dagegen bestehen aber in der Vernachlässigung bzw. der beschriebenen Wahrnehmungsbeschränkung und der praktischen »Ruhigstellung« Risiken, die ich nun beschreiben werde; wir werden sehen, daß die Ausblendung des Körperlichen zu absurden Vereinseitigungen führen kann und daß damit tatsächlich alles viel »komplizierter« wird, aber durchaus nicht immer im produktiven Sinne.

Doch zurück zu den Möglichkeiten des Analytikers, die (Körper-) Empfindungen seines Patienten durch Sprache zu erfassen.

Zunächst ist der Analytiker zu einem großen Teil auf die Selbstwahrnehmung des Patienten angewiesen; er kann nur warten (und hoffen), daß er vom Patienten verbale Mitteilungen über dessen Körpererleben, über dessen Spannungen und Blockaden erhält; er ist dabei zu Passivität verdonnert, denn direkte Anleitungen zur Erhöhung und Verfeinerung der Körperwahrnehmung dürfen schon aus methodischen Gründen nicht gegeben werden (vgl. JAEGGI, 1987, S. 67). Abgesehen davon, daß der Patient gezwungen ist, sein Erleben in Sprache abzubilden und der Analytiker demnach nur von Übersetzungen Kenntnis nimmt, muß man vor allem einen guten Zugang des Patienten zu seinem »somatischen Selbst« voraussetzen, eine Introspektionsfähigkeit, die hoher Sensibilität für den Körper bedarf, und zudem die Fähigkeit, die sinnlich-affektiven Prozesse zu verbalisieren. Nun ist aber gerade und zwar oft – laut psychoanalytischer Theorie – im direkten Verhältnis zur Schwere der Störung diese Sensibilität und Fähigkeit zur Symbolisierung verschüttet oder nie erworben worden – die psychische Problematik, vor allem im Bereich der »frühen Störungen«, ist ja gerade nicht zu trennen von einer korrespondierenden Blockierung oder Abspaltung des Körperlichen vom Psychischen.

KAPFHAMMER (1985) hierzu:

»In die methodisch bedingte Wahrnehmungsbeschränkung des analytischen Settings fügt sich also die je als gebrochen anzunehmende Einstellung des Analysanden zu seinem Körper bereitwillig ein« (S. 166).

In der Spezialisierung auf »das Psychische« bleibt also faktisch »das Körperliche« zurück, und zwar am ehesten dort, wo es einer

Integration bedürfte. BITTNER (1986) betont, »daß freilich das Körperliche nie nur ›an sich‹, vielmehr in seiner psychologischen Bedeutung wahrgenommen« werde (S. 709); das Körperliche »an sich« wird also bedeutungslos, wenn es vom Patienten nicht »übersetzt« werden kann bzw. sich auch nicht mit den – beschränkten – psychoanalytischen Methoden dechiffrieren läßt. Nichtsdestotrotz fordert BITTNER:

> »Das Körperliche muß erst zu (unbewußt) Seelischem werden, ehe es in einem zweiten, dem eigentlich analytischen Schritt, bewußt gemacht werden kann« (BITTNER, 1988, S. 113).

Wie aber kommt es zum ersten, dem »uneigentlichen« psychoanalytischen Schritt? Wie soll »das Körperliche« in der Therapie zu »Psychischem« werden, wenn es kaum wahrgenommen wird und wenn es doch so viele Worte gibt, die das Schweigen des Körpers überdecken? Oder wird hier nicht im Grunde stillschweigend vorausgesetzt, was eigentlich erst in der Therapie erworben werden kann, entspricht es nicht der paradoxen Aufforderung an einen Patienten, sich (dem Analytiker) verständlich zu machen, obwohl er sich selbst nicht versteht?
Der Satz: »Ein Analytiker gewinnt nur in dem Maße Zugang zur ›somatischen Identität‹ eines Analysanden, wie dieser sich selbst psychisch zu erfassen vermag« (MCDOUGALL, 1985, S. 405) – ausgesprochen von einer anerkannt psychosomatisch denkenden Psychoanalytikerin –, mutet insofern fast zynisch an, bringt er doch die klare Absage des Analytikers zum Ausdruck, einem Patienten bei der Überbrückung der tiefgreifenden Kluft zwischen Körper und Seele und der Unfähigkeit, seine Empfindungen zu symbolisieren und mitteilbar zu machen, zu helfen. MOSER (1987):

> »Das Körper-Selbst, das nie zu einem psychischen Sinn gefunden hat, ja, das von ihm (dem Patienten) nicht einmal mehr bewohnt wird, ... wird abgelehnt, nicht wahrgenommen, solange es nicht psychoanalytisch daherreden kann« (S. 130).

So reicht es nicht, immer wieder zu betonen, daß der Körper in der Psychoanalyse nicht »vernachlässigt« würde, da er doch in Phantasien, Träumen, auch in direkten Äußerungen wahrgenommen werde; denn der Körper darf nicht für sich sprechen, es wird, wenn überhaupt, *über* ihn gesprochen, was Intellektualisierung und Verleugnung von Sinnlichkeit Vorschub leistet und eine latente Leib-Seele-Spaltung nur noch vertieft; bleibt der Körper stumm, bedeutungsverhindernd, so ist die Gefahr groß, daß er einfach nicht wahrgenommen wird; sein Schweigen wird dann überdeckt mit Worten, die die Kluft zwischen Leib und Seele nicht überwinden können.

Insofern spricht MOSER (1987) sogar vom Körper als der »großen Leerstelle der klassischen Psychoanalyse« (S. 122).

»Der Körper ist das Jenseits; von Interesse sind nur die psychischen Repräsentanzen, also das, was aus dem sprachlosen Jenseits der kruden Körperlichkeit in die höheren Sphären der analysierbaren Symbole und Wortvorstellungen herüberragt« (ebenda).

3.4.1 Einwände aus dem Blickwinkel der Psychosomatik

Psychoanalytische Autoren, die die Körperabstinenz der Psychoanalyse kritisieren, bieten den Vorteil, differenziertere Einwände gegen die psychoanalytische Praxis vorzubringen als den vorschnellen Vorwurf vieler Außenstehender, Psychoanalyse sei notwendig intellektuell und kopflastig, da hier ja »nur« geredet werde. Vielmehr beziehen sich ihre Argumentationen auf das psychoanalytische Verständnis, das das Übertragungsgeschehen zwischen Patient und Analytiker zum Angelpunkt des therapeutischen Prozesses macht.

Diese »Erfahrung«, die als wirksamerer Heilfaktor gegenüber der nur intellektuellen »Einsicht« im Laufe der psychoanalytischen Entwicklung in den Vordergrund des Interesses gerückt ist, geht aber über das gesprochene Wort hinaus. Hans BECKER (1989) hebt hervor:

»Übertragungsprozeß und korrigierende emotionale Erfahrung sind auch in der klassischen Analyse im eigentlichen Sinne ein averbales Geschehen, d. h., das Wahrnehmen, Empfinden von Urvertrauen, Urmißtrauen, Nähe, Trennung, Autonomie usw. ist im Übertragungsgeschehen ein somatopsychisches Geschehen« (S. 93).

Regrediert der Patient in die frühen Phasen seines Lebens, die von der coenästhetischen Interaktion mit der Mutter, also präverbaler Kommunikation geprägt ist, so bewegt sich die Therapie in quasi außersprachlichen Bereichen; hier tut sich ein Widerspruch auf, denn »Erfahrung« kann im klassischen Setting nur durch Worte vermittelt werden. Da aber zunehmend beansprucht wird, auch

»frühen« Störungen mit psychoanalytischer Therapie zu begegnen, muß in stärkerem Maße als nur »bedeutungsvollem Schweigen« der präverbalen Erlebensweise Rechnung getragen werden, denn »der Regressionsbegriff hält an der Schranke zur Präverbalität inne« (KAPFHAMMER, 1985, S. 18).

BECKER führt aus, »wie in der Betrachtung der Entwicklungstheorie die Begrifflichkeit und das Beschriebene mehr im Somatischen oder Somatopsychischen und in Handlungs- und Antriebsbegriffen abgehandelt werden«, während sich »die ›theoretische Praxis‹ ... in der Tendenz ›nur im Psychischen‹ mit höchster Symbolisierungsanforderung« (BECKER, 1989, S. 90) bewegt; er vermutet hier unangemessene »berufssozialisationsbedingte Über-Ich-Skrupel« (ebenda).

Als Psychoanalytiker einer Psychosomatischen Klinik in Heidelberg entwirft er mit seiner »Konzentrativen Bewegungstherapie« einen »Integrationsversuch von Körperlichkeit und Handeln in den psychoanalytischen Prozeß« (BECKER, 1989) (vgl. Kap. 6).

In seiner klinischen Praxis konstatiert er, »daß immer weniger Patienten unter klassischen Neurosen, speziell auch der klassischen Hysterie, leiden, sondern unter sog. frühen Störungen und narzißtischen Störungen« (BECKER, 1989, S. 18).

Die Psychoanalyse, die ja ihre »klassische« Methode an »klassischen« Krankheitsbildern entwickelt hat, ist also mit einem »Wandel der psychopathologischen Krankheitsbilder« (HIRSCH, 1989, S. V) konfrontiert, die dem gesellschaftlichen Wandel Rechnung tragen, indem sie in ihrer Spezifik auch die Auswirkungen des fortschreitenden gesellschaftlichen Entfremdungsprozesses widerspiegeln. BECKER unterstreicht, daß trotz »unbestreitbarer enormer Fortschritte in der naturwissenschaftlich orientierten Medizin objektiv die Erkrankungshäufigkeit der Bevölkerung nicht abgenommen hat, lediglich die Erscheinungsform eine Veränderung erfuhr« (BECKER, 1989, S. 142), das heißt für den Bereich psychischer Störungen

»... von der klassischen Neurose zu den narzißtischen, d. h. Identitätsstörungen im Sinne von grenzfallartigen Persönlichkeitsstörungen, insbesondere aber auch von in den Körper hineinverlegten Formen der psychosomatischen Reaktion bzw. chronischen Erkrankung« (HIRSCH, 1989, S. V).

Ein anderer Faktor, mit dem die Psychoanalyse konfrontiert ist, ist die zunehmende Zahl von Unterschichtpatienten, die eine Behandlung beanspruchen:

»Mit Ausnahme weniger klinischer Einrichtungen wurde die Mehrzahl der Psychoanalytiker erst mit dem Zeitpunkt der Kostenübernahme durch die Kassen Ende der sechziger Jahre mit einer Großzahl von Unterschichtpatienten und mit den damit verbundenen Kommunikationsschwierigkeiten zwischen Therapeut (die Mehrzahl stammt auch aufgrund der finanziell aufwendigen Ausbildungsbedingungen aus der Mittel- und Oberschicht) und Patienten der Unterschicht konfrontiert« (BECKER, 1989, S. 80).

Aus verschiedenen Gründen ergeben sich also Kommunikationsschwierigkeiten zwischen Patient und Therapeut; sei es aufgrund der unterschiedlichen Sozialisation oder der spezifischen Störung, die oft gerade eine Kommunikationsstörung beinhaltet.

»Einiges deutet darauf hin, daß bei Patienten mit sog. frühen Störungen, wie beispielsweise schizoiden Neurosen, Patienten mit einer Grundstörung, Borderline-Patienten, psychosomatischen Patienten und vor allem Unterschichtpatienten die Kommunikation zwischen Therapeut und Patient auf verbaler Ebene unmöglich oder zumindest sehr erschwert scheint« (BECKER, 1989, S. 3).

Er führt aus:

»Patienten mit frühen Störungen und psychosomatischen Erkrankungen zeigen in ihrer Lebensgeschichte, aber auch in der Auslösesituation ihrer Erkrankung, eine ausgeprägte Störung im Bereich des Körperselbst, der Kontaktfähigkeit und eine besondere Empfindlichkeit auf Objektverluste« (BECKER 1988, S. 73).

Die Psychoanalyse hat hierzu die Hypothese entwickelt, daß eine Fixierung oder Regression auf eine präverbale, d. h. vorsprachliche, vorsymbolhafte Stufe der Entwicklung vorliegt. Das Angebot der vorwiegend verbal orientierten Psychoanalyse mit »Anforderungen im Bereich der Ich-Funktionen wie sekundärprozeßhaftes Denken, Verbalisations- und Symbolisierungsfähigkeit in der freien Assoziation, Reflexions- und Introspektionsfähigkeit« (BECKER, 1989, S. 90) trifft aber diese Ebene nicht oder nicht ausreichend. Den Patienten wird dann oft nur »Sprachlosigkeit, Undifferenziertheit, Phantasiearmut und Agieren« bescheinigt. Das primäre Ausdrucksangebot wird nicht aufgegriffen.

»MITSCHERLICH konnte zeigen, daß bei etwa 40 Prozent der Patienten, die in eine psychosomatische Ambulanz kommen, keine Psychotherapie zustande kommt, da das sogenannte Abgewehrte bei ihnen sprachlos bleibt« (BECKER, 1988, S. 72).

MITSCHERLICH spricht in diesem Zusammenhang von der sogenannten »Primitivpersönlichkeit« und empfiehlt hier medikamen-
töse Behandlung oder suggestive Verfahren (vgl. BECKER, 1989,
S. 2). Hier wird etwas von dem Unverständnis und der Arroganz
vieler Psychoanalytiker deutlich, von der Art, wie mit entsprechender Diagnostik abqualifiziert und eine große Personengruppe
für das Verfahren ausgeschlossen wird. Nach BECKER durchlaufen Psychoanalytiker eine

»sehr kopflastige und steril anmutende sprachbezogene Ausbildung, in
der beispielsweise Körperbezug, Handeln und soziale Bezüge oft in den
Hintergrund treten. Nicht wenige Psychoanalytiker erleben Körpersymptome, Agieren im weiteren Sinne und soziale Komponenten in der Therapie zu schnell als Widerstand, wo sie oft – aus Unverständnis dieses
Ausdrucksmittels – zu früh deutend vorgehen, ohne damit wirklich umgehen zu können. Nicht selten ist das therapeutische Über-Ich, nehmen
wir nur die Frage der Abstinenz, bedroht« (BECKER, 1989, S. 82).

Dahinter stehen, so BECKER, »teils ausgesprochene, teils aber
auch unausgesprochene ›Wertsysteme‹ in Richtung Überwindung
des Leiblichen, Körperlichen« (BECKER, 1989, S. 137) innerhalb
der Psychoanalyse. Die »körperabstinente Praxis« (ebenda) einer
Theorie, die gerade auf leib-seelischen Phänomenen basiert, kann
nur als Folge einer latenten Körperfeindlichkeit unseres abendländischen Kulturkreises verstanden werden. Die Psychoanalyse ist
also letztlich im Kontext einer »jüdisch-christlichen Tradition...
wo mit Körperlichkeit nicht selten Sündhaftigkeit, Triebhaftigkeit, Sexualität, die zu sublimieren und zu überwinden ist«, »wo
der Körper Gefängnis und Grab der Seele darstellt«, verhaftet geblieben (BECKER, 1989, S. 137).
Hinzu kommt die schon erwähnte gesellschaftliche Höherbewertung des Geistigen, die Tendenz zur Rationalisierung und Objektivierung fast aller Lebensprozesse, die eine Trennung leib-
seelischer Phänomene als effizient und produktiv nahelegt.
So wird auch der Patient mit »früher Störung«, mit vorwiegend
körperlichem Symptomangebot und mit sozialisationsbedingten
Kommunikationsschwierigkeiten auf die verbale Deutungsebene
der klassischen Neurosenbehandlung gezwungen, d. h., er muß
seine Körpersprache, also seine nonverbale Ausdrucksform, in
eine verbale übersetzen. Aber auch der sehr sprachgewandte Patient kann in der psychoanalytischen Situation stagnieren; seine
gesellschaftlich hochangesehene Abstraktionsfähigkeit und Elo-

quenz kann den Zugang zu seinen tieferliegenden Affekten erschweren oder unmöglich machen. Über den Körperausdruck und das Körpererleben finden die »Meister des Wortes« oft viel schneller oder überhaupt nur Zugang zu ihren Gefühlen; subjektives Erleben und Intellekt können integriert werden.

BECKER illustriert die Haltung der meisten Analytiker gegenüber bewegungsorientierten Therapieverfahren am Beispiel der Psychosomatischen Klinik, in der er arbeitet; die »Konzentrative Bewegungstherapie« nach Elsa Gindler wurde Anfang der siebziger Jahre von einer Ergotherapeutin im Rahmen des stationären Therapiesettings angeboten, »ohne daß dies von den Analytikern, den sog. ›eigentlichen Therapeuten‹, als ein wesentliches Therapieelement wahrgenommen wurde« (BECKER, 1988, S. 71).

Vielmehr hatte dies in ihren Augen »einen mehr oder weniger schmückenden Beschäftigungscharakter« (ebenda). Um so erstaunlicher für die Analytiker war das Ergebnis einer Umfrage unter den Patienten einige Jahre danach, was ihnen »nach ihrem subjektiven Eindruck im Rahmen der stationären Therapie am meisten geholfen habe« (ebenda). An erster Stelle stand nämlich nach mehreren Befragungen immer wieder deutlich die Konzentrative Bewegungstherapie. BECKER:

»Es wurde deutlich, daß der Vorbehalt der Analytiker unausgesprochen immer wieder mit dem Verdacht zu tun hatte, hier werde im antitherapeutischen Sinne ›agiert‹ statt ›erinnert‹« (BECKER, 1988, S. 71).[8]

---

8 Kennzeichnend für die psychoanalytische Arroganz gegenüber körpertherapeutischen Verfahren ist auch die Bemerkung BITTNERS zur Konzentrativen Bewegungstherapie: »Leider gibt es einen ganz pragmatischen Grund, warum unsere klinisch arbeitenden Kollegen solche Angebote wie KBT gern in ihr Programm aufnehmen: womit sollen sie denn ihre stationären Patienten den ganzen Tag beschäftigen, wenn nicht mit einer breiten Palette von Therapieangeboten? Man kann ja schließlich nicht den ganzen Tag Analyse machen. So daß also genau besehen die stationäre Psychotherapie das trojanische Pferd ist, durch das die neuen Therapieerfahrungen in die Psychoanalyse eingewandert sind« (BITTNER, 1988, S. 107). Nun steht Aussage gegen Aussage: Handelt es sich um eine »Verwässerung« der Theorie, ist hier die »reine Lehre« gefährdet – oder sollte man vielleicht doch den Patienten glauben, die sagen, sie hätten am meisten von der KBT profitiert?

Das »Agieren« ist aber traditionell als unanalytisch verpönt. BECKER hingegen folgert als therapeutische Konsequenz,

»den präverbalen und averbalen Bereich im Sinne einer Körpersprache innerhalb der Therapie zu integrieren, geht man davon aus, daß eine Fixierung oder Regression in eine der Entwicklungsphasen vorliegt, wo die präverbale Kommunikation ganz im Vordergrund stand« (BECKER, 1989, S. 1).

Eine derartig erweiterte Technik entspräche im Grunde nur dem Forschungsstand zur Ätiologie prägenitaler Neurosen und psychosomatischer Erkrankungen.
Vor diesem Hintergrund befürwortet BECKER eine Modifikation der analytischen Therapie mit der Körpersprache als Vorstufe und Ergänzung zum Verbalisieren; der Patient müsse so nicht »in einen Übersetzungs- und Abstrahierungsprozeß« (BECKER 1989, S. 112) gezwungen werden, seine Körpersprache werde vielmehr als »primäres Ausdrucksangebot« (BECKER, 1989, S. 90) aufgegriffen und beantwortet.

3.4.2 Körpersprache – zu primitiv für die Therapie?

Was spräche gegen die Einbeziehung der Körpersprache in der analytischen Situation, warum kann die Körperlichkeit eines Menschen nicht als primäres Ausdrucksangebot in die Analyse integriert werden?
Die Grundeinstellung der klassischen Psychoanalyse zum Körper des Menschen formuliert BITTNER (1988) treffend, wenn er sagt:

»Es ist nicht wahr, daß wir in der Analyse das Körperliche übersehen oder ausgrenzen. Alles seelische Leben wurzelt im Körperlichen. Aber als krudes Körperliches spricht es nicht, drückt sich nicht bzw. nur undeutlich und vieldeutig aus. Das Körperliche ist das rohe Erz, aus dem erst das reine Metall des Seelischen herausgeschmolzen werden muß« (S. 113).

Ganz im Gegensatz zur Maxime GRODDECKS (1917; 1933, vgl. Kapitel 2.3 dieser Arbeit) und trotz körpergebundener Theorie wird also in der Psychoanalyse die Dichotomie Körper – Seele aufrechterhalten.
»Das Körperliche« muß, so haben wir gehört, erst zum »Seelischen« werden, ehe es in der Psychoanalyse wahrgenommen und behandelt werden kann. Abgesehen von begrenzter visueller

Wahrnehmung wird »das Seelische« vom Analytiker in erster Linie durch Worte erfaßt; und der Patient bringt sich durch Sprache zum Ausdruck. Als »Seelisches« gilt also anscheinend nur das, was symbolisch vermittelt, versprachlicht werden kann, bzw. nur dieses »Seelische« ist Gegenstand des therapeutischen Prozesses. Es steht über dem »kruden Körperlichen«, dem »rohen Erz«, das angeblich zu primitiv, zu undeutlich ist.

> »Einer rein auf Verwörterung zielenden Therapieform muß der Körper als das Abgründige, Nicht-Psychische, quasi Jenseitige des Seelenlebens vorkommen, mit der entsprechenden Fremdheit, Abwehr, Exkommunikation aus dem Verfahren« (MOSER, 1987, S. 11).

Mit derselben Werthaltung, wie dem Psychoanalytiker »das Körperliche« »krude«, primitiv und undeutlich erscheint, sind ihm auch die Körpertherapien in jedem Fall schlichter, simpler, wie an vielen Beispielen schon aufgezeigt. Gleichzeitig erscheint Körpertherapie »gefährlich«, überrumpelnd. BITTNER möchte mit seinen Einwänden veranschaulichen, daß der die Körpersprache aufgreifende Therapeut die Komplexität der psychischen Vorgänge seines Patienten nicht erfassen könne bzw. sie allzu leicht fehlinterpretiert.

Zwei Gefahren scheinen sich für Psychoanalytiker mit der Einbeziehung von Körpersprache zu ergeben: die Äußerungen des Patienten werden schablonisiert, so daß der therapeutische Prozeß oberflächlich bleibt; und dem nur grob Vermittelten des Patienten »drückt« der den Körper »lesende« Körpertherapeut seine eigene Deutung auf, seine unbewußten Projektionen gewissermaßen. Unterstellt wird also hiermit, daß nur durch die Sprachform die Befindlichkeit des Patienten in ihrer Komplexität dargestellt werden kann und nur so der Analytiker ihn »richtig« versteht.

BITTNER hat durchaus nicht unrecht, wenn er meint, Körpersprache sei die einfachere Ausdrucksform; sie vermittelt nicht viel mehr als Grundgefühle wie Schmerz, Haß, Angst, Liebe, Zufriedenheit usw.; letztlich lassen sich aber alle komplizierten menschlichen Regungen auf eben diese Grundgefühle zurückführen; und BITTNER verkennt die Intention körperorientierter Therapie, wenn er meint, die inhaltliche Kommunikation stünde immer an erster Stelle, so daß Einbeziehung des Körpersprachlichen eine Art Taub-Stummen-Verständigung bedeutete.

»Meine Sorge bei den körperorientierten Psychotherapien; daß sich, wenn ich körperliche Gesten verwende, die Bandbreite des seelischen Ausdrucks verengt auf das, was gestisch-szenisch darstellbar und noch einigermaßen mit den Regeln des guten Geschmacks vereinbar ist. Und das ist nicht *mehr* als das symbolisch Vermittelbare, sondern viel, viel weniger. So daß man die Argumentation der Körpertherapeuten geradezu auf den Kopf stellen möchte: *erweitert* wird die Ausdrucksmöglichkeit durch motorische Aktionen auf keinen Fall« (Bittner, 1988, S. 112).

Körperorientierte Therapie als eine Art Zeichensprache verstanden, in der alle komplexen seelischen Prozesse »wortgetreu« in Gestik »übersetzt« werden müssen, ist natürlich zum Scheitern verurteilt und wirkt lächerlich, was Bittner auch gleich am Beispiel illustriert:

»Und wieviel enger sind doch die Grenzen gezogen, etwas mit dem Analytiker zu tun. Ich kann ihm schon sagen: leck mich am Arsch! Aber ihm das nackte Hinterteil mit der entsprechenden Aufforderung hinhalten? Das nun vielleicht doch nicht« (ebenda).

Bittner verkennt hier, um was es vorrangig geht: nicht um die getreuliche »Übersetzung« allen psychischen Geschehens in Körpersprache; sondern darum, das sogenannte »Körperliche« als Empfinden spürbar zu machen, das (verschüttet) »Psychische« im Körperlichen lebendig werden zu lassen. Die Besinnung auf »Körperliches«, die Beachtung und Integration körperlicher Ausdrucksformen hat zum Ziel, den Patienten wieder fühlen zu lehren, was er sagt, bzw. ihn zunächst einmal überhaupt wieder fühlen zu lehren, ehe in einem nächsten Schritt die Verbalisierung des Geschehens angestrebt werden kann.

Dies kann natürlich nur vertreten werden, wenn man »das Körperliche« als materielle Summe aller Empfindungen und seelischer Erfahrungen, die sich in Körperhaltung und Körperbild, in Verkrampfungen und Störungen niedergeschlagen haben, also als ein von der psychischen Struktur nicht zu trennendes, begreift und nicht als minderwertiges »rohes Erz«, was dem »reinen« Seelischen untergeordnet ist.

Halten wir uns vor Augen, daß sich seit Freud ein Wandel in der psychopathologischen Problematik ergeben hat, ein Wandel, der auch als Ausdruck zunehmender gesellschaftlicher Entfremdungs-, Rationalisierungs- und Desomatisierungsprozesse begriffen werden kann, so ist heutzutage nicht die Aufdeckung komplexer »ödipaler« Zusammenhänge, sondern vielmehr zunächst vor allem das Überbrücken einer Kluft zwischen Leib und Seele, zwischen Ratio und Gefühl vonnöten. Das heutige Klientel mag viel und intelligent reden können – auch größere Einsicht in psychologische Zusammenhänge haben –, was aber immer häufiger fehlt, ist ein den Worten entsprechendes *Gefühl*. Diese Spaltung, die sich in Intellektualisieren, aber auch in Stummheit und psychosomatischen Symptomen äußert, steht heutzutage im Vordergrund psychischer Problematik.

Fehlt aber das Gefühl, dann nutzt es nichts, die ganze Bandbreite des Wortes zur Verfügung zu haben, dann bringen auch immer kompliziertere Reden nicht weiter. So bedeutet der Rückgriff auf Körpersprache sicherlich eine Vereinfachung; aber gerade in dieser Vereinfachung, die von vielen Psychoanalytikern kritisiert wird, kann ein entscheidender therapeutischer Gewinn liegen. Die bei sogenannten »Frühgestörten« anzutreffende mehr oder minder tiefgreifende Spaltung zwischen Leib und Seele, die in einer mißlungenen präverbalen Interaktion mit den ersten Pflegepersonen ihren Anfang nimmt (und sich in der gesellschaftlichen Entfremdung fortsetzt), kann nur überwunden bzw. verringert werden, wenn eine Regression in frühkindliche Phasen erlaubt wird – und damit eine »Vereinfachung« der Ausdrucks- und Erlebensweisen. Der Patient muß sich auf das frühkindliche Niveau begeben, wo die Störungen wirksam wurden, und das heißt auch – statt zu intellektualisieren oder mechanistisch »über« sich zu reden, statt hoffnungslos zu schweigen – auf körpersprachlichen Ausdruck zurückgreifen.

Es ist fast zu peinlich, es noch erklären zu müssen: aber das »Leck' mich am Arsch« des Patienten bedeutete in einem solchen Zusammenhang natürlich »kein Hose-Herunterlassen«, sondern ein Wiederfinden und Zurückkommen auf die dahinterstehende Wut. Diese mag dann zwar zunächst konvulsivisch-eruptiv zum Ausdruck kommen (wie eben ein kleines Kind Wut zum Ausdruck bringt), ein entsprechend eingestellter Therapeut (mit entsprechend eingerichteter *Praxis*) wird aber helfen können, sie als fühlbare und verstehbare Reaktion, die ihre natürlichen Grenzen in der Interaktion findet, in die Persönlichkeit des Patienten zu *integrieren*.

Als klares, eindeutiges *Gefühl*, das lebendiger, »authentischer« macht, erscheint mir so ein Ausdruck von Wut oft hilfreicher als manche Wort-Akrobatik auf der Couch, die sich in immer sadistischere, ungeheuerlichere und »perversere« Metaphern versteigen muß, in der Hoffnung, damit zum Gefühl durchzudringen.

Der Sinn einer »Vereinfachung« der Kommunikation, zur Wiedererlangung des Gefühls und der Lebendigkeit für den Patienten, ist nun plausibel gemacht – es bleibt der Einwand, die Vieldeutigkeit der Körpersprache biete dem Analytiker Anlaß zu Fehlinterpretationen, damit Manipulationen und therapeutischem Mißbrauch.

Betrachten wir wiederum die frühkindliche Entwicklungstheorie. Körpersprachliche Botschaften zeichnen sich dadurch aus, daß sie der Interpretation bedürfen, der Einfühlung und Sensibilität eines anderen. Eine Mutter muß das Schreien ihres Babys interpretieren, ist es Hunger, Sehnsucht nach Nähe, Unbehagen, Angst usw. Auch ihre Reaktionen auf alle anderen körpersprachlichen Botschaften ihres kleinen Kindes sind gewissermaßen Projektionen; sie verleiht dem Gurgeln und Glucksen, dem ersten Lächeln einen Sinn; ihre Interpretationen entsprechen biologischen, instinktiven Reaktionen, überformt durch gesellschaftlich vorgegebene Erklärungsmuster; hinzu kommt noch die je individuelle Interpretation, die ihrem eigenen Unbewußten entspringt.

»Zur Geburt des Kindes als Individuum kommt es, wenn es auf die selektive Reaktion der Mutter auf seine Signale seinerseits reagiert und sein Verhalten allmählich ändert. ›Es ist das spezifische unbewußte Bedürfnis der Mutter, das von den zahllosen Möglichkeiten des Kindes eben jene aktiviert, die für jede Mutter ›das Kind‹ schaffen, das ihre eigenen, *einzigartigen* individuellen Bedürfnisse widerspiegelt‹« (MAHLER et al., 1975, S. 82).

All diese Faktoren, die große Variationsmöglichkeiten bergen, entscheiden über normale oder gestörte, pathologische Entwicklung des Kindes. Eine empathisch eingestimmte Pflegeperson wird jedoch in einem »ausreichend guten« Sinne fähig sein, die körpersprachlichen Äußerungen ihres Babys zu interpretieren und zu beantworten.

Aber auch die ersten *Worte* eines Kindes sind noch global, bergen vieldeutige Informationen, vieldeutige Interpretationsmöglichkeiten; dazu BLANCK & BLANCK (1978):

»*Ein* Wort, am besten von der eingestimmten Mutter in der symbiotischen Einheit verstanden, kann zahllose Bedeutungen haben. Piaget glaubt, daß das Wort ›Mama‹ durch Kiefer- und Mundbewegungen gebildet wird, die nur einen Schritt über das Saugen hinausgehen. Das Kind, das dieses globale Wort äußert, kann meinen: ›Ich habe Hunger‹, ›Ich habe Angst‹, ›Ich bin zufrieden‹, ›Wo bist du?‹ usw.« (S. 265).

Etwa bis zum zweiten Lebensjahr verfügt das Kind über eine vorwiegend sensomotorische, präverbale und praktische Intelligenz (vgl. BECKER, 1989, S. 108). Die ersten Sätze des Kindes sind noch sehr konkret:

»Lange bevor das Kind in der Lage ist, innere Wahrnehmungen und Gefühle verbal auszudrücken, verbalisiert es bereits, um Dinge der Außenwelt zu benennen« (BECKER, 1989, S. 109).

Die Sprachentwicklung ist eng verknüpft mit der Fähigkeit zu symbolisieren und sekundärprozeßhaft zu denken; das Verbalisieren von Gefühlen ist eine Leistung, die erst mit der Fähigkeit zur Abstraktion erworben wird. Diese Fähigkeit entwickelt sich allmählich zwischen dem zweiten und dem zehnten Lebensjahr. So kommt es, daß das Kind, dieses totale Gefühlswesen, sich noch lange Zeit nicht wörtlich über Gefühle verständigen kann; es bedarf der Körpersprache bzw. der Interpretation durch die Umwelt. So sagt es »Ich will meinen Teddy« statt: »Ich fühle mich einsam und brauche etwas zum Trost«. Auch gefühlsmäßige Äußerungen wie »Ich will nicht« oder »Du bist blöd« können noch sehr verschiedene Bedeutungen haben, von tiefster Verletzung und Enttäuschung bis zum spielerischen Erproben der eigenen Grenzen und Möglichkeiten.

So bedeutet es natürlich einen Reifungsfortschritt, sich anders als durch Zappeln und Schreien durch Mimik und Gestik ausdrücken zu lernen; aber lange Zeit basiert die Verständigung des Kindes mit den Erwachsenen auf deren Einfühlung, und wiewohl diese nie »neutral« ist, kann sie doch so empathisch, so »ausreichend gut« mitschwingen, daß das Kind sich zu einer eigenständigen Person entwickelt. Mehr noch: die Interpretationen des Erwachsenen, das zunächst gestisch-mimische und später auch verbale »Spiegeln« sind notwendig, damit das Kind lernt, seine Körper-Empfindungen als spezifisches Gefühl zu lokalisieren. Der Erwachsene muß also nicht nur einfühlen, sondern auch Bedeutung verleihen, muß deuten und benennen können.

Empathie beruht dabei, neben der inneren Einstimmung eines Menschen, weitgehend auf den sinnlichen, präverbalen Zeichen, die vom noch nicht sprechenden Kind ausgehen bzw. die sich entwickelnde Sprache begleiten.

Aber diese Entwicklung wird nicht plötzlich durch den »nur sprechenden« Erwachsenen beendet; auch die Erwachsenensprache ist von (meist unbewußter) Körpersprache begleitet, auf die wir nicht selten (auch oft unbewußt) sogar intensiver reagieren können als auf das gesprochene Wort. Dabei drängt sich dann oft auch der Eindruck auf, diese Körpersprache sei »eindeutig« gewesen, während das Gesprochene dazu kontrastiert, bzw. die »eindeutige« Botschaft zu verschleiern sucht.

So sind auch die Worte eines erwachsenen Menschen nicht immer »wörtlich« zu nehmen; und auf dieser Erkenntnis beruht gerade die Psychoanalyse. Hinter den scheinbar sachlichen Worten verbirgt sich ein (oft unbewußtes) Gefühl, das es hervorzuholen gilt. Entdeckung des Unbewußten bedeutete für die Psychoanalyse zuerst, hinter den Worten der Patienten die »eingeklemmten Affekte«, die unterdrückten Triebregungen zu suchen und zu befreien; dann bedeutete es, hinter den Worten die »richtigen« zu finden, die zur Erkenntnis verhalfen. In den Fehlhandlungen des Menschen entlarvt FREUD die »eigentliche« Botschaft, die nicht verbal, sondern körpersprachlich mitgeteilt wurde. Inzwischen werden Worte immer auch im Kontext der Übertragung verstanden. STONE (1973) beschreibt gar die freie Assoziation des Patienten als »fast ein Äquivalent des experimentellen Lallens des Kleinkindes... das klärender Deutung bedarf« (S. 60).

Also auch Worte, erwachsene Worte, bedürfen einer Interpretation in der Therapie; nur wird dies um so schwieriger, je schwerer die Störung des Patienten ist, je mehr die Fähigkeit verloren oder nie erworben wurde, »authentisch« zu sprechen.

Patienten, die auf präverbale Entwicklungsstufen fixiert bzw. regrediert sind, mögen in ganz anderer als der erwarteten Weise kommunizieren; sie können ihre präverbalen Erfahrungen »mit den Füßen sprechen« lassen – ein Phänomen, was allzuoft als »sinnloses Agieren« aufgefaßt wird; oder sie mögen die konkretistische Sprache des kleinen Kindes beibehalten haben.

Das Verbalisieren dieser Patienten – die oft als »alexithym« bezeichnet werden – ist demnach in therapeutischer Hinsicht kaum nutzbar; ihnen fehlt die »Entwicklungsstufe, wo inneres Befinden symbolisierungsfähig wird« (BECKER, 1989, S. 109). Solchermaßen verbalisierende Patienten bedürfen einer Interpretation, die

die präverbale Bedeutung des Gesagten erfaßt. Psychoanalytische Behandlungen von früh (d. h. im Präverbalen) gestörten Patienten basieren auf diesen Interpretationen; diese (verbalen) Spekulationen über das präverbale Erleben sind aber mindestens ebenso »projektiv« bzw. von der tiefen Einfühlung des Analytikers abhängig wie die Interpretationen, die sich auf die Körperwahrnehmmung beziehen. Nur bergen sie noch den Nachteil, daß sie sich auf die oft ungenaue, unzutreffende Sprache des Patienten beziehen müssen, während der Körper womöglich »Bände spricht«.

Die sprachliche Methode findet also gerade in der Schwere der Störung – die das Erreichen dieser Entwicklungsstufe verhindert hat – ihre Grenze.

Eine Regression auf vorsprachliche Ausdrucksformen – die der Analytiker begleiten muß – wäre demgegenüber eine therapeutische Alternative, die dem Patienten Rechnung trägt.

»Nicht selten zeigt sich, daß bei den sog. alexithymen Patienten diese Fähigkeit der Symbolisierung inneren Befindens zunächst mehr über die Gebärdensprache ausdrucksfähig wird« (Becker, 1989, S. 109).

So widerlegt sich das Argument Bittners, Körpersprache sei als ein zu »vieldeutiges« und zu »einfaches« Ausdrucksangebot therapeutisch minderwertig gegenüber der sprachlichen Kommunikation. Auch Worte können vieldeutig sein, bedürfen der Interpretation; ob nun verbale oder Körper-Sprache, worum es geht, ist die Suche nach den (unbewußten) Motivationen, die die Kommunikation determinieren. Und Worte können in vielen therapeutischen Situationen, vor allem, wenn es um Störungen im präverbalen Bereich geht, tatsächlich auch weniger vermitteln als die sogenannte »primitivere« Kommunikation des Körpers.

Worte sind zwar ungleich besser geeignet, komplizierte psychische Prozesse, die vielen Brüche und Ambivalenzen des Menschen, die verwickelten Gedankengänge einem Gegenüber zu vermitteln, als die Körpersprache. Die vielen Worte verlieren aber ihren Sinn, wenn sie nicht mit (Leibes-) Empfindungen korreliert sind; so mögen psychoanalytische Kommunikationsformen zwar oft »komplizierter« sein, es bedeutet aber keinen therapeutischen Gewinn, wenn die Eindeutigkeit und Einfachheit des Gefühls vermißt wird.

Wenn Worte losgelöst von Gefühlen im Raum stehen oder wenn sie anderes, vielleicht das Gegenteil dessen zum Ausdruck bringen, was der Sprechende fühlt, ist der Körper, der »vieldeutige«, wesentlich eindeutiger, ist er ein Korrektiv, der die Botschaft hinter den Worten zum Ausdruck bringt, ob diese dem Sprechenden bewußt ist oder nicht. Der Patient, der auf die Botschaften seines Körpers verwiesen wird, der in sich hineinhorchen statt »über« sich reden lernt, lernt sein Sprechen wieder mit Bedeutung zu füllen.

Es geht also nicht um Konversionen, nicht darum, daß der Körper bereits symbolisierte, sprachliche Inhalte pantomimisch zum Ausdruck bringen soll; sondern es geht darum, das in Verkrampfung und Verspannung erstarrte Gefühl zu lösen, es geht darum, die Wallungen, das Brodeln, die unwillkürlichen Zuckungen, das Schluchzen, das Gefühl des Zerrissen-Seins *erleben* zu dürfen, um es dann als verstehbares und zugehöriges (Körper-) Gefühl zu integrieren.

In diesem Sinne bedeutet die Einbeziehung der Körpersprache vielmehr eine erhebliche Erweiterung der therapeutischen Möglichkeiten, da hier zum Ausdruck kommen kann, was vielleicht nie in Worte gefaßt war oder was in körperlicher Abwehr geronnen war; eine Erweiterung, da hier Gefühle erlebt und schließlich integriert werden können, die die noch so komplizierte Rede – oder das noch so geistreiche Schweigen – nicht zu evozieren vermochten.

BITTNERS Kritik umkehrend muß also vielmehr gefragt werden:

»wieweit führt die Ausschließlichkeit der sprachlichen Kommunikation zu einer Einengung und Verarmung der Kommunikation und wann kann Sprache zur Abwehr werden« (BECKER, 1989, S. 110)?

Zudem ist zu fragen, wieweit ein so hohes verbales Differenzierungsniveau, wie die klassische psychoanalytische Methode es erfordert, nicht die Indikation für Psychoanalyse einengt. BECKER meint:

»Ich möchte postulieren, wir schließen untere soziale Schichten und Patienten mit frühen Störungen von vorneherein aus« (ebenda).

3.4.3 Der Psychoanalytiker als »sprechende Attrappe«[9]

Die rigide Auffassung von Abstinenz bzw. die Idealisierung des Sprachlichen und Ausblendung des konkreten Körpers in klassischen Analysen kann manchmal zu einer »ins Absurde getriebene(n) Position der Körperferne« (MOSER, 1987, S. 122) führen, die dann im therapeutischen Prozeß nicht nur hemmend, sondern geradezu kontraproduktiv, ja manchmal traumatisierend wirken kann. Gerade frühgestörte Patienten sind, wie wir sahen, oft durch Sprache nicht mehr wirklich zu erreichen, sie bedürften vielmehr körperorientierter Zugänge. Beharrt hier der Analytiker auf der »bewährten« sprachlichen Methode, so kann die therapeutische Beziehung manchmal regelrecht in eine maligne Re-Inszenierung der ursprünglichen traumatischen Eltern-Kind-Interaktion entgleisen.

Das Buch *Plädoyer für eine gewisse Anormalität* (1985) der international anerkannten Pariser Psychoanalytikerin Joyce McDougall ist ein gutes Beispiel, wie »klassisch« arbeitende Analytiker (ungeachtet aller Erkenntnisse aus dem Spektrum der Körpertherapien) an den elementaren Bedürfnissen ihres Patienten vorbeitherapieren können, um sich statt dessen in der »hochintellektuellen Rezeption des Gegenübertragungs-Denkens und einer auf die Spitze getriebenen verbalen Empathie« (MOSER, 1987, S. 16) zu verlieren.

Die Autorin befaßt sich mit Patienten mit psychosomatischen Erkrankungen bzw. »psychosomatischer Struktur«, d. h. mit Patienten, deren Problematik im Präverbalen angesiedelt ist und die entsprechend große Schwierigkeiten mit dem auf Sprache orientierten analytischen Setting haben. Hier tut sich eine Kluft auf zwischen der äußerst differenzierten psychosomatischen *Theorie* McDougalls und ihrer bis zur Absurdität getriebenen Körperabstinenz, die es ihr nicht erlaubt, die naheliegenden *praktischen Konsequenzen* aus der Theorie zu ziehen.

McDougall bleibt vielmehr, »obwohl die Schwelle zur praxisverändernden Erkenntnis zum Greifen oder zum Überschreiten nahe ist, im Gitterkäfig einer rigiden und lähmenden psychoanalytischen Moral befangen« (MOSER, 1987, S. 95).

9 Vgl. dazu »Der Psychoanalytiker als sprechende Attrappe«, T. MOSER, 1987.

Dabei erreicht sie in ihrer *Theorie* über das präverbale Erleben ein Maximum an Einfühlung; sie erkennt, daß ihre »psychosomatischen Patienten« in einer Zeit traumatisiert worden sind, da Körper und Seele sich noch gegenseitig durchdringen, und »daß auf dieser vorsymbolischen Stufe seelisches Leiden von körperlichem Leiden nicht zu unterscheiden ist« (MCDOUGALL, 1985, S. 245).

Gemäß psychoanalytischer Theorie wäre es die Aufgabe der elterlichen Bezugspersonen in der einfühlenden Interaktion durch Berühren, affektives Spiegeln und intuitives Deuten das Körperbefinden zu »lokalisieren« und ihm so »zum Übergang ins Reich der Affekte und der klaren Empfindungen wie der klaren Schmerzwahrnehmung« (MOSER, 1987, S. 125) zu verhelfen.

Fehlt dem Kind »das Ur-Gefühl des Dabei-Seins der Mutter mit Haut, Muskulatur und Wärme« (MOSER, 1987, S. 126), also die Erfahrung körperlich-mitfühlenden »Halts«, der ihm die Zuversicht vermittelt, daß seine Empfindungen wahrgenommen und mitgefühlt werden und daß seine Lebendigkeit erwünscht ist, so ist es einer Überwältigung durch seinen Schmerz ausgeliefert und erfährt gleichzeitig das Gefühl unerträglicher Einsamkeit und biologischer Verlassenheit. Aus der Unerträglichkeit dieses Gefühls kann das Kind mit einer tiefgreifenden Spaltung zwischen Körper und Seele antworten; es muß sich der spezifisch menschlichen Fähigkeit bedienen und den Körper sozusagen alleinlassen, »um mit seelischen Gefahren fertig zu werden, die psychisch nicht repräsentiert werden konnten« (MCDOUGALL, 1985, S. 402). Mit anderen Worten, ein Mißlingen oder Fehlen der frühen empathischen Interaktion kann für das heranwachsende Kind zur Folge haben, daß zwischen Körper, Geist und Seele die »gegenseitigen Verbindungswege blockiert oder daß Botschaften mißdeutet werden, so daß körperlicher und affektiver Schmerz miteinander verwechselt oder als Teil einer psychischen Abwehr durch einander ersetzt werden« (MCDOUGALL, 1985, S. 404): dies entspricht der »psychosomatischen Struktur« der von MCDOUGALL beschriebenen Patienten.

Die abgespalteten Affekte sind dann »in den Körper und in den rudimentären seelischen Apparaten eingelagert in unbearbeiteter Form, als Reaktions-Handlungs- oder Ausdrucksreiz, als pure Energie, Druck, Spannung, konvulsivische Abfuhrbereitschaft« (MOSER, 1989, S. 16 f.).

Kommt ein derartig gestörter Patient nun in die psychoanalytische Praxis, wird er dort, gemäß den Gesetzen der Übertragung, das Trauma der mißlungenen Interaktion neu inszenieren, also etwas *wiederholen*, was er nicht in Worte fassen kann.

In seinem aus der Körper-Seele-Spaltung resultierenden Unvermögen, seine körperlich-affektiven Zustände in »psychischen Repräsentationen« mitteilbar zu machen, prallt er aber an den Grenzen der klassischen Technik ab, die auf analysierbare Symbole und Wortvorstellungen angewiesen ist, um in den therapeutischen Dialog zu treten.

Dies wird von Joyce McDougall durchaus auch erfaßt, allerdings führt es für sie dazu, solcherart gestörte Patienten zu »Anti-Analysanden« zu ernennen; nicht die therapeutische Theorie, sondern die Patienten sind also »schuld« am mißlingenden Dialog, denn:

»Was darf ein Analytiker als Beobachter rein psychischer Phänomene in bezug auf den Körper und dessen Funktionen sowie in bezug auf affektive Auswirkungen körperlicher Zustände zu entdecken hoffen? Es gibt hier eindeutig nichts zu beobachten, solange diese Zustände nicht zu mitteilbaren psychischen Repräsentationen führen« (McDougall, 1985, S. 405).

Mit anderen Worten: der Patient durchleidet noch einmal die Erfahrung des Nicht-verstanden-Werdens, des Nicht-gehalten-Werdens, ja des Nicht-gehört-Werdens; die früh entgleisten Interaktionsformen leben in der Regression der Übertragung neu auf, erfahren aber in einer Atmosphäre antiseptischer Abstinenz und rigider Fixierung auf das verbale Couch-Setting einen neuerlich mißlingenden Dialog.

Aufgabe des Psychoanalytikers wäre, eine zumindest annähernde Ausheilung der frühen, traumatischen Interaktionsformen zu versuchen, indem er sich dem Patienten als neues, diesmal »ausreichend gutes« und verläßliches Objekt anbietet. Dies ist aber, vor allem in schwereren Fällen von früher Störung, auf der nur verbalen Ebene (bei gleichzeitigem Vermeiden von Blickkontakt und bei sensorisch-mimischer Deprivation) nicht oder nur sehr schwer zu leisten.

Zwar liefert die psychoanalytische Entwicklungspsychologie selbst die differenziertesten Kenntnisse über eine angemessene psycho-physische Interaktion zwischen Eltern und Kind, die hier, übertragen auf die therapeutische Beziehung, zur heilsamen Neu-

Inszenierung führen könnte; dennoch beharrt sie auf Verbalisierung als ausschließliche Form der Interaktion, verlangt dem Patienten also ab,

»daß er diese konkrete Ebene des abgerissenen oder verzerrten frühen Körperdialoges aufgibt und seine Störung ›umformuliert‹ oder neuformuliert in dem symbolischen Raum, in dem der Analytiker sie aufzunehmen bereit ist« (MOSER, 1989, S. 15).

Den frühen, abgespaltenen Affekten »in jedem Fall die Sprachform aufzunötigen bedeutet oft genug, sie zu verfehlen, sie nur in Kostproben zu integrieren, sie erneut abzuweisen oder immer tiefer in eine latent immer bedrohlichere Unterwelt abzudrängen« (MOSER, 1989, S. 16 f.).

Der brav verbalisierende Patient

»verläßt, um nicht zu sagen verrät... häufig die intensive affektive Ebene seiner frühen Lebensrealität, er begibt sich seiner ursprünglichen Ausdrucksmittel, die bei ihm schon als Kind nicht zu einer angemessenen Wechselseitigkeit geführt haben, und macht sich an ein Leistungsprogramm: er drückt die in einem ganz anderen Aggregatzustand, sozusagen unter der Erde eingeschlossenen Affekte, durch feine Röhren und Filter an die Erdoberfläche und füllt sie in die bereitliegenden, aber zum größten Teil nicht von ihm entwickelten Sprachgefäße« (MOSER, 1989, S. 15).

Obwohl MCDOUGALL (1985) richtig beschreibt, daß »im Gegensatz zur Repräsentation von Vorstellungen... der Affekt ein Grenzbegriff (ist), der sowohl Körper wie Psyche umfaßt und keineswegs als rein psychisches Phänomen betrachtet« (S. 413) werden kann, daß weiter die Affekte »als lebenswichtige Verbindungsglieder... lange vor dem Erwerb der Sprache die frühesten Elemente der symbolischen Struktur (bilden), in der sich das somatische Selbst repräsentieren kann« (ebenda), kommt sie keineswegs zu der naheliegenden Schlußfolgerung, die Affekte könnten, wenn sie nun einmal im psychischen Bereich schweigen oder unkenntlich sind, vom Analytiker auf der körperlichen Ebene »abzuholen« sein.

Statt dessen beharrt sie auf Versprachlichung, obwohl sie zugeben muß, daß die psychischen Repräsentationen, auf die sie als Analytikerin geduldig wartet, bei diesen Patienten »nur versehentlich im analytischen Diskurs« auftreten bzw. »nur dadurch wahrnehmbar (werden), daß der Analytiker den Eindruck hat, daß etwas fehlt« (MCDOUGALL, 1985, S. 408). Mit anderen Worten, statt ihre analytische Technik – bzw. die Kluft zwischen ihrer psychosomatischen Theorie und körperfernen Technik – grundsätzlich zu hinterfragen und zumindest im Hinblick auf die als »Anti-Analysanden« abqualifizierten Patienten zu modifizieren oder neu zu entwickeln, beharrt sie in fast masochistischer Weise auf der »altbewährten« Methode und verbleibt, so MOSER (1987),

»im Gitterkäfig der eigenen sensorischen Deprivation, wenn sie dauernd auf per definitionem nicht vorhandene Symbolisierungen wartet, die ›versehentlich‹ einmal hochkommen« (S. 131).

Für MOSER entspricht diese Situation der absurden Szene, daß ein Taubstummer (der Analysand) unermüdlich zum Sprechen aufgefordert wird, während der andere (der Analytiker) durch immer ausgefeiltere Hörtechniken und jahrelanges »Berieseln« mit Sprache irgendwann einmal den Taubstummen zu erreichen hofft. Zugleich mutet die Situation des tief regredierten analytischen Patienten, der zur Versprachlichung seines Erlebens angehalten wird, wie eine paradoxe Szene an, in der ein schreiender, verhungernder Säugling von seiner Bezugsperson gemahnt wird, sich in klar verständlichen Worten über seinen »Affektzustand« zu äußern.

»Obwohl also klar ist, daß die Patienten in wichtigen Bereichen ihrer seelischen Struktur nicht über das Säuglingsstadium hinausgekommen sind, werden sie auf der Couch behandelt wie erwachsene Individuen, denen man in wohlgesetzten Worten und korrekter Grammatik die absolut nährwertlosen Deutungen ins Ohr flößt« (MOSER, 1987, S. 15).

Wenn diese psychischen »Säuglinge« oder »Kleinkinder« nicht ob dieser Behandlung sowieso »verhungern«, d.h. die Therapie erfolglos abbrechen, so bildet bzw. verstärkt sich doch unter dem Druck, verstanden zu werden, ein »falsches Selbst« heraus; zumal wenn es sich um »gelehrte Säuglinge« (FERENCZI) handelt, also intelligente, eloquente Patienten, die ob dieser Eigenschaften womöglich zunächst sogar als »ideale« Patienten galten. Dieses »falsche Selbst« scheint sich dann oft recht gut in die strenge Atmosphäre des analytischen Settings einzufügen; denn im »bürgerlichen Salon« sind »archaische Affekte« nicht vorgesehen; die Patienten erhalten, so MOSER (1987), »beim Bruch des Staudamms keine angemessene Hilfe« (S. 135). Damit verweist er auf den wichtigen Punkt, daß die nur verbal bezeugte Bereitschaft des Analytikers, die Gefühle des Patienten zur Kenntnis zu nehmen, gerade bei schwerer gestörten Patienten oft nicht ausreichend ist:

»Da das Nicht-Fühlen aber auf einer so frühen Ebene eingesetzt hat, hilft oft weder Deutung noch sprachliches ›Locken‹ der Affekte – als Gegengewicht zu Gehorsam und Loyalität –, weil die Verbots-Engramme ebenfalls präverbal sind und die holden Deutungsworte diese Engramm-Tiefe gar nicht erreichen« (MOSER, 1987, S. 136).

Die bewußte oder unbewußte Furcht des Patienten, seine Gefühle könnten ihn »überrollen«, »zerbersten« oder »überfluten«, hindert ihn, den freundlichen Aufforderungen seines Analytikers zu folgen, und zugleich bestärkt ihn die Atmosphäre des Settings, dieses »gedämpfte, gefilterte analytische Milieu« (ebenda), das ja, so MOSER, für viele Patienten »a priori die Botschaft..., leise zu sein, sich gut zu benehmen, brav zu verbalisieren« (ebenda) enthält, daß ein zugelassenes Gefühl die Qualität eines unangemessenen Ausbruchs annehmen würde. Der Analytiker ist wiederum frustriert über die affektarme Ausdrucksweise des Patienten, über die Leere, die sich trotz seiner Interventionen ausbreitet.
Statt dem so häufigen analytischen »Abwarten« und verbaler Ermutigung müßte dem Patienten hier ein – auch körperlicher – Halt gegeben werden, der ihn zunächst den Durchbruch der Affekte *erleben* läßt, und zwar in einer angstfreien Atmosphäre, und ihn so, in einer – durchdachten und verantwortungsvoll gehandhabten – »kathartischen Ouvertüre« (MOSER, 1987, S. 135) zunächst von dem ängstigenden Dauerdruck eines jahrzehntealten »Gefühlsstaus« befreit. Dies wäre nicht ausschließlicher Sinn, aber erste Stufe einer Therapie, die zunächst die Begegnung mit den eigenen Gefühlen ermöglicht und damit aus der therapeutischen Sackgasse herausführt, die McDOUGALL bei ihren »Anti-Analysanden« beklagt.
Statt dessen sieht aber das Setting die Affekte nicht in der konvulsivischen, archaischen Fom vor, so daß sich Dauerdruck und Angst vor Gefühl beim Patienten und Frustration und negative Diagnostik beim Analytiker wechselseitig hochschaukeln.
Die Folge:

»Die methodengläubige Sterilität eines idealisierten Standard-Verfahrens fügt dem schwer leidenden Patienten das kumulative Trauma, wegen dessen er den Analytiker aufsucht, noch einmal zu« (MOSER, 1987, S. 17).

3.4.4 Psychoanalyse – nur etwas für »Gläubige«?

Ein Eigentor schießt BITTNER (1986), indem er Parallelen zwischen dem biblischen Beispiel des »ungläubigen Thomas« und den »Anhängern von ›Körpererfahrung‹« (S. 710) zieht: Der »ungläubige Thomas« wird zum »Anhänger von ›Körpererfahrung‹« erhoben, weil er an die Auferstehung Christi nur glauben kann, wenn er sich durch »unmittelbare körperliche Berührung« vergewissern darf.

»Bekannt ist die Episode aus der Bibel, wo der ungläubige Thomas verlangt, des auferstandenen Christus Wundmale leibhaftig fühlen zu dürfen: ›Wenn ich an seinen Händen nicht das Mal der Nägel sehe und meine Finger nicht in die Wundmale lege und meine Hand in seine Seite, so glaube ich nicht‹ (Joh. 20,25). Jesu Antwort ist eine milde Zurechtweisung: ›Lege deine Finger hinein, und siehe meine Hände, reiche deine Hand und lege sie in meine Seite und sei nicht ungläubig, sondern gläubig‹ (Joh. 20, 27) ›... weil du mich gesehen hast, deshalb glaubst du, selig sind die, die nicht sehen und dennoch glauben‹ (Joh. 20, 29)« (BITTNER, 1986, S. 710).

Was will uns dieses Gleichnis BITTNERS mitteilen, außer die spitzfindige Beobachtung, daß auch Thomas ein »Anhänger von ›Körpererfahrung‹« war?
Lapidar gesprochen – bzw. die Analogie umkehrend –, kommt zum Ausdruck, daß Menschen, denen verbale Therapieformen nicht ausreichend sind, die der körperlichen Berührung bedürfen, in die Nähe eines »ungläubigen Thomas« rücken – sie bedürften demnach auch einer »milden Zurechtweisung«, während all jene »selig sind ..., die nicht sehen und dennoch glauben« – jene also, die sich dem psychoanalytischen Setting kritiklos verschreiben können.
Ein besseres Beispiel hätte sich BITTNER kaum aussuchen können, die Arroganz der klassischen Analyse gegenüber Frühgestörten zu illustrieren; ihnen fehlt also der »Glaube«, der Glaube an die »geheiligte« Methode nämlich, und ihre aus ihrer gestörten Entwicklung resultierende Unfähigkeit, auf Worte zu vertrauen, sich Worte zunutze zu machen, bedarf einer moralischen Zurechtweisung. Neben dieser Arroganz, die zugleich wiederum »das Körperliche« zum (moralisch) Minderwertigen macht, stößt BITTNER mit dieser biblischen Analogie unfreiwillig in dasselbe Horn vieler Kritiker der Psychoanalyse (oft auch aus den eigenen

Reihen), die die orthodoxe Psychoanalyse zu einer quasi-religiösen Veranstaltung verkommen sehen.[10]

Ich möchte hier, zum Vergleich, an eine Stelle in den *Studien über Hysterie* verweisen, es geht um die Behandlung einer Hysterikerin und ihren geduldigen Arzt:

»Immer aber sprach sie erst, nachdem sie sich durch sorgfältige Betastung meiner Hände von meiner Identität überzeugt hatte« (BREUER / FREUD, 1885, S. 27).

Natürlich, es war BREUER, der aus den bekannten Gründen später die psychoanalytischen Theorien FREUDS nicht mehr mittragen wollte; aber bei FREUD sind viele ähnliche solcher Beispiele zu finden. Es handelte sich noch nicht um Psychoanalyse, sondern um suggestive Verfahren; die Faktoren Übertragung und Gegenübertragung sind noch nicht entdeckt; aber wir sehen hier, in den Uranfängen der Psychoanalyse, Ärzte, die noch nicht mit quasi verschränkten Armen vor einer »ungläubigen« Patientin stehen, die sie »milde zurechtweisen«.

Statt dessen sehen wir Ärzte, die sich in einem hohen Maße auf die Eigenarten und Bedürfnisse ihrer Patienten eingestellt haben. Die Faktoren Übertragung und Gegenübertragung bewogen FREUD zum Verzicht auf Körperkontakt – ob dies gerechtfertigt war, muß in einer offenen, patientenzentrierten Grundhaltung diskutiert und nicht mit biblischen Gleichnissen untermauert werden.

Aus der Sicht eines Patienten, der sowohl Psychoanalyse wie Körpertherapien kennengelernt hat, ergibt sich eine Entgegnung für BITTNERS Beispiel:

»Ich habe der Manipulation, d. h. der zugreifenden Hand bedurft, damit meine gescheite Unkenntnis, meine ahnungslose Kenntnis sich in Erfahrung, Selbsterfahrung und Begegnung mit anderen zu verwandeln begann; zu einer handlichen, brauchbaren Erfahrung. Seither scheint es mir nicht mehr verantwortbar, vom Körper zu sprechen, ohne den Körper einzuset-

10 Dazu ein Zitat von Ernest JONES (1959 zit. nach HAYNAL, 1987): »Die wissenschaftlichen Aktivitäten hatten manchmal eher die Merkmale einer religiösen Bewegung, und man zog amüsante Parallelen. FREUD war natürlich der Papst einer neuen Sekte, wenn nicht eine noch höher gestellte Persönlichkeit, der alle Gehorsam schuldeten. Seine Schriften waren die Heiligen Texte, an die die angeblich Unfehlbaren, die sich zu ihnen bekehrt hatten, ohne Diskussion glauben mußten; es fehlte auch nicht an Häretikern, die aus dem Tempel verjagt wurden« (S. 130).

zen, vom Leben zu reden, ohne es zu leben; es scheint mir nicht mehr erlaubt, den Kopf über den Leib befinden zu lassen, ihm seine Fabeln unterzuschieben, auch nicht nach dem Szenario von Dr. FREUD. Für die Wahrnehmung der körperlichen Bedürfnisse bedarf es ihrer Mitsprache, und für diese Mitsprache ihrer Wahrnehmung; für ihre Wahrnehmung aber der Übung, der gemeinschaftlichen Übung. Die Psychoanalyse, die im Verruf der sexuellen Fixierung stand, ist weit davon entfernt, leibfreundlich zu sein« (MUSCHG, zit. nach BECKER, 1986, S. 77).

4. Psychoanalytische Alternativen

4.1 Psychoanalytische Alternativen zu Zeiten Freuds

Die Kritiker einer »körperabstinenten« Psychoanalyse beziehen sich, wie wir sahen, vor allem auf psychoanalytische Forschungen der letzten Jahrzehnte; sie verstehen die neueren psychoanalytischen Konzepte über frühkindliche Entwicklung bzw. über frühkindliche Störungen und damit präödipaler Symptomatik als eine Erweiterung und Ergänzung der FREUDschen Theorie die, zusammen mit den Erkenntnissen aus der Körpertherapie, Änderungen in der Technik – von der »Sprachkur« zur körperorientierten Therapie – rechtfertigen. Die psychoanalytische Entwicklungspsychologie kann sich heute auf Direktbeobachtungen an Kleinkindern stützen; und die Behandlung auch narzißtischer und psychotischer Patienten, die trotz FREUDS pessimistischem Urteil möglich wurde, hat die Theorie um die Dimension der »präödipalen« Symptomatik erweitert; insgesamt ist also die frühkindliche Entwicklung (und ihre Störungen) aus verschiedenen Richtungen erfaßt und beschrieben worden.

All diese psychoanalytischen Konzepte, die insofern interessant sind, da sie präverbales Erleben zu erfassen suchen und die mit den Namen MAHLER, SPITZ, ERIKSON, JACOBSOHN, KOHUT, KERNBERG usw. verbunden sind, fließen also in die heutige Methodendiskussion ein; wir wollen uns jedoch wiederum den Anfängen der Psychoanalyse zuwenden, um aufzuzeigen, daß es schon zu Zeiten FREUDS psychoanalytische Alternativen gab, die für unsere Fragestellung nichts an Aktualität verloren haben.

Zweifel an der Wirksamkeit rein sprachlich orientierter Methoden wurden schon in den zwanziger und dreißiger Jahren der Psychoanalyse laut; die damalige Situation der psychoanalytischen Bewegung waren von einer Verwirrung gekennzeichnet, die REICH (1942) als »Trostlosigkeit der damaligen technischen Situation« (S. 92), CREMERIUS (1983) als »Krise in der Technik« (S. 1011) und WALTER (1980) als »Sackgasse« (S. 57) in der Therapie bezeichnete.

Mit zunehmender Einsicht in die Tatsache, daß der Patient in seiner freien Assoziation durch Widerstände gehemmt ist, mußte sich das Interesse des Analytikers vom inhaltlichen auf dynamische Faktoren verlegen. Übertragung (und später Gegenübertragung) wurden allmählich als die zentralen Faktoren des psychoanalytischen Prozesses anerkannt, wurden vom »Hindernis« zum »mächtigsten Hilfsmittel der Behandlung« (FREUD, 1923b, S. 223).

Doch wie war die Übertragung zu handhaben? Als ein Geschehen, das über das gesprochene Wort hinausgeht, warf sie für die »freie Assoziation« vielfältige Probleme auf; Worte waren nicht mehr »wörtlich«, sondern im Kontext der Übertragung zu verstehen – aber in welchem Ausmaße? Wie ließ sich die Übertragung einschätzen, und wann und wie sollte sie gedeutet werden? REICH (1942) meinte hierzu:

»Es hatte sich gezeigt, daß die heilende Wirkung der Deutung begrenzt ist. Patienten mit der Fähigkeit zu freiem, unwillkürlichem Gedankeneinfall gab es kaum« (S. 92).

Wie war mit scheinbar bedeutungsloser, affektloser Assoziation umzugehen, wie mit dem Schweigen des Patienten? Sollte man das Wortmaterial systematisch, in seiner Reihenfolge deuten oder in bezug auf latente Übertragungsgehalte? Was war mit den Patienten zu tun, die auf »korrekte« Deutungen nicht ansprachen, die trotz jahrelanger Behandlung keine Veränderungen zeigten?

Diese Fragen beschäftigten seinerzeit die Analytikergemeinschaft; bei manchen unter ihnen führte die therapeutische Krise zu Resignation:

»Die Therapie schien in einer Sackgasse zu stecken. FREUD selber glaubte immer weniger an die Möglichkeit der Veränderung des Individuums und richtete sein Interesse in wachsendem Maße auf das Studium von Kulturphänomenen« (WALTER, 1980, S. 57).

Die »negative therapeutische Reaktion« vieler Patienten wurde schließlich nicht mehr als Mangel in der Technik, sondern als Ausdruck einer biologischen Zerstörungstendenz, dem Todestrieb[1], interpretiert.

---

1 FREUD führte die – umstrittene – Theorie eines Todestriebes 1920 in »Jenseits des Lustprinzips« als »oft weitausholende Spekulation« (S. 135) ein. LAPLANCHE & PONTALIS (1986) definieren:

Andere Analytiker sahen in der mißlichen therapeutischen Situation nur die Unzulänglichkeit des einzelnen, die FREUDschen »Ratschläge« als strikte Handlungsanweisungen zu befolgen; ihr Bestreben ging dahin, dem Ideal der objektiven »Spiegelhaltung« möglichst nahezukommen, die »reine Lehre« nach außen zu verteidigen und das Bestehende zu tradieren.

Für viele andere dieser Zeit war die therapeutische Krise indes eine Herausforderung, die zum Nachdenken über Theorie und Technik und zum Experimentieren mit der Methode herausforderte.

Einer der bedeutendsten unter ihnen war der FREUD-Schüler Sandor FERENCZI und in der Folge sein Schüler Michael BALINT. Wir werden sehen, wie aktuell die Beobachtungen und Gedankengänge dieser Psychoanalytiker für unsere heutige Körpertherapie-Debatte sind, und wir werden, indem wir die Entwicklung FERENCZIS vom »Lieblingsschüler« FREUDS bis zum Dissidenten skizzieren, einen nicht unbedeutenden Abschnitt der weiteren Entwicklung der Psychoanalyse nachvollziehen können.

4.1.1 Exkurs:
Die Parallelen zwischen
Ferenczi und Reich

In diesem Zusammenhang sei wieder an Wilhelm REICH erinnert; denn schließlich nahm dessen spektakuläre Entwicklung zum körperorientierten Psychoanalytiker und schließlich Vegetotherapeuten ebenfalls in jener geschilderten therapeutischen Krise ihren Anfang.

Tatsächlich gibt es viele interessante Parallelen zwischen FE-

---

»Bezeichnet im Rahmen der letzten FREUDschen Triebtheorie eine fundamentale Kategorie der Triebe, die im Gegensatz zu den Lebenstrieben stehen und nach der vollständigen Aufhebung der Spannung streben, d. h. danach, das Lebewesen in den anorganischen Zustand zurückzuführen. Die Todestriebe, die sich zunächst nach innen wenden und nach der Selbstdestruktion streben, werden sekundär nach außen gerichtet und äußern sich nun in Form des Aggressions- und Destruktionstriebs« (S. 494 f.).

RENCZI und REICH. Beide machten sich, praktisch zur gleichen Zeit (Ende der zwanziger Jahre) und nicht weit voneinander entfernt – Wien und Budapest – ähnliche Gedanken um die Wirksamkeit und Möglichkeiten der »freien Assoziation«.

Beide erkannten die Grenzen einer sprachlich orientierten Therapie, beide verlegten ihr Interesse auf die formalen Elemente der therapeutischen Situation, beide experimentierten mit der psychoanalytischen Methode und durchbrachen dabei das Berührungstabu. Die Differenzen zwischen diesen beiden, zweifellos engagierten und ungewöhnlichen Psychoanalytikern werden uns jedoch deutlich werden, wenn ich in Kapitel 4.1.2.3 dieser Arbeit die therapeutische Orientierung FERENCZIS nachzeichne; eine kurze Skizzierung des REICHschen Therapieverständnisses wird im Vergleich dazu begründen, warum ich eher geneigt bin, FERENCZI als positives Beispiel einer »körperfreundlichen« Psychoanalyse heranzuziehen, obwohl dieser, im Gegensatz zu REICH, kein ausdrücklicher Körpertherapeut war.

4.1.2 Sandor Ferenczi – das »enfant terrible«[2] der Psychoanalyse

»Ich mußte mir also immer wieder die Frage stellen: ist immer der Widerstand des Patienten die Ursache des Mißerfolgs und nicht vielmehr unsere eigene Bequemlichkeit, die es verschmäht, sich den Eigenheiten der Person, auch in der Methodik, anzupassen?« (FERENCZI, 1931, S. 276).

Diese Bemerkung FERENCZIS ist charakteristisch für seine unorthodoxe, selbstkritische und patientenzentrierten Grundhaltung; eine Einstellung, die in der aktuellen Therapiedebatte oft vermißt wird. Und so können wir die Haltung FERENCZIS als eine anzustrebende Basis betrachten, auf welcher die Diskussion zwischen Körpertherapien und Psychoanalyse in Gang gesetzt werden könnte.

2 Dazu Judith DUPONT (1982): »Undogmatisch und einfallsreich hat er immer wieder Änderungen an der Behandlungstechnik vorgenommen, die zuletzt auf eine Verletzung der klassischen Abstinenzregel, also des Prinzips der strikten Neutralität des Analytikers gegenüber dem Patienten, hinausliefen und ihm in der psychoanalytischen Welt den Ruf eines ›enfant terribles‹ eintrugen« (S. V).

Der ungarische Psychoanalytiker, der 1908 die Bekanntschaft FREUDS machte, scheute sich nicht, angesichts der schon erwähnten therapeutischen Krise seiner Zeit die FREUDsche Technik zu variieren und zu erweitern; sein Schaffen, das 1933 durch frühen Tod beendet wurde, ist gekennzeichnet von einem Experimentieren mit der psychoanalytischen Methode, um therapeutischen Problemen Rechnung zu tragen. Im Gegensatz zu vielen seiner Kollegen, die die »Spiegel«- und »Chirurgen«-Analogien in Identifikation mit FREUD wortgetreu zu verkörpern trachteten, hielt FERENCZI die analytische Technik für grundsätzlich variabel.

Als »Spezialist für hoffnungslose Fälle« wurden ihm die Grenzen der psychoanalytischen Methode um so deutlicher; statt die »Schuld« beim Patienten zu suchen (zu großer Widerstand, Ausdruck unbewußten Schuldgefühls oder des Todestriebes), fühlte er sich – und ebenso die psychoanalytische Institution – zu größerer Einfühlung und kritischerer Selbstbeobachtung aufgefordert; so entwirft er schließlich ein differenzierteres Erklärungsmodell für Neurosen und legt das Fundament für eine Psychologie der frühkindlichen Störungen.

Insgesamt ist sein Werk von einem Ideenreichtum, das die Psychoanalyse erheblich bereichert hat; vor allem in Fragen der Technik gibt er entscheidende Denkanstöße. CREMERIUS (1983) resümiert:

»Ferenczi hat als erster das Klima im Sprechzimmer des Analytikers verändert. Er durchbricht die objektiv-objektivierende Haltung, beendet die Spiegel-Abstinenz-Anonymitäts-Illusion, führt einen unmittelbar-unbefangenen Umgang ein, paßt die Technik an den Patienten an und bekennt freimütig die vielfältigen Gefährdungen, denen der Analytiker durch berufliche Heuchelei, Überheblichkeit, Ehrgeiz, private Probleme etc. ausgesetzt ist« (S. 1010).

Diese Bereicherung, die FERENCZI für die Psychoanalyse bedeutet, wird jedoch nur zögerlich in ihrem Ausmaß erfaßt; erst in den letzten Jahren ist eine Rückbesinnung auf FERENCZI zu verzeichnen. Dazwischen liegen Jahrzehnte des Totschweigens – wir werden auf diese Problematik später näher eingehen. Zunächst ist zu sagen: FERENCZI war unbequem und schockierend in seinen kritischen Fragestellungen und seinen weitgehenden Experimenten; sein stetes Bemühen, die psychoanalytische Methode durch technische Experimente zu erweitern, die Problematik eines Patienten

durch Selbstbeobachtung zu erfassen und den Mängeln psychoanalytischer Interventionen durch schonungslose Selbstkritik entgegenzuwirken, trägt ihm den Unmut seiner Kollegen ein; sein
Versuch, das ödipale Theoriesystem FREUDS zu erweitern, wenn
nicht gar zu revolutionieren, sowie seine Bejahung der Regression
und seine kritische Einstellung zur Abstinenz führten schließlich
zur Entfremdung zwischen FREUD und FERENCZI. Diese Entfremdung bedeutet das Ende einer 24 Jahre währenden Freundschaft (von 1908 bis 1932) und intensiven Zusammenarbeit der
beiden Psychoanalytiker (vgl. CREMERIUS, 1983, S. 989). Wir
werden im folgenden noch sehen, wie sie sich begründet und was
für Auswirkungen sie auf die psychoanalytische Nachwelt haben
soll.

4.1.2.1 Neubewertung des Ödipuskomplexes und die Theorie der frühen Störungen

FERENCZI galt, wie gesagt, als Spezialist für »hoffnungslose
Fälle«, für all jene Patienten also, die an der sprachlichen Methode, an der Strenge der psychoanalytischen Atmosphäre, an der
»Neutralität« ihres Analytikers, am Berührungs- und Handlungs-
verbot scheiterten. Er widmete sich jener Gruppe von narzißtisch
Gestörten, Psychosomatikern, Grenzfällen, Süchtigen, Perversen
und Psychotikern, die zumeist unter dem Begriff »frühe« bzw.
»präödipale« Störungen zusammengefaßt werden.
FERENCZI, der »Urteile wie: der Widerstand des Patienten sei un-
bezwingbar, oder, der Narzißmus gestatte es nicht, in dem Fall
weiter vorzudringen, oder gar die fatalistische Ergebung in die
sogenannte Versandung eines Falls ... unannehmbar« (FERENCZI,
1931, S. 276) fand, legte das Fundament für eine Psychologie der
frühen Störungen. Dabei kam er nicht umhin, das FREUDsche
Konzept des Ödipuskomplexes zu hinterfragen, wenn nicht gar
zu verwerfen.
In seinen späten Schriften kommt eine Kritik an der Ödipustheo-
rie FREUDS zum Ausdruck, die letztlich zu einer grundlegenden
Revision führen müßte – genaugenommen zur Revision der Revision: denn FERENCZI kehrt zu FREUDS Ausgangspunkten zurück, wenn er als Ursache von Neurosen reale sexuelle Traumata
des Kindes annimmt, eine These, die FREUD mit »Entdecken« der

kindlichen Sexualität und dem Konzept des Ödipuskomplex zurücknahm.

FERENCZI wird hier sehr deutlich:

»Auch Kinder angesehener, von puritanischem Geist beseelter Familien fallen viel öfter, als man zu ahnen wagte, wirklichen Vergewaltigungen zum Opfer« (FERENCZI, 1933, S. 307 f.).

Damit betont er wieder das exogene Moment in der Ätiologie der Neurosen und lehnt FREUDS spätere Position ab, die aus realem Mißbrauch des Kindes Phantasievorstellungen machen will. Er betont so die Wirkung der sozialen Umwelt für die psychische Entwicklung des Kindes, während FREUD mit Revision seiner Verführungstheorie und Annahme einer kindlichen Triebhaftigkeit wieder stärker auf die Faktoren Disposition und Konstitution zurückkommt.

FERENCZI widerlegt dies:

»Es fand sich, daß das Trauma weit seltener die Folge angeborener erhöhter Sensibilität der Kinder ist, die auch auf banale und unvermeidliche Unluststeigerung neurotisch reagieren, sondern zumeist einer wirklich ungebührlichen, unverständigen, launenhaften, taktlosen, ja grausamen Behandlung. Die hysterischen Phantasien lügen nicht, wenn sie uns davon erzählen, daß Eltern und Erwachsene in ihrer erotischen Leidenschaftlichkeit Kindern gegenüber in der Tat ungeheuer weit gehen...« (FERENCZI, 1930, S. 268 f.).

Er stützt diese Behauptung auf die klinische Tatsache, daß sehr viele seiner erwachsenen Patienten auf der Couch zugeben, sich an Kindern vergangen zu haben.

Doch auch in der Traumatheorie setzt FERENCZI andere Akzente als FREUD: das Trauma, das dem Kind zugefügt wird, wird von ihm spezifisch als »Sprachverwirrung« (FERENCZI, 1933) gekennzeichnet, eine Sichtweise, die den Beziehungsaspekt des Geschehens deutlicher macht als FREUDS medizinisch-naturwissenschaftliche Beschreibung einer »unzeitigen« Überforderung des kindlichen »neurophysiologischen Apparats«.

FERENCZI betont die unterschiedliche Bedürftigkeit des Kindes gegenüber dem Erwachsenen, die zur »Sprachverwirrung« führt:

»Was das Kind eigentlich will, ist auch im Sexuellen nur Spiel und Zärtlichkeit, nicht aber heftige Äußerungen der Leidenschaftlichkeit« (FERENCZI, 1930, S. 269).

Die Erwachsenen hingegen

»verwechseln die Spielereien der Kinder mit den Wünschen einer sexuell reifen Person oder lassen sich, ohne Rücksicht auf die Folgen, zu Sexualakten hinreißen« (FERENCZI, 1933, S. 308)

Verschlimmert wird die Situation noch dadurch, daß die Erwachsenen zumeist,

»wenn das Kind auf dieses halb unbewußte Spiel... eingeht, die sicherlich unschuldigen Kinder mit harten, dem Kinde ganz unverständlichen, es schockartig erschütternden Strafen und Drohungen... bedenken« (FERENCZI, 1930, S. 268 f.).

Das Verhalten der Erwachsenen ängstigt und entsetzt das Kind:

»Die Kinder fühlen sich körperlich und moralisch hilflos, ihre Persönlichkeit ist noch zu wenig konsolidiert, um auch nur in Gedanken protestieren zu können, die überwältigende Kraft und Autorität der Erwachsenen macht sie stumm, ja beraubt sie oft der Sinne« (FERENCZI, 1933, S. 308).

Statt sich entschieden zu wehren, muß sich das Kind primitiver Abwehrmechanismen bedienen; in seiner Wehrlosigkeit, seiner Unfähigkeit, sich zu schützen, muß es sich mit dem »Angreifer« identifizieren. Das Objekt, das sich so unberechenbar, so »verrückt« und gefährlich benimmt, wird introjiziert und die Beziehung zu ihm nun im Primärvorgang halluzinatorisch verwandelt. Das Kind versucht so, die frühere, vortraumatische zärtliche Beziehung aufrechtzuerhalten, mit anderen Worten, das Trauma ungeschehen zu machen – um den Preis einer Ich-Spaltung.
Ein Teil seiner Person bleibt also fixiert bzw. muß regredieren, um die »vortraumatische Seligkeit« (FERENCZI, 1933, S. 311) wiederherzustellen.
Hinzu kommt noch die Tatsache, daß mit dem äußeren Objekt auch dessen Schuldgefühl introjiziert wird, das heißt, das Kind schämt sich nun seiner eigenen Zärtlichkeit, fühlt sich

»ungeheuer konfus, eigentlich schon gespalten, schuldlos und schuldig zugleich, ja mit gebrochenem Vertrauen zur Aussage der eigenen Sinne. Dazu kommt das barsche Benehmen des nun von Gewissenspein noch mehr geplagten und verärgerten erwachsenen Partners, das das Kind noch tiefer schuldbewußt und beschämt macht« (FERENCZI, 1933, S. 309).

Nicht nur der reale körperliche Mißbrauch, sondern der Mangel an emotionaler Unterstützung, das Alleinlassen des Kindes zwingt das Kind in pathologische Abwehrhaltungen:

»Man hat entschieden den Eindruck, daß Verlassensein eine Persönlichkeitsspaltung nach sich zieht« (FERENCZI, 1931, S. 282).

Eine »selbstwahrnehmende und sich-selbst-helfen-wollende Instanz« übernimmt »schon im frühen und allerfrühesten Kindesalter« (FERENCZI, 1931, S. 283) die Fürsorge, die eigentlich von der Umwelt zu erwarten gewesen wäre.

Es bildet sich also das heraus, was WINNICOTT (1965) später das »falsche Selbst« nennen und Alice MILLER (1979) im *Drama des begabten Kindes* beschreiben wird.

So werden in frühen Stadien des noch labilen Ichs durch eine überfordernde, traumatisierende und zugleich verständnislose Umgebung Abwehrmechanismen provoziert, die verhindern, daß das Kind in seiner weiteren Entwicklung Wege realistischerer Bewältigungsmechanismen lernt und einübt. Statt dessen herrschen frühe Ich-Spaltung, Identifizierung mit dem Angreifer, autoplastische Verarbeitung von Aggression und die Introjektion verdrehter, falscher Beziehungsmuster vor – ein brüchiges, gestörtes Ich ist die Folge.

Die frühe Identifikation mit dem Angreifer und mit dessen Schuldgefühlen führt zu einem allzu mächtigen Über-Ich, während die Regression und die halluzinatorische Triebbefriedigung die Verbindung zum Es festhalten. Dies veranlaßt FERENCZI sogar, von Patienten zu sprechen, die »nur aus Es und Über-Ich« bestehen (vgl. FERENCZI, 1933, S. 309). Er weist damit als einer der ersten auf die Problematik der frühen Ich-Spaltung und der mangelhaften Ich-Entwicklung hin.

Anders als in FREUDs Ödipuskomplex geht es also bei FERENCZI nicht um die Triebhaftigkeit des »kleinen Primitiven«, deren kulturell notwendige Einschränkung traumatisierend wirken mag; sondern das Problem liegt bei ihm in der »Sprachverwirrung«, der Fehlinterpretation, ja Mißachtung der kindlichen Bedürfnisse durch den Erwachsenen.

»Wird Kindern in der Zärtlichkeitsphase *mehr* Liebe aufgezwungen oder Liebe anderer Art, als sie sich wünschen, so mag das ebenso pathogene Folgen nach sich ziehen wie die bisher fast immer herangezogene *Liebesversagung*« (FERENCZI, 1933, S. 310).

FERENCZI betont das totale Angewiesensein des Kindes auf seine Umwelt; dabei geht er, anders als FREUD, der die Ursituation des Menschen für autoerotisch hält, von einer vom ersten Tage an vorhandenen Bereitschaft und Bedürftigkeit des Individuums nach Objektbeziehung aus.

Nach FERENCZI ist das Neugeborene arglos, der Welt zugewandt, quasi »gut«, und wenn es Lebensunlust, Bosheit, neurotische Symptome an den Tag legt, so ist das immer als *Folge* einer lieblosen Umwelt zu verstehen und nicht als etwas aus dem Innern des Kindes Kommendes.

»In diesem Zusammenhang möchte ich der Vermutung Ausdruck geben, daß die gemütlichen Ausdrucksbewegungen des Kindes, insbesondere auch die libidinösen, im Grunde auf das zärtliche Mutter-Kind-Verhältnis zurückgehen und daß die Elemente der Bosheit, der Leidenschaftlichkeit, der unbeherrschten Perversion meist schon die Folgen taktloser Behandlung seitens der Umgebung sind« (FERENCZI, 1931, S. 280).

Er betont, wie wichtig liebevolles Verständnis und die Bejahung des Kindes durch seine Umgebung ist, damit es emotional stabil werden kann; indem er anstelle der von FREUD angenommenen Autoerotik des Säuglings eine allerfrüheste Verletzlichkeit und Empfänglichkeit für die Umwelt annimmt, kann er der Hypothese einer angeborenen Disposition sein Konzept der »frühen Störung« entgegenstellen.

Die von FREUD in vielen »hoffnungslosen« Fällen postulierte angeborene Lebensuntüchtigkeit und Kränklichkeit sieht FERENCZI nun als die Konsequenz einer unzureichenden Erziehung, deren Aufgabe eigentlich »eine fortschreitende Immunisierung gegen physische und psychische Schäden« (FERENCZI, 1929, S. 254) sein sollte[3]; er entdeckt,

»daß in unseren Fällen das Angeborensein der Kränklichkeit durch die Frühzeitigkeit des Traumas vorgetäuscht wird« (FERENCZI, 1929, S. 255).

So vermutet er in der Problematik vieler seiner Patienten nicht verdrängte Konflikte, sondern einen Mangel, einen Nachholbedarf. Den Mangel zu beheben statt unbewußte Konflikte aufzudecken ist nun für FERENCZI das erste therapeutische Ziel; dabei denkt er, wie wir sehen werden, an recht konkrete Wiedergutmachungen durch den Therapeuten.

FERENCZIs Konzept der »Sprachverwirrung« hätte eine radikale Uminterpretation, eine Falsifizierung des Ödipuskomplexes, be-

---

3 Die »ausreichend gute Umwelt« WINNICOTTS.

deuten können; doch diesen Schritt sind FERENCZI, und in der Nachfolge BALINT, anscheinend nicht konsequent gegangen. Statt dessen wird die traumatische Situation, später von BALINT Grundstörung genannt, *vor* Erreichen des Ödipuskomplexes angesiedelt[4] – zwar als etwas Eigenständiges, ausdrücklich von BALINT nicht als »präödipal« verstanden, aber doch *neben* dem Ödipuskomplex bestehend.

So sagt FERENCZI:

»Ich bin heute wieder geneigt, *nebst dem Ödipuskomplex der Kinder*, die verdrängte und als Zärtlichkeit maskierte Inzestneigung der Erwachsenen in ihrer Bedeutsamkeit höher einzuschätzen« (FERENCZI, 1930, S. 268, Hervorhebung der Verfasserin).

Er geht nicht den weiteren Schritt, diese seine Beobachtungen auch auf die FREUDsche Theorie anzuwenden, entlarvt den Ödipuskomplex nicht als Projektion der Erwachsenenwelt, sagt nicht, daß FREUDs Revision der Verführungstheorie womöglich nur die »Inzestneigung« des unbescholtenen Bürgers »maskieren« soll.

Die FREUDsche Theorie des Ödipuskomplexes ließe sich m. E. mit den Argumenten FERENCZIS als Projektion eines erwachsenen Beobachters, der »die Spielereien der Kinder mit den Wünschen einer sexuell reifen Person« verwechselt, interpretieren (FERENCZI, 1933, S. 308).

FERENCZI macht hier auch Ansätze, z. B. wenn er unterstreicht, daß

»das außerordentliche Verdienst BREUERS war, daß er nicht nur den methodischen Weisungen der Patientin (hier Anna O. – die Verfasserin) gefolgt ist, sondern auch an die Realität der auftauchenden Erinnerungen geglaubt und sie nicht, wie üblich, von vorneherein als phantastische Erfindungen einer Geisteskranken abgelehnt hat« (FERENCZI, 1930, S. 258).

In seiner letzten, aufsehenerregenden Arbeit »Sprachverwirrung zwischen dem Erwachsenen und dem Kind« (1933)[5], die ihn endgültig von FREUD entfremdete, beschließt er zudem mit der – wenn auch recht vorsichtigen – Bemerkung:

4 Was natürlich andererseits auch nötig war, da es an einer differenzierten frühkindlichen Entwicklungstheorie noch mangelte.

5 Der ursprüngliche Titel hieß: »Die Leidenschaften der Erwachsenen und deren Einfluß auf Charakter und Sexualentwicklung des Kindes«.

»Ich glaube nicht, daß – wenn sich all dies bewahrheitet – wir nicht bemüßigt sein werden, gewisse Kapitel der Sexual- und Genitaltheorie zu
revidieren« (FERENCZI, 1933, S. 312).

Da FERENCZI kurz darauf starb[6], ist nicht auszumachen, ob seine
Theorie noch eine radikale Emanzipation von der FREUDschen
Sexuallehre geleistet hätte. Festzuhalten ist nur, daß BALINT, der
sich als Mittler zwischen FREUD und FERENCZI verstand, neben
der »Grundstörung« den »Ödipuskomplex«, ohne ihn näher zu
explizieren oder neu zu definieren, also in seiner ursprünglichen
Version, beibehält.

4.1.2.2 Von der »aktiven Technik« über die »Elastizität« zur »Mütterlichkeit« – Ferenczis Beiträge zur psychoanalytischen Technik-Debatte

Mit dem Namen FERENCZI wird fast immer seine »aktive Technik« assoziiert, zu Unrecht, wie sein Schüler BALINT (1966)
meint, denn sie mache nur *einen* Teil seiner umfassenden Entwicklung aus; zudem würden seine diesbezüglichen Ideen oft
mißverstanden oder falsch interpretiert (vgl. BALINT, 1966,
S. 910 ff.). Vorweg sei also diese frühe Periode kurz skizziert, ehe
wir uns ausführlicher seinen späteren Beiträgen widmen.

FERENCZIS Interesse für die formalen Elemente der analytischen
Situation erhellte ihm, warum in vielen Fällen der freie Fluß der
Assoziationen stagnierte oder bedeutungslos wurde; er nahm an,
daß die Libido des Patienten von der analytischen Arbeit abgezo-
gen und in unbewußten Phantasien und unbewußten körperlichen Triebbefriedigungen aufgegangen war; die »aktive Technik«
zielte nun dahin, diese verschobene Libido wieder zu mobilisie-
ren, um den Fluß der Assoziationen wiederherzustellen.

»Der Analytiker muß nun auf zweierlei Weise aktiv werden, er könnte
vorschlagen, daß der Patient von dieser betreffenden Verhaltensgewohn-
heit abläßt, also die dahinter verborgene Befriedigung seiner verdrängten

---

6 Laut Judith DUPONT (1982) ist in der analytischen Welt angesichts diesen frühen Todes – ein damals unheilbares Nerven(!)leiden – »sogar die
   Ansicht geäußert worden, FERENCZI sei vielleicht daran gestorben, daß
   er für diesen Konflikt keine Lösung wußte« (S. I). Wir werden auf diese
   tiefe Loyalitätsbindung zu FREUD noch in Kapitel 4.1.2.4 eingehen.

Wünsche aufgibt; oder aber er könnte den Patienten ermutigen, sich diese Befriedigung frei und offen zu gestatten. Eine erfolgreiche Intervention des Analytikers würde dann im Patienten zu einem erheblichen Spannungsanstieg führen, wodurch zweierlei erreicht werden könnte: Durchbruch einer bis dahin verdrängten Triebregung ins Bewußtsein,..., ferner würden durch die Aufhebung des Widerstandes die versiegten oder stagnierenden Assoziationen des Patienten wieder zu fließen beginnen« (BALINT, 1966, S. 913).

Mit Aktivitäten wie Vorschlägen oder Ermutigungen verläßt der Analytiker allerdings seine »neutrale« Position und die Haltung der »gleichschwebenden Aufmerksamkeit«; dennoch konnte sich FERENCZI zunächst mit FREUD in Einklang fühlen, da dieser ähnliche aktive Maßnahmen mit manchen Patienten praktizierte (z. B. Terminsetzungen, vgl. BALINT, 1966, S. 912); das Abstinenzprinzip wurde noch nicht wesentlich verletzt. Im weiteren wurde die aktive Technik jedoch von FREUD, und damit auch der psychoanalytischen Fachwelt, abgelehnt; FERENCZI geriet ins Abseits. Die Periode der »aktiven Technik«, die von 1919 bis 1926 dauerte, bezeichnet BALINT als ein »unglückliches Experiment, daß FERENCZI ein erhebliches Maß an Kritik eingetragen und zur Entfremdung zwischen ihm und den Berliner Analytikern... beigetragen hatte« (BALINT, 1966, S. 915).
FERENCZI selbst revidierte seine Positionen; er mußte erkennen, daß Spannungserhöhung im Sinne der Wiederholung anstelle der Auflösung eines ursprünglichen Traumas dieses nur noch verschärfen würde, da der Analytiker mit seinen aktiven Interventionen autoritär wirke und mit seiner nur neutralen Haltung zu wenig Rückhalt gebe, um den Patienten das Wiedererleben des kindlichen Traumas zu ermöglichen. So galt es, in anderer Richtung mit der Spannung zu experimentieren; er verlegte sich nun auf eine Spannungsverminderung statt Spannungserhöhung im Patienten. Angesichts der bisherigen beiden Konzepte, nämlich der klassischen Haltung einer mitfühlenden Passivität und schweigenden Geduld auf der einen Seite, seiner aktiven Technik mit ihren gezielten Interventionen andererseits, spricht er sich nun für eine »Elastizität« der Technik aus, um schließlich zu einem Konzept des Gewährenlassens bis hin zur Verwöhnung zu gelangen.
Diese nächste und letzte Phase seines Schaffens (1927-1933) ist von einer kritischen Prüfung des Abstinenz- und Versagungsprinzips in der analytischen Technik gekennzeichnet. Hatte er die

Versagung in seiner »aktiven Technik« selbst auf die Spitze getrieben, so fragte er sich jetzt, »ob man dabei gelegentlich den Patienten nicht mehr als unbedingt nötig leiden läßt« (FERENCZI, 1930, S. 266).
Denn:

»In einer Reihe von Fällen, in denen sich die Analyse an den angeblich unlösbaren Widerständen der Patienten zerschlagen hatte, führte die Änderung der früher allzu rigorosen Versagungstechnik bei neuerlichem Versuch der Analyse zu wesentlich tiefer reichendem Erfolg« (FERENCZI, 1930, S. 265).

Dabei ließ er sich von der Kritik seiner Patienten leiten;

»Ich begann hinzuhorchen, wenn die Patienten mich in ihren Attacken gefühllos, kalt, ja roh und grausam nannten, wenn sie mir Selbstsucht, Herzlosigkeit, Eingebildetsein vorwarfen...« (FERENCZI, 1933, S. 304)

bzw. unterzog seine analytischen Interventionen immer wieder einer kritischen Analyse. So kommt er schließlich zur Überzeugung,

»daß es vor allem eine Frage des psychologischen Taktes ist, wann und wie man einem Analysierten etwas mitzuteilen, wann man das Material, das einem geliefert wird, für zureichend erklären darf, um aus ihm eine Konsequenz zu ziehen; in welche Form die Mitteilung gegebenenfalls gekleidet werden muß; wie man auf eine unerwartete oder verblüffende Reaktion des Patienten reagieren darf; wann man schweigen und weitere Assoziationen abwarten soll; wann das Schweigen ein unnützes Quälen des Patienten ist, usw. Sie sehen, mit dem Wort ›Takt‹ gelang es mir nur, die Unbestimmtheit in eine einfache und ansprechende Formel zu bringen. Was ist überhaupt Takt? Die Antwort auf diese Frage fällt uns nicht schwer. Takt ist Einfühlungsvermögen« (FERENCZI 1928b, S. 239).

FERENCZI ist nun bemüht, den Faktor »Takt« zu erfassen, um ihn somit »seines mystischen Charakters zu berauben« (FERENCZI, 1928b, S. 249) und eine positive Definition der psychoanalytischen Aktivität zu entwerfen, denn: »FREUDS Ratschläge zur Technik waren wesentlich negativ« (FERENCZI, 1928b, S. 248).
Während FREUD, wie er selber gegenüber FERENCZI einräumt, in seinen behandlungstechnischen Schriften vor allem davon spricht, was man als Analytiker *nicht* tun sollte, und damit in Kauf nehmen mußte, »daß die Gehorsamen die Elastizität dieser Abmachungen nicht bemerkten und sich ihnen, als ob es Tabu-Verordnungen wären, unterwarfen« (FERENCZI, 1928b, S. 248),

liefert FERENCZI die »positiven« Ratschläge zur Technik; das, was FREUD stillschweigend dem »Takt« des einzelnen Analytikers überläßt, definiert er verbindlich, ohne dabei FREUDS Vorschriften außer acht lassen zu wollen.

Er hebt hervor, daß die Äußerungen und Äußerungsformen des Patienten auch von eben diesem »Takt« bzw. der individuellen Technik des Analytikers abhängen, so daß die Art und Weise, wie der Patient assoziiert, in direkter Beziehung zur Wechselwirkung von Übertragung und Gegenübertragung steht. Dies mußte natürlich viele Kollegen stören, die sich als unbeteiligte »Chirurgen« verstehen wollten.

FERENCZI hingegen folgert, daß ein Analytiker seinen Arbeitsstil zu hinterfragen hat, z. B. die Art und den Ton seiner Deutungen:

»All unsere Deutungen müssen eher den Charakter eines Vorschlages denn einer sicheren Behauptung haben, und dies nicht nur, damit wir den Patienten nicht reizen, sondern weil wir uns tatsächlich auch irren können« (FERENCZI, 1928b, S. 243).

Zudem sei der sparsame Gebrauch von Deutungen, »überhaupt: nichts Überflüssiges zu reden... eine der wichtigsten Regeln in der Analyse; der Deutungsfanatismus gehört zu den Kinderkrankheiten der Analytiker« (FERENCZI, 1928b, S. 245).

Geduld, Bescheidenheit, Selbstkritik und Selbstreflexion (vor allem durch eigene Analyse) ist für die analytische Tätigkeit zu fordern, die ein »immerwährendes Oszillieren zwischen Einfühlung, Selbstbeobachtung und Urteilsfällung« bedeutet (ebenda).

Lehrerhaftes Auftreten ist zu vermeiden; damit zielt FERENCZI auch indirekt auf FREUD ab, der, entgegen seiner Theorie, das Lehrer-Schüler-Verhältnis in der Therapie nicht wirklich aufgeben konnte.[7] FERENCZI hingegen unterstreicht:

»Nichts ist schädlicher in der Analyse als das schulmeisterliche oder auch nur autoritative Auftreten des Arztes« (FERENCZI, 1928b, S. 243).

Wir sehen also insgesamt einer kritische, fast ablehnende Haltung gegenüber der Betonung des Wortes, des Intellekts in der Analyse; zugleich eine ebenso prüfend-kritische Einstellung gegenüber Theorien – und Offenheit für neue Wege.

7 Nach Meinung SAUSSURES habe FREUD »die Suggestion zu lange praktiziert, um nicht gewisse Reflexe zurückbehalten zu haben« (SAUSSURE, 1956, zit. nach HAYNAL, 1987, S. 18).

»Doch auch unser Vertrauen zu unseren Theorien darf nur ein bedingtes sein, denn vielleicht handelt es sich im gegebenen Falle um die berühmte Ausnahme von der Regel oder gar um die Notwendigkeit, an der bisherigen Theorie etwas zu ändern ... Die Bescheidenheit des Analytikers sei also nicht eine eingelernte Pose, sondern der Ausdruck der Einsicht in die Begrenztheit unseres Wissens« (FERENCZI, 1928b, S. 244).

Gegen Ende seiner Laufbahn stellt FERENCZI der FREUDschen Theorie des Ödipuskomplex sein Konzept der »Sprachverwirrung« gegenüber, ein Erklärungsmodell, zu dem man einerseits nur gelangen kann, wenn man sich in der von FERENCZI empfohlenen Weise auf den Patienten einstellt, und welches andererseits wiederum Auswirkungen auf die therapeutische Technik haben muß.

Zur Empörung vieler Kollegen zieht FERENCZI nun Parallelen zwischen der Unaufrichtigkeit von Eltern und Erziehern gegenüber Kindern und einer von ihm festgestellten Unaufrichtigkeit des Analytikers gegenüber seinen Patienten – eine Konstellation also, die real die pathogene Situation wiederholen muß.

»Die analytische Situation: die reservierte Kühle, die berufliche Hypokrisie und die dahinter versteckte Antipathie gegen den Patienten, die dieser in allen Gliedern fühlte, war nicht wesentlich verschieden von jener Sachlage, die seinerzeit – ich meine in der Kindheit – krankmachend wirkte. Indem wir bei diesem Stande der analytischen Situation dem Patienten auch noch die Traumareproduktion nahelegten, schufen wir eine unerträgliche Sachlage; kein Wunder, daß sie nicht andere und bessere Folgen haben konnte als das Urtrauma selbst« (FERENCZI, 1933, S. 306).

Für FERENCZI bedeutet dies zunächst die Forderung nach absoluter Aufrichtigkeit des Analytikers; zumal die Patienten sowieso über ein »merkwürdiges, fast clairvoyantes Wissen um Gedanken und Emotionen, die im Analytiker vorgehen« (FERENCZI, 1933, S. 307), verfügen, wie er feststellen muß:

»Jeder Patient, ausnahmslos, bemerkt die kleinsten Absonderlichkeiten im Benehmen, in der äußeren Erscheinung, in der Sprechweise des Arztes...« (FERENCZI, 1928b, S. 243).

Die Unaufrichtigkeit des Analytikers muß hier also besonders verletzend wirken; mit der Forderung nach Ehrlichkeit nimmt FERENCZI das Prinzip der »Authentizität« des Therapeuten, wie ROGERS (1977) und andere sie später fordern werden, vorweg (vgl. CREMERIUS 1983, S. 1001).[8]

8 Zudem findet seine Methode, dem Patienten Gegenübertragungsgefühle

Der Analytiker muß also Farbe bekennen:

>>Es bestand in der Beziehung zwischen Arzt und Patienten etwas Unausgesprochenes, Unaufrichtiges, und die Aussprache darüber löste sozusagen die Zunge des Kranken, das Einbekennen eines Irrtums des Analytikers brachte ihm das Vertrauen des Patienten ein<< (FERENCZI, 1933, S. 306).

Dazu bedürfte es, so FERENCZI, durchaus keiner taktischen Bescheidenheit; die Analytiker >>begehen Irrtümer ohnedies genug<<. Die andere therapeutische Konsequenz, die neben der Aufrichtigkeit des Analytikers zu ziehen ist, ist die einer liebevollen Präsenz des Analytikers. Die Regression des Patienten muß nicht nur zugelassen, sondern auch begleitet und gefördert werden; der analytische Prozeß, der zum realen infantilen Trauma zurückführen soll, darf für den Patienten niemals das Höchstmaß an Spannung überschreiten, das er gerade noch ertragen kann. Indem FERENCZI dies durch positives Eingehen auf die Wünsche und Bedürfnisse seiner Patienten zu leisten versuchte, wich er endgültig von FREUDS Abstinenzregel ab.

Das einfühlsame Begleiten der Regression des Patienten erfordert jedoch, so FERENCZIS Rechtfertigung, eine mütterliche Identifikation. Die verständnisvolle, warmherzige Präsenz, die *mehr* ist als die teilnehmende Beobachtung des Analytikers, ist notwendig, um durch eine neue Erfahrung des Verstanden- und Angenommenwerdens einen Wiederholungszwang zu durchbrechen. FERENCZIS Theorie gemäß war ja gerade nicht nur die reale Verletzung, sondern vor allem auch die mangelnde Anteilnahme der Umgebung für das einstige Kind traumatisierend.

>>Das Schlimmste ist wohl die Verleugnung, die Behauptung, es sei nichts geschehen, es tue nichts weh... diese machen das Trauma erst pathogen<< (FERENCZI, 1931, S. 285).[9]

Wird das kindliche Trauma im ödipalen Sinn analysiert – also auch eine >>Mitschuld<< des Kindes herausgearbeitet – und mit der Distanz des klassisch arbeitenden Analytikers behandelt, so fehlt, ebenso wie in der kindlichen Situation, das Verständnis und der Trost für die Verletzung des Kindes.

bzw. überhaupt die Gefühlseinstellung des Therapeuten mitzuteilen, bei SULLIVAN (1947), Frieda FROMM-REICHMANN (1949) und SEARLES (1961; 1963) Nachfolger. (Vgl. CREMERIUS, 1983, S. 1005.)

9 Vgl. dazu Alice MILLER, *Du sollst nicht merken* (1983).

FERENCZI hingegen möchte dem Patienten »mit nahezu grenzenloser Geduld, Verständnis, Wohlwollen, Freundlichkeit … soweit als möglich« entgegenkommen (FERENCZI, 1931, S. 280), denn:

>»Der Patient wird dann unser Benehmen als Kontrast zu den Erlebnissen in der wirklichen Familie empfinden, und da er sich nun vor der Wiederholung geschützt weiß, getraut er sich, in die Reproduktion der unlustvollen Vergangenheit zu versinken« (ebenda).

Die Versagung ist therapeutisch geradezu kontraindiziert, während freundliches Eingehen auf den Patienten prozeßfördernd wirkt:

>»Die Ähnlichkeit der analytischen Situation mit der infantilen drängt also mehr zur Wiederholung, der Kontrast zwischen beiden fördert die Erinnerung« (FERENCZI, 1930, S. 272).

Dieser »Kontrast« hat also die Qualität einer neuen reparativen Erfahrung; der Analytiker wird nicht nur in die Rolle des verstehenden und tröstenden, sondern sogar des wiedergutmachenden Objektes versetzt, eine ganz andere Rolle als die Projektionsfigur im ödipalen Sinne, die er in der klassischen Analyse einnimmt.
Der Analytiker muß also etwas schaffen, was BALINT später »Atmosphäre« nennen wird, um die Regression des Patienten und die Konfrontation mit erlittenen Schmerzen zu ermöglichen; FERENCZI geht aber noch weiter und fordert eine Haltung, die aktiv reparative Qualitäten hat:

>»Das Verfahren, das ich meinen Analysanden gegenüber anwende, kann man mit Recht eine Verzärtelung nennen. Mit Aufopferung aller Rücksichten auf eigene Bequemlichkeit gibt man den Wünschen und Regungen soweit als irgend möglich nach. Man verlängert die Analysestunde, bis eine Ausgleichung der vom Material angeregten Emotionen erreicht ist; man läßt den Patienten nicht allein, bevor die unvermeidlichen Konflikte in der analytischen Situation durch Aufklärung der Mißverständnisse und Rückführung auf die infantilen Erlebnisse in versöhnlichem Sinne gelöst sind. Man verfährt also etwa wie eine zärtliche Mutter, die abends nicht schlafen geht, ehe sie alle schwebenden kleinen und großen Sorgen, Ängste, böse Absichten, Gewissensskrupel mit dem Kind durchgesprochen und in beruhigendem Sinne erledigt hat« (FERENCZI, 1931, S. 284).

Diesen Schritt konnte FREUD, der eine Abneigung dagegen hatte, die »Mutter« in der Übertragung zu sein, nicht mehr mitgehen; er verstand die von FERENCZI geforderte »Mutterzärtlichkeit« als dessen persönliches Problem (ohne freilich seine »väterliche«

Rolle selbstkritisch zu reflektieren); und er verwarnte FERENCZI besorgt, zur Abstinenz zurückzukehren. Als dieser sich zunehmend zurückzog, meinte FREUD nur:

»Er (FERENCZI) ist beleidigt, weil man nicht entzückt darüber ist, daß er mit seinen Schülerinnen Mutter und Kind spielt« (FREUD 1932, in JONES, 1962, S. 206).

FERENCZI, dieser »bewunderte Psychoanalytiker« (CREMERIUS, 1983, S. 990), einer der bedeutendsten Schüler und enger Freund FREUDS, geriet zunehmend in die Isolation mit seinen Ideen; sein Verhältnis zu FREUD kühlte ab. Die 26jährige Freundschaft der beiden endet mit FREUDS brieflicher Stellungnahme zu FERENCZIS Konzept der »Sprachverwirrung«:

»Sachlich meine ich, daß ich in der Lage wäre, Ihnen den theoretischen Fehler Ihrer Konstruktion aufzuzeigen, aber wozu? Ich bin überzeugt, Sie wären dem Bedenken doch nicht zugänglich. Was bleibt mir also übrig, als Ihnen das Beste zu wünschen« (FREUD 1932, in JONES, 1962, S. 208).

Für FREUD, der letztendlich die psychoanalytische Situation als eine experimentelle Situation, einem Laboratorium vergleichbar sehen wollte, um seinen wissenschaftlichen Idealen Rechnung zu tragen und vor allem seine Theorie nach außen hin zu verteidigen und zu etablieren, der außerdem vor narzißtischen und psychotischen Patienten zurückschreckte, stellte tiefe Regression letztlich eine Bedrohung dar; auch war er Zeuge vieler therapeutischer »Entgleisungen«, erotischer Verwicklungen zwischen Patient und Therapeut oder hartnäckiger, unauflösbarer Abhängigkeiten.[10]
Sein Bestreben ging immer mehr dahin, den Ruf der sich entwickelnden Psychoanalyse nicht durch solche Entgleisungen zu schädigen; FERENCZI setzte diesem Bestreben die Priorität des subjektiven Faktors entgegen; REVERZY (1985, zit. nach HAYNAL, 1987) spricht von seiner Sorge, »angesichts von Dogmatismen weiter autonom denken und handeln zu können«, die ihn

10 Es kann nicht verschwiegen werden, daß FREUD auch einmal bei FERENCZI Zeuge und schließlich der »rettende Dritte« bei ebensolchen erotischen Verwicklungen mit einer Patientin (mit Elma PALOS, zwischen 1911-1912) sein mußte. Ähnliches erlebte er schon bei BREUER (Anna O.) und JUNG (Sabina SPIELREIN); anscheinend ließ er sich tatsächlich weniger zu leidenschaftlichen Affären hinreißen als seine Schüler; platonische Liebesbeziehungen pflegte er aber durchaus (vgl. dazu HAYNAL, 1987, S. 38).

veranlaßte, »theoretische Systeme von vorneherein zu beargwöhnen, ihnen die Bedeutung und den Wert der Subjektivität, die Daseinsberechtigung des Irrtums, gegenüberzustellen« (S. 29).

So gelangt er zu einer Methode, die von klinischer Erfahrung nicht zu trennen ist, die den subjektiven, irrationalen Faktor hervorhebt. Erinnern wir uns jedoch, daß auch FREUD auf diesem Wege zu seinen Theorien kam; der Unterschied zwischen beiden mag vielleicht in erster Linie nur in der naturwissenschaftlichen Identifizierung des letzteren begründet sein, die FERENCZI abging; dieser ging eher mit dem ihm eigentümlichen »kindlichen Gemüt« (HARMAT, 1988, S. 24) an den »Gegenstand« heran.[11]

So mag der eine seine einsichtsorientierte, »väterliche« Haltung, der andere die gefühlsbetonte »mütterliche« Einstellung zum Schwerpunkt der Arbeit gemacht haben. FERENCZI selbst erklärt wohl am besten die zunehmende Distanz der eigentlich so Seelenverwandten:

»Ich denke mir, daß FREUD ursprünglich wirklich an die Analyse geglaubt hat, er folgte BREUER mit Enthusiasmus, befaßte sich leidenschaftlich, hingebungsvoll mit der Heilung Neurotiker (stundenlang auf dem Boden liegend, wenn nötig, neben einer Person in hysterischer Krise). Er muß aber durch gewisse Erfahrungen erstens erschüttert, zweitens ernüchtert worden sein, ungefähr so, wie BREUER beim Rückfall seiner Patientin und durch das Problem der vor ihm plötzlich wie ein Abgrund sich öffnenden Gegenübertragung« (FERENCZI, 1932, S. 142).

CREMERIUS zufolge hat der Zwist der beiden Männer eine »besonders tragische Note«, insofern »FREUD sich in der Praxis – und zwar zur selben Zeit, in der FERENCZI seine technischen Experimente unternahm – fast ebensowenig an die von ihm aufgestellten Regeln hielt wie FERENCZI« (CREMERIUS, 1983, S. 1011).

Er erinnert an die schon erwähnten FREUDschen Verstöße wie das Hand-Halten eines Analysanden, das Servieren von Essen während der Therapie usw. (vgl. Kapitel 3.1.3).

11 Dazu HARMAT (1988): »Als die bestechendste Eigenschaft FERENCZIS wurde sein kindliches Gemüt im besten Sinne des Wortes angesehen. Vielleicht vermochte er sich aus diesem Grund so gut in den Seelenzustand von Kindern und Neurotikern zu versetzen. Er betrachtete sich immer als der Jugend zugehörig. JONES machte die Bemerkung, daß er niemanden kannte, der Sprechweise und Gestik eines Kindes so vollkommen nachzuahmen vermochte wie FERENCZI« (S. 24).

»Was er nicht tat, und da unterschied er sich von Ferenczi, war der Austausch von Zärtlichkeiten« (ebenda).

Da er sich als »väterlicher« Therapeut und gemäß seiner Theorie nur in ödipale Konflikte seines Patienten verstrickt sah, konnte er Zärtlichkeiten nur als sexuelle Triebbefriedigungen interpretieren und somit verwerfen. Die »mütterliche« Identifizierung seines Freundes und Schülers konnte er nicht nachvollziehen. Wir jedoch haben diese »Mutterzärtlichkeit« (wie Freud sie ironisch nannte) im vorangehenden Kapitel als begründete Konsequenz aus dem Konzept der »Sprachverwirrung« kennengelernt und werden im folgenden nachvollziehen, in welcher Hinsicht Ferenczi auch die konkrete Einbeziehung des Körpers für therapeutisch sinnvoll, ja notwendig hielt; wir werden durch Ferenczi erfahren, ob und, wenn ja, inwiefern der Körperkontakt in der therapeutischen Beziehung auch eine ganz andere, therapeutisch günstige Interpretation erfahren könnte.

4.1.2.3 Die »Gebärdensprache« als Medium in der Therapie – Ferenczi körpertherapeutisch interpretiert

Auf der Basis seiner kritischen Erkenntnisse und den Ergebnissen seiner methodischen Experimente mußte Ferenczi zu einer körperorientierten Psychoanalyse gelangen, die wir uns im folgenden ansehen werden.
Seine Kritik mußte zunächst in eine Ablehnung der traditionellen psychoanalytischen Fokussierung auf das gesprochene Wort und die Inhalte der Assoziationen münden. Statt dessen interessierte er sich in seiner Praxis zunehmend für die formalen Elemente der analytischen Situation, was Mimik, Gestik, Haltung und Verhalten des Patienten, die »Stimmung«, die zum Ausdruck kommt, usw. umfaßt.
Damit erweiterte er zunächst nur die Grenzen, die Freud schon durch seine *Psychopathologie des Alltagslebens* (1901) gesteckt hatte; unter dem Titel »Über passagere Symptombildungen während der Analyse« (1912) faßte er seine scharfsinnigen Beobachtungen in der psychoanalytischen Praxis zusammen und ging dabei über die Interpretation von Akten des willkürlichen Muskelsystems hinaus;

»alle Akte eines jeden Teils oder Systems der Person, also, modern ausgedrückt, jegliche Verhaltensweise wurde für ihn zum Anreiz, sie zu untersuchen und zu verstehen« (BALINT, 1966, S. 907).

So wurden »Änderungen des Atemrhythmus, der Stimmhöhe,
plötzlicher Urin- oder Stuhldrang, Schwindelgefühl während
oder nach der Analysestunde, Zahnschmerzen, plötzlich auftre-
tender Speichelfluß, ein bitterer Geschmack im Mund, Kältege-
fühl, Schläfrigkeit usw.« (ebenda) als körperlicher Ausdruck
psychischen Geschehens ebenso einer Analyse unterzogen wie
das neurotische Symptom.[12]
Wir haben also bei FERENCZI im Vergleich zu FREUD zunächst
eine erweiterte und noch sensiblere Wahrnehmung für formale,
körpersprachliche Aspekte der Therapie festzuhalten, zugleich
aber auch, und das ist entscheidender, eine andere Wertung und
damit Handhabung dieser Prozesse. Während FREUD in der Sym-
ptom- oder Fehlhandlung die unbewußte innerpsychische Dynamik erhellte, also das Wechselspiel zwischen Triebwunsch und
Verdrängungsleistung im *Innern* einer Person, interessierten FE-
RENCZI alle nicht-sprachlichen Äußerungen und Eindrücke des
Patienten in *Beziehung zu seinem Gegenüber*, also im Kontext der
Übertragung.
Die Übertragung des Patienten manifestiert sich nicht nur in seinen Worten, sondern in allen Elementen seiner Handlung und
seiner Assoziationen, in seinem Körperausdruck, seinen Bewegungen, in der Art und Weise des Sprechens, im Klang seiner
Stimme usw.
Doch FERENCZI versteht, wie wir sahen, die Übertragung des
Patienten nicht nur als endopsychisches Geschehen, sondern auch
als Reaktion auf die Gegenübertragung des Analytikers. Da diese
sich konsequenterweise ebenfalls nicht nur in Worten, sondern in
den Ausdruckserscheinungen und dem individuellen Verhalten
des Analytikers äußert, ist das Bild des nur »spiegelnden« Analytikers für FERENCZI eine Illusion – Gegenübertragung kann nicht
gänzlich durch Reflexion »bewältigt« werden, denn die Beeinflussung des Patienten geht über das sorgfältig gewählte und dosierte
Wort hinaus.
Die Konsequenzen, die FERENCZI daraus zieht, wurden schon
beschrieben – Kontrolle der Gegenübertragung durch verlängerte

12 Vgl. auch Kapitel 2.3 dieser Arbeit.

Eigenanalyse, Aufgabe der »Spiegel«-Fiktion, Forderung nach Aufrichtigkeit des Analytikers, kritische Analyse der Art und Weise seiner Interventionen usw.

Doch bevor ihm diese Dimensionen des therapeutischen Prozesses bewußt sind, bevor er die Wechselwirkung von Übertragung und Gegenübertragung und die Bedeutung der Regression in vollem Maße erfaßt, ist seine Methodik schon »körperorientiert« und einigen aktuellen körpertherapeutischen Methoden vergleichbar.

Eva JAEGGI (1987) beschreibt eine Methode der Gestalttherapie, die sie prinzipiell auch in der Psychoanalyse für anwendbar hält, und die an FERENCZIS »aktive Technik« erinnert:

»Das Experiment ist, entgegen seinem schrecklich klingenden Namen, nichts anderes als der Versuch, aktuell stattfindendes Erleben durch Direktiven zu akzentuieren. Dieses kann – grob gesagt – durch eine Verstärkung geschehen oder durch eine Variation. Beide Methoden zielen darauf ab, eine Veränderung des aktuellen Erlebens zu erzielen, damit habitualisierte Muster besser erkannt werden können. Verstärkung wäre etwa: eine leicht verkrampfte Faust noch stärker verkrampfen zu lassen. Veränderung: die Faust abwechselnd öffnen und schließen zu lassen. Im Unterschied der begleitenden Erlebnisse wird eine Heraushebung und Akzentuierung von Erlebnismustern erreicht sowie unter Umständen eine Aufhellung der Bedeutung« (S. 66).

Wir erkennen hier Parallelen zur »aktiven Technik«; FERENCZI gibt diese jedoch wieder auf – aufgrund von Erkenntnissen, die vielleicht auch manche Körpertherapie veranlassen könnte, ihre Methodik zu überdenken. Er kombiniert seine Beobachtungen über das Verhältnis von Körperausdruck und psychischem Geschehen mit seinem differenzierten Wissen über die Beziehungsaspekte der therapeutischen Situation und kommt zu einer veränderten therapeutischen Grundhaltung, die mit der »aktiven Technik« in der bisherigen Form nicht gut zu vereinbaren ist.[13]

Indem er sich neben den Inhalten zunehmend auf die formalen Elemente der Assoziationen konzentrierte, stach FERENCZI um so mehr das Phänomen der Regression seiner Patienten ins Auge. Regression als Vorgang eines Zurückgehens des Individuums zu niedrigeren Organisationsstufen und infantilen Fixierungsstellen

13 Über die Nachteile der aktiven Technik vgl. Kapitel 4.1.2.2 dieser Arbeit.

war natürlich schon von FREUD entdeckt und erfaßt, vorwiegend jedoch im Sinne eines intrapsychischen Rückschritts, eines Störfaktors und Abwehrmechanismus.[14]

FERENCZI bezeugt zunächst einmal größere Akzeptanz und Geduld für diesen Vorgang:

>»Wenn Sie bedenken, daß nach unseren bisherigen Erfahrungen und Voraussetzungen die Mehrzahl der pathogenen Erschütterungen in die Kinderzeit fällt, werden Sie sich nicht darüber wundern, daß der Patient beim Versuch, die Genese seines Leidens preiszugeben, plötzlich ins Kindische oder Kindliche verfällt« (FERENCZI, 1930, S. 278).

Während FREUD die Regression seiner Patienten möglichst zu kontrollieren versuchte, sie nur als »Umweg« hinnahm, fordert FERENCZI, »auch der Erwachsene sollte in der Analyse sich wie ein schlimmes, d. h. unbeherrschtes Kind benehmen dürfen« (FERENCZI, 1930, S. 279); vom baldigst zu behebenden Störfaktor wird die Regression für ihn zu einem zentralen Medium der therapeutischen Situation.

Angesichts des Problems stagnierender oder uferloser, bedeutungsloser Assoziation (eines der Symptome der erwähnten »therapeutischen Krise« der zwanziger und dreißiger Jahre, vgl. Kapitel 4.1), muß FERENCZI feststellen, daß das Agieren des regredierten Patienten oft besseren Einblick und Zugang gewährt als seine Worte.

Fassen wir mit FERENCZI zusammen:

»... bekam ich die Empfindung, daß das, was wir freie Assoziation nennen, immer noch zu sehr bewußte Gedankenauswahl ist, drängte also die Patienten zu tieferer Relaxation, zu vollständigerer Hingebung an die ganz spontan auftauchenden Eindrücke, Tendenzen und Emotionen. Je freier nun die Assoziation wirklich wurde, um so naiver – man könnte sagen, kindischer – wurden die Äußerungen und sonstigen Manifestationen der Patienten; immer häufiger mengten sich unter die Gedanken und bildmäßigen Vorstellungen auch kleine Ausdrucksbewegungen, gelegentlich auch ›passagere Symptome‹, die dann, wie alles übrige auch, der Analyse unterzogen wurden. Nun erwies sich in einigen Fällen die kühl zuwartende Stummheit und Reaktionslosigkeit des Analytikers als eine Störung der Assoziationsfreiheit« (FERENCZI, 1931, S. 276).

Ebenso wie FREUD in den Anfängen der Psychoanalyse, ließ sich auch FERENCZI von den Reaktionen und Rückmeldungen seiner

14 Ausführlicher dazu vgl. Kapitel 4.1.3.5 dieser Arbeit.

Patienten leiten, um seine Technik zu revidieren; die klassische Position des »neutralen« Beobachters wird für ihn, angesichts seiner teilweise tief regredierten Patienten, unhaltbar:

»Kaum, daß sich der Patient bereitfindet, wirklich selbstvergessen alles herzugeben, was in ihm vorgeht, erwacht er wie mit einem Ruck plötzlich aus der Versunkenheit und beklagt sich, er könne doch unmöglich seine Gemütsbewegungen ernst nehmen, wenn er sieht, daß ich ruhig hinter ihm sitze, meine Zigarette rauche und höchstens etwa teilnahmslos und kühl mit der stereotypen Frage reagiere: ›Nun, was fällt Ihnen dazu ein?‹« (FERENCZI, 1931, S. 277).

Statt also diese Rückmeldung ebenso stereotyp als »Widerstand« zu identifizieren, zieht FERENCZI technische Konsequenzen; er kommt zu dem Schluß, der Analytiker müsse seinen Patienten in der Regression begleiten. Seine geschärfte Wahrnehmung für formale Aspekte sowie sein Verständnis und seine Toleranz für Regression läßt ihn die Gebärden und Körpersymptome seiner Patienten als Äußerungen des »Kinds im Patienten« verstehen, denn:

»Vergessen wir nicht, daß die Reaktionen des kleinen Kindes auf Unlust zunächst immer körperlicher Natur sind; erst später lernt das Kind seine Ausdrucksbewegungen, die Vorbilder jedes hysterischen Symptoms, beherrschen« (FERENCZI, 1931, S. 287).

Aber nicht nur durch das Verstehen, sondern vor allem auch das *Eingehen* auf die und *Beantworten* der Gebärdensprache des regredierten Patienten entwickelt sich dessen früheste Geschichte. Diesen Zugang können Worte kaum oder gar nicht finden, da es, so FERENCZI,

»gewisse frühinfantile unbewußt-pathogene Seeleninhalte (gibt), die überhaupt nie bewußt (oder vorbewußt) waren, sondern noch aus der Periode der ›unkoordinierten Gesten‹ oder der ›magischen Gebärden‹, also aus der Zeit vor der Entwicklung des Sprachverständnisses stammen« (FERENCZI, 1921a, S. 91).

Ein *Erinnern*, wie es die psychoanalytische Methode wünscht, ist hier also per se nicht möglich, da das Erleben nicht in Worten gespeichert ist – es kann nur durch ein *Wiederholen* reproduziert werden. Dem einfühlsamen, die Körpersprache verstehenden und beantwortenden Therapeuten könne es jedoch gelingen,

»mit dem verdrängten Teil der Persönlichkeit direkt in Kontakt zu gelangen, ja ihn zu einer, ich möchte sagen, infantilen Konversation zu bewegen. Die hysterischen Körpersymptome bei der Relaxation führten gelegentlich zu Entwicklungsstadien zurück, von denen bei noch nicht erfolgter Ausbildung des Denkorgans nur körperliche Erinnerungen registriert wurden« (Ferenczi, 1930, S. 270).

Damit erkennt Ferenczi, was spätere psychoanalytische Entwicklungspsychologen erforschen und bestätigen werden. Doch während jene es vorziehen, ihr differenziertes Wissen um das präverbale Erleben des kleinen Kindes in einfühlsame, aber auf verbaler Ebene verbleibende Rekonstruktionen und in entsprechende Diagnostik umzusetzen, erkennt Ferenczi den Wert, den die direkte Einbeziehung des Körperlich-Affektiven bedeutet: jene »neokatharthischen« Erlebnisse und Episoden im therapeutischen Prozeß dienen »als weiteres Stützmittel der bisherigen Rekonstruktionen, sozusagen als körperliche Erinnerungssymbole« (Ferenczi, 1930, S. 267), wobei eine solcherart rekonstruierte Vergangenheit »viel mehr als bisher mit dem Gefühl der *Wirklichkeit* und *Dinghaftigkeit* behaftet blieb, sich der Natur einer wirklichen *Erinnerung* viel mehr näherte, während bis dahin der Patient nur von Möglichkeiten, höchstens von Graden der Wahrscheinlichkeit sprach und vergeblich nach Erinnerung lechzte« (ebenda).

Hier sehen wir wieder Parallelen zu Reich (1942), der davon ausging, daß verdrängte psychische Inhalte physiologisch im »Muskelpanzer« verankert seien, und der demnach, etwa zu der gleichen Zeit wie Ferenczi, zum Ergebnis kam, eine durch körperliche Übungen aktivierte Erinnerung sei oft viel direkter mit dem Affekt verbunden als eine verbal hervorgerufene. Ferenczi setzte jedoch andere Akzente als Reich, wie wir noch sehen werden.

Zunächst einmal blieb er zurückhaltender in der Methode als der spätere Begründer der Vegetotherapie; seine Behandlungsweise will Ferenczi ausdrücklich als *Ergänzung* zur klassischen Methode verstanden wissen.[15]

»Natürlich ist mit der Reaktivierung der Kindlichkeit und mit der Reproduktion der Traumata im Agieren die analytische Aufgabe nicht erfüllt.

---

15 Es ist allerdings nicht auszuschließen, daß er, wäre er nicht so früh gestorben, ebenfalls ein »Abtrünniger« geworden wäre und womöglich eine eigenständige Methode entwickelt hätte.

Das spielerisch agierte oder sonstwie wiederholte Material muß einer gründlichen analytischen Durchforschung unterzogen werden. Natürlich hat FREUD recht, wenn er uns lehrt, daß es ein Triumph der Analyse ist, wenn es gelingt, das Agieren durch Erinnerung zu ersetzen; ich meine aber, es ist auch von Vorteil, bedeutsames Aktionsmaterial zu beschaffen, das man dann in Erinnerung umsetzen kann« (FERENCZI, 1931, S. 279).

Bedeutsamer ist der Unterschied zu REICH jedoch in Hinblick auf das FERENCZISche Beziehungsverständnis – REICH, der der Ein-personenpsychologie verhaftet bleibt, ist mehr auf die Körper-*struktur* des Patienten – und auf die Auflösung körperlicher Blockaden – konzentriert, während FERENCZI, mit seinem Verständnis der Übertragungs-/Gegenübertragungsbeziehung, sich mehr für die Körper*sprache*, die Botschaften des Körpers interessiert.

Sein Verständnis von Regression, die Erkenntnis, daß der Rückgriff auf Körpersprache immer das »Kind im Patienten« hervorholt, führt ihn zu seiner Theorie frühkindlicher Störungen und seinem Verständnis der Übertragungsbeziehung als Wiederholung der frühen Mutter-Kind-Beziehung – während REICH dem ödipalen Denken, wenn auch mit radikal anderer Wertung, verhaftet bleibt, auf »Befreiung« der Sexualität gerichtet ist und den Anteil des Analytikers an der Beziehung nicht genügend erfaßt.

FERENCZI sieht sich jedoch nicht in ödipale Konstellationen verwickelt, nicht aufgerufen, zur Sublimierung oder zur Befreiung der Triebregungen seiner Patienten anzuhalten, sondern versteht sich als »mütterliches« Objekt in der Wiederholung frühkindlicher Beziehungsformen. Seine Schlußfolgerungen sind, wie wir sahen, daß der regredierte Patient eine neue Qualität von Beziehung erfahren muß, die heilsam mit der früheren pathogenen kontrastiert.

»Taktvoll beruhigende Worte, unterstützt etwa von ermutigendem Händedruck, wenn das nicht genügt, freundliches Streicheln des Kopfes« (FERENCZI, 1931, S. 285) erscheinen ihm dabei durchaus angemessen (in manchen Fällen verteilt er auch Küsse, vgl. HAYNAL, 1987, S. 37); damit überschreitet er allerdings endgültig das Abstinenzprinzip, was ihm FREUDS Billigung entzieht. Dieser warnt besorgt:

»Es gibt keinen Revolutionär, der nicht von einem noch radikaleren aus dem Feld geschlagen würde. Soundso viele unabhängige Denker in der Technik werden sich sagen: Warum beim Kuß stehenbleiben? Gewiß erreicht man noch mehr, wenn man das ›Abtatscheln‹ dazunimmt, das ja auch noch keine Kinder macht. Und dann werden Kühnere kommen, die den weiteren Schritt machen werden zum Beschauen und Zeigen – und bald werden wir das ganze Reservoir des Demiviertums und der petting-parties in die Technik der Analyse aufgenommen haben ... die Jüngeren unter unseren Kollegen werden es schwer finden, in den angeknüpften Beziehungen an dem Punkt stehenzubleiben, wo sie ursprünglich wollten, und Godfather FERENCZI wird vielleicht auf die belebte Szenerie blicken, die er geschaffen hat, sich sagen: Vielleicht hätte ich mit meiner Technik der Mutterzärtlichkeit doch *vor* dem Kusse haltmachen sollen« (FREUD, 1931, in JONES, 1962, S. 197).

FERENCZI hält diesen Einwänden jedoch seine ganz anderen Vor-stellungen von Körperkontakt entgegen, seine Trennung von se-xueller Triebbefriedigung des Erwachsenen und emotional-sinn-lichem Bedürfnis des kleinen Kindes. Seine Theorien, die aus seiner praktischen Erfahrung hervorgehen, weichen immer mehr vom FREUDschen Standpunkt ab, und konsequenterweise ent-fernt sich auch seine Methodik von der klassischen Technik: durch die Neubewertung der Regression und des Agierens er-schließt sich FERENCZI in der Therapie das Realtrauma des Pa-tienten, und somit die Problematik der frühen Störungen. Es ergibt sich so das Konzept der »Sprachverwirrung«, das wie-derum ein Umdenken in der Methode erzwingt und auf die Notwendigkeit körpersprachlicher Kommunikation verweist; Pa-tient wie Analytiker sind auf Formen des Agierens quasi angewie-sen, da zunächst die Sprache für die frühen Bereiche der Traumatisierung fehlt; im Agieren des Patienten entwickelt sich dagegen dessen früheste Geschichte.

Regression nicht nur zu bejahen, sondern auch als ein interperso-nelles Geschehen zu begreifen hat für FERENCZI weiterhin zur Folge, daß der Prozeß vom Analytiker begleitet werden muß, und zwar in mütterlicher Identifizierung. Da die frühe Mutter-Kind-Interaktion jedoch eine sinnlich-präverbale ist, muß diese Kom-munikationsform, die auf Körperkontakt und Körperausdruck basiert, in die Therapie einbezogen werden.

An dieser Stelle möchte ich auf den kritischen Vergleich FE-RENCZI/REICH zurückkommen. Wir haben nun FERENCZIS Beweggründe für eine auch »körperorientierte« Psychoanalyse nachvollzogen; die Unterschiede, die demgegenüber REICHS An-satz kennzeichnen, sind hier nur skizzenhaft und in Hypothesen wiederzugeben; es bedürfte hierbei einer ausführlicheren Begründung in einer späteren Arbeit.

Wir sehen, wie gesagt, viele Parallelen zwischen FERENCZI und REICH.

Doch während FERENCZI den Weg ging, durch vertieftes Studium der Übertragungs- und vor allem auch Gegenübertragungsprozesse die therapeutische Situation als *Interaktion* zu begreifen, und zwar eine nach dem Muster früher Mutter-Kind-Beziehungen, schlug REICH einen »naturwissenschaftlichen« Weg ein, der FREUDS Denkrichtung fortsetzen sollte. Sein Bestreben – und auch das Interesse für den Körper – ging in die Richtung, die Beobachtungen am Patienten zu systematisieren, um zu Gesetzmäßigkeiten im objektiv-meßbaren Sinne zu gelangen.

Zwar bedeutete seine *Charakteranalyse* (1933) eine Verlagerung des analytischen Interesses vom neurotischen Symptom zur Persönlichkeitsstruktur des Patienten und war daher von erheblichem Wert für die weitere psychoanalytische Theoriebildung[16], damit ist aber noch nicht der Schritt getan, den FERENCZI vollzog, nämlich die therapeutische Situation als Interaktion zwischen *zwei* Persönlichkeiten zu begreifen.

REICH plädierte vielmehr, ganz Wissenschaftler, für eine »schichtweise« Bearbeitung der Abwehrstrukturen, für ein systematischeres, konsequenteres Vorgehen des Analytikers also, nicht für dessen Einlassen in den psychoanalytischen Prozeß. Zwar hatte er ein gutes Gespür für latente negative Übertragung, weniger indes für die »kindliche« Bedürftigkeit des Patienten und noch weniger für seine eigene Gegenübertragung. Er bleibt so der Einpersonenpsychologie und dem ödipalen Denken verhaftet, d. h., er nimmt auch keine Unterscheidung zwischen erwachsenen und kindlichen Triebbedürfnissen vor. Diese Grundhaltung, die Faktoren wie Gegenübertragung, frühkindliches Erleben und frühkindliche Bedürfnisse, die Bedeutung der Regression und der therapeutischen Beziehung übersah bzw. fehlinterpretierte oder zu gering einschätzte, überschattet m. E. auch heute noch vielerorts die verschiedenen Körpertherapieschulen, die letztlich auf REICH zurückgehen. Die Einbeziehung des Körpers hat bei REICH eine zunehmende Vernachlässigung der therapeutischen

---

16 Anna FREUD z. B., die REICHS technische Seminare besuchte, setzte viele Erkenntnisse in ihrer Arbeit über die Abwehrmechanismen um.

Beziehung zugunsten einer »Versenkung« in oder Manipulation am Körper zur Folge; eine derartige Tendenz (ich sage ausdrücklich nur: Tendenz) läßt sich auch in manchen der heutigen Körpertherapien beobachten.

FERENCZIS Konzept, das den zwischenmenschlichen Beziehungen mehr Rechnung trägt, scheint demgegenüber überzeugender. So kommt es, daß hier FERENCZI und nicht REICH zu meiner Argumentation aufgeführt wird, wiewohl letzterer sicherlich die Leib-Seele-Entsprechungen und ihre therapeutische Nutzbarmachung expliziter und differenzierter zum Thema gemacht hat.

FERENCZI wird allerdings nicht als Vorläufer der Körpertherapien rezipiert; auch jene Psychoanalytiker, die ihn nach Jahren des Totschweigens nun positiv wiederaufgreifen, sprechen wenig von der »Körpertherapie«, die er praktiziert hat; man kann jedoch das Potential, das er geschaffen hat, in körpertherapeutischer Hinsicht interpretieren und nutzen, mit dem Vorteil, daß es sich hier zugleich um differenzierte (und kritische) psychoanalytische Theorie handelt.

FERENCZIS Methode war unsystematisch, intuitiv, oft vielleicht auch zu weit gehend; seine Entwicklung ist von Fehlern und Irrtümern gekennzeichnet, die er immer offen zugibt; er zog seine Konsequenzen daraus und entwickelte sich weiter; auch die letzte Periode der »Mutterzärtlichkeit« ist nicht frei von diesen Irrtümern; da sein Tod sie abbricht, bleibt es den nachfolgenden überlassen, diese Hinterlassenschaft auszuwerten, zu nutzen und zu korrigieren.

Seine »zärtliche« therapeutische Haltung läßt sich sicherlich auch mit seiner Mentalität begründen, aber dasselbe kann über FREUDS »strenge« Methode gesagt werden. FERENCZIS Konzept der direkten Wiedergutmachung ist hinterfragbar; auch sehen wir am Beispiel Elma PALOS (vgl. Fußnote 10, S. 176), daß er die nur »mütterliche« Identifikation nicht immer aufrechterhalten konnte; aber das bedeutet nicht, daß FERENCZIS Kritiken, Ideen und Neuerungen nicht fundamentale Denkanstöße geben und in die richtige Richtung weisen. (Auch FREUD handelte, wie wir sahen, in seiner Praxis anders als er es in seinen Schriften beschrieb.)

Auf eine ausführlichere Kritik der FERENCZISchen Neuerungen kann ich hier verzichten, da sie im folgenden durch BALINT formuliert wird.

Festzustellen bleibt, daß eine Psychoanalyse in »körpertherapeutischer« Hinsicht nicht nur von REICH, sondern zuallererst von dem FREUD-Schüler FERENCZI, dazulernen kann; daß gleichzeitig die Körpertherapien hier die psychoanalytische Ergänzung erfahren könnten, die den Nachfolgern REICHS oft mangelt. Und eine körperorientierte Psychoanalyse bzw. psychoanalytische Körpertherapie könnte von der Auseinandersetzung mit den Fehlern und Irrwegen FERENCZIS profitieren und somit viele Abwege bzw. therapeutische Mißerfolge umgehen.

4.1.2.4 Das Erbe bzw. die Nachwirkungen Ferenczis auf die Psychoanalyse

Betrachten wir abschließend die Wirkungen FERENCZIS auf die Psychoanalyse und dabei vor allem die Aus- bzw. Nachwirkungen, die die Meinungsverschiedenheiten zwischen FREUD und FERENCZI auf die psychoanalytische Bewegung hatten.

Die Geschichte der Beziehung bzw. der Entfremdung zwischen FREUD und seinem Schüler wirft ein Licht auf die Art, wie psychoanalytische Kontroversen ausgetragen werden, und sie prägt die weitere Entwicklung der Psychoanalyse. FERENCZI erfährt ein ähnliches Schicksal wie viele kreative Mitarbeiter FREUDS (z. B. JUNG, ADLER, STEKEL, REICH). Als einer der engsten Schüler und Mitarbeiter FREUDS rückt er gegen Ende seines Schaffens (das, wie gesagt, durch verfrühten Tod unterbrochen wird) in die Position eines Außenseiters und Dissidenten der Psychoanalyse. Unklar ist, ob der endgültige Bruch mit FREUD nach 26jähriger Freundschaft letztlich auf FERENCZIS Theorie des exogenen Traumas, die eine Kritik am Ödipuskomplex impliziert, oder auf seine weitgehenden Experimente, seine regressionsbejahende, »mütterliche« Einstellung gegenüber teilweise schwer gestörten Patienten zurückzuführen ist.

Immerhin findet FREUD auch noch nach FERENCZIS verfrühtem Tod lobende Worte für seinen Schüler; so sagt er, dieser habe Beiträge geleistet, »die alle Analytiker zu seinen Schülern gemacht haben« (FREUD, 1933 S. 268). Zu fragen ist jedoch, ob FREUD dies nun *wegen* oder *trotz* seiner späteren Experimente und Theorien meint. Und es ist nicht auszuschließen, daß FERENCZI, hätte er noch einige Jahre länger gelebt, sich vollständig von der offiziellen

Psychoanalyse hätte abwenden müssen; seine späten Arbeiten weisen in diese Richtung.[17]

FREUD war zunächst begeistert von dem ungarischen Arzt, dem er erstmals persönlich 1908 begegnete (vgl. HARMAT, 1988, S. 23); so äußerte er über ihn:

»... Ungarn hat der Psychoanalyse bisher nur einen Mitarbeiter gebracht, FERENCZI, aber einen solchen, der wohl einen Verein aufwiegt« (FREUD, 1914b, S. 73).

CREMERIUS (1983) schildert:

»FREUD nannte FERENCZI ›lieber Freund‹, stand in intensivem Gedankenaustausch mit ihm, der auch in den Ferien, welche beide Männer gemeinsam verbrachten, nicht abreißen durfte. Bei vielen Arbeiten der beiden fällt es schwer auszumachen, wer wen inspirierte« (S. 988).

FERENCZI entwickelte sich indes, wie wir sahen, zu einem »enfant terrible« (vgl. auch WALTER, 1980, S. 58) der Psychoanalyse; daß seine Neuerungen und Ideen jedoch nicht radikalere Folgen hatten, daß FERENCZI nicht weiterreichende Konsequenzen zog, ist z. T. mit seiner tiefen Bindung zu FREUD zu erklären. »Ich wollte ja von FREUD geliebt werden« schreibt er 1921 an seinen Freund GRODDECK (FERENCZI, 1921c, S. 37).

Clara THOMPSON (vgl. WALTER, 1980, S. 54) zufolge blieb FERENCZI immer ein »geheimer Rebell«, weil seine persönliche Beziehung zu FREUD für ihn wichtiger war als sein eigenes unabhängiges Denken.[18]

Die sich verschärfenden Widersprüche der verschiedenen Auffassungen zwang FERENCZI indes zunehmend in die Position des Außenseiters; aber noch 1932 unternimmt FREUD einen »Rettungsversuch«, indem er ihn, anscheinend in therapeutischer Absicht (vgl. HAYNAL, 1987, S. 58) auffordert, die Präsidentschaft der Internationalen Psychoanalytischen Vereinigung zu übernehmen. Dazu meint er:

17 Es ist sogar zu bezweifeln, ob man FERENCZI heutzutage überhaupt in einen psychoanalytischen Verein aufnehmen geschweige denn ihm den Vorsitz übertragen würde (vgl. HARMAT, 1988, S. 127).

18 Dies ist vielleicht – neben FERENCZIs Abneigung gegen das Vereinswesen – eine der Gründe, warum FERENCZI keine eigene Schule gründete und auch sonst keinerlei systematische Lehrtätigkeit vornahm oder Kontrollanalysen durchführte (vgl. HARMAT, 1988, S. 145).

»Sie sind unzweifelhaft in den letzten Jahren in die Isolierung zurückgegangen ... Sie aber sollen die Trauminsel, auf der Sie mit Ihren Phantasiekindern hausen, verlassen und sich wieder in den Kampf der Männer mengen« (FREUD, 1932 zit. nach HAYNAL, 1987, S. 58).

Es geht also um die »Trauminsel der Phantasiekinder« versus den »Kampf der Männer« – ein Bild, was sehr gut beleuchtet, daß der Streit zwischen FERENCZI, der die »Kindlichkeit« und »Mütterlichkeit« vertritt, und dem »väterlich« identifizierten, »männlichen« FREUD nicht nur auf sachliche, »wissenschaftliche« Meinungsverschiedenheiten, sondern zu einem nicht unbedeutenden Teil auf deren so unterschiedliche Persönlichkeiten zurückzuführen ist.

Wie immer groß und wie begründet die Ablehnung, die FREUD FERENCZIS späteren Theorien und Therapiemethoden entgegenbrachte, sein mochte, sie wirkte hemmend auf die gesamte Analytikergeneration; sein Schüler BALINT meint:

»Der Eindruck dieses Zwiespalts war so schmerzlich, daß die psychoanalytische Bewegung zunächst mit Verleugnung und Stillschweigen reagierte« (BALINT, 1968, S. 182).

THOMÄ (1980) ist der Meinung, »daß das Scheitern von FERENCZIS Versuchen nicht nur bestimmte aktive Interventionen belastet hat, sondern überhaupt die Experimentierfreude gehemmt hat« (S. 7). BALINT sieht hierin sogar eine Traumatisierung der psychoanalytischen Bewegung:

»Das historische Ereignis des Zwists zwischen FREUD und FERENCZI wirkte in der psychoanalytischen Welt wie ein Trauma. Ob man annahm, daß ein erfahrener Meister der psychoanalytischen Technik wie FERENCZI, Autor vieler klassischer Arbeiten zur Psychoanalyse, derart verblendet war, daß selbst FREUDS wiederholte Warnungen ihm seine Fehler nicht klarzumachen vermochten, oder aber daß FREUD und FERENCZI, die beiden prominentesten Psychoanalytiker, nicht imstande waren, ihre klinischen Befunde und theoretischen Vorstellungen wechselseitig zu verstehen und richtig zu beurteilen – in beiden Fällen war der Schock gleich peinlich und erschütternd. Die erste Reaktion war erschrockener Rückzug. In stillschweigender Übereinkunft wurde die Regression in der analytischen Behandlung zum gefährlichen Symptom erklärt und ihr Wert als therapeutischer Verbündeter vollständig oder doch fast vollständig mißachtet« (BALINT, 1968, S. 186).

CREMERIUS bezeichnet die Folgen dieses »dramatischen Bruchs« als »traurig und beschämend« (CREMERIUS, 1983, S. 990); der

»bewunderte Psychoanalytiker, der Gründer der IPV im Jahre 1910, der Ungarischen Psychoanalytischen Vereinigung im Jahre 1913, der Begründer des *International Journal of Psychoanalysis* im Jahre 1920, der erste Professor für Psychoanalyse auf einem Lehrstuhl in Budapest (1919)« (ebenda) verschwindet nicht nur für Jahrzehnte in der Vergessenheit, sondern wird sogar im nachhinein noch für geisteskrank erklärt.

Dieses Gerücht über FERENCZI wird ausgerechnet von seinem ehemaligen Analysanden Ernest JONES kolportiert:

>»Nach FERENCZIS Tod sprach JONES gleichsam als triumphierender Überlebender von einer Geisteskrankheit. Und dies führte zu der spektakulärsten und widerwärtigsten Diskussion in der Geschichte der Psychoanalyse« (HARMAT, 1988, S. 140).

Die Tendenz, unbequeme Zeitgenossen als geistesgestört und damit unglaubwürdig abzuqualifizieren, ist allgemein bekannt, und sie macht auch vor der Psychoanalyse nicht halt.[19] FERENCZIS Nervenkrankheit, eine perniziöse Anämie, die damals noch unheilbar war, wurde also flugs zur »Verfolgungsparanoia« (vgl. HARMAT, 1988, S. 141) uminterpretiert; nun ließen sich all seine von FREUD abweichenden Ansichten und Methoden im nachhinein als Ausdruck einer latenten Psychose verstehen.

Bela GRUNBERGER (vgl. HARMAT, 1988, S. 143), der FERENCZIS Arbeiten bis 1919 anerkennt, erklärt die ganze Situation tiefenpsychologisch: demnach habe FERENCZI seine psychischen Spannungen bis 1919 noch sublimieren können, danach habe er sie jedoch projiziert.

Wir finden also bei FERENCZIS Kollegen noch eine Steigerung dessen, was FREUD zur Ablehnung der Innovationen FERENCZIS anführte; wird ihm hier nur ein »persönliches Problem« bescheinigt, eine unangemessene Verträumtheit und »Unmännlichkeit«, so wird er von Teilen der »Bruderhorde« für verrückt erklärt.

Mit dieser kurzen Skizzierung soll ein Licht auf die Art und Weise geworfen werden, wie leider *auch* in der Psychoanalyse mit Neuerern und Andersdenkenden umgegangen wird; CREMERIUS (1982) dazu:

---

19 Auch REICH fiel einer solchen Nachrede zum Opfer. Wiewohl hier eine späte Geisteskrankheit nicht auszuschließen ist, muß diese Tatsache doch nicht seine früheren Schriften in Frage stellen.

»Die Geschichte der Abspaltungen ist eher ein psychopathologischer als ein ideengeschichtlicher oder wissenschaftstheoretischer Gegenstand« (S. 492).

Denn:

»Die wahren Gründe für das Aufhören des wissenschaftlichen Diskurses und für das Schisma liegen in privaten, sehr intimen Aversionen und Idiosynkrasien zwischen Persönlichkeiten, die sich nicht miteinander arrangieren können« (CREMERIUS, 1982, S. 490).

Daß FERENCZIS Innovationen einer kritischen Auseinandersetzung und teilweise einer Korrektur bedürften, ist, wie gesagt, nicht in Abrede gestellt; sein jahrzehntelanges Totschweigen, die Verleumdung seiner Person und Mißachtung seiner Theorien hat jedoch die psychoanalytische Weiterentwicklung bedeutend zurückgeworfen, denn seine Thesen nahmen viele psychoanalytische Erkenntnisse, die erst viel später wieder in Theorien formuliert wurden, um Jahrzehnte vorweg.

THOMÄ (1980) spricht von einer »wissenschaftsgeschichtlichen Tragik des Scheiterns FERENCZIS« (S. 11), die, vielleicht in noch größerem Ausmaß, als selbst BALINT annahm, die Entwicklung hemmte und nachfolgend zu einer Idealisierung der »klassischen Technik« geführt habe.

»In der Werthierarchie rangierten danach die passive, sich wortgetreu an FREUDS behandlungstechnische Ratschläge haltende Einstellung am höchsten« (THOMÄ, 1980, S. 11).

Hingegen beziehen sich Autoren, die sich für eine Erweiterung der psychoanalytischen Methode zugunsten der Behandlung präödipaler Patienten bemühen, explizit oder implizit auf FERENCZI. FÜRSTENAU (1977) meint:

»Zu dieser Gruppe gehören seit FERENCZI ALEXANDER, Melanie KLEIN und ihre Schule, WINNICOTT, BALINT, BOUVET, KOHUT, GREEN, GRUNBERGER und viele Kollegen, die sich besonders mit dissozialen, psychotischen, narzißtischen, süchtigen, perversen oder psychosomatischen Patienten beschäftigt haben« (S. 198).

Nach Meinung CREMERIUS' ist FERENCZI »in den letzten 50 Jahren für viele zum Steinbruch geworden, aus dem sie das Material für ihre ›Neu‹-Bauten geholt haben, oft ohne den Fundort anzugeben – beschämend für die vielgerühmte Redlichkeit der Wissenschaft« (CREMERIUS, 1983, S. 1006).

FERENCZIS Konzept der »Mütterlichkeit« findet sich bei vielen Autoren wieder:

»FERENCZIS ›mütterliche Freundlichkeit‹, von BALINT als ›primary love‹ theoretisch eingeholt, taucht bei WINNICOTT in vielen, fast ähnlichen Begriffen wieder auf: Er spricht von der ›ausreichend guten Umwelt‹ (1941), von ›primärer Mütterlichkeit‹ (1956) und von der ›Tragefunktion der Mutter‹ (1960). Ihm schließen sich MAHLER mit dem Begriff der ›extrauterinen Matrix‹ (1952), Margret LITTLE mit ›basic unity‹ (1960), MASUD KHAN mit ›Schutzschild‹ (1963) an. BION stellt den Begriff des ›containers‹ dem ›contained‹ gegenüber (1962; 1963)« (CREMERIUS, 1983, S. 1004).

Die von FERENCZI beobachteten Spaltungsvorgänge bei seinen regredierten Patienten hat seine Schülerin Melanie KLEIN in ihrer Theorie systematisch erforscht und benannt (vgl. CREMERIUS, 1983, S. 1006).

Seine These von der Exogenie der Neurosen ist der Beginn einer analytischen Sozialpsychologie[20] (vgl. CREMERIUS, 1983, S. 997), seine Beobachtungen über den traumatischen Einfluß der Umwelt lenkt den Blick auf die Familie des Patienten und ist somit ein früher theoretischer Ansatz für die Familientherapie.

Zudem legt er, wie wir sahen, das Fundament für eine Psychologie der frühen Störungen. Seine Beobachtungen über die frühen Abwehrmechanismen des überforderten Kindes verweisen auf die Problematik der Ich-Störungen; und so beschreibt er eindrucksvoll das, was WINNICOTT später das »falsche Selbst« nennen wird (vgl. CREMERIUS, 1983, S. 998).

Seine Ansichten über frühkindlichen Mißbrauch nehmen die Thesen Alice MILLERS (1979, 1983) um Jahrzehnte vorweg. Und schließlich wurde das, was FERENCZI eine »Spielanalyse mit Erwachsenen« nannte, in vieler Hinsicht genutzt und weiterentwickelt. »ROSEN führt sie in die Psychosentherapie ein (1946), und MORENO entwickelt daraus die Technik des Psychodramas« (CREMERIUS, 1983, S. 1005).

Wir sehen also, FERENCZI erweist sich als einer der bedeutendsten Denker und Neuerer der Psychoanalyse; aber vielleicht gerade

20 Dazu WALTER (1980): »Obwohl er weitgehend in das psychoanalytische Theoriengebäude eingebunden blieb, vermochte er vielerorts soziale Ursachen aufzuspüren, wo FREUD und andere psychoanalytische Autoren weibliche Anatomie, Todestrieb und Libidokonstellationen am Werk sahen« (S. 84).

deswegen mußte er zu Lebzeiten isoliert und nach seinem Tode verdrängt werden. Die Polemik, die ich als begleitendes Moment dieser »Auseinandersetzung« mit FERENCZI kurz schilderte, legt Zeugnis darüber ab, daß oft ganz andere als sachliche und kritische Beweggründe in der Therapiediskussion dominieren. Wir sehen zudem, daß nicht einmal in erster Linie FREUD, sondern seine allzu getreuen Schüler die, wie wir sahen, »freudianischer« sein wollten als FREUD selbst, dafür sorgten, daß FERENCZI in Vergessenheit geriet.

FERENCZIS Wissenschaft ist also für unsere Diskussion nicht nur inhaltlich interessant, sondern auch bezüglich ihres Schicksals innerhalb der psychoanalytischen Bewegung; an seinem Beispiel scheint sich wieder einmal zu bestätigen, daß der psychoanalytischen »Ausblendung« von innovativen, körperorientierten Herangehensweisen weniger sachliche denn ideologiebedingte Motive zugrunde liegen.

Zudem hatten die wissenschaftliche Entwicklung FERENCZIS bzw. seine weitgehenden Experimente und seine Auseinandersetzung mit FREUD eine Wirkung, die anscheinend nicht unwesentlich zu der Festschreibung der »klassischen Methode« beigetragen hat.

Die Folgen waren, wie wir sahen, u. a. eine um so größere Furcht vor der Regression als gefährlichem, schädlichen Mechanismus, eine Hemmung der Experimentierfreude und wohl damit einhergehend eine Abneigung gegen alle größeren methodischen Neuerungen.

Einer, der dieser Entwicklung entscheidend entgegenwirkte, der das Werk FERENCZIS aufarbeitete und vermittelnd in die Diskussion der Psychoanalyse wieder einbringt, ist Michael BALINT.

4.1.3 Zwischen Freud und Ferenczi – Michael Balint

Aus den Quellen FERENCZIS schöpfend, hat sein Schüler Michael BALINT die Erkenntnisse und Hypothesen, die FERENCZI noch in triebtheoretischer Terminologie zu fassen bemüht war, zu einer eigenständigen Theorie systematisiert. Prinzipiell mit dem Konzept der »Sprachverwirrung« übereinstimmend, formuliert er den Begriff »Grundstörung« in Abhebung zur Phase des Ödipuskomplexes.

Der ebenfalls aus Ungarn stammende Psychoanalytiker versucht die Thesen seines Lehrers durch klinische Beobachtungen, Forschungen aus der Pädagogik, der Sexualwissenschaft und der Biologie sowie bio-philosophische Theorien zu untermauern. Dabei geht es ihm vor allem um die Widerlegung der klassischen Theorie des primären Narzißmus, um eine Kritik an der FREUDschen Auffassung über die prägenitale Libidoorganisationen[21] sowie um die Einführung der Regression als sinnvollem Selbstheilungsversuch.

BALINT versteht sich jedoch als Mittler zwischen FERENCZI und FREUD bzw. der klassischen Analyse. Sein Bemühen geht dahin, dem jahrzehntelangen »Totschweigen« FERENCZIS entgegenzuwirken und zu einer kritischen Auseinandersetzung anzuregen; er erweitert und korrigiert FERENCZIS Ideen und Methoden; so setzt er FERENCZIS »Mutterzärtlichkeit«, seiner Forderung nach »Wiedergutmachung«, die Theorie des »Neubeginns« entgegen. Dieses Konzept entspringt u. a. einer kritischen Auswertung der therapeutischen Erfahrungen FERENCZIS; angesichts vieler therapeutischen Rückschläge FERENCZIS, z. B. suchtartigen Abhängigkeiten seiner Patienten, entwirft BALINT ein therapeutisches Konzept der optimalen Distanz zwischen Patient und Therapeut; innerhalb dieses Rahmens versucht er die Kriterien für eine heilsame therapeutische Beziehung zu definieren; er setzt sich mit den Kategorien Bedürfnisbefriedigung und Abstinenz auseinander, wobei er wiederum zwischen FREUD und FERENCZI vermittelt. Er durchleuchtet systematisch die klassische Deutungstechnik und verweist auf ihre Gefahren und Schwächen; zugleich verweist er jedoch auch auf die Risiken, die in der Technik FERENCZIS lagen.

Wir wollen uns also im folgenden mit BALINTS Gedankengängen auseinandersetzen, zum einen, da sie FERENCZIS Theorien erweitern und stützen, da sie uns noch weitere Aspekte für eine Kritik der klassischen Psychoanalyse liefern, zum anderen, da sie die Erfahrungen FERENCZIS kritisch auswerten und korrigieren, so daß wir hier Anhaltspunkte für die Risiken einer regressionsfördernden, körperorientierten Therapie finden werden.

Schließlich gilt es, BALINT selbst kritisch für unsere Gedankengänge zu interpretieren; wir werden BALINTs Potential an »körperfreundlicher« Theorie herausstellen und sehen, inwiefern

21 Vgl. dazu: BALINT, 1966b, S. 48 ff.

dieses für unsere heutige Diskussion zu nutzen ist; dabei werden wir zu entscheiden haben, ob die Korrekturen, die BALINT an FERENCZI vornimmt, in jedem Fall gerechtfertigt sind bzw. welche der BALINTschen Konzeptionen einer Kritik bedürften.

4.1.3.1 »Primäre Liebe« versus ödipales Verlangen

> »Das Kind ist nicht ungewöhnlich gierig, sondern Objekt und Befriedigung sind für es von äußerster Wichtigkeit« (BALINT, 1951, S. 138).

Eine der wichtigsten Voraussetzungen, die FERENCZI zu einer »mütterlichen« therapeutischen Grundhaltung und zur Bejahung der Regression veranlassen, ist seine Annahme einer primären Umweltbezogenheit des Individuums, eine Annahme, die der FREUD-schen Auffassung eines primären Narzißmus entgegensteht.

BALINT versucht in der Nachfolge FERENCZIS, diese Theorie der frühen Beziehungsfähigkeit zu stützen, wobei er sich auf Widersprüchlichkeiten in der klassischen Theorie, auf klinische Beobachtungen (z. B. an Kleinkindern und Psychotikern), auf seine praktischen Erfahrungen mit regredierten Patienten sowie auf biologische Forschungen beruft. Ohne seine Gegenargumente hier im einzelnen entwickeln zu wollen (vgl. dazu vor allem BALINT, 1937, S. 83 ff.), seien die für unsere Fragestellung wichtigsten Erkenntnisse und Schlußfolgerungen zusammengefaßt, da sie die entscheidende Basis für die weitere Diskussion abgeben. BALINTS Idee der »primären Objektliebe« (vgl. BALINT, 1937) prägt seine therapeutische Haltung; eine Neubewertung der Regression ebenso wie eine neue Einstellung zur Frage der Bedürfnisbefriedigung leiten sich daraus ab.

Wie wir sahen, ist aus klassischer, triebtheoretischer Sicht das frühinfantile Seelenleben durch »Maßlosigkeit, feindliche Einstellung, allgemeine Unzufriedenheit, unersättliche Gier, offenbare Ambivalenz usw.« (BALINT, 1937, S. 85) gekennzeichnet. Dazu FREUD (1931):

> »Die kindliche Liebe ist maßlos, verlangt Ausschließlichkeit, gibt sich nicht mit Anteilen zufrieden. Ein zweiter Charakter ist aber, daß diese Liebe auch eigentlich ziellos, einer vollen Befriedigung unfähig ist, und

wesentlich darum ist sie dazu verurteilt, in Enttäuschung auszugehen und einer feindlichen Einstellung Platz zu machen« (S. 524), so dem Vorwurf, »... die Mutter hat dem Kind zu wenig Milch gegeben, es nicht lange genug ernährt. Dies mag in unseren kulturellen Verhältnissen recht oft zutreffen, aber gewiß nicht so oft, wie in der Analyse behauptet wird.[22] Es scheint vielmehr, als sei diese Anklage ein Ausdruck der allgemeinen Unzufriedenheit der Kinder... als wären unsere Kinder für immer ungesättigt geblieben, als hätten sie nie lange genug an der Mutterbrust gesogen« (ebenda, S. 527).

Die Konsequenzen für eine solche Sichtweise sind offensichtlich: Ist der Ausgangspunkt der psychischen Entwicklung von Objektlosigkeit und zielloser Gier gekennzeichnet, so muß tiefe Regression oder Fixierung auf frühe Entwicklungsstadien im therapeutischen Prozeß gefährlich scheinen; so hielt FREUD narzißtische Störungen für unanalysierbar, da sie angeblich zu keiner Übertragung fähig seien, und er fürchtete sich vor der Regression. Gilt es, eine »unersättliche« Gier in den Griff bekommen zu wollen, so wäre Bedürfnisbefriedigung durch den Therapeuten ein Fehler; vielmehr müßte die Notwendigkeit der Einschränkung vom Patienten anerkannt werden. Aus solchen Beweggründen ergab sich für FREUD auch die Ablehnung der späteren Methoden FERENCZIS.
BALINT hingegen versucht, die eher intuitiven Erkenntnisse seines Lehrers theoretisch zu erhärten und zwischen den beiden Positionen FREUD / FERENCZI zu vermitteln. So räumt er durchaus ein, daß FREUDS Beobachtungen realistisch sind und daß Feindseligkeit, Maßlosigkeit und Unbeherrschtheit Merkmale des therapeutischen Prozesses sein können. Nur sei es falsch, diese Manifestationen für die ursprünglichen zu halten und von daher auf einen »primären Narzißmus« bzw. einen »primären Haß« in Form eines nach außen gewendeten Todestriebes zu schließen (wie es die Schule Melanie KLEINS tut). BALINT betont, »daß der primäre Narzißmus klinisch nie beobachtet werden konnte« (1937, S. 99); dieser sei vielmehr immer nur »aus den klinisch beobachteten sekundär-narzißtischen Erscheinungen durch Extrapolation konstruiert« worden (1937, S. 101). (Vgl. nähere Ausführungen dazu BALINT 1937, S. 83 ff.)

22 Erinnern wir uns an die Revision der Verführungstheorie: die Annahme realen Mißbrauchs muß entfallen, da »solche Verbreitung der Perversion gegen Kinder wenig wahrscheinlich ist« (FREUD, 1897, S. 283).

BALINTS bzw. FERENCZIS Theorien einer primären Objektbeziehung finden demgegenüber aus drei verschiedenen Forschungsrichtungen Bestätigung: dabei beruft sich BALINT auf Ergebnisse, die er mit zwei analytischen Kollegen im Bereich der Sexualtheorie (M. BALINT), der vergleichenden Pädagogik (A. BALINT[23]) und der vergleichenden Biologie (I. HERMANN) erzielen konnte.

Die drei Psychoanalytiker betrieben, unabhängig voneinander, in den jeweiligen Fachgebieten Forschungen, die letztlich zum Ziel hatten, »bestimmte Züge der analytischen Situation (die) ganz monoton in jeder Kur zum Vorschein kamen« (BALINT, 1937, S. 88) dahingehend zu überprüfen, ob »in diesen immer wiederkehrenden Zügen etwas allgemein Menschliches zu sehen« (ebenda) sei.

BALINTS klinische Beobachtungen bei regredierten Patienten ergeben, daß das von FREUD beschriebene Erscheinungsbild der Maßlosigkeit tatsächlich auftritt, zunächst in Form von sehr einfachen Wünschen des Patienten, die sich jedoch, infolge der Versagung, die die Abstinenz des Analytikers zwangsläufig bedeuten muß, in immer höhere Ansprüche und gleichzeitig Feindseligkeit und Verzweiflung steigern.

BALINT erkennt nun diese Erscheinungen als Reaktion auf die Versagung der »primitiven Wunschbefriedigungen« und beschließt, die passive therapeutische Haltung zu durchbrechen und auf diese Wünsche näher einzugehen.

»Wie sehen diese gefährlichen Wünsche in der Realität aus? Recht harmlos, naiv, muß man sagen. Ein liebevolles Wort vom Analytiker, die Erlaubnis, ihn beim Vornamen zu nennen oder von ihm so genannt zu werden, ihn auch außerhalb der Stunden zu sehen, von ihm etwas auszuleihen, von ihm – selbst mit einer Kleinigkeit – beschenkt zu werden, usw. *Sehr oft gehört zu diesen Wünschen, den Analytiker zu berühren, ihn anfassen zu dürfen oder von ihm berührt, gestreichelt zu werden*« (BALINT, 1937, S. 90, Hervorhebung der Verfasserin).

Dies sind zwei wesentliche Eigenschaften dieser Wünsche:

»Sie sind erstens ausnahmslos objektgerichtet, zweitens übersteigen sie nie das Vorlustniveau« (ebenda).

23 Ehefrau BALINTS.

Es handelt sich also nicht um genitale Triebwünsche, sondern um Bedürfnisse, die den Lustformen und Befriedigungsweisen von Kindern entsprechen; weiter wird deutlich, daß auch die auf frühkindliches Erleben regredierten Äußerungen eines Menschen immer umweltbezogen sind; und weiter gilt für diese frühkindlichen Bedürfnisse:

»Falls die Befriedigung im richtigen Zeitpunkt und im richtigen Ausmaß erfolgt, löst sie nur kaum beobachtbare Reaktionen aus, eben weil das Befriedigungserlebnis so leise verläuft. Man könnte dieses Lustgefühl als stilles, ruhiges Wohlbehagen beschreiben. Bleiben aber diese Wünsche unbefriedigt, so wird ihre Erfüllung vehement gefordert, eine etwaige Versagung ruft die allerheftigsten Reaktionen hervor« (BALINT, 1937, S. 90).

Mit anderen Worten: die Wünsche des kleinen Kindes (und des regredierten Patienten) sind nicht bodenlos und anmaßend, sondern es sind Bedürfnisse, deren Befriedigung das Kind natürlicherweise von seiner Umwelt erwartet, um sein psychisches Gleichgewicht wahren zu können. Bei Frustration dieser Erwartungen – und nur dann – gerät das Kind aus dem Gleichgewicht und wird laut, fordernd, aggressiv, süchtig.

Die Umweltbezogenheit des Kindes, die BALINT somit hervorhebt, besteht jedoch zunächst nur in dem Sinne, daß diese für es zu »funktionieren« hat:

»Demgemäß wäre eine ziemlich frühe – nach meiner Meinung die allerfrüheste – Phase des extrauterinen Seelenlebens nicht narzißtisch, sondern objektgerichtet, nur ist diese Objektrelation von passiver Natur, ihr Ziel ist: Ich soll geliebt, befriedigt werden, und zwar ohne die kleinste Gegenleistung meinerseits« (BALINT, 1937, S. 91).

Dies und nicht der Narzißmus ist für BALINT Ausgangspunkt und »Endziel allen erotischen Strebens« (ebenda) – Narzißmus, aber auch die aktive Objektliebe sind hingegen nur Sekundärerscheinungen, Umwege, um zu diesem ursprünglichen Ziel zu gelangen. Diese »primäre« (1937, S. 83) oder auch »primitive« (1937, S. 93) Liebe des Kindes findet ihre Entsprechung in der Einstellung der Mutter, die auf ihr Kind eingestimmt ist. Beobachtungen A. BALINTs über die Merkmale der frühen Mutter-Kind-Beziehung führen zu dem Schluß:

»Die Mutter ist in libidinöser Hinsicht ebenso Empfänger und Spender wie ihr Kind; sie fühlt das Kind ebenso als Teil ihres eigensten Körpers und dennoch als etwas Feindlich-Fremdes wie das Kind den Körper der Mutter...« (BALINT, 1937, S. 92).

Am Anfang des Lebens besteht also eine »primitiv-egoistische Form der Liebe« (BALINT, 1937, S. 93) auf beiden Seiten, eine wechselseitige Aufeinanderbezogenheit zwischen Mutter und Kind, die BALINT nun mit der Übertragungs-/Gegenübertragungsbeziehung der Psychoanalyse vergleicht:

»Dieselbe Einstellung entwickelt sich regelmäßig im Laufe der analytischen Kur« (ebenda).

Kehren wir nun zu einer interessanten Bemerkung BALINTS zurück:

»Sehr oft gehört zu diesen Wünschen den Analytiker berühren, ihn anfassen zu dürfen, oder von ihm berührt, gestreichelt zu werden« (BALINT, 1937, S. 90).

Es liegt auf der Hand, daß solche Wünsche, wie sie wohl in jeder psychoanalytischen Praxis zu finden sind, auf der Grundlage von BALINTS Theorien eine radikal andere Interpretation erfahren müssen als unter dem ödipalen Blickwinkel FREUDS.

In der klassischen Analyse lernt der Patient, sein Verlangen nach Körperkontakt als sexuellen Triebwunsch zu verstehen bzw. als das bodenlose Verlangen des nie zufriedenzustellenden Säuglings; er lernt, seine Enttäuschung als Aggression zu verstehen, sein Bedürfnis als maßlose Gier, seine Wut darüber als primäre Feindseligkeit.

BALINT illustriert, wie der Wunsch nach körperlicher Berührung schon auf der Ebene des Säuglings mißverstanden wird; es würden die »abenteuerlichsten Hilfshypothesen« herangezogen, die tröstende Wirkung des Umarmtwerdens beim schreienden Säugling zu erklären,

»so z. B. daß die Mutter als Schutz gegen das eventuelle Anwachsen der Trieberregung diene und dergleichen, nur das Naiv-Tatsächliche nicht, daß es sich hier um einen Wunsch nach körperlichem Kontakt handelt« (BALINT, 1937, S. 97 f.).

Interessant ist dabei auch die Tatsache, daß nach damaliger offizieller Meinung von seiten der Kinderärzte solch ein schreiendes Kind niemals hochgenommen werden dürfe, wie BALINT erwähnt.[24]

Und die klassische Psychoanalyse? Sie verbietet ebenfalls ein »Hochnehmen« – bzw. der Wunsch nach Körperkontakt wird als

24 Diese Beobachtungen sind auf dem Stand der dreißiger Jahre.

Triebdruck, als punktförmig auf erogene Zonen gerichtetes sexuelles Begehren verstanden und bedarf der Versagung bzw. Sublimierung.

BALINT hingegen erkennt hierin das primäre und lebenswichtige Bedürfnis, angenommen zu werden. Und wie anders kann Geliebt- und Beschütztwerden vom Säugling, der doch lange Zeit nicht verbal kommunizieren kann, empfunden werden als »durch die Haut«? Der Primärzustand des Säuglings, der ohne die Pflegeperson gar nicht zu denken ist, die »harmonische Verschränkung«[25] (BALINT, 1968, S. 81) also ist doch in erster Linie ein sinnlich-körperliches Erlebnis.

An diesem Punkt kann sich BALINT auf die Beobachtungen seines Kollegen HERMANN stützen; dieser ging dem Phänomen des »triebhaften Wunsches nach körperlichem Kontakt« (BALINT, 1937, S. 91) in seinen biologischen Studien an Primaten nach. Dabei gelangt er zu den Ergebnissen:

»1. Der Säugling der Primaten verbringt die ersten Monate des extrauterinen Lebens am Körper der Mutter, angeklammert.

2. *Der menschliche Säugling wird viel zu frühzeitig vom mütterlichen Körper gewaltsam losgerissen.* Das menschliche Kind möchte noch lange als Bestandteil der Mutter-Kind-Einheit (einer Dual-Einheit) weiterleben; da dies durch die Realität – wenigstens in unserer Kultur – verhindert wird, entwickelt er eine Reihe von triebhaften Ersatzäußerungen« (BALINT, 1937, S. 91, Hervorhebung der Verfasserin).

Die Anklammerung des Kindes bzw. das Getragenwerden durch die Mutter wäre also die körperliche Seite der »harmonischen Verschränkung«. Die »Realität« unserer Kultur ist aber die vorzeitige Unterbrechung dieses ursprünglichen Körperkontaktes – und damit auch der körper-seelischen Verbundenheit mit der Pflegeperson. So läßt sich die »Grundstörung«[26] – definiert als Frustration der »harmonischen Verschränkung« bzw. der primären Liebe – auch als eine Form der sinnlich-körperlichen Entbehrung und als ein allgemeines Phänomen unserer Gesellschaft verstehen.

Wir erkennen also eine Erweiterung der psychoanalytischen Theorie; war bisher das Problem der Sexualunterdrückung gesehen und formuliert, geht es nun um das Phänomen der allumfas-

25 Nähere Definition hierzu vgl. Kapitel 4.1.3.4 dieser Arbeit.
26 Siehe nächstes Kapitel (4.1.3.2) dieser Arbeit.

senden (Körper-) Entfremdung. Beide Probleme sind kulturell determiniert und schließen sich nicht aus; das Trauma beginnt jedoch beileibe nicht erst dort, wo das zum Kleinkind herangewachsene, sprechende Individuum mit dem kulturellen Zwang zur Sexualunterdrückung, vermittelt durch seine Erzieher, konfrontiert ist; auch nicht die biologische Tatsache der Geschlechtsdifferenz und ihre sozialen und gesellschaftlichen Folgen sind das primär traumatisierende; es fängt vielmehr schon direkt nach der Geburt an, wenn das Individuum mit der Tatsache einer kulturbedingten Körperfeindlichkeit, wie sie sich nicht nur in den Erziehungs- und Moralvorstellungen der Umgebung, sondern auch »von Körper zu Körper« als entfremdete Lebenshaltung ausdrückt, konfrontiert ist.

Dieses allgemeine Phänomen, dem der westliche Mensch unterworfen ist, ist vergleichbar der allgemeinen Sexualfeindlichkeit, wie sie FREUD als kulturelle Bedingung anerkennt; von daher ist sie, ebenso wie letztere, ein Grundpotential für neurotische Entwicklung.

Neurotische, narzißtische oder psychotische Problematik ist demnach nur als Folge einer speziellen Traumatisierung zu verstehen, wenn nämlich eine überdurchschnittlich verunsicherte, ablehnende und körperfeindliche Umgebung nicht einmal mehr dem mindestens zu erwartenden Bedürfnis des Säuglings nach körper-seelischem Halt Rechnung tragen kann.

Es bleibt mit BALINT zusammenzufassen:

»1. Die von uns beschriebene Phase der Objektbeziehung – nennen wir sie primäre oder primitive Objektliebe – fällt in eine ziemlich frühe Entwicklungsphase.

2. Diese Phase ist unüberspringbar, eine unvermeidlich notwendige Stufe der seelischen Entwicklung. (...)

3. Diese Form der Objektbeziehung ist nicht an irgendeine erogene Zone gebunden, sie ist nicht orale, oralsaugende, anale, genitale und dergleichen Liebe, sondern ist etwas für sich, wie die anderen Formen der Liebe es sind, wie Autoerotik, Narzißmus, Objektliebe. (...)

4. Als die biologische Basis dieser primären Objektbeziehung ergab sich die triebhafte Aufeinanderbezogenheit von Mutter und Kind; die beiden sind aufeinander angewiesen, aber zugleich auch aufeinander abgestimmt, sie befriedigen sich selbst durch einander, ohne auf einander Rücksicht nehmen zu müssen. (...)

5. Diese enge Verbundenheit wird durch unsere Kultur viel zu früh zerrissen. Daraus resultieren unter anderem die so wichtigen Anklammerungs-

tendenzen, aber auch die allgemeine Unzufriedenheit, die unersättliche Gier unserer Kinder.

6. Falls der Triebwunsch – oft durch körperliche Nähe – befriedigt wird, übersteigt das Befriedigungserlebnis nie das Vorlustniveau, das Gefühl des stillen, ruhigen Wohlbehagens.

Eine Versagung löst dagegen äußerst heftige Reaktionen aus, und wahrscheinlich erst nach solchen unverstandenen und deshalb mißdeuteten Milieueinwirkungen erfolgen im Kind als Reaktionserscheinungen suchtartige, nie zu stillende Gelüste, eventuell auch orgasmusartige Zustände« (BALINT, 1937, S. 94).

4.1.3.2 Die »Grundstörung« – eine psychophysische Schädigung des Menschen

Vor dem Hintergrund des Konzepts der »Sprachverwirrung«, in welchem FERENCZI als einer der ersten die Problematik frühkindlicher Störungen aufzeigt, und auf der Basis seiner Theorie der »primären Liebe« definiert BALINT die frühkindliche Schädigung, die durch mißlingende Interaktionen mit der frühen Umwelt gekennzeichnet ist, als »Grundstörung«.

Grundstörung als »frühe Störung«, als Bereich vor der ödipalen Ebene, wird ausdrücklich als eigenständig und nicht in Relation zum Ödipuskonflikt, im Sinne einer »präödipalen« Phase, verstanden.

Eine Grundstörung ist die Folge einer geschädigten »primären Objektbeziehung«; im Gegensatz zur klassischen ödipalen Konstellation gibt es keine dritte Person, also keine Dreiecksbeziehung, die Konflikte im Individuum hervorruft; statt dessen handelt es sich um Störungen innerhalb einer Zwei-Personen-Beziehung, einer Ebene, die »unbedingt einfacher, primitiver ist als die ödipale« (BALINT, 1968, S. 25).

Es handelt sich mithin um Traumatisierungen bzw. Frustrationen im präverbalen Bereich; und entsprechend ergibt sich für BALINT ein Hinweis darauf, daß ein Patient auf diese »Urform« von Beziehung regrediert ist, aus der Beobachtung, daß Worte in der analytischen Situation unwirksam werden, entweder leer, bedeutungslos oder überdeterminiert, vieldeutig. Sprache als Kommunikationsform verliert ihre Verbindlichkeit; somit wird dem Analytiker seine einzige Form zu intervenieren erschwert oder gar unmöglich gemacht:

»Oft steht der Analytiker vor derselben Erfahrung, er gibt dem Patienten eine klare, genaue, wohlbegründete, zeit- und sachgerechte Deutung, und sie hat – oft zu seiner Überraschung, Enttäuschung, seinem Verdruß – entweder gar keine oder eine völlig unbeabsichtigte Wirkung. Mit anderen Worten, unsere Deutung war keineswegs klar oder wurde vom Patienten gar nicht als Deutung aufgenommen« (BALINT, 1968, S. 22).

Somit entsteht eine »Kluft« zwischen Analytiker und dem »Kind im Patienten«, eine Kluft, die sich in der Unfähigkeit des Patienten, »irgend etwas ›in sich aufzunehmen‹«, und der Hilflosigkeit und Enttäuschung des Analytikers, dessen Interventionen nicht mehr greifen, manifestiert.
Die »Kluft« charakterisiert eine »Störung« von »Grund« auf: der Einfluß der »Grundstörung« reicht wesentlich weiter als die Folgen des Ödipuskomplexes, erstreckt sich »möglicherweise über die gesamte psychobiologische Struktur des betreffenden Menschen... und (erfaßt) in wechselndem Ausmaß Körper und Seele...« (BALINT, 1968, S. 32).
Die aus der Grundstörung stammende Energie hat, »obwohl sie hochgradig dynamisch ist, weder Trieb- noch Konfliktform« (ebenda). Vielmehr handelt es sich um

»eine Störung, ein Defekt in der psychischen Struktur, eine Art Mangel, der behoben werden muß. Es ist nicht etwas Aufgestautes, für das man eine Abfuhr suchen muß, sondern eher eine Not, die entweder aktuell besteht oder schon fast das ganze Leben des Patienten hindurch bestanden hat. Ein Triebbedürfnis kann befriedigt, ein Konflikt gelöst werden, aber eine Grundstörung kann im besten Fall geheilt werden...« (ebenda).

Im ödipalen Bereich können Konflikte und Wünsche verbalisiert werden, da sie nur verdrängt sind; eine Grundstörung hingegen als allumfassende psycho-physische Schädigung, als psychischer Mangelzustand, ist nicht oder kaum in Worten zu erfassen. Sie bedeutet eine umfassende körper-seelische Fehlentwicklung vom frühesten Leben an:

»Meines Erachtens kann man den Ursprung der Grundstörung bis in die frühen Entwicklungsphasen des Individuums zurückverfolgen und stößt dort auf eine Diskrepanz zwischen seinen bio-physischen Bedürfnissen und der materiellen und psychischen Versorgung, Wartung und Zuneigung, die ihm in diesem entscheidenden Zeitraum zuteil wurde. Dies führt zu einem Mangelzustand...« (BALINT, 1968, S. 33).

Eine Grundstörung ist für BALINT die Folge der von FERENCZI beschriebenen unzulänglichen Behandlung des Kindes durch die Eltern – ob direkt sexueller oder subtiler, emotionaler Mißbrauch, ob Überforderung oder Vernachlässigung, ob Überstimulierung oder Lieblosigkeit – die Erziehungsfehler lassen sich zusammenfassen im »Nichtbeachten der spezifisch kindlichen Bedürfnisse« (BALINT, 1932, S. 167). Und diese Nichtbeachtung bzw. Unterversorgung oder auch Überstimulierung tut oft vom ersten Lebenstag des Kindes an, »von Körper zu Körper« mit der frühesten Pflegeperson, ihre Wirkung.

Sowohl die hervorgerufene Übererregung als auch eine Unterforderung und Vernachlässigung erschweren es dem Kind, im späteren Leben tiefere Gefühle und Beziehungen zu ertragen:

»Diese Individuen haben nämlich Angst, überstarke Angst vor der Erregung, vor der befriedigenden Lust selbst. Sie können nicht genießen, weil sie es nie wagen« (BALINT, 1932, S. 166).

Anstelle von neurotischen, klar umrissenen Symptomen, die auf verinnerlichte Konflikte zurückzuführen sind und die durch Aufhebung der Verdrängung zum Verschwinden gebracht werden, beobachtet man bei diesen Patienten häufiger eine grundlegende Unfähigkeit, zu lieben – mit anderen Worten, eine Beziehungsstörung.

In Übereinstimmung mit FERENCZI formuliert BALINT das therapeutische Ziel:

»Diese ›argwöhnischen‹ Leute müssen in der Kur lernen, sich der Liebe, dem Genuß, so angstfrei, so ›arglos‹[27] hingeben zu können, wie sie es in ihrer allerersten Kindheit vermochten« (BALINT, 1932, S. 167 f.).

Es handelt sich also um eine Beziehungsstörung, die durch Beziehung zum Ausheilen gebracht werden soll; statt Bewußtwerdung und Einsicht ist hier das Ziel deutlich als Gefühlsveränderung definiert, als umfassende Veränderung in der Persönlichkeitsstruktur des Patienten; entsprechend dieser Zielsetzung muß das Erleben in den Vordergrund rücken; dieses wird, als wortloses Geschehen im Patienten, von der Einfühlung des Analytikers getragen.

27 Mit dem Wort »arglos« unterstreicht BALINT hier noch einmal die »naive«, passive Natur der kindlichen Wünsche, die er strikt von den aktiven genitalen Tendenzen des Heranwachsenden unterscheiden möchte.

Da die herkömmliche psychoanalytische Situation zu einem großen Teil auf sprachlicher Verständigung aufbaut, stellt sich die Frage, wie die »Kluft« zwischen in präverbale Bereiche regrediertem Patient und auf Deutungen angewiesenem Analytiker zu überbrücken ist. Für FERENCZI schien eine aktive Mutterliebe, in etwa analog zur realen Mutter-Kind-Beziehung, auf seiten des Analytikers vonnöten; BALINTS Position ist kritischer, er beschäftigt sich eingehend mit der Frage,

»welchen Anteil daran (an der Überbrückung der Kluft) kann der Analytiker übernehmen, und welchem muß er dem Patienten überlassen?« (BALINT, 1968, S. 110).

Seine Antwort korrigiert die Auffassungen FERENCZIS und führt zur Formulierung einer optimalen therapeutischen Distanz, die sowohl den Bedürfnissen des tief gestörten Patienten Rechnung trägt als auch weitestmöglich seine eigenständige Entwicklung fördert.

Diese optimale Distanz, die ein Sich-Anbieten auf seiten des Analytikers und ein Gebrauch-Machen auf seiten des Patienten bedeutet, schafft den Boden, die Atmosphäre für einen »Neubeginn«.

Doch bevor wir uns die Gesetzmäßigkeiten des »Neubeginns« vor Augen führen, wollen wir die Voraussetzungen untersuchen, welche, nach Meinung BALINTS, diesen wichtigen Schritt ermöglichen.

4.1.3.3 Kritik der klassischen Deutungstechnik

> »Wohl geben wir unseren Patienten nicht Sedativa oder sonstige Medikamente, aber das macht es vielleicht noch schwerer, ihre Klagen nicht zu lindern. Um etwas zu tun, etwas zu geben, was sie zum Aufhören bringt, greifen wir zu der Ausflucht, sie zu deuten« (BALINT, 1962, S. 263).

BALINT stellt nicht nur fest, daß die klassische Deutungstechnik auf der Ebene der Grundstörung nicht wirksam werden kann, er unterzieht diese Deutungstechnik im allgemeinen einer scharfsinnigen Analyse; so untersucht er die Funktionen, Wirkungen und schließlich die Grenzen und Variationsmöglichkeiten des Deutens, womit einerseits die Aktivität des Analytikers kritisch durchleuchtet wird und andererseits Wege für eine flexiblere technische Handhabung geebnet werden.

Ausgangspunkt seiner Überlegungen sind die schon erwähnten Erscheinungen beim auf die Grundstörung regredierten Patienten: das Wort verliert seine Verbindlichkeit, Deutungen werden »nicht mehr als Deutungen erlebt« (Balint, 1968, S. 28), sondern als »Angriffe, Forderungen, gemeine Unterstellungen, unverdiente Grobheit« (ebenda) usw. oder im Gegenteil als »erregend oder einlullend, als verführerisch«, als »Zeichen von Beachtung, Zuneigung oder Liebe« (ebenda).

Die Assoziationen des Patienten werden oft »leblos, repetitiv und stereotyp« (ebenda), drehen sich im Kreise; dasselbe gilt dann auch oft für die Deutungen des Analytikers. Oder aber die Worte, die fallen, erscheinen dem Patienten plötzlich »unendlich bedeutungsschwanger« (ebenda):

»In solchen Perioden kann jede kleinste Bemerkung, jede Geste oder Bewegung des Analytikers etwas zu bedeuten haben, das weit über alles hinausgeht, was er im realistischen Sinne beabsichtigt haben mochte« (Balint, 1968, S. 28).

Ob »bedeutungsschwanger« oder »leblos« – die Worte haben in dieser Situation nicht mehr die feststehende, konventionelle, »erwachsene« Bedeutung für den Patienten, die eine »reife« Kommunikation möglich macht.

Man ist auf der Ebene der Grundstörung angelangt, auf präverbalen Ebenen also, und stellt man in Rechnung, daß der Patient – als weiteres charakteristisches Merkmal seiner Grundstörung – über eine überdurchschnittliche Sensibilität verfügt, die es ihm ermöglicht, teilweise »die Stimmung des Analytikers eher ... (zu spüren) als dieser selbst« (Balint, 1968, S. 104), ist es nicht unverständlich, daß er – eine weitere häufige Beobachtung auf der Ebene der Grundstörung – sich zunehmend auf das Grübeln darüber verlegt, »was wohl die ›wahren Gründe‹ sein mögen, die den Analytiker veranlaßten, dies oder jenes zu sagen, dies oder jenes zu tun, in dieser oder jener Stimmung zu sein« (ebenda).

Der Patient, bedürftig nach Beziehung und Echo, versucht die Stimmung »hinter« den Worten zu erfassen, und dies mit Recht; denn die Differenzen, die er erspürt, sind nicht oder nicht nur auf

eine neurotische Überempfindlichkeit zurückzuführen, wie BA-
LINT nun aufzeigt: tatsächlich verbirgt sich hinter scheinbar fest-
stehenden Deutungsregeln und Worten mit scheinbar allgemein
verbindlichen Bedeutungen die jeweils individuelle Technik und
persönliche Eigenart des Analytikers, Faktoren, die die spezifische »Atmosphäre« der analytischen Situation kreieren.

»Dennoch ist es nicht zu leugnen, daß es individuell verschiedene Weisen
des Analysierens gibt, unterschiedliche Atmosphären sozusagen, die von
der individuellen Technik und Persönlichkeit des betreffenden Analytikers
gestaltet werden« (BALINT, 1939, S. 218).

Ganz abgesehen von den inhaltlichen Differenzen, die zwischen
Deutungen verschiedener Analytiker auftreten können, ist prä-
gend für den analytischen Prozeß und charakteristisch für die
Persönlichkeit des Analytikers, was, wann und wie gedeutet
wird.
Ob er vorsichtig und sparsam mit Deutungen umgeht oder es
großzügig auch auf »Fehltreffer« ankommen läßt, ob er Schweigen mit Gegenschweigen beantwortet oder mit Ermutigungen
zum Reden, ob er das *Verhalten* des Patienten deutet oder verbales
Material, all dies sind Variablen, die je individuell den Prozeß gestalten. Darüber hinaus aber

»variieren auch noch die feinen Schattierungen in der Formulierung einer
Deutung oder selbst einer scheinbar sachlichen Mitteilung, die Wahl der
Worte, die Hervorhebung oder Nichthervorhebung bestimmter Worte,
selbst der Tonfall von Analytiker zu Analytiker« (BALINT, 1939, S. 217).

Diese Erkenntnisse, die dem frühen Ideal der »Spiegel«-Technik
diametral entgegenstehen, sind, so BALINT, in erster Linie zu akzeptieren – statt zu bekämpfen und zu verleugnen. Es kommt
vielmehr darauf an, diese unausweichliche »persönliche Variable«
kontrolliert und selbstkritisch in den Dienst des therapeutischen
Prozesses zu stellen. Ohne die Fiktion eines »neutralen« For-
schers aufrechtzuerhalten, muß sich der Analytiker der »seelischen Befriedigung« (BALINT, 1939, S. 220) bewußt werden, die
ihm die eigene Technik bedeutet. Kontrolle der Gegenübertragung heißt somit bei BALINT *auch*, daß ein bestimmtes Maß an
persönlicher Befriedigung, die in der je individuellen Technik
liegt, gewährleistet sein muß – solange sie nur reflektiert ist –,
damit der Analytiker befähigt ist, dem Patienten ein Optimum an
Selbsterkenntnis zu verschaffen.

Denn wie auch Untersuchungen und Statistiken beweisen (vgl. z. B. Haynal, 1987, S. 70), scheinen die verschiedenen Techniken und Deutungsmethoden letztlich alle zu einem ähnlichen Prozentsatz von Erfolgen und Mißerfolgen zu führen. Worauf es ankommt, ist eher, den »Narzißmus der kleinen Differenzen« (Freud 1930, S. 243) zu gestatten und mit der unvermeidlichen individuellen Abweichung bewußt umzugehen.

Letztlich geht es Balint darum, die averbale Kommunikation zwischen Patient und Analytiker zu erfassen und in den Prozeß zu integrieren; ginge es nur um intellektuelle Prozesse, um Einsichten, so könnte der Analytiker sich als bloßen »Spiegel« begreifen, denn:

»Ein Spiegel reflektiert ein Bild, ändert aber nichts an dessen Wesen; so werden also auch Worte durch Worte reflektiert, während die Übersetzung nicht-verbalen Materials in Worte über die Funktion der spiegelartigen Arbeit hinausgehen würde« (Balint, 1968, S. 99).

Die geschilderten Beobachtungen verweisen zugleich auf die Gefahren, die in der klassischen Deutungstechnik liegen; wiewohl auf Einfühlung, Passivität und Objektivität bedacht, bedeuten die Interventionen des Analytikers nicht selten ein Verfehlen, Übergehen oder gar Manipulieren des Patienten. Zum Beispiel, so Balint, werde wie selbstverständlich von der gewohnten Sprache des Analytikers ausgegangen, also einer Ebene, die gerade dem regredierten Patienten oft nicht Rechnung trägt. Da es nun aber »der größte Wunsch eines jeden Patienten ist, *verstanden* zu werden« (Balint, 1968, S. 113 f.), muß sich der Patient seinem Analytiker anpassen, statt seinen eigenen Weg zu beschreiten; ein Prozeß, der quasi die Errichtung bzw. Stabilisierung des »falschen Selbst« (Winnicott) nach sich zieht.

Ein »Argumentieren im Kreise« (Balint, 1968, S. 206) ist die Folge: der Analytiker geht von einer bestimmten *Theorie* aus, die er in seinen Deutungen und Interventionen zur Anwendung bringt; der um Verständnis bemühte Patient lernt die Sprache dieser Theorie sprechen, und sieht sich nun gezwungen,

»all seine präverbalen Erlebnisse in dieser Sprache auszudrücken und in gewissen Ausmaße sogar zu fühlen, wodurch er wiederum den Analytiker überzeugt, daß sowohl seine Theorie als auch seine Deutungen absolut richtig sind« (ebenda).[28]

28 Zur Illustration ein Beispiel, wie durch die klassische Technik Theo-

Wir haben es also im Grunde mit einem »schlechten Zusammen-
passen« zwischen Patient und Analytiker zu tun, und, gemäß den
Reaktionen eines Kindes auf eine inadäquate Umwelt, errichtet
auch der regredierte Patient oft ein »Pseudo-Selbst«, welches sich
dann weiterhin »brav« und »erwachsen« mit dem Analytiker un-
terhalten kann (vgl. BALINT, 1968, S. 133).

»Unter dem Druck des übermächtigen Bedürfnisses, verstanden zu werden, lernt der Patient nicht nur, die Sprache seines Analytikers so zu
sprechen, daß er seine Assoziationen in dieser Sprache ausdrücken kann,
sondern er übernimmt damit auch die Überzeugung, daß die Analyse nur
mit solchen Erlebnissen sich befaßt, die ohne Schwierigkeit verbalisiert
werden können und deren Intensität nicht über eine kritische Stufe hinausgeht. Alles, was außerhalb des Bereichs der Sprache liegt, kommt nur
sehr schwach und ungenau zum Ausdruck oder kann vom Patienten überhaupt nicht ausgedrückt werden« (BALINT, 1968, S. 128).

Damit führt BALINT vor Augen, wie die klassische Theorie durch
ihre Methode das Leiden des Patienten »organisiert«, wie Körperlichkeit und Präverbales durch die Eigenschaften des Settings in
den Hintergrund treten können oder gar eliminiert werden.
Die Empfindungen des Patienten, da im Präverbalen und Körperlichen angesiedelt, bleiben vage, ungenau, äußern sich oft, wohl
aufgrund der Erfahrung des Nicht-verstanden-Werdens, in stereotypen Klagen und Vorwürfen. So ergibt sich auf seiten des Analytikers das Bestreben, diese Klagen »hinwegzuanalysieren« (BA-
LINT, 1962, S. 262), bzw. »der unwiderstehliche Drang, die
Klagen zu ›organisieren‹« (BALINT, 1962, S. 263). Die psychoanalytische Klassifizierung mit der entsprechenden Deutungstechnik

rien, hier die der »oralen Abhängigkeit«, entstehen bzw. stabilisiert
werden können:
»Wenn man dies als das wahre, den Frühphasen der menschlichen Entwicklung entsprechende Bild annimmt, so kommt man ohne weiteres
zur Theorie der ›oralen Abhängigkeit‹. Die Abhängigkeit ist offenkun-
dig, und das adjektiv ›oral‹ wird ihr flugs unter dem Einfluß unserer
Triebtheorie angehängt, die zur Beschreibung alles Primitiven oder
Frühen nur dieses eine Wort hat. Die Tatsache, daß in einer so geführ-
ten Behandlung nahezu alle Transaktionen zwischen Patient und Analytiker durch das Medium des Wortes vor sich gehen, verstärkt die
›oralen Aspekte‹, und wir Analytiker, die Patienten und unsere Theorie assoziieren damit, daß Deutungen, d. h. Worte, für ›Milch‹ stehen
können und der Analytiker für ›Brust‹« (BALINT, 1968, S. 206).

erweist sich für BALINT so auch als Abwehrmanöver, entspringt dem tiefsitzenden Bedürfnis des Analytikers, »um jeden Preis einen Sinn in den Klagen des Patienten zu entdecken« (ebenda); ähnlich wie bei den Ärzten, die sich handlungsunfähig fühlen, wenn sie trotz Beschwerden des Patienten keinen »organischen Befund« entdecken können.

»Wohl haben wir – mehr oder weniger – die Vorstellung von ›Krankheiten‹ aufgegeben, aber wir scheinen von einem ähnlichen Drang besessen, die Klagen und Symptome zu einem ›Konflikt‹ oder einer ›Position‹ zu organisieren, mit einem Namen und Rang, beide so ›früh‹ und ›tief‹ in unserer chronologischen Hierarchie wie nur möglich« (BALINT, 1962, S. 263).

Deutungen erweisen sich so auch als Manöver, die Spannung des Nicht-Wissens und des Nichts-tun-Könnens zu reduzieren:

»Wohl geben wir unseren Patienten nicht Sedativa oder sonstige Medikamente, aber das macht es vielleicht noch schwerer, ihre Klagen nicht zu lindern. Um etwas zu tun, etwas zu geben, was sie zum Aufhören bringt, *greifen wir zu der Ausflucht, sie zu deuten*« (ebenda, Hervorhebung der Verfasserin).

Spricht dann der Patient immer noch nicht an, muß die therapeutische Niederlage mit negativer Diagnostik gerächt werden; die Regression war »zu tief«, die Krankheit »unheilbar«, die Umwelt zu grausam; sogar auf den »alten Sündenbock« (ebenda) Vererbung wird wieder zurückgegriffen.
Nach Meinung BALINTS ist dieser Teufelskreis nur zu durchbrechen, indem die Analytiker

»vorbehaltlos die Tatsache annehmen, daß Worte nicht mehr zuverlässig sind, und ... (indem) wir vorübergehend ehrlich jeden Versuch unterlassen, den Patienten auf die verbale Ebene zurückzuzwingen« (BALINT, 1968, S. 214 f.).

Das heißt: der Analytiker verzichtet auf »seine« Sprache und läßt sich auf das präverbale Erleben ein, versucht »zu verstehen, was hinter den Worten liegt« (ebenda).

»Das umfaßt Toleranz und Respekt für das ›Agieren‹ des Patienten in der Analyse; vor allem darf man ihn nicht drängen, zu früh die nicht-verbalen Ausdrucksformen in verbale, ödipale umzusetzen« (BALINT, 1968, S. 220).

Was der regredierte Patient braucht, ist eine Atmosphäre des Verstehens und der Teilnahme, des tiefen Sich-Einlassens auf seiten des Analytikers; diese präverbale Welt mit ihren »unorganisierten«, inkohärenten, nebelhaften Inhalten muß von beiden Beteiligten erlebt und *ausgehalten* werden, ohne daß der Analytiker versucht, sie mit ihren Deutungen zu »organisieren«; denn Deutungen als »ganze, ›organisierte‹ Gedanken und Objekte« würden in dieser »nebelhaften, traumähnlichen« Welt »entweder alles zerstören oder zu einer unnatürlichen, frühreifen Organisation führen« (BALINT, 1968, S. 214).

Statt den Wunsch zu *deuten*, wird dieser, als grundlegendes Bedürfnis verstanden, erfüllt, eine Objektbeziehung wird ermöglicht, die notwendig ist, damit der Patient seinen Neubeginn wagen kann; die schlichte Deutung hätte Kritik, Belehrung, den Wunsch nach baldiger Veränderung impliziert; und dies nicht nur, weil ein überempfindlicher Patient es so auslegt, sondern ebenso, weil der Analytiker tatsächlich *auch* aus einem Bedürfnis heraus deutet, seine Ratlosigkeit, Angst und Ungeduld zu reduzieren; Gefühle, die sich angesichts der wortlosen, ungeordneten Welt der Grundstörung rasch einstellen.

Das Anbieten einer primitiven Objektbeziehung verlangt vom Analytiker nicht nur den Verzicht auf sein grundlegendes therapeutisches Instrument – die Sprache bzw. Deutung –, sondern auch ein Mitregredieren in und Aushalten von präverbalen Bereichen, die jenseits der sekundärprozeßhaften Logik liegen.

Deutungen als »notwendigerweise immer verbal, gesprochene Worte« (BALINT, 1968, S. 195) sind auf dieser Stufe fehl am Platze, sie erzielen nur »Einsicht«; es geht hier aber ganz überwiegend um das »Gefühl«, und das wird durch die Objektbeziehung hergestellt:

»... während ›Einsicht‹ mit ›sehen‹ korreliert ist, hat ›Gefühl‹ mit dem Berühren oder Befühlen zu tun, und das ist entweder die primäre Mutter-Kind-Beziehung, oder es ist Oknophilie« (BALINT, 1968, S. 195).

An dieser Stelle ist noch einmal auf den Mechanismus zu verweisen, wie die Methode die Beobachtung prägt:

BALINT verweist auf die »geradezu himmelschreiende Einseitigkeit« (1951, S. 150) der psychoanalytischen Theorie in bezug auf die »Frühzeit des geistig-seelischen Lebens« (ebenda): praktisch alle technischen Bezeichnungen, die diese Zeit beschrieben, leiteten sich »von den objektiven und subjektiven Erscheinungen der Oralsphäre her, so Gier, Einverleibung, Introjektion, Verinnerlichung, Teilobjekte, Zerstören durch Saugen, Kauen und Beißen,

Projektion nach den Modi des Ausspuckens und Erbrechens usw.« (ebenda). Erinnern wir uns hier an seinen Hinweis, daß die Tatsache, daß »nahezu alle Transaktionen zwischen Patient und Analytiker durch das Medium des Wortes vor sich gehen«, die »oralen Aspekte« (Balint, 1968, S. 206) in der Behandlung wesentlich verstärkt, so ist nicht schwer nachzuvollziehen, daß die primitiveren Sphären, die Bereiche der harmonischen Verschränkung, in den Hintergrund geraten müssen.

»Solche Sphären sind die Wärmeempfindung, rhythmische Geräusche, naher Körperkontakt, taktile und Muskelsensationen, besonders an den Händen, und die unleugbare Macht jedes einzelnen dieser Phänomene und aller zusammen, Ängste und Argwohn, selige Befriedigung und bange, verzweiflungsvolle Einsamkeit hervorzurufen und wieder aufzuheben« (Balint, 1951, S. 150).

Diese sinnlich-präverbalen Ebenen, die nicht punktförmige Befriedigung, sondern allumfassenden Halt meinen, lassen sich schwer in Worte fassen. Sie artikulieren sich auf seiten des Patienten durch sein Agieren und vermitteln sich auf seiten des Analytikers durch die »Atmosphäre«, die er schafft.

Diese Form von Objektbeziehung, die der Analytiker anbieten muß, *ersetzt* nicht das Deuten, sondern ergänzt es nur; es muß jedoch in manchen Phasen der Behandlung zugestanden werden, daß die Deutungen unbedingt in den Hintergrund treten, da sie auf der Ebene der Grundstörung unwirksam und gefährlich sein können; dann ist die Objektbeziehung der Motor der Behandlung. Balint unterstreicht indes die Notwendigkeit der anschließenden verbalen Bearbeitung dessen, was in der tiefen Regression vor sich gegangen ist. Ohne den Patienten zu drängen, muß man ihm aber seine Ausdrucksweise lassen, »bis der Patient auf die ödipale Ebene der konvenierten Sprache zurückgekehrt« ist (Balint, 1968, S. 214 f.).

4.1.3.4 Objektbeziehungen als Motor der Behandlung

Im Bereich der Grundstörung, wenn Worte unverständlich, leblos, unzureichend erscheinen, ist für Balint »die Schaffung und Erhaltung einer leistungsfähigen Beziehung, besonders mit regredierten Patienten, vielleicht wichtiger als korrektes Deuten« (Ba-

LINT, 1968, S. 194). Objektbeziehungen können auch auf nicht-verbalem Wege hergestellt werden bzw. umfassen etwas jenseits des sprachlichen Austauschs, was man mit »Klima«, »Atmosphäre« usw. umschreiben kann. So sind sie das tragende Moment, wenn die verbalen Techniken in der Analyse nicht mehr greifen – und wenn man, wie FERENCZI und BALINT, ein Bedürfnis nach Beziehung schon am Anfang des Lebens vermutet. Anderenfalls nämlich – und dies ist die Befürchtung FREUDS – bedeutete der Verzicht auf Worte beim tief regredierten Patienten ein »Abrutschen« in die Objektlosigkeit.

Die klassische Triebpsychologie, die die Annahme einer primären Objektbeziehung nicht teilt, denkt, so BALINT, »in von der Biologie – genauer, der Anatomie – entlehnten Begriffen..., einer Wissenschaft, die nur das Einzelwesen kennt und von keinen Objektbeziehungen weiß« (BALINT, 1949, S. 229).

Die Konsequenzen für die therapeutische Technik liegen auf der Hand – denn ob der Analytiker ein bestimmtes Phänomen als ein Streben nach Triebbefriedigung oder als das Bedürfnis nach einer besonderen Form der Objektbeziehung sieht, bestimmt wesentlich sein weiteres Vorgehen. Während das Streben nach Triebbefriedigung als in Schranken zu haltende Gier verstanden wird – und BALINT scheint mit dieser Sicht übereinzustimmen –, sollte der Wunsch nach einer primitiven Objektbeziehung als ein grundlegendes und für die Behandlung notwendiges Bedürfnis verstanden werden:

»Meiner Ansicht nach ist bei dieser besonderen Form von Liebe eine angemessene und rechtzeitige Erfüllung *aller* Bedürfnisse von ganz entscheidender Bedeutung, wegen der sozusagen *absoluten Abhängigkeit* (Hervorhebungen im Original) des Kindes (oder des Patienten) vom Objekt. Anders ausgedrückt: *Das Kind ist nicht ungewöhnlich gierig, sondern Objekt und Befriedigung sind für es von äußerster Wichtigkeit*« (BALINT, 1951, S. 138, Hervorhebung der Verfasserin).

So ist in diesen Fällen die Deutung des Übertragungswunsches nach Objektbeziehung nicht ausreichend, sondern dem Patienten ist tatsächlich die besondere und primitive Form der Objektbeziehung, die er in gewissen Phasen der Behandlung herzustellen versucht, zuzugestehen, weil er sie zu seiner weiteren Entwicklung *braucht*.

BALINT sieht schon in den ersten Experimenten seines Lehrers

FERENCZI – seiner »aktiven Technik« und seinem »Relaxationsprinzip« – »gewollte Versuche, Objektbeziehungen zu schaffen« (BALINT, 1968, S. 211), ohne dies schon systematisch erfassen zu können. Auch hier wertet er die Erfahrungen FERENCZIS, die teilweise fehlschlugen, aus; FERENCZIS Versuche, entsprechend der Theorie der absoluten Bedürftigkeit des Kindes (und des regredierten Patienten) nach dem Objekt diese Beziehungsformen wiederherzustellen, führte doch nur zu dem Ergebnis, »daß seine Patienten immer abhängiger von ihm wurden beziehungsweise daß er immer wichtiger für sie wurde« (ebenda).

Er beschreibt seine Beobachtungen bei einem von FERENCZIS »weitestgehenden« Experimenten:

»Er hatte in seinen letzten Jahren analytischer Arbeit mit einer seiner Patientinnen vereinbart, daß er die Rolle des primären Objekts, soweit es in seiner Macht stünde, übernehmen werde. So erhielt die Patientin soviel Zeit von ihm, wie sie wünschte: mehrere Stunden am Tag und, falls nötig, auch in der Nacht. Da Unterbrechungen nicht ratsam erschienen, nahm der Analytiker die Patientin in seine Ferien mit. Aber das sind nur die geringfügigsten Beispiele dessen, was wirklich geschah. Das Experiment wurde über Jahre fortgeführt, und die Ergebnisse waren noch nicht eindeutig klar, als FERENCZI die analytische Arbeit wegen seiner Krankheit aufgeben mußte; wenige Wochen später starb er. Die Patientin, eine begabte, aber tief gestörte Frau, war zu jener Zeit erheblich gebessert, konnte aber noch nicht als geheilt betrachtet werden. Ich erinnere mich, daß wir über seine Experimente sprachen – das erwähnte war keinesfalls sein einziges, obwohl das weitestgehende –, und daß FERENCZI zugab, daß es mißglückt sei; aber er habe sehr viel dabei gelernt, und vielleicht würden auch andere noch Nutzen davon haben, indem sie daran erkennen könnten, daß er die Aufgabe, so wie er sie sich gestellt habe, unlösbar sei« (BALINT, 1968, S. 136).

BALINT kommt zu dem Schluß, daß FERENCZIS Technik »die Ungleichheit zwischen dem Patienten und ihm, statt sie zu verringern, nur immer vermehrte, bis die Patienten ihn als wahrhaft allwissend und übermächtig empfanden« (BALINT, 1968, S. 211).

Wiewohl FERENCZI selbst als einer der ersten gegen die Ungleichheit zwischen Patient und Analytiker angetreten war, die »berufliche Hypokrisie« anprangerte und zur Bescheidenheit mahnte, entging ihm, daß sein Anspruch und Versprechen, tatsächlich primäres Objekt zu sein, die Proportionen zwischen ihm und seinen Patienten ebenfalls erheblich verschieben mußte; seine wohlmeinende »Verwöhnung« versetzte ihn in die Rolle des mächtigen Objekts, während der Patient in seiner Abhängigkeit fixiert blieb.

BALINT meint, die Schwierigkeiten, die sich einerseits aus der tatsächlichen und berechtigten Bedürftigkeit des regredierten Patienten und aus der andererseits gefährlichen Entwicklung von suchtartigen Zuständen (»maligner Regression«, vgl. Kapitel 4.1.3.5) ergeben, auflösen zu können, indem er darauf hinweist, daß es gar nicht darum geht, aktiv zu lieben, zu verwöhnen:

»Es handelt sich in Wirklichkeit gar nicht darum, den regredierten Patienten zu befriedigen oder zu frustrieren, sondern darum, in welcher Weise die Reaktion des Analytikers auf die Regression des Patienten die Patient-Analytiker-Beziehung und damit den weiteren Verlauf der Behandlung beeinflussen wird« (BALINT, 1968, S. 204 f.).

Der Analytiker muß somit gar nichts *geben*, sondern sich vielmehr nur für eine therapeutisch günstige, wachstumsfördernde Beziehung *zur Verfügung stellen*.

»Dieses Sich-als-›primäres-Objekt‹-Darbieten ist natürlich nicht gleichbedeutend mit dem Geben primärer Liebe; auch die Mutter gibt dem Kind keine primäre Liebe; vielmehr verhält sie sich wie ein primäres Objekt, d. h., sie läßt sich als Primärobjekt mit primärer Liebe besetzen. Dieser Unterschied zwischen dem Geben primärer Liebe und dem Sich-mit-primärer-Liebe-besetzen-Lassen dürfte für unsere Technik von fundamentaler Bedeutung sein ...« (BALINT, 1968, S. 217 f.).[29]

Der Therapeut sollte also, so BALINT, nur ein *Angebot* machen, und zwar in begrenzter, symbolischer Form. Er kann nur Hilfestellungen geben, von sich Gebrauch machen lassen, nicht aber direkte Entschädigung bieten:

29 Der argumentative Rückgriff auf die Rolle der Mutter erscheint mir problematisch; zwar ist auch sie lange Zeit »Substanz« für den Säugling, aber m. E. gibt sie durchaus aktive Liebe, sei diese nun »primär« oder von »reiferer« Qualität. Obwohl sie ein Stück weit mitregrediert, sich empathisch auf das Kind einstellt, ist sie in ihrer Haltung doch subjektiv, suggestiv, selektiv-beurteilend usw. vom ersten Tag an und kann es gar nicht anders sein; die Idee des möglichst unaufdringlichen Therapeuten ist für eine kurative Idealbeziehung mit dem schwergestörten Patienten sinnvoll, kann aber m. E. auch nur angestrebt werden und ist nicht mit der »Mutterliebe« gleichzusetzen.

»Der Analytiker muß während dieser Perioden als derjenige funktionieren, der für den Patienten Zeit und ein Milieu bereithält. Das soll nicht heißen, daß er die Verpflichtung habe, den Patienten für seine frühen Entbehrungen zu entschädigen und ihm mehr Fürsorge, Liebe, Zuneigung zu geben, als seine Eltern ihm ursprünglich gaben (selbst wenn er das versuchen wollte, müßte er mit großer Wahrscheinlichkeit scheitern).

Was der Analytiker bereithalten muß, und zwar nach Möglichkeit nur während der regulären Behandlungsstunden, ist Zeit, die frei ist von äußeren Versuchungen, Reizen und Forderungen, einschließlich solcher, die vom Analytiker selber ausgehen. Das Ziel besteht darin, dem Patienten zu ermöglichen, daß er zu sich selber finden, sich selber anehmen, mit sich zurechtkommen kann, obwohl er weiß, daß er eine Narbe in sich trägt, seine Grundstörung nämlich, die aus seinem Leben nicht ›weganalysiert‹ werden kann. Darüber hinaus muß man ihm *seinen* Weg zur Welt der Objekte finden lassen...« (BALINT, 1968, S. 217 f.).

Dieses Zitat verdient längere Betrachtung, weil es zugleich mehrere Erkenntnisse und Konsequenzen aus Experimenten in der Art FERENCZIS wie auch Fehlschlägen der klassischen Deutungstechnik zusammenfaßt. Die Notwendigkeit einer klaren Struktur wird betont: das Setting (einige festgesetzte Stunden in der Woche) bedeutet einerseits Abgrenzung, Begrenzung; es bedeutet aber auch, einen »Raum zu geben«, eine Atmosphäre bereitzuhalten, die heilsam wirkt; Nähe und Teilnahme werden so nicht direkt, sondern symbolisch vermittelt; dies bedeutet, daß die Aufgabe des Analytikers wie das Ziel der Behandlung Begrenzung erfährt, jedoch, nach Meinung BALINTS, zugunsten der Beteiligten. Wichtig erscheint mir der eingeklammerte Zusatz BALINTS, daß der Therapeut eine Wiedergutmachung realistischerweise gar nicht leisten kann, was bedeutet, daß er seine Hilfe auf ein kontrolliertes Angebot zur Ausheilung reduzieren muß. Für den Patienten ist wichtig, den Anspruch aufzugeben, daß seine jetzige Umwelt ihn jemals voll für erlittene Schmerzen entschädigen könne; mit dieser Haltung kann er die begrenzte Stundenzahl, die ihm zur Verfügung gestellt wird, als den wertvollen *Beistand* begreifen, den er braucht, um zu sich selbst und zu *seinem* Weg zu finden. Seine Gefühle müssen nicht in Enttäuschung und Haß umschlagen, da ihm niemals versprochen wurde, alles wiedergutzumachen, sondern nur Hilfe angeboten wurde, die seine Grundstörung bestenfalls ausheilen kann. Die Trauer und das Gefühl einer »Narbe« können ihm nicht genommen werden. Andererseits verspricht der Analytiker, ihm ein Optimum an

Aufmerksamkeit und Teilnahme bereitzustellen, indem er sich für diesen kontrollierten Zeitraum von eigenen Bedürfnissen und Belangen freizumachen versucht und seine Gegenübertragung reflektiert und kontrolliert – eine Leistung, die über längere Zeiträume hinweg gar nicht zu erbringen ist.

So bietet die kontrollierte Zuwendung nicht nur Schutz und Schonung für den Therapeuten, sondern ermöglicht diesem auch, seine Fähigkeiten und Potentiale optimal zur Wirkung zu bringen; den Patienten wiederum motiviert das begrenzte Angebot zu eigenständiger Entwicklung.

Objektbeziehung wird so von BALINT als therapeutischer Faktor *zusätzlich* zur Deutung (und nicht statt ihrer) eingeführt; in manchen Perioden muß sie im Vordergrund stehen, ist sie das tragende Moment der Therapie – denn eine »Grundstörung« kann nicht »weganalysiert« werden. Die jeweils angezeigte Form der Objektbeziehung ergibt sich aus einer optimalen Distanz des Therapeuten zum Patienten:

»... weder so weit entfernt, daß sich der Patient verlassen fühlt, noch so nahe, daß der Patient sich belästigt und unfrei fühlt; in einer Distanz also, die dem augenblicklichen Bedürfnis des Patienten entspricht« (BALINT, 1962, S. 269).

Mit der Objektbeziehung bietet der Analytiker »etwas mehr« als in der klassischen Therapie, damit ein »Neubeginn« ermöglicht werden kann; er darf aber kein »bedrückendes oder forderndes Objekt« sein (BALINT, 1968, S. 219), sondern muß stille, unaufdringliche Präsenz bieten; »das Subjekt seinerseits darf in keiner Weise verpflichtet sein, sie (die Umwelt) zu beachten, anzuerkennen, sich um sie zu sorgen« (ebenda). In dieser Hinsicht werden Bedingungen nach Art einer »primären Liebe« hergestellt.

Aber »neben einem ›bedürfniserkennenden‹ und vielleicht sogar ›bedürfnisbefriedigenden‹ Objekt« (BALINT, 1968, S. 219) hat der Analytiker zudem noch ein »›bedürfnisverstehendes‹ Objekt (zu) sein, das darüber hinaus auch noch imstande sein muß, dieses Verständnis dem Patienten mitzuteilen« (ebenda) – womit sich die Frage nach einer angemessenen Deutungstechnik stellt.

Wir werden auf diese Problematik zurückkommen (vgl. Kapitel 4.1.3.7).

Die heilsame Wirkung von Objektbeziehungen basiert auf dem (Wieder-) Erleben von kindlichen Gefühlen und damit auf einer tiefen Regression.

Wie sein Lehrer FERENCZI betrachtet auch BALINT Regression als Hilfsmittel, ja Voraussetzung für therapeutische Prozesse und plädiert für eine regressions-bejahende Einstellung des Analytikers. Er nimmt jedoch eine Mittelstellung zwischen FREUD und der klassischen Analyse einerseits und FERENCZIS Theorien andererseits ein; weder will er Regression kleinzuhalten versuchen, als »Umweg« und Hindernis betrachten, noch sich ihrer Wirkung unkontrolliert und uneingeschränkt überlassen; sondern sein Bemühen geht dahin, ihre Gesetzmäßigkeiten zu studieren, um sie sich so in kontrollierter Form zunutze zu machen. So meint er:

»Wir müssen möglichst viele primitive, nicht-ödipale Beziehungen studieren, um die Faktoren zu isolieren, die zu deren Entwicklung führen oder sie anregen; wir müssen die Bedingungen klären, denen der Analytiker genügen muß, wenn er sie unter Kontrolle halten und nicht zu Gefahren ausarten lassen will; und schließlich müssen wir sie als Vehikel für therapeutische Interventionen benutzen« (BALINT, 1968, S. 125).

Der Mechanismus der Regression ist eine der ersten Entdeckungen FREUDS, aufgrund ihrer Gesetzmäßigkeiten kann er seine Theorien formulieren:

»Die Assoziationen des Kranken gingen von der Szene, die man aufklären wollte, auf frühere Erlebnisse zurück und nötigte die Analyse, welche die Gegenwart korrigieren sollte, sich mit der Vergangenheit zu beschäftigen. (...)
Diese regrediente Richtung wurde zu einem wichtigen Charakter der Analyse. Es zeigte sich, daß die Psychoanalyse nichts Aktuelles aufklären könne außer durch Zurückführung auf etwas Vergangenes...« (FREUD, 1914b, S. 47).

Regression im topischen und zeitlichen Sinne, als ein Zurückkehren auf frühere Stufen, wird durch die freie Assoziation gefördert und ist zur Aufdeckung der komplexen Zusammmenhänge unerläßlich; formale Regression, also das Zurückkehren zu primitiveren Ausdrucksformen und Verhaltensweisen, wurde von FREUD jedoch wenig erwähnt und vor allem nicht genutzt; allein das Medium Sprache als ausschließliche Kommunikation setzt hier deutliche Grenzen.

Alles in allem wird Regression von FREUD weniger in ihrer positiven Dimension als vielmehr in ihrer Eigenschaft als Abwehrmechanismus, als pathogener Faktor und als Form des Widerstandes genannt. BALINT hebt hervor, daß das Thema Regression ungebührlich lange vernachlässigt worden sei, so als seien »Widerstände« bei FREUD und der klassischen Analyse dagegen zu vermuten; mit zunehmenden Erfassen ihrer Bedeutung wurden wiederum die schädlichen Aspekte der Regression hervorgehoben.

Die regredierte Form der Übertragung wurde von FREUD, so BALINT, mit Abstinenz und Entbehrung in Schranken zu halten versucht; Deutungen dürften die einzige Antwort auf die tiefe Regression sein, und wenn Deutungen versagten, müsse der Patient vom Verfahren ausgeschlossen werden. Während FERENCZI die Unabänderlichkeit und Notwendigkeit der Regression im therapeutischen Prozeß unterstreicht, spricht FREUD nur wenig, und dann beiläufig, über den »langen Umweg... über die früheste Kindheit« (FREUD, 1914b, S. 48), der manchmal unumgänglich sei, um die gegenwärtigen Probleme des Patienten zu lösen.

Schließlich erscheint ihm die Regression sogar als Manifestation des Todestriebes, als Ausdruck eines quasi biologischen Bestrebens im Menschen, zu früheren Zuständen und in letzter Konsequenz in das Nichts, den Tod zurückzukehren. Die regredierte Übertragung wird zum mächtigen »Wiederholungszwang«; dieselben Erscheinungen von Regression, die auch FERENCZI und BALINT beschreiben, erfahren hier ganz andere Bewertung:

»Alle diese unerwünschten Anlässe und schmerzlichen Affektlagen werden nun vom Neurotiker in der Übertragung wiederholt und mit großem Geschick neu belebt. Sie streben den Abbruch der unvollendeten Kur an, sie wissen sich den Eindruck der Verschmähung wieder zu verschaffen, den Arzt zu harten Worten und kühlem Benehmen gegen sie zu nötigen. (...) Es handelt sich natürlich um die Aktion von Trieben, die zur Befriedigung führen sollten, allein die Erfahrung, daß sie anstatt dessen auch damals nur Unlust brachten, hat nichts gefruchtet. Sie wird trotzdem wiederholt; ein Zwang drängt dazu« (FREUD, 1920, S. 133).

Die Hypothese eines Todestriebes kann in diesem Zusammenhang als eine Kapitulation vor der Erscheinung tiefer Regression gewertet werden; BALINT findet es bezeichnend für FREUD, die »dunkle« Macht des Wiederholungszwangs ausgerechnet am Spielverhalten des Kindes und an Formen regredierter Übertragung zu illustrieren (vgl. BALINT, 1968, S. 149).

Demgegenüber vermutet er, wie FERENCZI, in der Regression eine Art Selbstheilungsversuch und nicht den Ausdruck »dunkler« Kräfte oder gar des Todestriebs. Vielmehr kann Regression, was FREUD zu wenig würdigt, ein wichtiger Verbündeter in der Behandlung sein, da das Regredieren des Patienten auch bedeutet, die »Geschäftsführung seines Pseudo-Ich« (BALINT, 1968, S. 134) aufzugeben und zu einem Zustand zu gelangen, in welchem »die Deutungen das wahre Ich erreichen...« (ebenda).

Die klassische »Einpersonenpsychologie« übersieht zudem, daß Regression nicht nur ein intrapsychischer, sondern auch ein zwischenmenschlicher Vorgang ist; in bezug auf die therapeutische Situation ist dies letzte sogar entscheidend:

»Um die volle Bedeutung der Regression zu verstehen und in der analytischen Situation mit ihr umgehen zu können, muß man sich vor Augen halten, daß die Form, in der sie auftritt, nur zum Teil vom Patienten, seiner Persönlichkeit und seiner Krankheit abhängig ist. Zum Teil hängt sie auch vom Objekt ab« (BALINT, 1968, S. 180 f.).

Statt in den anorganischen Zustand, in die Objektlosigkeit und das Nichts, strebt die Regression des Patienten nach BALINTs Beobachtungen »auf die Errichtung einer Objektbeziehung, die in ihrer Struktur der primären Beziehung gleicht« (BALINT, 1968, S. 167).

Doch im Gegensatz zu FERENCZI macht BALINT hier Einschränkungen bzw. nimmt eine Unterscheidung vor: neben dieser »gutartigen« Regression gibt es noch eine »bösartige«. Während erstere beim Patienten nur das Ziel einer »stillschweigenden Erlaubnis, die äußere Welt so benutzen zu dürfen, daß er mit seinen inneren Problemen vorankommen kann« (BALINT, 1968, S. 176), hat, strebt die »bösartige« Regression nach einer »Befriedigung von Triebverlangen...; was der Patient sucht, ist ein äußeres Ereignis, ein Tätigwerden des Objekts« (ebenda).

Folglich kann man »bösartige« Regression als »Regression mit dem Ziel der Befriedigung« von der »gutartigen« »Regression mit dem Ziel des Erkanntwerdens« voneinander trennen (ebenda).

Die Kategorie »bösartig« soll nun für BALINT erklären, warum viele von FERENCZIS bzw. von seinen eigenen therapeutischen Versuchen, in denen tiefe Regression zugelassen wurde, zu Teufelskreisen von Abhängigkeiten und auch Haß führten, obwohl der therapeutische Grundgedanke ein richtiger war. »Bösartige«

Regression wäre demnach auch die Erscheinung, die FREUD veranlaßte, der Regression überhaupt so ablehnend gegenüberzustehen, während die »gutartige« Regression in ihrer Unauffälligkeit übersehen wurde oder aufgrund der therapeutischen Technik sich nicht entwickeln konnte.

Nicht zuletzt aufgrund der Erfahrungen und gescheiterten Experimente FERENCZIS sieht BALINT also durchaus Gefahren und pathogene Wirkungen der Regression neben ihren vielen entwicklungsfördernden Qualitäten. Die Frage ist nun:

»Was ist bestimmend dafür, ob die Regression sich pathogen oder therapeutisch auswirkt? Und falls diese Wirkung durch äußere Anlässe zustande kommt: Was kann der Analytiker tun, um zu erreichen, daß die Regression seines Patienten heilsam ist und keinerlei pathogene Wirkung hat?« (BALINT, 1968, S. 156).

Zum einen, so BALINT, sei es riskant, wenn

»der Therapeut sich durch die endlosen Leiden des regredierten Patienten verführen läßt, die Verantwortung für die Schaffung von besseren Lebensumständen zu übernehmen, damit ihm weitere Leiden erspart werden« (BALINT, 1968, S. 134).

Dieser Helferwunsch, oft noch verstärkt durch eine unreflektierte positive Gegenübertragung (der Patient scheint besonders »wertvoll«), sei unrealistisch, illusionär und führe zu einer Spirale von »suchtartigen Zuständen« (ebenda).

Natürlich spielt er hier auf FERENCZIS Experimente an und wertet dessen Erfahrungen aus:

»Es eröffnen sich große Perspektiven: man dringt in unbekannte Tiefen der menschlichen Seele vor und gewahrt ungeahnte Möglichkeiten und Kräfte mitmenschlicher Beziehung, und doch entgleitet uns endlich das Ganze, und wir bleiben unbefriedigt und enttäuscht zurück« (BALINT, 1968, S. 137 f.).

Eine direkte Wiedergutmachung scheint also ein lobenswertes, aber illusionäres therapeutisches Ziel zu sein, »wahrscheinlich weil die Triebbedürfnisse eines Erwachsenen, gleichgültig, wie tief regrediert er ist, doch komplizierter sind als die eines Säuglings...« (BALINT, 1968, S. 135).

Andererseits ist die klassische Annahme, regressive Wünsche seien per se unstillbar, und von daher müßten sie »weganalysiert« werden, ebenso unrichtig; oft stellen die lautstarken, suchtartig wirkenden Wünsche »nur die heftigen Reaktionen nach bereits erlittener Versagung« (BALINT, 1937, S. 95) dar, während eine richtige Befriedigung »das Gefühl des stillen, ruhigen Wohlbehagens« (BALINT, 1937, S. 94) hervorriefe.

Ob klassische Deutungstechnik oder das Bemühen um Wiedergutmachung, beide Verfahren unterliegen letztlich, so BALINT, demselben Fehler: sie führen zu einer endlosen Spirale von Abhängigkeit und enden in Enttäuschung und Haß, oft auf beiden Seiten. In der klassischen Therapie ist es die zu große Versagung, in der Technik nach Art FERENCZIS das zu große (wenn auch nur stillschweigende) Versprechen, das, da es letztlich nicht eingehalten werden kann, zu bitterer Enttäuschung führt.

In beiden Fällen gibt sich der Therapeut omnipotent, einmal als weiser, kluger Wort-Spender, das andere Mal als das alles wiedergutmachende Primärobjekt.

BALINT formuliert seine Erfahrungen:

»Je mehr die Technik und das Verhalten des Analytikers auf Allwissenheit und Allmacht hindeuten, um so größer ist die Gefahr einer malignen Form der Regression. Andererseits sind die Chancen einer gutartigen Form um so besser, je mehr der Analytiker die Ungleichheit zwischen seinem Patienten und sich selbst verringern kann, je weniger er sich dem Patienten aufdrängt und je einfacher er sich gibt« (BALINT, 1968, S. 210).

Soviel zu den Möglichkeiten des Therapeuten, die Regression zu »handhaben«.

Unklar bleibt jedoch, inwiefern es von seiten des Patienten zu »gutartigen« und »bösartigen« Verläufen im Prozeß kommt oder ob man annehmen sollte, dessen Qualität der Regression sei immer direkt abhängig von der spezifischen Technik des Analytikers. Wenn dies nicht so ist, bleibt offen, aus welchen Gründen Patienten weiterhin »bösartig« auf das Angebot der Regression reagieren, und diese Patienten ergäben wiederum den Beweis für die klassische Psychoanalyse, daß Regression letztlich doch gefährlich und daher kleinzuhalten sei.

BALINT kategorisiert wie folgt:

Klinische Merkmale der »gutartigen« Form der Regression:

»1. Die gegenseitig vertrauende, arglose Beziehung, die an die Beziehung zu den Ursubstanzen erinnert, kann sich ohne große Schwierigkeiten entwickeln.

2. Es kommt zu einer Regression, die in einen echten Neubeginn mündet und zur Entdeckung neuer Möglichkeiten führt.

3. Die Regression geschieht ›mit dem Ziel des Erkanntwerdens‹, vor allem hinsichtlich der seelischen Probleme des Patienten.
4. Die Forderungen, Erwartungen oder ›Bedürfnisse‹ des Patienten erreichen nur mittlere Intensitätsgrade.
5. Anzeichen schwerer Hysterie in der klinischen Symptomatologie und genital-orgastische Elemente in der regressiven Übertragung fehlen« (BALINT, 1968, S. 178 f.).

Im Gegensatz dazu die »bösartige Form« der Regression:

»1. Da die Beziehung gegenseitigen Vertrauens nur sehr prekär ist, zerfällt die Atmosphäre der ›Arglosigkeit‹ wieder und wieder; als Schutz und Sicherheitsmaßnahme gegen weitere solcher Katastrophen entwickelt der Patient häufig Symptome verzweifelten Anklammerns.
2. Es kommt zu einer malignen Regression, zu wiederholten, fruchtlosen Versuchen, einen Neubeginn zu finden, und es droht die Gefahr einer endlosen Spirale von Forderungen und Bedürfnissen mit schließlicher Entwicklung suchtartiger Zustände.
3. Die Regression hat das Ziel der Befriedigung durch äußere Handlung.
4. Die Forderungen, Erwartungen oder ›Bedürfnisse‹ haben einen verdächtig hohen Intensitätsgrad.
5. Das klinische Bild enthält Anzeichen schwerer Hysterie und genital-orgastischer Elemente, und zwar sowohl in der normalen als auch in der regressiven Form der Übertragung« (ebenda).

Diese Definitionen erscheinen unklar und widersprüchlich. Wenn »gegenseitig vertrauende, arglose Beziehung« Vorbedingung für eine »gutartige« Regression sein soll, stehen wir vor einem Paradox – denn Vertrauen und »Arglosigkeit« soll doch gerade erst wiedergewonnen werden –; die für die Grundstörung charakteristische Unfähigkeit, bedingungslos zu lieben, ist doch das Motiv, eine Behandlung zu beginnen, und kann nicht schon Voraussetzung sein – anderenfalls handelte es sich um keine Grundstörung.
Wenn dagegen Bedürfnisse mit »verdächtig hohem Intensitätsgrad« und »Anzeichen schwerer Hysterie und genital-orgastischer Elemente« die »Bösartigkeit« der Regression kennzeichnen, so erinnert diese Beschreibung an die moralisch-wertende Diagnostik der klassischen Analyse (gegenüber »unanalysierbaren« Fällen), und zudem stehen wir vor ungelösten Fragen:
Wenn BALINT vermutet, daß in den »bösartigen« Fällen die »Regression des Patienten nicht sehr weit hinter die narzißtische, phallische, prä-ödipale Stufe zurückgegangen sein kann« (BA-

LINT, 1968, S. 176), da »Befriedigung durch Ereignisse oder Handlungen von seiten der äußeren Welt... eine Welt (voraussetzt), die entweder schon aus ganzen Objekten oder wenigstens aus gutausgebildeten Teilobjekten besteht« (ebenda), ist die Frage aufgeworfen, ob sogenannte rein »ödipal« Gestörte (wenn es sie denn gibt bzw. wenn wir nicht alle unter einer »Grundstörung« leiden) womöglich nicht regredieren sollten bzw. warum manche Patienten nicht tiefer regredieren können und warum die Regression bis zu diesem Bereich nicht nur nicht nützlich, sondern sogar schädlich sein soll.

Wenn BALINT an anderer Stelle davon spricht, daß FREUD »in seinen ersten Jahren als Psychotherapeut fast ausschließlich Fälle bösartiger Regression zu sehen bekommen« (BALINT, 1968, S. 182) und dieser »tiefe Eindruck« ihn so kritisch gegenüber der Regression gemacht habe, und gleichzeitig FERENCZIS positive Einstellung zur Regression auch damit erklärt, daß dieser »einige bemerkenswerte Erfolge bei einigen gutartigen Fällen von Regression neben manchen Fehlschlägen bei Fällen mit bösartiger Regression« (ebenda) gemacht habe, so erscheint eindeutig die Frage der »gutartigen« oder »bösartigen« Regression als weitgehend im Patienten liegend – womit wir die negative Diagnostik, gegen die FERENCZI und auch BALINT angetreten waren, wieder eingeführt sehen.

Problematisch erscheint auch BALINTS Überlegung, FREUDS negative Einstellung zur Regression resultiere auch aus der »Enttäuschung über die Irreführung durch seine hysterischen Patienten..., denen er geglaubt hatte, daß sie in der Frühkindheit sexuell mißbraucht wurden (BALINT, 1968, S. 183)« – hatten BALINT und sein Lehrer denn nicht diese »Irreführung« als leider nur zu berechtigte Klage erkennen müssen? Statt dessen spricht BALINT an anderer Stelle gar wieder von der »Anfälligkeit für sexuelle Verführung« (1968, S. 177) und der »Disposition zu agierenden hysterischen Zuständen« (ebenda).

Wenn die hohe Intensität von Bedürfnissen »verdächtig« erscheint, auf »maligne« Regression hinweist, so stehen wir vor der Frage, ob wir dem Patienten um so weniger glauben und nachgeben dürfen, je intensiver er sich an uns wendet. Es ist zumindest ungeklärt, ab wann die Intensität der Bedürfnisse »zu hoch« sein kann.

Angesichts der Entdeckungen sowohl FERENCZIS wie auch BA-

LINTS, daß die sogenannte »Gier« und »Unersättlichkeit« des Kindes bzw. des Patienten zumeist erst reaktiv, aufgrund permanenter Unterversorgung, auftritt, fragt man sich, wie die Intensität der Bedürfnisse »zu hoch« sein kann – entweder weil es letztlich doch eine Unersättlichkeit des Menschen gibt oder weil die reaktive Unersättlichkeit aufgrund extremer Traumatisierung ein unlösbares Problem darstellt?

In dem einen Fall gäbe es doch wieder den per se »gierigen« Patienten, im anderen den »zu schwer gestörten«, quasi unbehandelbaren Patienten – ein Dilemma, das gerade überwunden werden sollte!

Die Gegenüberstellung: hier »arglos« = »gutartige« Regression, da »genital-orgastisch« = »bösartige« Regression scheint zudem verdächtig; es entspricht zwar der Auffassung BALINTS, daß die Ebene der Grundstörung und der ödipale Bereich jeweils über eigene Befriedigungsarten und Lustformen verfügt, eine strikte Trennung dieser Ebenen ist aber problematisch. Wohl ist die Sinnlichkeit des Kindes von der des Erwachsenen zu unterscheiden, der regredierte Patient ist aber (fast) immer auch ein Mensch, der genitale Sexualität kennt und praktiziert.

Das strikte Heraushalten genital-sexueller Elemente aus der Therapie der Grundstörung – indem diese als »bösartige« Regression identifiziert werden – bedeutet, bestimmte Aspekte der Realität auszublenden bzw. eine subtile Wertung vorzunehmen in »unschuldig«-»gutartig« = ohne Sexualität und »bösartig«-triebhaft = »genital-orgastisch«.

Wir werden auf diese Kritikpunkte, die ich hier zugunsten der Einheitlichkeit der Darstellung schon vorwegnehme, in Kapitel 4.1.3.7 zurückkommen.

4.1.3.6 Der Neubeginn

Kommen wir nunmehr auf den für BALINT entscheidenden Mechanismus der therapeutischen Behandlung zurück, einem Mechanismus, der nur aufgrund der von BALINT definierten Kriterien einer angemessenen Objektbeziehung zur Wirkung kommen kann.

Der Neubeginn, als erster Schritt aus den eingefahrenen Mustern der Grundstörung, als Schritt von seiten des Patienten, stellt sozusagen ein Gegenkonzept Balints zur aktiven »Bemutterung« Ferenczis dar. Nicht der Analytiker ist aufgefordert, etwas zu tun, gar etwas »wiedergutzumachen«; sondern der Patient muß dies wagen, kann es aber nur, wenn der Analytiker die dafür günstigen und nötigen Bedingungen schafft. Somit geht Balint wiederum, ebenso wie Ferenczi, über die Grenzen der klassischen Analyse hinaus und erweitert bzw. korrigiert das therapeutische Konzept Freuds.

Ein Neubeginn in der analytischen Situation setzt eine Atmosphäre voraus, die Regression zuläßt und die dem Bemühen des Patienten, eine Beziehung nach Art der primären Liebe herzustellen, nichts entgegenstellt. Diese »Atmosphäre« ist natürlich, wie Balint aufzeigt, in hohem Maße abhängig vom Analytiker, von seiner Akzeptanz, seiner Bereitschaft, den Platz des »primären Objekts« anzunehmen und dem sich entwickelnden Prozeß beizuwohnen; insofern ist der Analytiker unerläßlich und in seinem Verhalten entscheidend; dennoch wird er nicht aktiv in dem Sinne, wie Ferenczi es forderte; der Neubeginn ist eine Wandlung, die im Patienten stattfindet.

Anders auch als im Konzept der Widerstandsanalyse, die ein Aufdecken der Widerstände des Patienten durch den Analytiker bedeutet, begreift Balint das Ziel des beziehungsgestörten Patienten als ein Fallenlassen der

> »vielen Bedingungen, die er noch immer stellen muß, um angstfrei lieben zu können… Es ist also nicht genug, wenn der Patient weiß, daß diese Bedingungen eigentlich nur den Zweck hatten, ihn vor der Hingabe, vor dieser für ihn zu großen Erregung zu schützen – wenn er auch das Trauma kennt, von welchem diese Bedingungen herstammen – er muß noch lernen, wiederum *arglos, bedingungslos* lieben zu können, wie nur Kinder lieben können« (Balint, 1932, S. 170).

Zusätzlich zur Deutung des Analytikers und Einsicht des Patienten geht es also darum, daß der Analytiker etwas *ermöglicht* und der Patient etwas *ausprobiert*, neu beginnt. Beide müssen also »etwas mehr (tun), zusätzlich zu dem – also nicht statt dessen –, was in der ›klassischen Analyse‹ geschieht« (Balint, 1968, S. 156).

Ein Neubeginn bedeutet vor allem das Durchbrechen der erstarrten, pathogenen Beziehungsformen des Patienten im Schutz seiner Beziehung zum Analytiker. Die therapeutische Chance besteht darin, daß der Patient sich »versuchsweise eine Form primitiver Befriedigung oder höchst einfacher Objektbeziehung, die ihm bis dahin unmöglich, widerlich und abstoßend gewesen war« (ebenda), erlaubt und der Analytiker dies ermöglicht, anstatt es vorschnell »wegzuanalysieren« – somit wird eine neuartige, heilsame Erfahrung gemacht, die den Wiederholungszwang durchbricht. Diese Erfahrung, dieses »zusätzliche Tun« auf beiden Seiten geht oft über das gesprochene Wort hinaus, und in diesem Sinne ist BALINT offen für Körperausdruck und körperlichen Kontakt innerhalb der therapeutischen Beziehung, wie wir im folgenden sehen werden.

Die Initiative und Aktivität geht vom Patienten aus und nicht vom Analytiker; und doch wäre ein »Neubeginn« ohne einen zweiten, der als Zeuge beiwohnt, nicht möglich.

»Das bedeutet Einwilligung, Teilnahme und Beteiligung, aber nicht unbedingt Handeln, eher Verständnis und Toleranz; worauf es wirklich ankommt, ist die Schaffung und Aufrechterhaltung von Bedingungen, in denen innerlich, in der Seele des Patienten, sich etwas ereignen kann« (BALINT, 1968, S. 177).

In diesem Sinne hat der Analytiker »Substanz« zu sein, von der Gebrauch gemacht werden kann, die trägt:

»... ohne Wasser kann man nicht schwimmen, ohne Erde nicht vorwärtsschreiten. Die Substanz, der Analytiker, darf nicht widerstreben, muß einwilligen, muß keinen Anlaß zu starker Reibung geben, muß den Patienten für eine Weile annehmen und tragen, muß sich als mehr oder weniger unzerstörbar erweisen, muß nicht auf starre Grenzen bestehen, sondern muß die Entwicklung einer Art Vermischung zwischen ihm und dem Patienten zulassen« (ebenda).

Mit anderen Worten, die analytische Situation soll ungefähr die Bedingungen herstellen, die dem frühesten Zustand des Menschen entsprechen, einer Zeit, da das Kind sich getragen, versorgt und verstanden von seiner Umwelt fühlen durfte (bzw. dies vermissen mußte). Zieht man in Betracht, daß diese frühen Interaktionen von körperlicher Zuwendung und Pflege noch gar nicht zu trennen waren, so ist nicht verwunderlich, daß beim regredierten Patienten in der Behandlung das Bedürfnis nach Körperkontakt zutage kommt.

»Symbolischer Ausdruck dieser primitiven, arglosen Beziehung in der analytischen Situation ist oft irgendeine Form körperlichen Kontakts mit dem Analytiker, am häufigsten der Wunsch, seine Hand oder einen seiner

Finger halten oder seinen Stuhl berühren zu dürfen usw. Dieser Kontakt ist natürlich libidinös, gelegentlich sogar hochgradig besetzt, und er ist immer *lebenswichtig* für den Fortschritt der Behandlung« (BALINT, 1968, S. 177 f., Hervorhebung der Verfasserin).

Man beachte die Bezeichnung »symbolischer Ausdruck«, die BALINT verwendet; der Körperkontakt, den er in der therapeutischen Situation bejaht und für wichtig hält, scheint beim regredierten Patienten nicht als konkrete Entschädigung, sondern als symbolische Hilfe und Wiedergutmachung gewünscht zu werden.
Es ist erkennbar, daß mit dem Darreichen des Fingers eine weit umfassendere Berührung vermittelt wird; mit dem Akzeptieren dieser körperlichen *Geste* entspricht BALINT symbolisch dem viel tieferen grundsätzlichen Wunsch nach Halt und Geborgenheit, der Körper und Seele umfaßt.
Da BALINT selbst sich als passiv-gewährend beschreibt, also anscheinend keine eigenen Vorschläge macht, wie bestimmte Gefühlsqualitäten zu vermitteln wären, muß man davon ausgehen, daß die Patienten selbst in ihren Wünschen nicht nach direkter, sondern nur symbolischer Befriedigung verlangen.[30]
BALINT inszeniert also nicht die *Wiederholung* einer ursprünglichen Situation mit diesmal besserem Ausgang, sondern läßt sich in eine symbolische Szene hineinziehen, die der Patient gestaltet; sofern es sich nicht um »maligne Regression« handelt, sondern um »gutartige« (ich lasse die Problematik dieser Unterscheidung hier außer acht), um eine »Regression mit dem Ziel des Erkanntwerdens« (BALINT, 1968, S. 177), geht es auch nicht um Bedürfnisbefriedigung, sondern um das symbolisch vermittelte Verstehen, Akzeptieren und Teilhaben des Analytikers an dem, was der Patient in seiner Übertragung zum Ausdruck bringt. Das sind die Grundbedingungen, die dem Patienten die Empfindung vermitteln,

»daß er endlich imstande ist, alle Panzerungen seines Charakters, alle Abwehrwaffen abzulegen und zu fühlen, daß das Leben einfacher und wahrer geworden ist – eine wirklich neue Entdeckung« (BALINT, 1968, S. 165).

Diesen Zustand im Patienten beschreibt BALINT als »ein Gefühl ruhigen, stillen Wohlbehagens…, das man übersehen könnte,

---

30 Ob dies so ist und, wenn ja, warum, wird von BALINT nicht erläutert – hier bleiben Fragen offen. Ich komme in Kapitel 4.1.3.7 darauf zurück.

wenn man nicht genau hinschaut« (1968, S. 160). Im Gegensatz dazu zeigen sich »sehr eindrucksvolle, geräuschvolle Symptome« (ebenda), wenn dem Patienten die Möglichkeit zum Neubeginn verwehrt wird, indem man als Analytiker neutral-deutend im Hintergrund bleibt; so entsteht leicht das Bild des »gierigen« und ödipal begehrlichen Patienten bzw. Kindes (vgl. Kapitel 4.1.3.1).

4.1.3.6.1 Exkurs – Der »Purzelbaum«

Eines der berühmtesten Beispiele BALINTs für einen »Neubeginn« ist der »Purzelbaum«, ein Ereignis, das wir uns nun näher ansehen wollen, da es nicht nur den Begriff »Neubeginn« sowie BALINTs körperfreundliche Haltung illustriert, sondern zudem für eine nähere »körpertherapeutische« Interpretation geeignet ist.

Eine junge Patientin, die unter der Unfähigkeit litt, Entscheidungen zu treffen und etwas zu Ende zu führen, war schon zwei Jahre in Behandlung, »als ich einmal die Deutung gab, es sei für sie sehr wichtig, immer den Kopf oben und die Füße fest auf der Erde zu behalten. Darauf erwähnte sie, daß sie es seit frühester Kindheit nie fertiggebracht habe, einen Purzelbaum zu schlagen, obwohl sie es oft versucht hatte und ganz verzweifelt war, wenn es nicht ging. Ich warf ein: ›Na, und jetzt?‹ – worauf sie von der Couch aufstand und zu ihrer eigenen größten Überraschung ohne weiteres auf dem Teppich einen tadellosen Purzelbaum schlug« (BALINT, 1968, S. 157).

Diese Episode erwies sich als »wahrer Durchbruch« (ebenda), der weitreichende Veränderungen in ihren Beziehungen und beruflichen Angelegenheiten mit sich brachte; sie war nun fähig, viele wichtige Entscheidungen, denen sie vorher nicht ins Auge sehen konnte, zu treffen (Prüfung, Heirat usw.).
Zu fragen ist nun: Wie kann ein harmloser Purzelbaum zum therapeutischen Agens werden?
1. Der Patientin wurde etwas *ermöglicht*, was sie noch nie vorher zu tun imstande war. 2. Zudem traf BALINTs vorausgehende Deutung (»immer den Kopf oben ... behalten«) ins Schwarze; da sie »im wahrsten Sinne des Wortes« zutraf, der Patientin »zum Greifen nahe« gebracht wurde, stellten sich Assoziationen ein, die die Vermutung BALINTs symbolisch erhärteten. Es ist wahrscheinlich, daß gerade die *leibhaftige* Erinnerung der Patientin (an ihre Unfähigkeit, Purzelbäume zu schlagen), die ihr in der bildhaften Deu-

tung sofort vor Augen kam, ihr die Deutung plausibel machte. Ohne daß BALINT selbst die wortwörtliche Bedeutung seiner Deutung geahnt hatte, hatte er ihr sozusagen ermöglicht, ihrer zentralen Lebensstrategie in ihrer ganzen psycho-physischen Dimension gewahr zu werden. 3. Sein »Na, und jetzt?« wiederum war das freundliche Angebot, zu schauen bzw. auszuprobieren, ob sie diese sie behindernde Strategie noch nötig habe. Indem sie sich selbst und ihm zunächst auf der körperlichen Ebene bewies, daß dies nicht der Fall sei, bereitete sie sich das »Schlüsselerlebnis«, daß die weitere Entwicklung ins Rollen brachte.

Auf der Seite des Analytikers sind zwei Momente bedeutsam: erstens, er erlaubt sich ein suggestives Element in seiner Intervention; sein »Na, und jetzt?« ist eine »suggestive Ermutigung«, wie THOMÄ (1984, S. 520) hervorhebt, sie ist »etwas mehr« als die abwartende Neutralität der klassischen Haltung.

Zudem vermittelt sie eine Atmosphäre, die vor Körperlichkeit, vorm »Agieren«, nicht ängstlich zurückschreckt, die dies nicht verurteilt und deutet. Sie läßt nicht nur zu, daß das traditionelle Setting sich lockert, daß nicht nur die sprachliche Ebene, sondern, wenn nötig, auch die Couch verlassen werden darf, sie ermutigt sogar dazu.

Dies steht im Gegensatz zu FREUD, der gerade durch Blockierung des expressiv-motorischen Bereichs erreichen wollte, daß der innere Druck des Patienten sich verstärke und daß so, da andere Abfuhrmöglichkeiten versperrt bleiben, die Erinnerung und sprachliche Mitteilung derselben gefördert werde. In diesem Falle war der Deutung des Therapeuten eine *Erinnerung* gefolgt, und zwar Erinnerung an die körperliche Entsprechung (Unfähigkeit, Purzelbaum zu schlagen) einer Lebensstrategie, die BALINT schließlich in Worte faßte. Angenommen, die Patientin befände sich in einer körpertherapeutischen Behandlung; es wäre denkbar, daß dort eine Situation aufkäme, wo die Patientin zunächst nur mit der *Unfähigkeit* konfrontiert wäre, bestimmte Übungen, wie sie vorgegeben werden, auszuführen. Ein Gespräch darüber würde vielleicht eine Deutung nach der Art BALINTs nach sich ziehen, wie sie in seinem Beispiel schon *vor* dem Thema Purzelbaum erfolgt war. Ein Grund dafür, daß psychische Probleme im einfühlsamen Ausprobieren von Körperübungen evident werden, ist die Tatsache, daß in unserer Sprache viele Gefühle in körperlichen Metaphern beschrieben werden.

Eine Patientin mag beispielsweise nicht fähig sein, sich bei einer bestimmten Übung fallen zu lassen – das wird, bei entsprechend einfühlsamem Gespräch, schnell zu der Beobachtung führen, daß sie sich grundsätzlich als jemand erlebt, der sich »nicht fallenlassen kann«. Nun können Gründe sowohl für die Angst vor der Körper-Übung wie für die grundsätzliche Haltung gesucht und benannt werden; Angst, die Kontrolle zu verlieren, nicht wieder »hoch zu kommen«, sich weh zu tun, usw. Oft kommt etwas ins Rollen, wenn der Patient sich körperlich so entspannt, daß er fähig wird, die vorher gefürchteten Übungen auszuführen; es wirkt direkt auf seine psychische Einstellung zurück. Ebenso kann es passieren, daß durch Gespräche Angst vermindert werden kann, so daß die körperliche Freiheit wieder größer wird.

Dies war der Fall bei BALINTS »Purzelbaum«. Die Patientin durfte erleben, daß die zwei Jahre, die sie schon in Therapie bei BALINT war, daß die ganze Atmosphäre der analytischen Situation ihr in jenem Moment dazu verhalf, ihre bisherige Angst so weit abzulegen, daß sie zum ersten Mal fähig wurde, die gefürchtete Situation zu bewältigen.

Die meisten Analytiker würden einen Purzelbaum oder ähnliches in ihrer Therapie mißbilligen; sie verstünden es als »Agieren«, was zumeist gleichgesetzt wird mit »Widerstand«, und sie würden den Impuls deuten bzw. mit Deutungen im Zaum zu halten versuchen.

Agieren nur als Widerstand gegen das Erinnern zu betrachten ist ein Hindernis, ist unerwünschter Aufschub. Durch Einschränkung bis zum Verbieten des Agierens wird versucht, die Erinnerung »hochzuzwingen«. Vernachlässigt wird dabei die Beobachtung, daß oft das Agieren der erste Schritt bzw. Vorbedingung zum Erinnern ist. THOMÄ (1984) betont, daß oft gerade nicht »besonders fruchtbare Erinnerungen« durch Deprivation des Patienten erzielt werden, sondern daß es vielmehr »häufig in beunruhigendem Ausmaß zu antitherapeutischem Agieren, sei es innerhalb oder außerhalb der Behandlung« (S. 535), komme, wenn die Deprivation eine hohe Intensität erreicht.

Im Falle des »Purzelbaums« kam zwar zuerst eine zutreffende Deutung, aber gerade die leibhaftige Erinnerung des Nicht-Purzelbaum-schlagen-Könnens machte die Patientin zugänglich für sie. Es wäre bei einer körpernahen Einsicht geblieben, hätte nicht BALINT mit seinem »Na, und jetzt?« den Weg geebnet, den nächsten Schritt zur Veränderung zunächst auf der körperlichen Ebene zu beschreiten. Damit gesellt sich bei der Patientin zur *Einsicht* in ihre inneren Zusammenhänge eine *Erfahrung*, und zwar eine neuartige, eine heilsame.

Ohne Zweifel ist dieses eines der »Bilderbuch-Beispiele«, die BALINT anführt – die meisten Patienten werden viele »Purzelbäume« schlagen müssen, um ähnliches zu erleben. Als einschneidendes, punktförmiges Erlebnis rückt dies berühmte Beispiel eines »Neubeginns« diesen in das Licht einer magischen Spontanheilung. Es ist zu unterstreichen, daß diese Episode in eine mehrjährige Therapie eingebettet war, eine längerwährende Vor- und Nacharbeit also, die das Ereignis überhaupt erst ermöglichte und ihm Sinn verlieh.

Ein Neubeginn kann auch ganz andere Formen annehmen; für manche Patienten bedeutet er bereits die neuartige Erfahrung, in der Therapie – also im Beisein eines anderen – ungestört schweigen zu dürfen. Für viele ist es eine innerliche Wandlung, die aber nur durch den auch körperlichen Beistand, z. B. durch die haltende Hand des Analytikers, ermöglicht wird. Das Ausprobieren von bisher gemiedenen oder gefürchteten Verhaltensweisen des Patienten ist sowohl in der Verhaltenstherapie als auch in der Gestalttherapie und dem Psychodrama wiederzufinden. Der Neubeginn im Sinne BALINTs ist jedoch in das psychoanalytische Prozeßverständnis eingebettet. BALINT betont, daß

»aller Neubeginn... sich in der Übertragung, d. h. innerhalb einer Objektbeziehung, (ereignet) und... zu einer gewandelten Beziehung des Patienten zu seinen Liebes- und Haßobjekten und infolgedessen zu einer erheblichen Angstminderung führt« (BALINT, 1968, S. 161).

Es werden also pathogene Beziehungskonstellationen durch Beziehung verändert, nicht nur durch Einsicht. Die Erfahrung einer gewandelten Beziehung in der analytischen Situation führt zudem zu Veränderungen im Ich des Patienten.

Da es sich hier um Qualitäten aus der Ebene der Grundstörung handelt, geht es, auch im Körperkontakt, nicht um genitale Triebbefriedigung, sondern um Voraussetzungen, die zur weiteren, eigenständigen Entwicklung des Patienten geschaffen werden müssen.

»Die von den neubegonnenen Handlungen gelieferte Befriedigung erreicht nie die Intensität der Endlust« (ebenda).

Was aber stellt z. B. der oben erwähnte Purzelbaum in dieser therapeutischen Konstellation dar? Unzweifelhaft ist er, als »kindische« Verhaltensweise, aus einer Regression geboren; er stellt aber andererseits etwas ganz Neuartiges, und zwar sogar einen Fortschritt dar, also eine Progression. Dies genau ist das Prinzip des Neubeginns.

»Schließlich die wichtigste Entwicklung: Der Neubeginn bedeutet
a) die Rückkehr zu etwas ›Primitiven‹, zu einem Punkt vor Beginn der Fehlentwicklung, und das könnte man als eine Regression beschreiben;
b) gleichzeitig aber kommt es zur Entdeckung eines neuen, besseren Weges, und das bedeutet doch eine Progression« (BALINT, 1968, S. 160 f.).

Neubeginn ist insofern als »Regression im Dienste der Progression« zu verstehen, und mit diesem Konzept gibt BALINT den Anstoß, Reifung als ein ständiges Oszillieren zwischen Re- und Progression zu verstehen anstelle einer linearen Höherentwicklung.
Seine Theorie stützt sich dabei auch auf die Biologie; »Regression« als Entdifferenzierung und »Neubeginn« scheinen geläufige Überlebensmechanismen in der Natur zu sein:

»Bei besonders ungünstigen äußeren Umständen können nur diejenigen Lebewesen überleben, die imstande sind, ihre hochdifferenzierte Organisation aufzugeben und auf primitivere Stufen ihrer Entwicklung zu regredieren, um vor da aus erneut mit dem Prozeß der Anpassung zu beginnen. Hochentwickelte Formen sind leistungsfähiger, aber auch abhängiger von ganz bestimmten Umweltfaktoren. Primitive, undifferenzierte Formen sind elastischer und nach verschiedenen Richtungen zu neuer Anpassung fähig. Hier zeigt sich eine auffällige Ähnlichkeit: auch in der Psychologie sind hochdifferenzierte Formen starr und nicht anpassungsfähig; wenn von Grund auf neue Anpassungsleistungen gefordert werden, muß die hochdifferenzierte Organisation aufgegeben und zu primitiven, undifferenzierten Formen zurückgekehrt werden, damit ein Neubeginn erfolgen kann« (BALINT, 1952, S. 247 f.).

Die onto- und phylogenetische Entwicklung des Menschen von der Körperempfindung zum Symbol, von der Körpersprache zum Wort, unter diesem Aspekt betrachtet, hieße, zu einer den Körper bejahenden Einstellung zu finden, anstatt ihn sich unterzuordnen; es hieße, ihn und sein Potential wiederzuentdecken und angstfrei zu integrieren. Die Rückbesinnung auf das »krude Körperliche«, das z. B. BITTNER zu »primitiv« für die psychoanalytische Kommunikation erscheint, könnte sich, in dieser Hinsicht, als der »Königsweg« zu einem Neubeginn erweisen.

BALINTS großer Verdienst war, die Ideen seines Lehrers FE-
RENCZI weiterzuführen bzw. aufzugreifen und zu verteidigen.
Durch die Korrekturen, die er vornimmt, bzw. durch die klarere
begriffliche Fassung und die genauere theoretische Begründung
dessen, was FERENCZI hinterlassen hat, konnte er Mißverständ-
nisse klären und trug in hohem Ausmaße dazu bei, daß das Werk
FERENCZIS posthum Anerkennung erfahren (freilich nicht die ge-
bührende) und in der offiziellen Analyse seinen Niederschlag
finden konnte.
BALINT war diplomatischer als FERENCZI, er führt, so HAYNAL
(1987), eine »abwägende Qualität« (S. 79) in die psychoanalytischen Diskussionen ein, die FERENCZI, »manchmal impulsiv und
exzessiv« (ebenda), nicht immer hatte. So konnte er sich als Ver-
mittler zwischen den verschiedenen Richtungen begreifen, der
sowohl FREUD als auch FERENCZI gegenüber die Treue hielt:

»Seine Treue zu FREUD geht Hand in Hand mit einer Unabhängigkeit des
Denkens, deren Ursprung sich im Beispiel FERENCZIS finden läßt. Das
Werk FERENCZIS vollendet sich in dem BALINTS« (HAYNAL, 1987, S. 98).

In dieser vielleicht distanzierteren und reflektierteren Position
kann er an der allgemeinen psychoanalytischen Entwicklung teilhaben, bleibt er immer in der Diskussion mit der klassischen
Analyse, freilich in der Rolle des unbequemen Randseiters.[31]
In der Tat fließen aber BALINTS Erkenntnisse implizit und explizit
in die psychoanalytische Theorie ein. Seine korrigierte Fassung
dessen, was bei FERENCZI noch die »Mutterzärtlichkeit« war, findet sich z. B. auch im Hartmannschen Begriff der »durchschnittlich zu erwartenden Umweltbedingungen« (1939) oder bei WIN-
NICOTT mit der »ausreichend guten Umwelt« (1941) wieder (vgl.
BALINT, 1968, S. 204).
Wenn BALINT die Vorgehensweise der »Verwöhnung« durch FE-
RENCZI kritisiert und für eine therapeutisch »optimale Distanz«
plädiert, so bestätigen sich seine Überlegungen bei psychoanalyti-

---

31 So meint er: »Alle diese Analytiker (gemeint sind SEARLES, WINNI-
   COTT, LITTLE, M. KHAN; die Verfasserin), einschließlich meiner
   selbst, gehören nicht zum ›klassischen‹ Zentralmassiv, sondern zum
   Randgebiet. Man kennt uns, duldet uns, liest uns vielleicht sogar, aber
   man zitiert uns nicht« (BALINT, 1968, S. 189).

schen Direktbeobachtungen von heranwachsenden Kindern. Wie beispielsweise MAHLER et al. (1975) aufzeigen, ist auch die normale kindliche Entwicklung unvermeidlich von bestimmten Frustrationen und Begrenzungen geprägt, die, in gewissen Ausmaßen, ebenso zur gesunden Strukturierung beitragen wie Befriedigung und Akzeptanz.

Indem BALINT die Grenzen der Technik FERENCZIs theoretisch erläutern konnte, bahnt er den Weg für eine realistische Zielsetzung in der Therapie schwer gestörter Patienten; der Wert, ja die Notwendigkeit gewisser Begrenzungen liegt in einer kontrollierteren, reflektierteren therapeutischen Herangehensweise, die vor allem die Unabhängigkeit des Patienten fördert. Überaus wichtig ist hierbei die Erkenntnis, daß auch ein »mütterlicher«, wohlmeinender Therapeut wie z. B. FERENCZI zu mächtig für den Patienten werden und damit ebenso zu dessen abhängigen Fixierung und Feindseligkeit beitragen kann wie der »väterlich«-kühle Analytiker der klassischen Analyse.

Aber »realistische Zielsetzung« meint auch, auf die Empfänglichkeit auch des schwer gestörten Patienten für psychotherapeutische Prozesse zu vertrauen – eine Einstellung, die, wie wir sahen, die Annahme einer primären Umweltbezogenheit voraussetzt. Hier stimmt BALINT völlig mit FERENCZI überein und leistet wertvolle argumentative Beiträge, die mit dem heutigen Wissensstand übereinstimmen.

THOMÄ (1984) weist nach, daß BALINTs Objektbeziehungstheorie mit den Ergebnissen neuerer neonatologischen Forschungen zu vereinbaren ist:

»BALINTs Theorie der primären Bezogenheit zur Umwelt, die er dem primären Narzißmus gegenüberstellte..., befindet sich also im Einklang mit den neueren Forschungsergebnissen über den affektiv-kognitiven Austausch zwischen dem Säugling und seiner (mütterlichen) Umgebung. (...)

Die klinisch gewonnenen Thesen BALINTs, die zur Widerlegung des primären Narzißmus und zur Einführung der Theorie der primären Objektbeziehung führten, können sich heute also auch auf überzeugende Direktbeobachtungen stützen. Damit werden triebtheoretische Hypothesen, die auf FECHNERS Konstanzprinzip zurückgehen und die von FREUD ins Lust- und Nirwanaprinzip aufgenommen wurden, unhaltbar (vgl. hierzu SHAPIRO und STERN, 1980)« (S. 524 f.).

Nichtsdestoweniger gibt es für BALINT die »ödipale Ebene«, auf die der Patient »zurückkehrt«, ebenso wie es »korrekte Deutungen« gibt, die für diese Ebenen angezeigt scheinen. Es bleibt unklar, was, nach der weitgehenden Kritik BALINTs und FERENCZIS an den Vorstellungen der klassischen Triebpsychologie, dieser »Einpersonenpsychologie«, nunmehr unter der »ödipalen Phase« zu verstehen ist. Es wird nur immer wieder betont, daß der auf die Grundstörung regredierte Patient irgendwann einmal wieder auf diese Ebene zurückkehren wird – ob er dann nach den Maßstäben der klassischen Analyse zu behandeln sei, also ob man eine Zwei-Klassen-Pathologie bzw. Zwei-Klassen-Praxeologie einführen sollte oder ob die »Zweipersonenpsychologie« BALINTs nicht zu einer Revision des gesamten therapeutischen Konzepts führen müßte, bleibt letztlich offen. Fest steht, daß BALINT mit seiner Theorie der Objektbeziehung nicht nur schwer gestörten Patienten Rechnung tragen wollte, sondern daß er das Verhalten des Analytikers insgesamt und dessen Deutungsregeln im besonderen einer scharfsinnigen Analyse unterzogen hat. Damit erweitert er maßgeblich und eindrucksvoll die Ideen, die bei FERENCZI angelegt sind. Er verweist auf das Potential an Suggestion, Belehrung, Manipulation, auf die Quelle von Mißverständnissen und Mißbrauch, die in der Deutungstechnik liegen. All dem stellt er die kritische Handhabung von Deutungen, die Fähigkeit zum Verzicht auf das Wort, die Bereitschaft zur Beziehung gegenüber. Diese Einstellung bedeutet auch Offenheit für Agieren, Sensibilität für averbale Prozesse und keine Scheu vor Körperkontakt in der analytischen Situation. Die Bedeutung der Abstinenz und der Abgrenzung des Analytikers wird im Unterschied zu FERENCZI bei BALINT betont; somit scheint das Abstinenzprinzip bei ihm nicht mit dem Berührungstabu gleichgesetzt, sondern als innere Haltung begriffen zu werden, die sich mit körperlicher Aktion vereinbaren läßt.

So sagt BALINT:

»Es handelt sich also *nicht* um wohlwollende Objektivität plus korrekter Deutung versus Küssen und Umarmen…, sondern darum, wieviel und welche Befriedigung einerseits vom Patienten, andererseits vom Analytiker benötigt wird, um die Spannung in der psychoanalytischen Situation so optimal wie möglich zu halten« (BALINT, 1949, S. 232).

In der Theorie bzw. der Forderung nach einer angemessenen Objektbeziehung klärt BALINT so die Schwierigkeiten und Irrtümer zwischen FREUD und FERENCZI und setzt sich für eine patienten-zentrierte Technik ein, die nicht notwendigerweise vor dem Körper des Menschen haltmacht.

So wichtig diese Erkenntnisse sind, bleiben sie doch oft vage for-muliert; es wird nicht immer deutlich, wie der Analytiker die geeignete »Atmosphäre« aufrechterhält, wie er sein Verstehen ver-mittelt, wenn Worte nicht mehr gültig sind. Das Verhalten des Analytikers wird nur sehr unklar umschrieben, ist in passiven Ka-tegorien definiert: er *verzichtet* auf Worte, auf Deutungen, er *akzeptiert* die Regression, er *gewährt* eine primitive Objektbezie-hung. Sehr viel von dem, was BALINT vom Analytiker fordert, entspricht einer inneren Haltung, die sich äußerlich vor allem durch »Zurück-Haltung« manifestiert: Verständnis, Teilnahme, Akzeptanz müssen quasi »ausgestrahlt« werden, wenn Worte nicht mehr benutzt werden können.

BALINT ist sich der unklaren Beschreibung bewußt:

»... ich habe nicht definiert, wann, wie weit und unter welchen Umstän-den die Wiederholung zu einem therapeutischen Agens werden kann. Ein weiteres Kapitel sollte von den Wegen handeln, die dem Patienten poten-tiell offenstehen, um seine innere Welt zu ändern, die ja weitgehend seine Beziehungen zu äußeren Objekten bestimmt. Ein entsprechendes Kapitel sollte die technischen Mittel enthalten, die dem Analytiker zur Verfügung stehen, um dem Patienten bei dieser Wandlung zu helfen. Ferner fehlt ein mit dem vorgenannten eng verknüpftes Kapitel mit der genaueren Defini-tion einer nicht-störenden Deutungstechnik. Und schließlich würde ein sehr wichtiges weiteres Kapitel über die Funktion der Deutung, gemeint ist die alte, klassische Deutung handeln, welche in den Zeiten zwischen den Regressionen notwendig ist« (BALINT, 1962, S. 273).

Vieles von dem, was BALINT vom Analytiker in den Zeiten der Regression des Patienten erwartet, läßt sich m. E. gut »durch den Körper« zum Ausdruck bringen; seine Beschreibungen des Ana-lytikers als »unzerstörbare« Substanz, als »Umgebung ..., die den Patienten annimmt und bereit ist, ihn zu stützen und zu tragen, wie die Erde oder das Wasser einen Menschen trägt, der sich mit seinem Gewicht ihnen anvertraut« (BALINT, 1968, S. 177), rufen Assoziationen wach, vom mütterlichen Tragen und Schaukeln des Säuglings bis Toben und Raufen des kleinen Kindes mit seinen Eltern. In all diesen Interaktionen erfährt das Kind seinen Körper, seine Konturen, seine Kraft und Begrenztheit, erfährt es den allumfassenden Halt, die »Unzerstörbarkeit« des anderen, aber auch dessen natürliche Grenzen. Viele Körpertherapien haben diesen Interaktionen entsprechende »Spiele« und Übungen entwickelt, die sich besonders gut in der Gruppe (da hier z. B. das Getragen- und Geschaukeltwerden durch die anderen Teilnehmer ermöglicht werden kann), aber auch in der Einzeltherapie realisieren lassen. Wiewohl es sicher richtig ist, daß sich fließende psychische Prozesse oft nicht in »Übungen« systematisieren lassen, und BALINT gut daran tat, seine technischen Innovationen nicht durch verfrühte Handlungsanweisungen zu schablonisieren, gibt es doch im Bereich der Körpertherapien viele Anregungen zu finden, wie BALINTS Erkenntnisse sich therapeutisch umsetzen lassen (vgl. dazu Kapitel 6).

Wenn BALINT von den »nicht-verbalen Ausdrucksformen« (1968, S. 220) des Patienten spricht – die seiner Meinung nach zugelassen und vielleicht beantwortet werden sollen –, so geht er zu wenig darauf ein, was diese Ausdrucksformen denn eigentlich sind und wie der Analytiker darauf eingehen könnte; das heißt, er betont zu wenig die Möglichkeiten, die die Körpersprache hat, und es bleibt so offen, ob der Analytiker, der sich auf präverbale Ebenen einläßt, nicht mehr tun kann als verstehend und akzeptierend zu schweigen bzw. auf »nicht-störende« Weise zu deuten oder passiv seine haltende Hand anzubieten.

Wir finden also bei BALINT zwar eine prinzipielle Offenheit für Körperkontakt und körperliche Aktionen in der Therapie, er macht diese Körperorientierung jedoch nicht explizit zum Thema, so daß es uns überlassen bleibt, sein Werk im Hinblick auf eine körperorientierte Psychoanalyse zu interpretieren und zu nutzen.

Andernfalls kann es passieren, daß sich durch die vagen Formulierungen die Dimension des Körpers in den nachfolgenden Rezeptionen BALINTS »verflüchtigt«; wofür der Text THOMÄS (1984) ein gutes Beispiel ist. Dieser bemängelt, daß, und zwar vermutlich auch aufgrund der unklaren Formulierungen, viele im Neubeginn eine »wunderbare Wandlung, die mit einem Schlag alles verändert« (THOMÄ, 1984, S. 540), vermuten müssen; prinzipiell mit BALINTS Ideen übereinstimmend, will er den Neubeginn entmythologisieren und ihn »dem Durcharbeiten als einen fortlaufenden Prozeß an die Seite stellen« (S. 541), was durchaus sinnvoll scheint.

Wenn er sich dann aber fragt, »wieviele gute Einfälle und *Probe-handlungen* notwendig sind, um zu Symptom- und Verhaltensänderungen auch im Leben draußen zu gelangen« (THOMÄ, 1984, S. 540, Hervorhebung der Verfasserin), so ist der körperliche Aspekt des Neubeginns in seinen Gedankengängen schon »unter den Tisch gefallen« – es geht um *Probe*handlungen, Phantasien also wieder, und nicht um körperliche Interaktionen.

Es besteht die Gefahr einer »Desomatisierung« der BALINTschen und FERENCZIschen Erkenntnisse, d. h. die Gefahr, daß ein positives Aufgreifen dieser Theorien durch die offizielle Psychoanalyse doch nur eine »schmalspurige« Integration zuläßt, eine Integration im zu eng gesteckten Rahmen der »talking cure«. Darum war mir die Akzentuierung der »körperfreundlichen« Aspekte ihrer Theorien ein besonderes Anliegen.

Kommen wir zum letzten, aber schwerwiegenden Kritikpunkt der BALINTschen Theorien – seine Einstellung zur Regression.

Die Mittelposition, die BALINT hier gegenüber FERENCZI und FREUD einnahm, ist in einem gewissen Ausmaße vernünftig. Gegenüber FREUD bzw. der klassischen Analyse vertritt BALINT die Wichtigkeit der Regression, kritisiert z. B. das »Fehlen... einer wirklichen Differentialdiagnostik, d. h. die Gewohnheit, alles ›primitiv‹ zu nennen, was vom Patienten in der analytischen Situation produziert wird, insbesondere auch Übertragung und Regression« (BALINT, 1968, S. 158), und hebt gleichzeitig hervor,

»daß in unserem derzeitigen Patientenmaterial die Anzahl der Menschen, die eine Regression nötig haben, größer ist als in der Vergangenheit, daß sie sogar ständig wächst« (BALINT, 1968, S. 201).

Sein Verdienst ist es, die »therapeutischen Aspekte der Regression« (vgl. dazu das gleichnamige Buch, 1968) differenziert erfaßt und hervorgehoben zu haben. In Verbindung mit seinen auch biologisch belegten Ausführungen, daß Regression und Entdifferenzierung oft zur Anpassung und zum Überleben notwendig seien, während hochentwickelte Systeme anfälliger seien, könnte man in der obengenannten Feststellung BALINTS auch eine Kritik an der Leistungsgesellschaft mit ihrer fortschreitenden Technisierung und eingleisigen »Höherentwicklung« vermuten, eine Kritik, die heute noch aktueller ist als zu Zeiten BALINTS.

Es ist ebenfalls ein Verdienst BALINTS, die Gefahren und Irrtümer, die die regressionsorientierte Behandlung nach Art FERENC-

ZIS mit sich bringt, aufzuzeigen; dennoch, wiewohl es wichtig erscheint, die Gesetzmäßigkeiten der Regression zu studieren und zu kontrollieren, scheint sich doch in der Unterteilung der Regression in »gutartig« und »bösartig« unversehens wieder die Werthaltung der klassischen Analyse eingeschlichen zu haben; ein Teil des durch FERENCZI (und BALINT) gewonnenen Fortschritts, nämlich die Bejahung der Regression als produktiven Faktor der Therapie und das Vertrauen in die Selbstheilungskräfte des Individuums, scheint durch die Kategorie »maligne Regression« wieder verloren.

Gibt es eine solche Kategorie, so kann die Angst des Therapeuten (und damit auch des Patienten) vor der Regression nicht wirklich abgebaut werden, und so finden sich immer bequeme Begründungen, Regression abzulehnen bzw. einen Patienten für nicht behandelbar zu halten. Denn wie wir gesehen haben, gibt BALINT zwar einige hilfreiche Anhaltspunkte dafür, was der Analytiker tun kann, suchtartige »maligne« Entwicklungen zu verhindern, es bleibt aber noch eine »Grauzone«, ein weitgehend ungeklärter Bereich, der die Verantwortung für »gutartige« oder »bösartige« Entwicklungen beim Patienten sieht, ohne plausibel zu erklären, woher dies kommt.

Die Verknüpfungen, die BALINT vornimmt – »arglos« = »gutartige«, »genital-orgastisch« = »bösartige« Regression verweist zudem auf einen weiteren, noch ungeklärten Bereich im Werk BALINTS – die Sexualität. Wie anfangs erwähnt, behält er die Kategorie »ödipal« bei, ohne sie näher und im Lichte seiner Zweipersonenpsychologie zu definieren. In seinen Schriften widmet er sich jedoch vorwiegend der »Grundstörung« und ihren charakteristischen Merkmalen. So entsteht der Eindruck, als würden viele der klassischen (Wert-) Vorstellungen, die für die ödipale Ebene gelten, stillschweigend übernommen, solange nur die Existenzberechtigung einer Grundstörung als noch frühzeitigeres Geschehen anerkannt wird. Um ein Beispiel zu geben: BALINT bejaht ein gewisses Maß an Befriedigung, das der Patient zur Herstellung der »primären Objektbeziehung« braucht – aber wie steht er zur genitalen Triebbefriedigung? Wäre ein solcher Wunsch beim regredierten Patienten »maligne Regression«? Müßte er auf der »ödipalen Ebene« behandelt, das heißt verbal bearbeitet und sublimiert werden?

Oder lassen sich auch für die Ebene des Ödipuskonfliktes andere, triebbejahende Einstellungen und technische Maßnahmen denken, wie z. B. Wilhelm REICH (1933; 1942) sie befürwortet?

BALINTS Theorien sind, bei all ihren sonstigen Vorzügen, manchmal von einer unterschwelligen Moral durchzogen, die bedenkenswert erscheint. Meines Erachtens kann man auch beim Patienten in der Grundstörung genitale Wünsche nicht ausschließen, sollte sie nicht als »maligne Regression« klassifizieren, sondern vielmehr eine Einstellung zu ihnen finden. Prinzipiell denke ich, daß man von anders gearteten Bedürfnissen des Kindes bzw. des regredierten Patienten ausgehen kann, die im Ödipuskomplex oft nicht erfaßt sind; aber diese Bedürfnisse mögen sich hinter genitalen Ansprüchen verbergen bzw. mit ihnen vermischt sein, denn eine klare Trennung ist, wie gesagt, beim regredierten Patienten (der »Kind« ist *und* Erwachsener) nicht zu ziehen. Diese Probleme müssen überdacht werden, was BALINT m. E. nicht genügend tut; statt dessen flüchtet er sich in Kategorisierungen von »gutartiger« und »bösartiger« Regression.

Ähnliches gilt, wenn man bei BALINT herausliest, seine Patienten verlangten nur symbolische Befriedigungen von »mittlerer Intensität«. Wenn nicht, ist es ebenfalls »maligne Regression«.

Auch hier sind Zweifel angemeldet, ob viele Patienten tatsächlich von selbst symbolische Formen von primitiver Objektbeziehung finden, also auch genug Realitätssinn bewahren, die Situation stets nur in dieser kontrollierten Form zu nutzen.

Es muß gefragt werden, was mit all jenen zu tun ist, die dies *nicht* können, die, entgegen BALINTS Theorie, höchst unbescheiden reale Wiedergutmachung und nicht nur die haltende Hand fordern – m. E. sollte diese Frage weiterentwickelt statt mit negativer Diagnostik beantwortet werden.

Diese Negativ-Beispiele und kritischen Einwände – die ja die klassische Psychoanalyse mit mir teilen wird – bedeuten jedoch *nicht*, daß ich BALINTS Theorien für unrichtig halte, nur, daß hier weiter geforscht und nachgedacht werden muß.

5. Zusammenfassung

»Vernachlässigt« die Psychoanalyse nun also den Körper? – Ich hoffe, eine differenzierte Antwort hierauf gefunden zu haben.

Es sollte gezeigt werden, daß die Psychoanalyse letztlich einem naturwissenschaftlichen Paradigma verhaftet geblieben ist und daß so ihre zweifellose Beachtung »des Körperlichen« von einem objektivierenden Blickwinkel ausgeht; der Körper ist das Objekt, dem der befehlende Geist gegenübersteht; der Körper ist das »Rohe«, »Primitive«; theoretisch zwar differenziert erfaßt, darf er aber in psychoanalytischer Praxis nie primär, sondern immer nur gebrochen, transformiert und transzendiert zum Ausdruck kommen.

Das psychoanalytische Setting organisiert eine »Stillegung« des Körpers; Agieren und »motorische Abfuhr«, also körpersprachlicher Ausdruck, gelten als Störfaktoren, als Widerstände gegen die psychische Arbeit; sie müssen von daher durch ein entsprechendes Setting »klein gehalten« und gebremst werden. Wir sahen, wie sich für FREUD in seiner Entwicklung vom Neurologen zum Psychoanalytiker eine fundamentale Dichotomie zwischen Erinnern und Agieren, zwischen »psychischer Erledigung« und »motorischer Abfuhr«, herauszukristallisieren schien.

Demgegenüber habe ich aufzuzeigen versucht, inwiefern eine Vereinseitigung des Kommunikationsprozesses auf die Sprache therapeutisch oft sogar eher hemmend wirkt; wie mit »Stillegung« des Körpers wichtige Ausdrucksformen des Patienten (wie des Analytikers) ausgeblendet werden. Agieren muß sich nicht notwendigerweise im antitherapeutischen Sinne *statt* Erinnern vollziehen, sondern kann vielmehr der *erste Schritt* zum Erinnern sein, kann in fruchtbarer Weise als primäres Ausdrucksangebot aufgegriffen werden. Demgegenüber kann die Sprache des Patienten, im Sinne der Rationalisierung und Intellektualisierung, der mechanistischen Redeweise, auch zu einem hartnäckigem Widerstand in der Behandlung werden.

Die Gesetzmäßigkeiten der Übertragung und das Prinzip der Abstinenz, Faktoren, die angeblich eine körperorientierte Therapie nicht erlauben, wurden aus dem Blickwinkel FREUDS erläutert; die körperliche Zurückhaltung, die sich für ihn aus diesen Prinzipien ergibt, wurde kritisch diskutiert, u. a. am Beispiel der psychoanalytischen Couch-Verwendung.

Die Fiktion, mittels sensorischer, taktiler und visueller Deprivation die Übertragungsneurose des Patienten besonders »rein« isolieren zu können, erschien als überholte Prämisse aus den Zeiten der Neurophysiologie, die FREUD nie ganz überwand. Vielmehr muß im Lichte einer Zweipersonen-Psychologie, wie FERENCZI und BALINT sie forderten, der Einfluß und die Beteiligung des Analytikers an der therapeutischen Situation erkannt und reflektiert werden; diese »persönliche Variable«, die der Therapeut einbringt, läßt sich, wie mir scheint, nicht durch seine Unsichtbarkeit und seine Reduktion aller Aktivitäten auf gelegentliche Deutungen »kleinhalten«; im Gegenteil können solche »Isolierungsbemühungen« zu einer phantasmatischen und hochgradig verzerrten Vorstellung vom Analytiker und einer irrealen, pathogenen Beziehungskonstellation zwischen Patient und Analytiker führen, die *nicht* einfach auf Projektionen des Patienten zurückzuführen sind.

Wir sahen weiterhin, daß die im Setting angelegte Gelegenheit, sich zu verbergen, vom Analytiker auch auf pathogene Weise genutzt werden kann; sie kann dazu verführen, menschliche Begegnung und Berührung hinter einer Fassade der Unangreifbarkeit zu vermeiden, notwendige Auseinandersetzung durch Schweigen zu umgehen; sie kann dazu beitragen, daß ein Machtgefälle zwischen Analytiker und Patient errichtet und stabilisiert wird.

Die Anordnung des klassischen Settings (den »neutralen« Analytiker inbegriffen), mag, so meine Schlußfolgerungen, in ihrer Spezifik bei dazu disponierten Patienten (und das sind meist die »schwereren Störungen«) latente Persönlichkeitsprobleme, vor allem »Berührungsangst« (im wahrsten wie im übertragenen Sinne als Körper-Entfremdung und Schizoidie, Intellektualismus, Zwanghaftigkeit u. a.) perpetuieren, zumindest stabilisieren. Dies bedeutet nicht, daß sie für bestimmte Patienten nicht nützlich sein kann; problematisch ist vor allem die dogmatische Festlegung auf eine *Einheitsmethode*, der sich der Patient beugen muß – wünschenswert wäre, die Methode den Bedürfnissen und Eigenarten des Patienten anzupassen; und eine zunehmende Zahl von Menschen scheint mit ihrer spezifischen Problematik einer anderen, körpernäheren bzw. »agierfreundlicheren« Herangehensweise zu bedürfen.

Die Arbeit stellt den Versuch dar, aufzuzeigen, daß die Frage der Beeinflussung des Patienten, und damit Kategorien wie Abstinenz und Suggestion, sich nicht einfach auf der Scheidelinie Handeln oder Nicht-Handeln, Sprechen oder Agieren, Unsichtbarsein oder Berühren usw. definieren lassen. Auch Sprechen kann ein Handeln bedeuten, und andersherum können Handlungen kommunikativen Charakter haben; die sprachlichen Interventionen des Analytikers bergen zudem ebenfalls ein Potential an Suggestion, sind von der »persönlichen Note« des Analytikers geprägt; die therapeutische Persönlichkeit ebenso wie die therapeutische Anordnung, die »Atmosphäre« des Settings determinieren in nicht unbedeutendem Maße den Prozeß, die Gefühle und Äußerungen des Patienten. Mit FERENCZI und BALINT plädiere ich nun für eine Akzeptanz dieser persönlichen Variablen und für eine kritische Reflexion der vermeintlichen »Neutralität« und »Passivität« des Analytikers; das sind sicherlich keine neuen Forderungen, und sie sind seit FREUD in vieler Hinsicht eingelöst worden; wichtig ist hier, daß ein verändertes Verständnis von therapeutischer Beziehung auch zu einer veränderten Haltung der Körperlichkeit der Beteiligten führen muß.

Die therapeutische Abstinenz, ein in vieler Hinsicht wichtiges Prinzip, darf nicht einfach mit Körperabstinenz, mit Berührungsverbot, gleichgesetzt werden; zunächst einmal muß sie im Lichte der Zweipersonenpsychologie, der Kritik am ödipalen Wertsystem ebenso wie vor dem Hintergrund »früher Störungen« diskutiert und neu definiert werden; zweitens entspricht sie eher einer anzustrebenden inneren Haltung, die sich nicht mit einer simplen Faustregel: reden ja, handeln und berühren niemals, herstellen läßt. Ich meine also wie BECKER (1989):

»Das Nichteinhalten einer notwendigen Abstinenz zwischen Therapeut und Patient bleibt nach wie vor ein Kunstfehler, hat aber wenig mit der Frage körperlicher Berührung, ja oder nein, zu tun« (S. 17).

Körperliche Berührung scheint in der klassischen Analyse automatisch mit Sexualisierung und Übergriff verknüpft zu werden. Nicht gesehen wird die heilsame Kraft, die von ihr ausgehen kann.

Die Nicht-Berührung des Patienten mag jedoch in gewissen therapeutischen Konstellationen einer »unterlassenen Hilfeleistung« gleichkommen; als Analytiker auf der Sprachform zu beharren kann ein Nicht-Wahrnehmen und Nicht-Beantworten entscheidender Bedürfnisse und Signale des Patienten bedeuten; es kann die phantasmatischen Ängste bzw. die Erfahrungen des Patienten bestätigen, daß Berührung nur Übergriff oder sexuelle Annäherung bedeutet (da Körperkontakt ängstlich ausgeklammert wird und positive Erfahrungen so nicht gemacht werden können); es kann zu einer Fremdbestimmung des Patienten (die ja gerade durch die »Neutralität« vermieden werden sollte) führen, indem dieser sich in seinem (präverbalen) Erleben an der Sprache (bzw. der vorgefertigten *Theorie*) des Analytikers orientieren muß, statt daß dieser sich auf die Kommunikationsebene des Patienten einstellt.

Dabei erweisen sich das Körpererleben und körpersprachlicher Ausdruck oft als »Königswege« zum Unbewußten, da diese sogenannten »primitiven« Ausdrucks- und Erlebensweisen die primäre psychische Realität des Menschen darstellen. FERENCZI, der sich als einer der ersten Analytiker zum Ziel setzte, frühkindliche Störungen zu behandeln, erkannte schon zu Zeiten FREUDS die Notwendigkeit, im therapeutischen Prozeß auf die »Gebärdensprache« zurückzugreifen, wenn der Patient in präverbale Erlebensbereiche regrediert.

Sein Verständnis von »früher Störung« korrigiert und erweitert die bisherige ödipale Sichtweise der Psychoanalyse; Körperkontakt und Körpersprache erfahren vor dem Hintergrund spezifisch kindlicher Bedürftigkeit eine ganz andere therapeutische Bewertung und Bedeutung.

Die geforderte Einbeziehung des Körpers in die Therapie soll weder Triebbefriedigung im FREUDschen Sinne noch bloße »Lokkerungsgymnastik« oder schnelle »Befreiung« von Blockaden bedeuten, sondern muß vor dem Wissen über frühkindliche Entwicklung als Möglichkeit der Regression auf frühkindliche Traumatisierungspunkte, die einer »mütterlichen« Begleitung bedürfen, verstanden werden.

Es geht um das »Kind« im Patienten, das empathisch begleitet werden muß; mit ihm in einen »mütterlichen« Dialog zu treten heißt, fähig zu sein, auf Worte zu verzichten, auf nonverbale Ausdrucksformen zurückgreifen zu können.

Mit BALINT verdeutlicht sich uns die Heilsamkeit der Regression als eines natürlichen Selbstheilungsversuchs des Individuums – die vermeintliche »Primitivität« des Körperlichen erweist sich so in vielen Fällen als Brücke zum wahren Selbst; die von BITTNER bzw. der klassischen Analyse gepriesene »kompliziertere« Wortsprache kann demgegenüber nicht selten am Wesentlichen vorbeigehen, den Kern des Menschen verfehlen.

Aber diese Erkenntnisse, die schon zu FREUDS Zeiten durch FERENCZI, REICH, BALINT u. a. formuliert wurden, haben keinen erkennbaren Niederschlag in psychoanalytischer Theorie und Praxis gefunden; vielmehr wurden sie abgewehrt und totgeschwiegen.

Eine zunehmende »Desomatisierung« bzw. »Vergeistigung« läßt sich demgegenüber in der psychoanalytischen Entwicklung seit FREUD feststellen, ein Umstand, der zu einem großen Teil auf die Polarisierung von Psyche und Soma im medizinischen Krankheitsverständnis zurückzuführen ist; die Abgrenzung der Psychoanalyse von der somatischen Medizin und ihre Emanzipierung zu einer eigenständigen Methode zog eine Überbetonung des Geistigen, Psychischen nach sich.

Doch es muß auch zugestanden werden, wie äußerst wichtig die Entdeckung und Konzentration auf das Psychische »hinter« dem Körperlichen zunächst war; die Entstehungsgeschichte der Psychoanalyse enthüllt, welch ungeheuren Fortschritt, welch revolutionäre Vorgehensweise es bedeutete, psychosomatischen Erscheinungen »nur« mit Worten zu begegnen.

Es bedeutete nicht nur einen Fortschritt, sondern die Geburt der Psychotherapie, eine Revolutionierung nicht nur der psychiatrischen Medizin, daß Worte statt Diätvorschriften, daß das verstehende Zuhören statt Elektroschocks in der Behandlung zum Tragen kamen.

Aber: Die geforderte Rückbesinnung auf den Körper meint nicht Rückschritt auf überholte somatische, suggestive Verfahren, sondern meint Neu-Entdeckung des Körpers, meint seine Einführung als Subjekt des Geschehens, meint die Rückbesinnung auf seine Signale. Es geht nicht um den »objektiven« Körper, der »behandelt« und seziert wird wie eine defekte Maschine, es geht auch nicht um den »sündhaften«, »gierigen« Körper, dessen Sprache gereinigt, dessen Ansprüche gebändigt, dessen Impulse stets kontrolliert werden müssen; sondern es geht um eine vitale Dimension unseres Seins, die uns im fortschreitenden Entfremdungs- und Abstraktionsprozeß unserer westlichen Zivilisation allmählich abhanden zu kommen droht.

Wenn also die Forderung nach einer körperorientierten Psycho-analyse erhoben wird, so ist nicht die frühe »Körperorientierung« Freuds aus den Zeiten der Hysteriebehandlung gemeint, sondern eine Herangehensweise, die einen grundsätzlich anderen Zugang zum Körper des Menschen voraussetzt, die zum Ziel hat, der ge-nerell erkennbaren Leib-Seele-Spaltung des Menschen entgegen-zuwirken und subjekthafte Leiblichkeit als wertvolles Potential des Menschen zu re-integrieren. Dabei darf man andererseits, wie wir anfangs sahen, auch nicht der Illusion eines »vollkommenen«, absolut »befreiten« und »weisen« Körpers verfallen, einer ver-herrlichenden Herangehensweise, die doch nur die andere Seite der Leib-Seele-Dichotomie generalisiert.

Die anfangs vorgenommene Reflexion der Zusammenhänge von gesamtgesellschaftlicher Körper-Entfremdung und sich mehren-den Psychosomatosen, Identitätsstörungen, narzißtischen Krisen sowie dem »Schrei« nach Körpererfahrung, der sich im »Psycho-Boom« artikuliert, sollte die nachfolgende Diskussion, die ja eher eine therapie-technische ist, auf eine weitere Ebene heben, die im individuellen Patientenschicksal ebenso wie in der Grundhaltung der Psychoanalyse zum Körper und der »modischen« Besinnung auf »Körpererfahrung« im Psychoboom den Ausdruck desselben Problems einer generellen Leib-Seele-Entfremdung des heutigen Menschen erkennt.

Die Forderung nach einer Integration »des Körperlichen« in die Psychoanalyse darf sich also nicht nur als spezielle Maßnahme für »Frühgestörte«, die je individuell eine mißlungene Mutter-Kind-Interaktion erfahren haben, verstehen. Wie ich vielmehr gehofft habe aufzuzeigen, ist das Problem der Körper-Seele-Gespalten-heit im Menschen ein eng mit dem Zivilisationsprozeß verknüpf-tes umfassendes Phänomen, ist die je individuelle Entfremdung vom körperlichen Ausdruck einer globalen Entfremdung des Menschen von der Natur. Die Mutter-Kind-Beziehung steht hier deswegen in ihrer Bedeutsamkeit im Vordergrund, da hier die prä-gendsten Erfahrungen gemacht werden, da hier der Grundstein für die weitere psychische Entwicklung gelegt wird; die »patho-gene Mutter«, wie sie von Psychoanalytikern manchmal so un-schön beschrieben wird, ist als frühestes soziales Umfeld, das gesellschaftliche Erfahrungen »durch die Haut« vermittelt, zu be-greifen.

Ebenso wie Freud in der Sexualunterdrückung des »zivilisierten« Menschen eine neurotische »Grundlage« unserer Gesellschaft erkannte, läßt sich dies m. E. auch mit Balint erweiternd von der »Grundstörung« sagen. Der Mensch bedarf nicht nur ontogenetisch, sondern auch phylogenetisch einer Regression, einer Rückbesinnung auf seine Natur.

Natürlich ist die individuelle Störung, der real traumatische Einfluß der einzelnen Bezugsperson oder Familie, damit nicht in Frage gestellt; eine solche Störung wird nur relativiert bzw. in Zusammenhang gestellt mit einer allgemeinen Tendenz der (Körper-) Entfremdung.

Und diese allgemein gesellschaftliche Tendenz trägt die Psychoanalyse, so meine Annahme, in wenig reflektierter Form mit, während körperorientierte Verfahren eine »Gegenbewegung« darstellen.

Auf psychoanalytischer Seite erkennen wir eine Haltung der Höherbewertung des Geistigen und Unterordnung des Körpers, ein Paradigma, das von Freud ausging und sich in seinem klassischen Setting festschrieb. Trotz erheblicher Fortschritte und Neuerungen innerhalb der Psychoanalyse ist diese Körperferne seit Freud fast unverändert geblieben, sicherlich auch, weil sie der grundsätzlichen abendländischen Einstellung der Disziplinierung des Körpers entspricht.

Worum es also gehen muß, und zwar m. E. nicht nur in der Psychoanalyse, sondern auch in den Körpertherapien, ist eine grundsätzliche Reflexion der Leib-Seele-Beziehung des Menschen, des gespannten Verhältnisses von Sprache und Erleben, von Theorie und Praxis, von Spontanität und Reflexion, um schließlich zu einer »ganzheitlicheren« Therapieform zu gelangen.

6. Ausblick

Zum Schluß wäre die Frage zu stellen, wie eine »ganzheitliche«, also Körper wie Seele gleichermaßen umfassende Psychotherapie zu verstehen und zu praktizieren wäre. (Wichtig ist dabei, das Adjektiv »ganzheitlich« nicht absolut zu verstehen, sondern im Sinne eines Ideals, dem man sich nur – auf verschiedenen Wegen – nähern kann. Darum sei diese Bezeichnung in Anführungsstriche gesetzt.)

Mein Ausgangspunkt war die Suche: denn die »ganzheitliche« Alternative zur Psychoanalyse läßt sich auch nicht ohne weiteres in einem bestimmten Körpertherapieverfahren lokalisieren; dies habe ich anfangs, wenn auch nur skizzenhaft, begründet. Auch in klassischen Körpertherapien besteht die Gefahr einer tendenziellen Vereinseitigung, hier im Sinne einer allzu einseitigen Konzentration auf das Körpererleben und einer Vernachlässigung bzw. Mißachtung der komplexeren Zusammenhänge »des Seelischen«. Eine körperorientierte Psychotherapie, die den Menschen in seiner leibseelischen Ganzheit erfassen will, muß auch eine differenzierte Theorie der seelischen Entwicklung sowie ein Verständnis des Übertragungs-/Gegenübertragungsgeschehens als Basis haben, und hier kann auf den großen Erfahrungsschatz der Psychoanalyse zurückgegriffen werden. Es ist nicht Ziel und Sinn dieser Arbeit gewesen, die geschilderte Suche mit konkreten Antworten abzuschließen; dies entspricht auch nicht der Natur der Sache. Dennoch lassen sich abschließend, im Sinne eines Ausblicks, Perspektiven einer konkreten Verwirklichung der in dieser Arbeit geschilderten Forderungen entwickeln.

Dazu möchte ich zunächst exemplarisch Formen der Körperpsychotherapie vorstellen, die auf psychoanalytischer Theorie basieren bzw. sich an ihr orientieren. In sich geschlossene Therapiekonzepte also, die der Zielvorstellung »Ganzheitlichkeit« nahekommen, insofern sie körpertherapeutische Ansätze mit psychoanalytischer Entwicklungs- und Objektbeziehungstheorie verbinden und die heutzutage schon lernbar und lehrbar sind. Im Anschluß daran soll dann skizzenhaft die Frage erörtert werden, wie die in dieser Arbeit geforderte *praktische Einbeziehung des Körpers in die Psychoanalyse* konkret aussehen könnte.

Ein systematisches Konzept psychoanalytisch orientierter Körpertherapie liefert Hans BECKER (1989) mit seiner Konzentrativen Bewegungstherapie (KBT), ein auf Elsa GINDLER zurückgehendes und psychoanalytisch fundiertes Bewegungsverfahren; BECKER begreift es als notwendige Ergänzung zum herkömmlichen psychoanalytischen Verfahren.[1] Vergleichbar dem »freien Einfall« in der Psychoanalyse wird hier, zumeist in Gruppensituationen, durch Bewegung im Raum eine »freie Körper- und Handlungsassoziation« (BECKER, 1988, S. 69) gefördert.

»Im Bereich des Körperselbst soll durch Konzentration und Anspüren des eigenen Körpers und seiner Funktionen eine Intensivierung des Körperraumbildes erreicht werden, objekthaftes wird zu subjekthaftem Körpererleben, d. h. es wird der Versuch gemacht, eigene Körperentfremdung aufzuheben« (ebenda).

Diese Herangehensweise, die sich auf psychoanalytische Entwicklungstheorie stützt, trägt der Erkenntnis Rechnung, daß das sogenannte Agieren oft der erste Schritt zur Erinnerung, zur Wiederbelebung von Gefühlen ist und, vor allem, daß es für viele Patienten zunächst die einzige Kommunikationsform darstellt. Dies betrifft besonders psychosomatische und Unterschichtpatienten, die den Indikationskriterien der klassischen Psychoanalyse oft nicht genügen; in der KBT wird ihr primäres Ausdrucksangebot aufgegriffen und gefördert – mit Erfolg:

»Die Statistik der Psychosomatischen Klinik in Heidelberg... zeigt, daß z. B. die Zahl der Patienten ohne höhere Schulbildung im Rahmen des vorwiegend verbalen Psychotherapieangebots (Psychoanalyse, dynamische Psychotherapie) bei 38% und bei einem Therapiesetting, das prä- und averbale Methoden miteinbezieht, auf 67% gesteigert werden konnte« (BECKER, 1989, S. 115).

So scheint ein wesentlicher Vorteil körperorientierter Therapie *auch* zu sein, daß soziale Barrieren verringert werden können:

»Obwohl im nonverbalen Ausdruck sicher auch soziale und kulturelle Anteile sichtbar werden, gibt es doch eine kollektive körperliche Ausdrucksbasis, die im Sinne einer schichtunabhängigen Kollektivsprache zu verstehen ist« (BECKER, 1988, S. 73).

Ein ebenfalls interessanter Ansatz ist die analytisch orientierte Tanztherapie, die Elaine SIEGEL (1984; 1988) vorstellt.

1 Vergleiche dazu Kapitel 3.4.1.

Tanztherapie als nonverbale Psychotherapie entwickelte sich in den USA aus der Arbeit von Tänzerinnen mit regredierten Patienten in psychiatrischen Anstalten; die einstige Hilfstherapie ist inzwischen zu einer anerkannten tiefenpsychologischen Primärtherapie geworden, die in Kliniken und freier Praxis von Tanztherapeuten praktiziert wird. SIEGEL hat mit ihrer Methode auch Erfolge bei Borderline-Patienten, Psychotikern und selbst bei Katatonikern zu verzeichnen (vgl. SIEGEL, 1984, 1988).

Die Motilität des Patienten wird zum therapeutischen Medium; über den nonverbalen Kontakt der gemeinsamen Bewegung mit dem Therapeuten kann ein Patient frühkindliche emotionale Erfahrungen wieder erinnern und durcharbeiten. Die psychoanalytische Entwicklungstheorie bildet hier ebenfalls die Grundlage des therapeutischen Prozesses:

»Die Psychoanalyse als Entwicklungspsychologie stellt eine hervorragende diagnostische Methode zur Verfügung, wenn man die Theorien der Phasenlehre, Objektbesetzung und Objektwahl und der körperlichen Entwicklung miteinbezieht. Jede Entwicklungsstufe besitzt ein spezifisches Ensemble von Bewegungsmustern und Formen des Muskeleinsatzes, die wiederum auf eine ganz bestimmte Ausprägung der Objektbeziehungen schließen lassen« (SIEGEL, 1984, S. 48). »Jedes wahrgenommene Gefühl hat eine motorische Antwort, und in dieser Wechselwirkung entfaltet sich das Selbst immer mehr. Wenn die Motorik leidet, leidet auch die Selbstwahrnehmung und das Beziehungsvermögen« (SIEGEL, 1988, S. 81).

Die Therapeutin läßt den Patienten in der tänzerischen Improvisation sein spezifisches Bewegungsmuster zum Ausdruck bringen, das sie empathisch begleitet und interpretiert.

»Tanztherapeuten interpretieren nonverbal, indem sie widerspiegeln, Bewegungsphasen zu Ende führen oder erweitern und Wiederannäherungsmöglichkeiten sowie neue Anpassungsmodi durch Bewegung anbieten« (SIEGEL, 1984, S. 49).

So arbeitet sie am Aufbau bzw. der Stabilisierung eines adäquaten Körperbildes, damit adäquater Körpergrenzen und Stabilisierung des Selbst.

»Der systematische Einsatz von phasenspezifischer Motorik, die wie Tanz aussieht (und es manchmal auch ist, wie z. B. das Wiegen in den Armen der Mutter), ermöglicht die Wiederherstellung oder das erstmalige Erarbeiten einer Geist-Leib-Seele-Integration« (SIEGEL, 1988, S. 79).

Ebenso wichtig wie die Bewegungsarbeit ist ihr, wie auch BECKER und anderen Autoren, natürlich die verbale Aufarbeitung des Geschehens, da nur bewußte Realisierung dessen, was therapeutisch angestoßen wurde, zu einer innerlichen Verankerung führen kann.

Dieser Punkt sollte als zentrales Kriterium für psychoanalytische Körpertherapie festgehalten werden; das auch verbale Durcharbeiten muß, ganz im Sinne der »Ganzheitlichkeit«, ebenso Raum in Körpertherapien finden wie nonverbale Prozesse.

»Nichts ist dem therapeutischen Geschehen abträglicher, als unkontrolliert aufzudecken oder sogar vom Therapeuten unbemerkt aufdeckend zu arbeiten, ohne anschließend aus Zeit- oder Qualifikationsgründen ein Durcharbeiten zu ermöglichen, ein Dilemma, das wohl am deutlichsten bei Selbsterfahrungsangeboten an Wochenendtagungen immer wieder zu beobachten ist« (BECKER, 1989, S. 148).

Diese exemplarischen Darstellungen[2] sollen aufzeigen, wie in unterschiedlicher Form und Herangehensweise bereits auch auf institutioneller Ebene therapeutische Konzepte realisiert worden sind, die den in dieser Arbeit skizzierten Vorstellungen von »Ganzheitlichkeit« nahekommen.

Besonders wichtig scheint mir bei den genannten Verfahren, daß sie sich nicht nur auf dem »freien Psychomarkt« für den aufgeklärteren Therapieklienten anbieten, sondern daß hier auch oder gerade Angehörige der Unterschicht, Psychosomatiker und psychiatrische Patienten einbezogen werden; somit stellen die Verfahren eine echte Alternative dar für viele, die an der klassischen Psychoanalyse »scheitern«.

Doch damit zurück zur »klassischen Psychoanalyse« bzw. zu der Frage, wie dort eine konkrete Erweiterung des Settings im Sinne

2 Ein weiterer interessanter Ansatz, der mir erst nach Fertigstellung meines Manuskripts bekannt geworden ist, ist die »Integrative Therapie«, welche 1972 im Rahmen des FRITZ PERLS INSTITUTS, Düsseldorf, entwickelt wurde; bekanntester Vertreter dieser Methode ist Hilarion PETZOLD. Die »Integrative Therapie« versteht sich als phänomenologisch und tiefenpsychologisch begründeter Ansatz: »In ihr werden die Aktive Psychoanalyse FERENCZIs, die Gestalttherapie von PERLS, das Psychodrama MORENOs und leibtherapeutische Ansätze zu einem integrierten tiefenhermeneutischen und erlebnisaktivierenden Verfahren verbunden, in dessen Rahmen unterschiedliche Methoden, Techniken, Medien und Behandlungsformen entwickelt wurden« (FPI, 1992, S. 5).

einer Integration von körpertherapeutischen Erfahrungen, Techniken und Kenntnissen aussehen könnte.

FERENCZI und BALINT erschienen hier in ihrer Kritik am analytischen Setting und ihren technischen Experimenten und Neuerungen als Wegbereiter; gerade die Offenheit und Unabgeschlossenheit ihres Werks ermöglicht es uns, kreativ weiterzuforschen, weiterzudenken. Zum Teil ganz bewußt haben die beiden keine neue Schule begründet, kein geschlossenes Therapiekonzept hinterlassen: sie begriffen sich weniger als Lehrer denn als Lernende, Suchende, Experimentierende. Im Vordergrund stand für sie, gegen Dogmen und Erstarrungen innerhalb ihrer Schule anzugehen, und nicht die Aufstellung neuer »Regeln«, Dogmen. So hinterlassen sie uns einen »Steinbruch« (vgl. CREMERIUS, 1983, S. 1006): ihre Anstöße können weitergedacht, ihre Experimente weiterentwickelt werden; in Verbindung mit den Errungenschaften innerhalb der Körperpsychotherapie sowie den neueren Erkenntnissen innerhalb der psychoanalytischen Entwicklungspsychologie ließe sich das Konzept einer körperorientierten Psychoanalyse[3] entwickeln.

Wie nun eine solche Integration von körpertherapeutischen Kenntnissen in das analytische Handeln aussehen kann, entnehmen wir zunächst nur Erfahrungsberichten von einzelnen Analytikern, die diese Integrationsarbeit individuell leisten.

Während die offizielle Psychoanalyse sich nach wie vor eher unzugänglich zeigt, gibt es auf individueller, praktischer Ebene zunehmend Öffnungen in Richtung Körpertherapie, und allmählich mehrt sich auch die Zahl der Analytiker, die ihre körpertherapeutische Orientierung offensiv vertreten und veröffentlichen.

Bekanntester Vertreter unter ihnen ist sicherlich Tilmann MOSER. Nachdem er sich zunächst vor allem in der Kritik psychoanalytischer Körperabstinenz (die er in der Analyse von Fallgeschichten seiner analytischen Kollegen anschaulich machte) für eine Auseinandersetzung der Psychoanalyse mit den Erkenntnissen und Errungenschaften der Körperpsychotherapie-Szene einsetzte (vgl. vor allem MOSER, 1987; 1989; 1990), verdeutlicht er nun in seinen neueren Veröffentlichungen (vgl. MOSER, 1986a; 1992), wie eine

---

3 Diese wäre dann nicht als *das* definitive ganzheitliche Verfahren zu begreifen, sondern als eines, das neben verschiedenen Formen von psychoanalytisch orientierter Körpertherapie seinen Platz hat.

Integration körpertherapeutischer Erfahrungen in das psychoanalytische Handeln konkret aussehen könnte.

Auch er stellt dabei kein »neues Therapiekonzept« vor; vielmehr eignet sich MOSER die vielfältigen Erkenntnisse und Erfahrungen aus der Körpertherapie an, um in unorthodoxer Weise mit der psychoanalytischen Methode zu experimentieren.

Bezeichnend für seine Vorgehensweise ist, daß der analytische Prozeß nicht auf die starre Anordnung des Settings fixiert bleibt; er wird aber auch nicht durch konkrete »Übungen« systematisiert. Statt dessen besteht der therapeutische Prozeß aus regressiven, intuitiven therapeutischen »Spielen«, die an FERENCZIS Vorgehen erinnern, sich aber auch auf neuere Erkenntnisse der psychoanalytischen Entwicklungs- und Objektbeziehungstheorie stützen; sie wiederholen, in einer regressiven Übertragungsbeziehung, Ursituationen frühkindlicher Entwicklungsschritte.

»Dein Körper wirkt so formlos, so schlotternd und in seinen Teilen unzusammenhängend, daß wir langsam lernen müssen, die Gliedmaßen zu sortieren. Du bewegst die Glieder wie ein Hampelmann. Kein Muskel weiß etwas vom anderen. Du weißt nicht einmal, wie weit weg vom Kopf deine Füße sind. Als ich deine Füße anfasse, meinst du, du müssest einen halben Kilometer lang sein, so weit sei es bis zum Kopf. Eine unsägliche Scham liegt über dem Ganzen. Ich muß geduldig auf jede neue Bewegung warten. In den Bewegungen könnte sich offenbaren, daß du noch gar keine menschliche Form hast. Du kannst dir kein wohlwollendes Auge vorstellen, das dich zusammenfaßt« (MOSER, 1986a, S. 115).

Derart intuitive und intime Formen von Beziehung bedürfen natürlich immer wieder der Reflexion, des klärenden Gesprächs, der wiederholten Rückfrage des Therapeuten nach der »Stimmigkeit« der Situation.

Im 1992 erschienenen *Stundenbuch* macht MOSER seine therapeutischen Schritte und Gedankengänge, einschließlich seiner Gegenübertragungsreaktionen, transparent; ganz dem klassischen Ideal des »neutralen« Analytikers widersprechend (und damit ganz im Sinne FERENCZIS), gibt er sich hier zu erkennen; als verletzbarer, manchmal nicht verstehender Therapeut. Selbstkritisch, die Auseinandersetzung und den Austausch mit Kollegen suchend, macht er deutlich, daß hier noch Neuland zu bearbeiten ist; daß aber gleichzeitig »psychoanalytische Körpertherapie« kein beliebiger, illusionärer Begriff bleibt, sondern bereits in seinen Bedingungen und Gesetzmäßigkeiten konkrete Konturen annimmt.

»Analytisch orientierte Körperpsychotherapie ist lernbar und lehrbar. Sie muß sich nicht verlassen auf den sogenannten begnadeten oder existentiell außergewöhnlichen Augenblick, in dem es unter besonderen Umständen und ohne lange Überlegung zu spontanen Berührungen kommt, die dann oft, schon wegen ihrer Seltenheit, vom Patienten wie vom Therapeuten mit fast mythischer Bedeutung umgeben werden« (MOSER, 1991, S. 295).

Der Schweizer Analytiker und Bioenergetiker Hans PETER (1989) setzt sich mit der Frage auseinander, ob und wieweit analytisches und bioenergetisches Handeln kompatibel sein könnte und wie eine Integration dieser Verfahren in der Person und Rolle des Therapeuten zu leisten ist.[4] Er, der beide Ausbildungen durchlaufen hat, sieht im bioenergetischen Setting viele Gemeinsamkeiten zum analytischen, darüber hinaus aber gibt es Andersartigkeiten, die als bereichernde Erweiterungen betrachtet werden können; sie stellen aber auch analytische Prinzipien in Frage.

Zum Beispiel ist das bioenergetische Setting jederzeit offen für den Übergang zur Körperarbeit; statt der standardisierten Anordnung Couch-Sessel wird ein großer Raum mit Teppich und verschiedenen Sitz- und Liegemöglichkeiten bereitgestellt; innerhalb dieses Rahmens kann jeder Klient selbst sein Setting gestalten:

»Jeder macht davon den Gebrauch, der ihm entspricht, und bestimmt damit ein Stück weit Gestalt und Atmosphäre seiner Sitzungen. Alles kommt vor: sich erwartungsvoll in die Mitte setzen, sich vor mich hinpflanzen zu gegenseitiger Musterung, herumgehen und in spontanen oder mehr stereotypen Bewegungsabläufen herausfinden, wie die Stunde beginnen soll, sich irgendwo hinfallen lassen und räkeln, den Polstersitz an stets der gleichen Stelle einnehmen und mit einer Abfolge von Kontrollblicken alles rasch überprüfen, und so weiter. Aufgefordert, in einem spärlich strukturierten Rahmen seinen Ort zu wählen, signalisiert der Analysand sein Erleben der Therapie, seine Erwartungen und Befürchtungen, seinen mehr kreativen oder defensiven Umgang mit Freiheit« (PETER, 1989, S. 12 f.).

Also: neben der Erlaubnis, sich in seinem Befinden und Erleben, seinen Ängsten, Hemmungen und Sehnsüchten *verbal* zum Ausdruck zu bringen, hat der Klient hier Raum, dieses auch *averbal*, *körpernah* zu vermitteln und zu erspüren. Vielleicht möchte er sich an manchen Tagen auf der Couch verkriechen; an anderen

---

4 Vgl. dazu auch: Hans PETER, »De la Psychoanalyse à l'Analyse bioenergétique. Une experience personelle.« Tagungsbericht 1984. Schweizer Gesellschaft für Bioenergetische Analyse und Therapie (SGBAT).

mag ihm aber nach Bewegung und/oder Auseinandersetzung zumute sein.

Der Therapeut erhält durch die Art, wie der Klient das Setting mitgestaltet, Aufschluß über sein aktuelles Befinden wie auch über seine allgemeine Persönlichkeitsstruktur. Auch wenn sich der Klient den ihm zur Verfügung stehenden Raum gar nicht nehmen kann, wenn er z. B. nach mehr Struktur verlangt, ist dies eine wichtige Botschaft für den Therapeuten, eine zum Nachdenken anregende Erfahrung für den Klienten.

Es gilt hier auf körperlicher Ebene ähnliches wie in der verbalen Psychoanalyse, wo es auch nicht auf »die Befolgung der analytischen Grundregel an und für sich«, sondern auf den »Kampf um die Befolgung der Grundregel« (Anna FREUD) ankommt (vgl. auch PETER, 1989, S. 16).

So wie FERENCZI und BALINT das festgelegte analytische Setting hinterfragt und hier gegenüber ihren Klienten größere Offenheit, z. B. für einem »Purzelbaum«, an den Tag gelegt haben, klingt auch bei MOSER, PETER und anderen körperorientierten Therapeuten als eines der wichtigsten Kriterien für eine »ganzheitlichere« Therapie die *Flexibilität des Settings* an.

Bewußter noch und konkreter als ihre geistigen Wegbereiter, FERENCZI und BALINT, wirken körperorientierte Therapeuten einer Schablonisierung des therapeutischen Prozesses entgegen, indem sie nicht nur durch ihre psychische »Haltung«, sondern konkret durch die Raumgestaltung, die Einrichtungsgegenstände, die Bewegungs-, Sitz- und Liegemöglichkeiten eine offene Atmosphäre schaffen.

Eine Schablonisierung der therapeutischen Situation findet sich ja vor allem im psychoanalytischen Setting, wo zu einem Teil ganz bewußt, zu anderen Teilen aber auch aus historischen, nicht mehr reflektierten Gründen im Sinne einer Erstarrung eine feste Sitz- und Liegeordnung beibehalten wird. Aber überall dort, wo Automatismen wirken, gehen individuelle Erlebens- und Ausdrucksmöglichkeiten verloren. Wird das Sich-auf-die-Couch-Legen zu einem Ritual, so verliert es auch an erlebnismäßiger Bedeutung.

Dies gilt aber zum Teil auch für den Bereich der Körpertherapie, wenn körperliche (Inter-)Aktionen zu »Übungen« erstarren, die dann eventuell auch eher der Abwehr des Therapeuten oder des Klienten dienen.

MOSER (1990) beobachtet:

»Manche Techniken, die ein Therapeut anwendet, wenn ihm die Nähe mulmig wird oder der Patient vor lauter Mobilisierung von Verschmelzung oder Energie ins Nirwana abzudriften droht, gleichen einem gymnastischen Strafexerzieren, ideologisch abgesichert als hilfreiches ›grounding‹ im Stehen und unter Streß, und in Wirklichkeit handelt es sich um ein Zeichen der Desorientierung des Therapeuten« (S. 110).

Diese Aussage gibt Hinweise darauf, wie sehr auch für den Therapeuten dieses offene Setting eine Herausforderung darstellt. PETER (1989) stellt fest:

»Von der stark individuellen Einfärbung eines solchen Setting bleibe ich als Therapeut nicht ausgenommen. Es gibt da keinen vorgegebenen Abstand zwischen Couch und Sessel, der mir meinen Platz zuweise. Wenn ich mich in je anderer Anordnung in der Nähe des Klienten einrichte, so nehme ich Stellung zu seinem Angebot, und ich drücke auch aus, wie es um mich steht« (S. 13).

Auch Gisela WORM, Psychoanalytikerin mit einem über 15jährigen Bemühen »um eine Integration von psychoanalytischem Prozeßverständnis und körpertherapeutischen Ansätzen« (WORM, 1990, S. 142), beschreibt diesen Faktor als einer ihrer Schwierigkeiten auf dem noch unsicheren Terrain körperorientierter Psychoanalyse.

»Wenn Körperwahrnehmung und Körperausdruck zur gleichwertigen Dimension neben dem verbalen Ausdruck wird, gibt nicht nur der Patient ein Stück Kontrolle auf, sondern auch der Therapeut. Die Sprache verrät zwar viel, wenn man gelernt hat, zwischen den Zeilen zu lesen, der Körper aber enthüllt noch sehr viel direkter, wenn man auf seine Sprache achtet. So wird z. B. mein starres Gesicht, meine erschreckten Augen bei einem Blickkontakt, mein Zittern oder die Kälte meiner Hände bei einer Berührung, mein stockender Atem, die Steifheit meiner Bewegung im Gehen, meine verkrampfte Sitzhaltung u. a. vom Patienten, wenn er genug Vertrauen hat oder Angriffspunkte sucht, ebenso bemerkt und thematisiert, wie ich Entsprechendes bei ihm aufgreife« (WORM, 1990, S. 143 f.).

Dieser Gefahr entgeht natürlich der Analytiker, der, ohne daß es weiter hinterfragt wird, den Regeln gemäß regel-mäßig hinter der Couch verschwindet. Er schützt sich damit auch vor etwaigen Unsicherheiten, die in der direkten Konfrontation mit dem Klienten bei ihm auftauchen könnten.[5] Die Frage ist nun natürlich, ob unter Bedingungen, wie PETER, WORM, MOSER u. a. sie schil-

5 Vgl. dazu auch Kapitel 3.3.2.

dern, nicht die Übertragung »gefährdet« wird, ob nicht der Therapeut, der sich derart zu erkennen gibt, zum »realen Objekt« wird.

Sicherlich entspricht die dadurch entstehende Therapeut-Klient-Beziehung nicht den Maßstäben der Neutralität, wie sie in der klassischen Analyse gefordert sind. Weder ist der Therapeut auf seinen Platz festgelegt, noch ist er unsichtbar für den Klienten; zweifellos zeigt er sich mehr in seiner Subjektivität. Hans PETER geht diesen Schritt jedoch bewußt:

»Die Erfahrung in einem so offenen Setting hat mich gelehrt, daß es nicht in erster Linie darauf ankommt, für den Patienten undurchsichtig zu sein, wie das zum Schutz der analytischen Beziehung postuliert wird. Im Gegenteil wird die Tendenz des Therapeuten, sich vor dem Patienten zu verstecken, von diesem als Abwehr wahrgenommen und als mangelnde Verfügbarkeit, wenn nicht als Zurückweisung verstanden. Ist aber der Therapeut wirklich für ihn vorhanden, so setzt sich sein Bedürfnis nach Aktualisierung der traumatischen infantilen Positionen regelmäßig durch, und die Besetzung des Analytikers als Übertragungsobjekt läßt die Realitätsanteile genau so in den Hintergrund treten wie auf der Couch; es sei denn, ich hindere diesen Prozeß durch störendes Verhalten oder durch unzulängliches Verständnis. (...) Heute bin ich durch vielfache Anschauung überzeugt, daß es auch in einem offenen Setting, wie ich es skizziert habe, regelhaft zu einer klaren und starken Übertragungsentwicklung kommt« (PETER, 1989, S. 13).

Sein Handeln begründet sich also im Sinne FERENCZIS und BALINTS aus der Beobachtung, daß die »persönliche Variable« des Therapeuten letztlich ohnedies nicht ausgeblendet werden kann. Diese – psychoanalytische – Erkenntnis ist ja inzwischen auch in die allgemeine Psychoanalyse gedrungen.

PETER, WORM und andere körpertherapeutisch arbeitende Analytiker gehen hier jedoch auch technisch einen Schritt weiter, indem sie auf den Schutz der äußeren Anordnung, hinter der sie sich vordem verbergen konnten, verzichten. Somit tun sich neue Bereiche der Unsicherheit auf, wie WORM sie beschrieben hat.

Aber diese Unsicherheiten sind ja durch ein nur verbales Setting nicht eliminiert, sondern nur verborgen; überspitzt gesagt: der Patient im klassischen analytischen Setting wird von den etwaigen Unsicherheiten und Kontaktschwierigkeiten seines Analytikers nur insofern verschont, als dieser den Kontakt meidet.

Die etwaigen Verkrampfungen in der Bewegung oder den »starren

Blick« ihres Therapeuten bekommen solche Patienten nur in den kurzen Begrüßungs- und Verabschiedungsszenen zu spüren. Die Lektion, welche die ja oft selber verkrampften, unsicheren Patienten dann lernen, kann auch heißen, daß man derlei Schwächen durch Rituale überspielt. Ich meine, daß es für einen Patienten bekömmlicher ist, einen Therapeuten zu erleben, der Unsicherheiten in manchen Bereichen zuläßt, als einen, der diese Unsicherheiten ausblenden muß. Ziel des Therapeuten sollte sein, seine Unsicherheiten in der Ausbildung, d. h. in der eigenen Lehrtherapie, zu bearbeiten.

WORM, die die von ihr geschilderten Unsicherheiten im Körperbereich nicht als nur individuelles Problem begreift, zeigt hier eine Lücke in der psychoanalytischen Ausbildung auf:

»Da in den Lehranalysen die körperliche Dimension in der Regel nur eine Randerscheinung bleibt, sind diese narzißtischen Wunden auf körperlichem Gebiet oft wenig bearbeitet« (WORM, 1990, S. 144).

So kommt es zu der Situation, daß die Couch neben ihrer methodischen Bedeutung auch »zum sicheren Refugium« (ebenda) werden kann, hinter welchem unbearbeitete Unsicherheiten bezüglich des eigenen Körpers und des direkten Kontakts konserviert werden. In den Ausbildungen der Körpertherapie hingegen sind diese narzißtischen Wunden zentrales Thema, und der Therapeut erhält zunehmend Sicherheit und das Gefühl der Integrität in seinem Körper, ein Gefühl, das er dann an seine Patienten weitervermitteln kann. Die Beschreibungen der Autoren lassen erkennen, daß eine größere Authenzität des Therapeuten (eine der wichtigsten Forderungen FERENCZIS) gerade in der Arbeit mit dem Körper nötig und möglich zu sein scheint.

Somit verändert sich auch die Beziehung zwischen Therapeut und Klient; ich denke, daß, obwohl es auch in der körpertherapeutischen Arbeit zu konstruktiv aufgreifbaren Übertragungen kommt, hier die klassische analytische Übertragungs-/Gegenübertragungbeziehung nicht aufrechterhalten werden kann; PETER (1989) beschreibt die Übertragung im bioenergetischen Setting als »etwas Analoges und etwas Verschiedenes« (S. 22) zur psychoanalytischen Situation:

»Ihrer Natur nach entsprechen sich die Übertragungsprozesse hier und dort, in ihrer konkreten Ausgestaltung und Handhabung unterscheiden sie sich spezifisch« (ebenda).

Und MOSER (1992) stellt fest, daß »der Therapeut nie ganz in der Übertragungsgestalt verschwindet, er bleibt als Regisseur, Hilfs-Ich, Fragender, Erklärender viel stärker präsent denn als ein neues Objekt« (S. 34).

In den meisten Körpertherapien besteht, oft ganz bewußt, der Anspruch einer mehr »partnerschaftlichen« Therapeut-Klient-Beziehung; eine gewisse Gefahr liegt hier wieder darin, daß manchmal verleugnet oder zu wenig gesehen wird, daß sich trotz des Anspruchs von Partnerschaftlichkeit eine Übertragungs-/Gegenübertragungsbeziehung mit beispielsweise massiver Abhängigkeit o. ä. herstellt.

Die therapeutische Kunst besteht also darin, zwischen den verschiedenen Rollen, die der Therapeut im Beziehungsprozeß einnimmt bzw. zugewiesen bekommt, einfühlsam pendeln zu können und gleichzeitig seine Authenzität zu wahren.

MOSER (1991) spricht in diesem Zusammenhang von einer zu erarbeitenden Haltung der »disziplinierten Natürlichkeit« (S. 289).

Eng verknüpft mit der Frage der Übertragung ist natürlich die häufig geäußerte Sorge der klassischen Analyse, daß ein offenes, den Körper einbeziehendes Setting sexuelle Aktivitäten bzw. Mißbrauch zwischen Therapeut und Klient begünstige. Darüber hinaus, ich erinnere an BITTNERS Einwände, besteht immer wieder der Verdacht der Manipulation, Überrumpelung, Verwöhnung usw. des Klienten.

Insofern Abstinenz sich hier nicht auf die Einhaltung eines vorgegebenen äußeren Rahmens beschränken kann, bedeutet das offene Setting, in welchem sich der Therapeut zwangsläufig mehr einbringt, zunächst tatsächlich eine Erschwerung.

Abstinenz muß hier als innere Ausrichtung auf den Prozeß des Patienten erst erarbeitet werden; sie ist dabei als therapeutische *Haltung* zu begreifen, die jenseits der Frage der körperlichen Interaktion trägt.

PETER (1989) spricht von der Abstinenz als einer »Zielvorstellung«, der Aufgabe des Therapeuten, »*mit Priorität im Dienste des Patienten zu funktionieren*« (S. 13); HEISTERKAMP (1992), auch er ein körperorientiert arbeitender Psychoanalytiker (der Adlerschen Schule), definiert diese Haltung:

»Was immer ein Therapeut tut oder läßt, es findet seine Bedeutung in der Beziehung zum Patienten. Wenn sein Tun und/oder Lassen eine Form wechselseitiger Be-Nötigung erlebt, sind wir gewohnt, von mangelnder Abstinenz zu sprechen, da der Therapeut den Patienten zur Selbstsicherung gebraucht bzw. sich in diesem Sinne von ihm gebrauchen läßt. Sein Tun und/oder Lassen wird als abstinent angesehen, wenn es im Dienste des Therapieprozesses steht und den Patienten dabei unterstützt, sich aus den notgeborenen Selbstbehinderungen zu befreien« (S. 188).

Indem er hier das »Lassen« des Therapeuten ebenso wie das »Tun« hervorhebt, verweist er noch einmal darauf, daß Passivität nicht automatisch Abstinenz bedeutet, sondern daß auch das »Lassen« im Sinne einer Unterlassung schädigend auf den therapeutischen Prozeß wirken kann.

Das Problem der Abstinenz erweist sich also zweifellos als schwieriger, wenn man es nicht durch äußere Anordnungen, durch Ruhigstellung des Körpers usw. in den Griff zu bekommen versucht; andererseits stellt dieses Bemühen um eine abstinente, patientengerechte Haltung innerhalb eines offenen Settings eine fruchtbare Herausforderung dar. Der Körpertherapeut ist noch mehr gefordert als der Analytiker:

»...der Therapeut muß sich viel häufiger Rechenschaft ablegen, wie einzelne Gesten oder haltgewährende Berührungen im Kontext der Übertragung zu verstehen sind, und er muß häufiger Deklarationen darüber abgeben, wie die Berührung gemeint ist und aus welcher affektiven Position heraus sie erfolgt. Das geht nicht ohne Selbsterfahrung und Schulung, ohne den Rückhalt einer Kollegengruppe« (MOSER, 1987, S. 153).

In MOSERS *Stundenbuch* (1992) wird anschaulich, wie er seine Klienten auch immer wieder in seine therapeutischen Überlegungen einbezieht; wie er ihnen, wenn es geeignet scheint, Phantasien mitteilt bzw. Vorschläge macht über den nächsten Schritt der Behandlung, so daß der Klient eine bewußte Entscheidung treffen kann, ob er diesen Schritt zu gehen bereit ist.

Zur »diziplinierten Natürlichkeit« (MOSER, 1991, S. 289) gehört hier eine »*Kultivierung* des Angebots an Berührung« (ebenda), eine Kunst, die in ihrer Komplexität der analytischen Deutungskunst nicht nachsteht.

Immer wieder aber verweisen Analytiker, die körpertherapeutisch arbeiten, darauf, daß gerade durch die Arbeit an und mit dem Körper des Klienten sich das Bewußtsein für Abstinenz bzw. Mißbrauch verschärft, so daß die Einbeziehung des Körpers auch in dieser Hinsicht eher eine *Bereicherung* denn eine Gefährdung des therapeutischen Prozesses darstellt.

»Wer als Therapeut mit dem Körper arbeitet, hat tatsächlich Abstinenz neu zu verstehen und durchzuhalten. Gelingt das, kann allerdings der Körper als Quelle besonderer Kompetenz erfahren werden. Er weiß oft besser, was verletzt wurde, aber auch, was die Verletzung heilt, und er hat oft ein besseres Gedächtnis als die Seele allein mit ihren Vorstellungen« (ROTH, 1986, S. 167).

Verborgene Sexualisierungen, Manipulationen, Übergriffe und Fehlinterpretationen – wie sie ja auch in verbalen Therapien vorkommen – können »am Körper« oft viel eindeutiger erlebt und damit auch thematisiert werden, weil sich der Körper ein viel sichereres Gespür für Übergriff und Verletzung bewahrt hat.

Entscheidend ist dabei, daß in körperorientierter Therapie der *Unterschied* zwischen mißbräuchlicher, erotisierter und haltgebender, unzweideutiger Berührung erfahren werden kann.

Psychotherapieformen wie die Psychoanalyse, die jeglichen Körperkontakt ausschließen, da sie damit Faktoren wie Bedürfnisbefriedigung, Erotisierung, Überrumpelung verknüpfen, bestätigen dagegen sozusagen die Ängste und Vorbehalte von Klienten, die tatsächlich von klein auf im Körperkontakt nichts anderes als dieses zu spüren bekommen haben.

HEISTERKAMP (1991a) beschreibt demgegenüber, wie Körperkontakt in wohlverstandener Abstinenz zwischen Therapeut und Klient zu einer ganz neuen, heilsamen und klärenden Erfahrung führen kann. Eine seiner Patientinnen, die Mißbrauch durch ihren Vater erlebt hatte, konnte die Ambivalenz wiedererleben und bearbeiten, die sich für sie damals aus der kindlichen Sehnsucht nach Nähe und der tatsächlichen Erfahrung der Bedrohung durch den Übergriff ergeben hatte. Als Kind mußte sie sich vor Schreck und aufgrund ihrer widerstreitenden Gefühle in Erstarrung flüchten. Der Ambivalenzkonflikt meldet sich im Erwachsenenalter, ausgelöst durch ein Gespräch mit einer Kollegin, wieder, in Form eines starken Schmerzes unter dem Brustbein. HEISTERKAMP bietet ihr nun an, seine Hand auf ihr Brustbein zu legen; so stellt er einen intimen, ihre Thematik »berührenden« Kontakt zur Klientin her und vermittelt gleichzeitig Klarheit und Abgegrenztheit in der Art der Berührung.

Die Patientin macht nun eine sowohl belastende wie befreiende

Berührungserfahrung. Sie spürt die früheren Gefühle der Angst und Erstarrung, aber auch die wohltuende Wirkung einer nicht-traumatisierenden Berührung; der Schmerz unter dem Brustbein verschwindet, und sie fühlt sich von einem Druck befreit.

»Die aufgrund ihrer frühen Erfahrungen sowohl abstoßende wie anziehende Situation verlor ihre Bedrohlichkeit, wenn sie von einer väterlichen Figur zärtlich, aber nicht mißbräuchlich angefaßt wurde. Das war die Beziehungserfahrung, die sie aus ihrer Erstarrung befreite« (HEISTERKAMP, 1991a, S. 84).

Das den Körperkontakt nicht ausschließende Setting ermöglichte der Patientin, im Therapeuten eine »abgegrenzte Vaterfigur« zu erleben,

»die ihr liebevoll zugetan war; *offen genug, um sie zu berühren, und zufrieden genug, um sie nicht zur eigenen Stabilisierung benutzen zu müssen.* Diese Klarheit kann sie im körperlichen Kontakt mit einem ganz anderen Gefühl von Evidenz erfahren, als das im verbalen Kontakt möglich wäre. Ihre Unsicherheit ist durch einen mißbräuchlichen körperlichen Kontakt entstanden, und es ist schwer verständlich, wie sonst sie eine andere Gefühlserfahrung machen könnte« (HEISTERKAMP, 1991a, S. 84, Hervorhebung der Verfasserin).

Natürlich ist erste Voraussetzung für solche Interventionen das vorherige Besprechen, vielleicht gemeinsame Voraus-Phantasieren dieser Situation mit der Patientin; und ebenso entscheidend ist in dieser Form des Kontaktes, daß der Therapeut selbst die nötige Klarheit und Sicherheit hat, die er vermitteln will.
Dem Regressionsniveau seiner Patienten gemäß, muß sich der Therapeut mit seiner »elterlichen Rolle« identifizieren:

»Er soll, so der Stand meines Denkens, nichts tun, was Eltern im wohlverstandenen Interesse ihrer Kinder, deren Würde, Autonomie und Integrität auch nicht tun sollten. Das Kriterium ist immer die sichere Identifikation mit der elterlichen Rolle, mit den Generationsgrenzen. Sie verbietet Übergriffe, sexuelle Stimulierung, Mißbrauch der Abhängigkeit, Überstimulierung und seelische Aneignung« (MOSER, 1989, S. 23)

Um diese »sichere Identifikation mit der elterlichen Rolle« herzustellen und aufrechtzuerhalten, bedarf es allerdings einer relativ gefestigten männlichen oder weiblichen Geschlechtsidentität, wie WORM (1990) hervorhebt:

»so daß z. B. ein forciertes Bestätigungsbedürfnis des Therapeuten oder die Angst, auf dieser Ebene nicht bestehen zu können, nicht zu mangelnder Stimulierung oder Infantilisierung beim Patienten führen. Körperliches ›Hungerkünstlertum‹ im Privatleben des Therapeuten dürfte auch oft die Ursache für die Verwischung der Grenzen zwischen einer therapeutischen und einer ›Liebesbeziehung‹ sein« (S. 146).

Schlimm wäre, wenn hochsexualisierte Beziehungen sich als »Mutter-Kind-Spiel« ausgäben und damit womöglich die einstige Verwirrung des Kindes, das Mißbrauch gewohnt ist, wiederholte. Aber ebensowenig sollten in Körpertherapien erwachsene sexuelle Empfindungen mit einer quasi moralischen Verpflichtung auf »Mütterlichkeit« abgewehrt werden; BECKER (1989) verweist hier, durchaus selbstkritisch, auf Schwachpunkte:

»Sexuelles Empfinden sowohl auf seiten des Therapeuten als auch des Patienten darf nicht mit mangelnder Distanz verwechselt werden und führt bei der Abwehr solcher Empfindungen nicht selten zum Aussparen einer genital-sexuellen Thematik in der Therapie. So sehe ich heute gerade im Rahmen mehr körperorientierter Psychotherapieverfahren, die in einem qualifizierten Rahmen durchgeführt werden, weniger die Gefahr einer offenen Sexualisierung als vielmehr die Tendenz zur Prüderie als unbewußte Abwehrleistung« (S. 17).

MOSERS These,

»je drängender der Wunsch eines Patienten nach erotischer oder sexueller Umdefinition der therapeutischen Beziehung ist, desto sicherer stammen seine Bedürfnisse aus viel früheren, basalen Schichten der seelischen Strukturbildung. Und je stärker ein Therapeut sich verliebt angesichts des Feuerwerks erotischer Verheißungen, desto sicherer sucht er Heilung von einem Defekt auf viel früherer Ebene…« (MOSER, 1991, S. 289),

mag ein Indikator sein, ist aber auch, angesichts der Gefahren unbewußter Prüderie und Infantilisierung des Patienten, mit Vorsicht zu genießen. Sie birgt das Risiko, falsch verstanden und zu Abwehrzwecken mißbraucht zu werden.

WORM (1990) schildert, wie mit »Herauswachsen« ihrer Patienten aus der kindlich-regressiven Rolle auch die reife Sexualität zum Thema in der therapeutischen Beziehung wird.

»Als Therapeutin spüre ich, wie ich für den Patienten aus der mütterlichen Rolle heraustrete und als ›Frau‹ für ihn wahrnehmbar werde« (S. 147).

Hier gilt es, sich auf die sexuelle Thematik einstellen zu können, ohne mit methodischen Begrenzungen (Berührungstabu) zu reagieren; dies würde, so WORM, eine erwachsene Integration der sexuellen Gefühle verhindern. Reife sexuelle Gefühle müssen in der Therapie den gleichen Stellenwert haben wie alle anderen Äußerungen und Bedürfnisse des Patienten; und sie können und sollen auch auf der Körperebene thematisiert werden können. Dies bedeutet nicht Triebbefriedigung, kein reales Ausleben, denn:

»Selbstverständlich steht in der Körpertherapie gerade auch in der Frage der Sexualität der Symbolcharakter der Berührungen neben ihrer konkreten Bedeutung im Vordergrund« (S. 147).

Um als Therapeut die jeweilige richtige Ebene des Umgangs zu finden, um sexualisierte infantile Wünsche von reifen sexuellen Ansprüchen zu unterscheiden und um selbst auch auf der Körperebene diesen Bedürfnissen in prozeßfördernder, abstinenter Weise begegnen zu können, ist wohl eine permanente selbstkritische Auseinandersetzung, sowohl in der eigenen gründlichen Selbsterfahrung und Schulung wie auch weiterhin begleitend in der Supervision und im Kollegenteam vonnöten. Wichtig ist dabei vor allem der offene Austausch, eine Gesprächsatmosphäre jenseits von moralischen Verdikten und hysterisierenden Unterstellungen.
Es ist anzunehmen, daß gerade der mit dem Körper arbeitende Therapeut hier noch mehr Reflexionsarbeit zu leisten hat als z. B. der Analytiker, der ja durch die räumliche Anordnung mehr äußere Grenzen setzt.
Körpertherapie birgt also durch ihre direkteren, körperorientierten Herangehensweisen, ihre größere Offenheit in der Interaktion durchaus einige Risiken des Mißbrauchs und der Über- (aber auch Unter-) Stimulierung; zugleich hat sie durch Einbeziehung des Körpers mehr Möglichkeiten, Mißbrauch zu erkennen und ihm entgegenzuwirken.
Und obwohl sexueller Mißbrauch zwischen Therapeut und Klient leider keine Seltenheit ist, ist er doch nicht etwa auf den Bereich der Körpertherapien begrenzt; im Gegenteil, die bekanntesten und bestdokumentiertesten Fälle von sexuellem Mißbrauch in der Therapie stammen aus der Psychoanalyse (vgl. z. B. ANONYMA, 1988 oder AUGEROLLES, 1991).[6]
Warum kann nicht für solche Entgleisungen schlicht die mangelnde Abstinenz des Therapeuten im Sinne eines Mißverstehens und Übergehens seines Klienten verantwortlich gemacht werden,

6 Literatur: ANONYMA (1988). *Verführung auf der Couch. Eine Niederschrift*. Freiburg im Br.: Kore; J. AUGEROLLES (1991). *Mein Analytiker und ich*. Frankfurt a. M.: Fischer.

statt hier willkürlich zu spalten zwischen per se »reinen« verbalen Methoden und per se verdächtigen, »unreinen« körperorientierten Vorgehensweisen?

Auch das häufig genannte Argument, der Rückgriff auf körperliche Ausdrucksformen, auf körperliche Berührung verletze die Autonomie des Patienten, zeugt von einem solchen Schwarz-Weiß-Denken: Die Einbeziehung des Körpers in die Therapie bedeutet zwar eine Intensivierung des Prozesses; aber nicht »das Körperliche« an und für sich, sondern die therapeutische Konstellation macht letztlich die Intimität der Beziehung – mit ihren Vor- und Nachteilen – aus.

»Das Erschreckende ist nicht, daß sich ein Patient körperlich berühren läßt, sondern daß er sich in Abhängigkeit begibt. Das geschieht in jeder Therapie, auch da, wo der Patient im klassischen Setting lauscht und Vermutungen darüber anstellt, was der Analytiker wohl gemeint hat und wo er die Luft einatmet, die dieser ausatmet« (ROTH, 1986, S. 179).

Und gerade in Körpertherapien wird die Selb-ständigkeit des Patienten auch im wahrsten Sinne des Wortes durch Übungen und Interaktionen gefördert, der Patient lernt, wieder auf »seinen eigenen Beinen zu stehen«; während der Analysepatient quasi bis zur letzten Stunde auf die regressive Couchlage fixiert bleibt.

Als weitere Besonderheit und als Vorteil gegenüber dem klassischen analytischen Setting wird von körpertherapeutisch arbeitenden Analytikern die Gewichtung der Körpersprache in ihren Setting hervorgehoben. Nun achten natürlich auch Analytiker auf den Körperausdruck und das Körpererleben ihrer Klienten. Aber in Körpertherapien wie z. B. der Bioenergetik wird die *körperliche Präsenz* von Klient wie Therapeut ungleich mehr vergegenwärtigt; die Konzentration auf das Körpererleben (das des Patienten im Sinne eines »Körperlesens«, wie das *eigene* Körpererleben im Sinne der Gegenübertragung) wird zum zentralen Gegenstand der Aufmerksamkeit des Therapeuten; hier haben Körpertherapien einen Erfahrungsschatz vorzuweisen:

»Aber es ist dieser Therapieform (der Bioenergetik, die Verfasserin) eigen, zu lehren und zu erforschen, was an dieser Sensibilisierung lernbar und wißbar ist. Körperlesen – Bodyreading – ist als Methode vergleichbar mit der subtilen Kunst des Hinhörens im analytischen Erstinterview, wo wir das exponierte Material zusammen mit allem, was es in uns auslöst, zu einem Bild unseres Gegenübers zu verarbeiten suchen...« (PETER, 1989, S. 14).

Als solche sollte diese Kunst auch nicht vorschnell und vereinfachend angewendet werden; ebenso wie der Analytiker das Gehörte zunächst nur sammelt, in sich aufnimmt und ebenso wie er z. B. die Träume seines Klienten nur im gesamten Kontext der therapeutischen Situation verstehen und interpretieren kann, darf auch der Körpertherapeut keine simplen kategorisierenden Zuordnungen vornehmen:

PETER (1989) betont:

»Wenn wir vom Setting sprechen, meinen wir aber nicht die künstliche Situation, in der ein Therapeut den Körperausdruck des ausgestellten Klienten studiert, sondern den Spielraum, den es braucht, damit der ständige Strom körperlicher Mitteilungen fließen kann. Wenn wir gelernt haben, auf das Ausdrucksrepertoire und seine feinen Veränderungen bei unseren Analysanden zu achten, und wenn wir unseres eigenen Körpererlebens dabei gewahr bleiben, so gewinnt der therapeutische Dialog eine ganze Dimension an Deutlichkeit und Tiefe« (S. 14 f.).

Abgesehen von einer Sensibilisierung für die körperliche Dimension des therapeutischen Geschehens, hat der Körpertherapeut mit der sogenannten »Körperarbeit« die Möglichkeit, aktiv Experimente mit dem Körperausdruck und Körpererleben des Patienten anzuregen. Auch hier gibt es einen Erfahrungsschatz, welche Aktionen und Interaktionen in welchen Situationen bei welchem Patienten angezeigt sein könnten. Das Repertoire, das dem Therapeuten in der Körperarbeit zur Verfügung steht, ist dabei sehr vielfältig; vielleicht ist es so nuancenreich und vielschichtig, wie die verbalen Möglichkeiten des Analytikers es sind.

Es handelt sich durchaus nicht immer um spektakuläre Übungen; schon kleinste Lageveränderungen, Veränderungen der Aufmerksamkeit usw. können den therapeutischen Prozeß voranbringen.[7] Allen Interventionen gemeinsam ist jedoch, daß der Therapeut seine Aktivität erweitert; sie bleibt nicht nur auf das Verbale beschränkt, und auch im Verbalen ist der Therapeut zweifellos aktiver, indem er z. B. öfter Vorschläge für eine Interaktion macht, Anregungen gibt usw.

PETER (1989) gibt eine Darstellung der vielfältigen Möglichkeiten des körpertherapeutischen Repertoires. Zum einen kann der Therapeut den Patienten einladen, etwas zu tun:

7 Vgl. auch Hans PETER (in Vorbereitung). »Vom Sein zum Werden – bioenergetisches Arbeiten an Übergängen.« In: *Körper und Seele. Jahrbuch der SGBAT* (Band III). Oldenburg: Transform.

»Tun steht hier für körperliche Aktivität im weitesten Sinne: eine Dehn- oder Streßübung ausführen, einen Ausdruck verstärken, auf die Atmung achten, einen Ton von sich geben, auf etwas einschlagen, mit Schwerkraft und Gleichgewicht experimentieren, wiederholtes Zusammenziehen und Loslassen einer verspannten Körperstelle...« usw. (S. 17).

Oder aber der Therapeut wird selber körperlich aktiv, er tut etwas mit seinem Patienten, z. B.:

»anschauen, wegschauen, berühren, halten, führen, belasten, lockerschüt- teln, pressen, massieren, in Streßhaltungen bringen u. ä.« (ebenda).

Und schließlich bedeutet Körperarbeit, die körperliche Interak- tion zwischen Therapeut und Klient zu ermöglichen.

»Wir lassen den Patienten etwas mit uns tun: uns anschauen, sich vor uns zeigen, uns berühren, betasten, erforschen, sich anlehnen, abstützen, an- klammern, sich annähern, sich abwenden, uns fortstoßen, unsern Wider- stand erfahren, sich messen, sich mit uns konfrontieren etc. Wir stellen uns also dem Patienten mit unserer Körperlichkeit zur Verfügung« (ebenda).

HEISTERKAMP (1992) veranschaulicht an einem Beispiel, wie schon mit sehr einfachen Formen des Körperkontaktes typische Interaktionsprobleme des analytischen Prozesses konstruktiv auf- gegriffen werden können: Er verweist dabei auf jene Gruppe von Patienten mit frühen Störungen, die den Analytiker durch ununter- brochenes Sprechen zu »halten« versuchen; selbst wenn es dem Therapeuten gelingt, ihnen dies als ihre Angst vor dem Objektver- lust verständlich zu machen, können die Patienten oft nicht von ihrem Verhalten lassen. Wenn man solchen Patienten nun anbietet,

»ihnen während des Zuhörens die Hand unter den Nacken zu legen, er- gibt sich mit großer Regelmäßigkeit eine den Patienten erstaunende, die komplette Selbstbewegung durchströmende Selbsterfahrung: der hekti- sche Redefluß ebbt allmählich ab, der Patient wird spürbar ruhiger, und oft wird ihm unmittelbar bewußt, wie sehr er mit seinem Reden seine Trennungsängste abzuwehren und sich die Permanenz des Kontaktes zu sichern versucht« (S. 192).

Trotz Verletzung des Berührungstabus fühlt HEISTERKAMP sich mit derlei körperorientierten Handlungsweisen in seiner analy- tischen Identität nicht in Frage gestellt:

»Wenn man die leiblichen Ausformungen der Selbstbewegung in den the- rapeutischen Dialog einbezieht, bleibt dieser in seinem Grundverständnis ebenso psychoanalytisch orientiert, wie auch die Psychoanalyse nicht zur Elementenpsychologie oder Assoziationspsychologie wird, wenn sie der

›Assoziationstechnik‹ eine geradezu zentrale Rolle in ihrer Gegenstandsbildung einräumt« (HEISTERKAMP, 1992, S. 193).

Auch MÜLLER-BRAUNSCHWEIG (1992) versteht insofern die Möglichkeiten der Körperpsychotherapie als eine sinnvolle Bereicherung des analytischen Prozesses: die Berührung durch den Therapeuten kann seines Erachtens ähnliches bewirken wie die verbale Deutung, kann praktisch als die »körperliche Dimension« des Deutungsrepertoires begriffen werden:

»Die richtige Berührung oder Anregung zur Bewegung trifft sozusagen den ›Punkt der Bedrängnis‹« (MÜLLER-BRAUNSCHWEIG, 1992, S. 22).

Betont wird von körpertherapeutisch arbeitenden Analytikern, daß »Körpertechniken« eben nicht wie »Techniken« »eingebaut« werden können, sondern ebenso im Kontext der gesamten Situation verstanden werden müssen wie verbale Interventionen.
Dazu bedarf es beim Therapeuten einer ebenso gründlichen Schulung und Selbsterfahrung wie in verbalen Therapien. Ein Psychoanalytiker, der körperorientiert arbeiten will, muß also noch einmal eine entsprechende körpertherapeutische Ausbildung durchlaufen. Hier reicht es nicht, spontan und »nach Gefühl« vorzugehen; das körpertherapeutische Instrumentarium ist ebenso ernstzunehmen wie das analytische; es birgt ebensoviele Möglichkeiten wie Risiken; z. B. des gedankenlosen, überrumpelnden Gebrauchs oder des Gebrauchs zu Abwehrzwecken des Therapeuten. PETER (1989) findet hier Orientierung durch seine analytische Herangehensweise:

»Ausgerechnet die psychoanalytische Interventionstechnik gibt mir persönlich die sicherste Basis, sachgemäß damit umzugehen. Ich stelle mir also vor einem körpertherapeutischen Eingriff die Fragen ›wofür? wann? wie? wie viel?‹, vermeide womöglich Interventionen, wenn nicht eine formulierbare Fragestellung dahinter steht, und bleibe zurückhaltend, wenn die Koordinaten von Arbeitsbündnis, Übertragung, Regressionsniveau und Widerstand nicht genügend erkennbar sind. Ich bin mir bewußt, daß ich mit der bloßen Tatsache des Übergangs zur Aktivität Risiken eingehe, auf die ich achten muß« (S. 21).

Manche Psychoanalytiker plädieren für eine Einbeziehung körperbezogener Therapiemethoden in den analytischen Prozeß im Sinne einer Kombination der Verfahren; d. h., sie führen selber als Analytiker keine Körpertherapie durch, betrachten diese jedoch bei bestimmten Patienten bzw. in bestimmten Situationen als hilfreiche Ergänzung zu ihrem verbalen Ansatz. So meint z. B. MÜLLER-BRAUNSCHWEIG (1989):

»So wie auch MOSER auf körperbezogene Therapieverfahren hinweist und sie als Chance für derartige Patienten bezeichnet, war es auch für meine Patienten offenbar notwendig gewesen, direkter an den frühen coenästhetischen, motorischen, klanglichen und visuellen Erinnerungsspuren anzusetzen, die vor der Entwicklung des Worts als Symbol im Vordergrund des Erlebens und der Kommunikation zwischen Mutter und Kind stehen« (S. 77).

Vieles, was Patienten bereits seit längerem in einer verbalen Therapie bearbeitet hätten, könne erst in einer körperorientierten Psychotherapie in seinem emotionalen Ausmaß erlebt und erfaßt werden; auch seien Patienten, die schon einmal eine Körpertherapie gemacht haben, in einer anschließenden verbalen Psychotherapie oft im positiven Sinne »durchlässiger«.

MÜLLER-BRAUNSCHWEIG betont die Wichtigkeit körpertherapeutischer Erfahrung für Patienten mit frühen Störungen; er bezweifelt, daß Psychoanalytiker, auch »mit noch so subtiler Einfühlung und Sinn für die jeweilige Atmosphäre« »an derartige frühe psychosomatische Fehlsteuerungen (...) herankommen« (MÜLLER-BRAUNSCHWEIG, 1992, S. 17).

Je früher und intensiver diese »psychosomatischen Fehlsteuerungen« sich ereignet haben, desto entfremdeter ist der Patient auch seinem eigenen Körper. Körperorientierte Methoden fördern nun eine körpergerichtete Introspektion und helfen den als fremd, bedrohlich, schmutzig etc. erlebten Körper wieder zu bewohnen. Indem in behutsamer Körperarbeit Zusammenhänge zwischen Körperprozessen und psychischen Vorgängen erfahrbar gemacht werden, verbessert sich die Integration von Körper und Psyche.

»Nach Erfahrung des Verfassers können sich in einer behutsam durchgeführten Körperarbeit – etwa der Funktionellen Entspannung oder bestimmten Formen der neo-reichianischen Arbeit – die bislang ›unheimlichen‹ und/oder leblosen, ausgeschlossenen Körperräume langsam als zugänglicher erweisen. Damit kann dann auch mehr Kohärenz erlebt werden« (MÜLLER-BRAUNSCHWEIG, 1992, S. 21 f.).

»Es ist faszinierend und oft erschütternd zu sehen, wie mit zunehmender Bearbeitung der Widerstände ein Analysand sich schrittchenweise auf den eigenen Körper einzulassen beginnt, als wäre dieser ein großes fremdes Tier, von dem er nicht weiß, ob es sich je zähmen läßt« (PETER, 1989, S. 15).

Viele Patienten, die »in ihrem Körper gleichsam begraben waren« (PETER, 1989, S. 21), die als »eloquent sprechender Kopf auf einem unlebendigen, roboterartig wirkenden Körper« (MÜLLER-BRAUNSCHWEIG, 1992, S. 22) durchs Leben gegangen sind, die sich »wie abgestorben« fühlten, werden durch körperorientierte Methoden quasi »wieder lebendig«.

Diese Lebendigkeit, oft von analytischer Seite argwöhnisch als »Katharsis«, »Ausagieren«, »Triebbefriedigung« usw. abgetan, zeichnet sich in einer zunehmend gefühlsentleerten und entfremdeten Welt als wesentlicher Wirkfaktor und Anziehungspunkt in den Körpertherapien aus.

MÜLLER-BRAUNSCHWEIG (1990) beschreibt, wie die verbalen analytischen Methoden oft nicht mehr greifen, weil die Worte des Patienten so unlebendig und emotionsarm sind, daß eine »berührende« Kommunikation nicht mehr möglich ist. Der Vorteil körperorientierter Verfahren liegt nun

»weniger in der Katharsis als im Evidenzerlebnis, mit dem bisher verdrängte, verleugnete etc. Gefühle bzw. bisher farblose Erinnerungen während der Arbeit erlebt und neue Erfahrungen vermittelt werden, die der Patient in seinem ›alexithymen‹ Elternhaus nicht erfuhr« (S. 358).

Aber nicht nur für den Patienten ist die Lebendigkeit des körperorientierten Verfahrens eine Bereicherung; auch der Therapeut erfährt durch die Einbeziehung des Leiblichen in den therapeutischen Prozeß eine Belebung, die ihn davor schützt, sich seiner Tätigkeit zu entfremden.

HEISTERKAMP (1991b) spricht in diesem Zusammenhang die »Psychohygiene des Analytikers« an:

»Wie geht es ihm, wenn er im ohnehin asketischen Setting viele Stunden täglich mit Patienten arbeitet, deren Lebendigkeit von frühester Kindheit an durch massive Abwehr- und Sicherungsformen erstorben ist? Wie hält er es aus, wenn seine Interpretationen und Konfrontationen ohne Wirkung vom unerbittlichen Fels ›alexithymer‹ Verfassungen zurückhallen und/oder sein hochdifferenziertes empathisches Verstehen in den Intellektualisierungen des ›falschen Selbst‹ versandet?« (S. 305 f.).

Wir kommen hier auf den noch wenig bedachten Punkt, daß nicht nur der Patient, sondern auch der Therapeut in einem klassischen körperfernen analytischen Setting depriviert ist. Es entspricht aber falsch verstandener Abstinenz, zu meinen, daß, je weiter der Analytiker sich in seinen Bedürfnissen zurücknimmt, desto mehr

Raum und Wachstumsmöglichkeiten sich dadurch für den Patienten eröffnen.

Schon BALINT (1939) verwies auf ein notwendiges Maß an Befriedigung, das dem Analytiker in der therapeutischen Situation zuzugestehen sei, und dies ganz im Sinne des therapeutischen Prozesses bzw. zum Wohle des Patienten.

Ohne damit antitherapeutische Bedürfnisbefriedigung oder gar seelische/sexuelle Aneignung des Patienten durch den Therapeuten zu meinen, ist doch für MOSER (1991) eine psycho-physische Grundversorgung des Therapeuten zu gewährleisten, die in etwa analog ist der »organismische(n) Befriedigung..., die Eltern im Umgang mit ihren Kindern selbstverständlich ist« (S. 289).

»Die Entbehrungen des Analytikers auch auf der Ebene ›unschuldiger‹ oder heilsamer Berührung verwandeln sich nämlich, durch die hysterisierende Definition aller Berührungen als potentiell sexuell oder sexualisierend, in einen für manche bedrohlichen Mangelzustand, der, da er kontinuierlich niederzuhalten ist, im Unbewußten laufend Gefahrensignale produziert« (S. 289).

Das Gebot der Identifikation des Analytikers mit der elterlichen Rolle kann bzw. muß also auch die »elterliche« Freude und Befriedigung am »Kind« einschließen (und dies ist auch eine sinnliche, organismische Befriedigung); mit anderen Worten, hier wird der »elterlichen Identifikation« neben ihrer negativen Bedeutung im Sinne des Verbots (Inzesttabu) oder der Forderung (»Mütterlichkeit«) auch noch die dazugehörige positive Bedeutung zur Seite gestellt.

Diese Haltung sichert ein ausreichendes Maß an Bezogenheit und lebendiger Anteilnahme des Analytikers, die für das Gedeihen und »Aufblühen« des Patienten so notwendig sind. Statt resignierend-masochistisch in der verbalen Stagnation zu verharren, kann hier der Therapeut durch entsprechende Interaktionen »zur Lebendigkeit anstecken«.

Soweit ein paar exemplarische Antworten zu der Frage, wie körpertherapeutisches Handeln in die analytische Situation integriert werden kann, was für Vorteile, was für Risiken daraus entstehen und inwieweit die therapeutische Situation sich insgesamt dadurch verändert.

Einer der entscheidensten Punkte scheint zu sein, daß feste Regeln, äußere Anordnungen usw. hinterfragt und verändert werden zugunsten einer größeren *Flexibilität und Offenheit* innerhalb der therapeutischen Situation. Der Patient erhält so mehr Frei-Raum, sich verständlich zu machen und zu entfalten; dem Analytiker sind mehr Möglichkeiten an die Hand gegeben, den individuellen Nöten und Bedürfnissen seines Patienten Rechnung zu tragen. Er handelt weniger regel-geleitet und an Ritualen (Couchlage) orientiert, womit er auch ein Stück Schutz und Orientierung aufgibt; um dennoch im positiven Sinne abstinent und prozeßfördernd zu wirken, ist er vielleicht noch mehr als im herkömmlichen Setting herausgefordert, den therapeutischen Prozeß in Hinblick auf Übertragung/Gegenübertragung, Abstinenz, Mißbrauch usw. zu reflektieren.

Oder, präziser ausgedrückt: Regeln und Rituale werden immer auch im Sinne der Ersparnis einer individuellen Reflexion aufgestellt; dies ist aber nur bis zu einem bestimmten Punkt sinnvoll. Die Beispiele der genannten Analytiker, die körperorientiert arbeiten, zeigen auf, daß manche analytische Regel (z. B. das Berührungstabu) durch Reflexion bzw. Orientierung an einem höheren Prinzip (Abstinenz) aufgehoben werden kann.

Und in diesem Sinne muß vor allem die Spaltung zwischen per se »reinen«, »differenzierten«, »abstinenten« *verbalen* Äußerungen und Interventionen und per se »schmutzigen«, »niederen«, »triebhaften« *körperlichen* Interventionen und Berührungen überwunden werden.

Analytische Prinzipien wie Abstinenz, Beachtung der Übertragung/Gegenübertragung usw. heben sich für die genannten körperorientierten Analytiker nicht auf; sie werden aber jenseits der Frage »körperliche Berührung: ja oder nein« behandelt oder, positiv ausgedrückt, sie werden innerhalb eines ausdrücklich den Körper einbeziehenden Kontexts neu und vielleicht bewußter noch reflektiert.

Die hier angeführten therapeutischen Alternativen konnten nur fragmentarisch skizziert werden; wie gesagt, diese Arbeit sollte eher hinterfragen, Anregungen geben, denn definitive, pragmatische Antworten liefern. Dies würde auch den Kern der Sache verfehlen.

Denn das Bemühen, eine »ganzheitliche« Therapie zu entwickeln und zu praktizieren, bedeutet nach wie vor, sich auf ein weites Feld von Unsicherheiten und Unklarheiten zu begeben; will man sich vor Erstarrungen, Dogmen und Tabuisierungen in seinem

Denken und Tun schützen, so muß man zu ständiger Weiterentwicklung und Veränderung bereit sein.

Körpertherapeutisch arbeitende Analytiker gelangen demnach auch sehr viel mühsamer und langwieriger (aber auch bewußter!) zu ihrer therapeutischen Identität. So schildert zum Beispiel PETER (1989):

»Oft fühle ich mich für einen Analytiker viel zu experimentierfreudig und für einen Bioenergetiker zu verbal. (...) Für viele auftauchende Fragen weiß ich keine Antwort, für andere habe ich zwei« (S. 22).

Aber vermutlich liegt gerade in diesem Schwebezustand, diesem noch wenig bearbeiteten »Neuland« zwischen Körpertherapien und Psychoanalyse, die fruchtbarste Potenz.

7. Schlußbemerkungen

Am Anfang der Arbeit bin ich manchmal gefragt worden, ob ich nicht offene Türen einrenne; immerhin gebe es doch eine solche Vielfalt von Körpertherapien, daß man als Klient oder Klientin sicherlich einige ganz akzeptable Alternativen zur Psychoanalyse finden könnte; und andersherum, wir haben es im vorangegangenen Kapitel gesehen, mehre sich ja auch die Zahl der Analytiker, die durch Zusatzausbildungen ihr therapeutisches Setting erweitern.

Kann der mündige Patient denn nicht heute, je nach seinem individuellen Bedürfnis, selbst wählen, ob er ein »mehr körperorientiertes« oder »mehr gesprächsorientiertes« Verfahren wünscht?

Am persönlichen Beispiel, einer zweifellos bescheidenen Empirie, konnte ich zunächst exemplarisch illustrieren, daß in vielen Therapieformen, auch in den Körpertherapien, oft ein Mangelgefühl bleibt, daß ein wirklich »ganzheitliches« Therapiekonzept schwer zu finden ist. Vielmehr müssen sich m. E. »ganzheitlich« arbeiten wollende Therapeuten diese Kompetenz durch Integration verschiedener Therapiekonzepte, die sie sich in Fort- und Zusatzausbildungen aneignen, erst schaffen. So integrieren, wie wir sahen, zwar zunehmend auch einzelne Psychoanalytiker ihre Erfahrungen mit Körpertherapie in ihre Praxis, praktizieren also schon »körperorientierte Psychoanalyse«; aber meist mit dem Aufwand mehrjähriger Fortbildungen nach der langwierigen Grundausbildung und, vor allem, nach wie vor eher vereinzelt und »in aller Heimlichkeit«:

> »Aber es wird nicht darüber gesprochen; dies zersetzt die kollegiale Atmosphäre mit doppelter Moral und Unaufrichtigkeit und vertieft unnötig geheime Bündnisse mit den Patienten, die die ›unerlaubten Abweichungen‹ natürlich dankbar akzeptieren, sie aber auch im Sinne eines ›gemeinsamen Geheimnisses‹ symbiotisch-spaltend verwenden können« (MOSER, 1987, S. 121).

Die Vereinzelung und dogmatische Abgrenzung der verschiedenen Schulen, vor allem die Ignoranz der offiziellen Psychoanalyse gegenüber den Körpertherapien, hemmt die kreative Neugier und Experimentierfreude, die einen fruchtbaren Austausch zwischen den Schulen und den Entwurf integrativer Ansätze möglich machen könnte. Analytiker, die hier in eigener Initiative eine Erweiterung ihres Settings wagen, tun dies meist ohne Rückhalt in ihrer Kollegengruppe und mit dem Gefühl bzw. dem Vorwurf ihrer Institution, »unanalytisch« vorzugehen.

Wenn ich daher FREUDS Entwicklung vom Neurologen zum Psychoanalytiker so ausführlich besprochen habe, so nicht nur, um auf die Grenzen und auf hinterfragbare Paradigmen seines Erkenntnisprozesses hinzuweisen, sondern *ebenso* um den Vorbildcharakter seiner Herangehensweise zu unterstreichen: in FREUD erkennen wir einen engagierten Arzt, der, indem er seine Theorie konsequent entlang einer verwirrenden Praxis entwickelte, bestehende Denkmuster überwand und in revolutionärer Weise Tabus überschritt; der, weil er sich durch sein verstehendes Zuhören auf die Eigenarten und Bedürfnisse seiner Patienten *einließ*, den Rahmen seiner medizinischen Disziplin sprengte und ein ganz neuartiges Behandlungsverfahren hervorbrachte.

»FREUD war Rebell, Pionier, Revolutionär mit dem lebenslangen Recht auf Irrtum, Neubeginn, Umformulierungen und radikalen Wendungen in der Theorie...« (MOSER, 1990, S. 220).

Seinen Schülern und Nachfolgern aber wird solch eine unvoreingenommene Herangehensweise nicht mehr zugestanden; ihnen ist es verwehrt, in ebenso radikaler Weise weiterzuforschen, sich weiterzuentwickeln. Diejenigen, die es dennoch versuchten (und versuchen), wurden und werden (wie wir am Beispiel FERENCZI und REICH sahen), »verstoßen«, zu Abspaltungen und zur Bildung neuer Schulen gezwungen oder aber totgeschwiegen, in die Heimlichkeit gedrängt.

Die Psychoanalyse, so MOSER (1990), »krankt an einem Übermaß von Idealisierung ihres Gründers« (S. 228). Gerade das, was Psychoanalyse ausmacht, nämlich, so RICHTER (1986), »die Kunst... endlos weiter und tiefer zu fragen und die sokratische Offenheit bis zum äußersten durchzuhalten« (S. 117), geht im verschulten Ausbildungsbetrieb der institutionalisierten Psychoanalyse verloren. Die Aneignung des überlieferten Wissens steht im Vordergrund, das eigenständige Denken und die Kreativität, die an FREUD so gepriesen wird, ist für seine Schüler, wenn damit die Lehrmeinung in Frage gestellt wird, nicht erwünscht.

Kritik und Veränderungsvorschläge werden – ganz psychoanalytisch im schlechtesten Sinne – als pubertäre Anmaßungen gedeutet. Dazu MOSER (1990):

»In der Internationalen Psychoanalytischen Vereinigung galt es nicht als befremdlich, wenn einer ihrer prominentesten Vertreter, der englische Analytiker John KLAUBER, sagte, wer als Analytiker vor dem 50. Lebensjahr glaube, FREUD einen Irrtum nachweisen zu können, solle alsbald wieder auf die Couch, er sei einfach nicht ausreichend analysiert. Per Dekret gilt also einer eher verwirrt denn als neugierig oder kreativ, wenn er auch nur das von anderen Pionieren entdeckte Neuland ins System zu integrieren versucht« (S. 220 f.).

Wir sahen, daß FERENCZI (ebenso wie REICH) dieses Schicksal widerfuhr und daß die Zurückweisung bzw. das Totschweigen seiner so fruchtbaren Ideen einen erheblichen Schaden für die Psychoanalyse bedeutete; abgesehen davon, daß wichtige Erkenntnisse nicht wahrgenommen wurden, hat das Scheitern FERENCZIS (präziser: die Ablehnung FERENCZIS durch FREUD) für viele Jahre die Experimentierfreude der Psychoanalyse gehemmt und ängstliche Anpassungsbereitschaft gefördert.

Wir erkennen diese Grundhaltung einer Konformität und einer Idealisierung der FREUDschen Grundsätze auch in der Arroganz und Mißachtung, die die Psychoanalyse den verschiedenen Ansätzen von Körpertherapien entgegenbringt. Es erhebt sich der Verdacht, daß hier nicht mehr immer der Patient und sein Leiden, sondern die Verteidigung von »Glaubenssätzen«, von »Vereinswahrheiten« im Vordergrund der Diskussion steht (wobei es bis zur Diskussion ja leider meistens schon nicht kommt). Dabei ist es für MOSER

»schwer vorstellbar, daß FREUD in einem solchen Ausmaß übersehen oder verleugnet hätte, was sich auf dem Feld der Psychotherapie an Fortschritten vollzogen hat – und zwar an Fortschritten, die den Fundus der Theorie nur bestätigen, der monoman gehandhabten Einheitsmethode aber eine ganze Palette von Varianten zur Seite stellen würde...« (1987, S. 9).

FREUDS Verdienst war es beispielsweise, den Traum in seiner Bedeutung als einem Königsweg zum Unbewußten zu erfassen, eine ungewöhnliche und mutige Entdeckung in der damaligen somatisch orientierten Psychiatrie; aber diese Entdeckung läßt sich heutzutage noch um einige weitere »Königswege«, die die Psychotherapie entdeckt hat, wie z. B. Malen, Tanzen, Psychodrama, Arbeit mit Atem, Stimme und Bewegung usw., ergänzen.

»Aber da sie nicht das Gütesiegel tragen, von Freud erfunden oder gebilligt zu sein, werden sie kaum wahrgenommen, erst recht nicht von den Kassen bezahlt« (Moser, 1990, S. 225).

Somit ist es *nicht* einfach damit getan, zu konstatieren, daß es eben »solche« und »solche« Therapien gibt; zunächst einmal kann die dogmatische Festschreibung eines »klassischen Settings« wie in der Psychoanalyse eine Ausblendung vitaler Dimensionen, eine Einengung der Wahrnehmungs- und Artikulationsmöglichkeiten bedeuten, an der die Therapie Schaden nimmt. Die Psychoanalyse aber ist neben der Verhaltenstherapie das einzige krankenkassenfinanzierte Verfahren, was bedeutet, daß der »mündige« Patient in seiner Wahl der Therapie schon erheblich eingeschränkt ist.

Der Durchschnittspatient ist auf Verhaltenstherapie oder Psychoanalyse angewiesen bzw. »gerät« durch Überweisung des Arztes automatisch an sie; Körpertherapien sind demgegenüber meist immer noch ein »Luxus«, den sich nur solvente Personen mit differenzierterer Kenntnis des »Psychotherapiedschungels« und mit zumeist höherem Bewußtsein für ihr Leiden leisten können.

Somit geht es also um zweierlei Forderungen: erstens um die offizielle Integration körpertherapeutischer Erfahrungen in die psychoanalytische Ausbildung, d. h. auch in die Lehranalyse; zweitens um die Anerkennung von Körpertherapieverfahren als gültige Behandlungsformen vor allem auch durch die Krankenkassen, als Alternativen und Ergänzungen zu herkömmlichen psychischen oder somatischen Behandlungen.

Und generell ist zu sagen, daß es weder in der Psychoanalyse noch in den Körpertherapien zu *ideologischen Festschreibungen* von bestimmten Prinzipien und Techniken kommen sollte. Wünschenswert (und auch, angesichts der unüberschaubaren Zahl der vereinzelten Therapieschulen, dringend geboten) wäre eine Annäherung der Richtungen im Sinne integrativer Ansätze (ich schreibe ausdrücklich die Mehrzahl, da mir nicht etwa die *eine* integrative Einheitsmethode vorschwebt, sondern es auch bei Annäherung und Kooperation der Schulen noch eine Pluralität von Ansätzen geben kann mit unterschiedlichen Herangehensweisen, entsprechend der Komplexität der therapeutischen Probleme).

In dieser Arbeit war zunächst mein Anliegen, vor allem Begründungen *innerhalb* der psychoanalytischen Theorie zu finden, die eine praktische Einbeziehung des Körpers in die Therapie plausibel machen. Meine Argumentationen folgten dabei einer »mütterlichen«, »präödipalen« Linie, zweifellos einer randseitigen Position innerhalb der Psychoanalyse, die auf FERENCZI und BALINT zurückgeht. Diese Position, die dem »Kind« im Patienten Rechnung trägt, vor allem die Wichtigkeit der *Beziehung* für den therapeutischen Prozeß betont, erschien mir in der Diskussion über Fragen des therapeutischen Körpereinbezugs zentral, da sie nicht nur das Verständnis der klassischen Psychoanalyse, sondern auch das vieler Körpertherapien korrigieren und erweitern könnte. Wie ich in Kapitel 4.1.2.3 kurz umriß, fehlte nicht nur FREUD, sondern auch REICH, dem »eigentlichen« Begründer psychoanalytischer Körpertherapien, dieses Verständnis von frühkindlicher Problematik mit z. B. der daraus folgenden Bedeutung der körperlichen *Interaktion* (sowohl für die kindliche Entwicklung als auch für die Therapie).

Da ich die Wichtigkeit einer therapeutischen Einbeziehung des Körpers im Sinne der regressiven Wiederbelebung der frühen Mutter-Kind-Interaktion hervorheben wollte, erschien hier FERENCZI und nicht REICH als das naheliegendste Beispiel, wie »körperorientierte« Psychoanalyse zu verstehen sein könnte. Zu kurz kommen mußte im Rahmen dieser Arbeit die Vermittlung des differenzierten Wissens, das seit REICH in den Körpertherapien über den Zusammenhang von psychischer Verdrängung und Abwehr und den körperlich-muskulär chronifizierten Ausdruckshaltungen (»Körperpanzer«) besteht. Der Erfahrungsschatz, der hier gesammelt wurde, klingt nur im »Ausblick« kurz an und muß noch gesichtet und ausgewertet werden; er ist, hinsichtlich daraus hervorgegangener systematischer »Übungen«, sicherlich auch noch kritisch in bezug auf Faktoren wie Suggestion, die Übertragungs-/Gegenübertragungsbeziehung u. a. zu diskutieren. »Übungen« können sicherlich hilfreich sein, aus Sackgassen herausführen, laufen aber auch Gefahr, fließende psychische Prozesse zu schablonisieren, vor allem wenn sie »kollektiv« in der Gruppe praktiziert werden.

Entsprechend meiner vornehmlichen Orientierung an FERENCZI und BALINT findet sich in meiner Arbeit bzw. in den von mir genannten Konzepten eine Schwerpunktsetzung auf »präödipale« Themen. Es geht weniger um »Konflikte« als um »Ichaufbau«, weniger um unterdrückte Triebhaftigkeit als um Fragen wie den Erwerb von »Körpergrenzen«, einer körperlich-psychische Integrität usw.

Dies entspricht zwar auch dem von mir in Kapitel 1.3 geschilderten Wandel der psychopathologischen Krankheitsbilder (von der klassischen Neurose zu den narzißtischen Störungen); aber die »ödipale« Thematik, im Sinne all dessen, was jenseits der »frühen Mutter-Kind-Dyade« liegt, darf darüber nicht aus den Augen verloren werden.

Hier besteht wiederum die Gefahr einer Vereinseitigung des »Präödipalen«, der »Verdrängung« bzw. »Neutralisierung« der Sexualität, der »Infantilisierung« aller Lebensprobleme bzw. Reduzierung des therapeutischen Ziels auf »Ich-Stärkung« usw. Wie wir schon bei BALINT sahen (vgl. Kapitel 4.1.3.7) besteht die Gefahr, daß eine unterschwellige Moral etabliert wird – die Patienten sind »arglos«, weil sie ja in Wirklichkeit keine genitalen, sondern nur prägenitale Bedürfnisse anmelden; der Körper ist gar nicht »triebhaft«, er ist nur »bedürftig«, er verlangt keine sexuelle Befriedigung, sondern nur »mütterlichen« Halt. Auch diese Arbeit, die der »weichen«, »mütterlichen« Argumentationslinie folgt, könnte in diesem Sinne mißverstanden werden. Deswegen sei noch einmal betont: Körperkontakt in der Therapie sollte nicht deswegen zugelassen werden, »weil es ja gar nicht um Sexualität geht«. Sexualität aus der Therapie zu »verdrängen«, zu infantilisieren oder als »maligne Regression« zu identifizieren und der altbewährten »ödipalen« Bearbeitung nach FREUDschem Muster zu überlassen wäre ein fatales Mißverständnis der »präödipalen« Theorie.

Wie in Kapitel 4.1.3.7 schon erwähnt, läßt sich m. E. eine strenge Trennung von »ödipaler« und »präödipaler« Problematik mit entsprechend getrennten Behandlungsverfahren nicht vornehmen; also muß vielmehr gefragt und geklärt werden, wie in psychoanalytischer Körpertherapie mit »ödipaler« Thematik, mit genitalen Ansprüchen und Bedürfnissen umgegangen werden soll. Erste Ansätze hierzu klingen im »Ausblick« an.

Zum Schluß sei betont, daß Körpertherapie nicht als Allheilmittel betrachtet werden sollte; viele Situationen psychischer Not bedürfen vor allem klärender Gespräche; »Körpererfahrung« muß nicht jedem und nicht um jeden Preis »verschrieben« oder gar übergestülpt werden.

Manche Menschen läßt ein auch körperbezogenes Angebot eher zurückschrecken, die Hemmschwelle ist zu groß bzw. sie sehen für ihre Problematik keinen Sinn darin, andere hingegen können sich überhaupt nur »über den Körper« an ihre Probleme herantasten, ein Gegenübersitzen, und reden wäre zunächst zu »dicht« – worauf es ankommt, ist, daß Psychotherapie grundsätzlich offen für die verschiedenen Bedürfnisse und Herangehensweisen sein kann, daß Patienten ein *Angebot* erhalten, das nicht von vorneherein wichtige Bereiche menschlicher Kommunikation und Erlebensweise ausblendet.

Nicht jeder therapeutische Prozeß bedarf also der »Körpererfahrung« – wo aber, wie in der Psychoanalyse, mit dem Wissen über frühkindliche Entwicklung versucht wird, in einer intimen regressiven Übertragungsbeziehung Qualitäten der frühen – präverbalen! – Mutter-Kind-Beziehung zu vermitteln, um früh entgleiste Interaktionsformen zu »reparieren« – und dies versucht die Psychoanalyse in der Behandlung »früher Störungen« –, dann erscheint mir die Ausblendung »des Körperlichen« bzw. die Verweigerung von Körpererfahrung (durch ein entsprechend restriktives Setting) eine unverständliche, ja schädliche Beschränkung. Die Patienten sind hier auf einen »Halt« und eine Präsenz angewiesen, auf Interaktionsangebote und Ausdrucksformen, die nur verbal schwer zu vermitteln sind.

Diese Arbeit sollte dazu beitragen, Vorurteile zwischen Psychoanalyse und Körpertherapie zu verringern, Denkanstöße zu geben. Wenn auf psychoanalytischer Seite die Toleranz bzw. Akzeptanz für Körpertherapien gestiegen sein sollte, so hoffe ich, daß dies nicht bedeutet, sie nur als »Sonderform« der »eigentlichen« Psychoanalyse, als modifiziertes Verfahren für »defizitäre« Strukturen bzw. nur als »Ergänzungsbehandlung« zu verstehen (auch wenn meine »präödipale« Argumentationsstruktur dies manchmal nahezulegen scheint). Vielmehr war mein Anliegen, aufzuzeigen, daß das Problem der Körperentfremdung ein allumfassendes ist, daß »frühe« oder psychosomatische Störungen als dominierende psychologische Krankheitsbilder auch Ausdruck einer generellen gesellschaftlichen Tendenz der Körperentfremdung, Rationalisierung und Technisierung ist.

»Körpererfahrung« wiederzugewinnen ist somit zweifellos auch ein Gegenprogramm zum Gesellschaftsprozeß bzw. sollte in diesem Sinne auch als Aufklärungsprozeß verstanden werden; die reine »Konsumierung« von Körpertherapie hingegen bleibt dem dichotomischen Denken verhaftet.

Alles in allem können körperorientierte Verfahren auf jeder Ebene psychischer Störung und Bewußtheit hilfreich sein; sie können dringend notwendige Behandlungsalternativen darstellen, auch und vielleicht gerade dort, wo zunächst kein Bewußtsein für oder (vermeintlich) »modisches« Bedürfnis nach »ganzheitlicher Erfahrung« besteht, also z. B. bei psychiatrischen Patienten, bei psychosomatischen oder »frühen« Störungen; »auf der Couch« wiederum können sie aus Sackgassen herausführen und neue Wege und Zugänge zu den Gefühlen des Patienten aufzeigen; der »stumme« Unterschichtpatient ebenso wie der Intellektuelle findet hier eine primäre, d. h. authentischere Ausdrucksmöglichkeit; und dem körperbewußten »Normal-Neurotiker« können sie schlicht eine Bereicherung bedeuten, ein individuelles Gegenprogramm zur alltäglichen Entfremdung.

Nachwort

Ein dreiviertel Jahr habe ich mich, oft mit schmerzendem Rücken und brennenden Augen, über meinen Computer gekrümmt, um über »Körpergefühl«, »Körpererfahrung« und »subjekthafte Leiblichkeit« zu reflektieren.

Ich danke meinem *Körper*, daß er so lange und (fast) klaglos diesen Widerspruch zwischen Theorie und Praxis hingenommen hat.

Es wird Zeit, die Worte wieder mit Bedeutung zu füllen.

Literatur

Alexander, F. (1951). Psychosomatische Medizin. Grundlagen und Anwendungsgebiete. Berlin: De Gruyter.

Ammon, G. (1974). Psychoanalyse und Psychosomatik. München: Piper.

Andersch, H. (1987). Körperliche Interaktion in der Kindertherapie. Unveröffentl. und unkorr. Manuskript einer Diplomarbeit. Berlin: Psychologisches Institut.

Balint, M. (1932). Charakteranalyse und Neubeginn. In: M. Balint, Urformen der Liebe, S. 165-177. Stuttgart: Ernst Klett 1988.

– (1937). Frühe Entwicklungsstadien des Ichs. Primäre Objektliebe. In: M. Balint, Urformen der Liebe, S. 83-102. Stuttgart: Ernst Klett 1988.

– (1939). Übertragung und Gegenübertragung (mit A. Balint). In: M. Balint, Urformen der Liebe, S. 214-221. Stuttgart: Ernst Klett 1988.

– (1949). Wandlungen der therapeutischen Ziele und Techniken in der Psychoanalyse. In: M. Balint, Urformen der Liebe, S. 222-236. Stuttgart: Ernst Klett 1988.

– (1951). Über Liebe und Haß. In: M. Balint, Urformen der Liebe, S. 134-150. Stuttgart: Ernst Klett 1988.

– (1952). Der Neubeginn, das paranoide und das depressive Syndrom. In: M. Balint, Urformen der Liebe, S. 244-264. Stuttgart: Ernst Klett.

– (1962). Der regredierte Patient und sein Analytiker. Psyche, 15, S. 253-273.

– (1966). Die technischen Experimente Sandor Ferenczis. Psyche, 20, S. 904-925.

– (1968). Therapeutische Aspekte der Regression. Stuttgart: Ernst Klett.

– (1988). Urformen der Liebe. Stuttgart: Ernst Klett.

Becker, H. (1986). Körpererleben und Entfremdung – Psychoanalytisch orientierte Konzentrative Bewegungstherapie als Therapieeinstieg für psychosomatische Patienten. In: E. Brähler (Hrsg.), Körpererleben (S. 77-89). Berlin: Springer.

– (1988). Bewegung und Therapie aus der Sicht der Psychoanalyse. In: G. Hölter (Hrsg.), Bewegung und Therapie – interdisziplinär betrachtet (S. 67-75). Dortmund: Modernes Leben.

– (1989). Konzentrative Bewegungstherapie. Stuttgart: Thieme.

Bernard, M. (1980). Der menschliche Körper und seine gesellschaftliche Bedeutung. Bad Homburg: Limpert.

Bieleit, U. (1991). Die Dynamik der psychodramatisch-therapeutischen Beziehung aus psychoanalytischer Sicht. Unveröffentl. und unkorr. Manuskript einer Diplomarbeit. Berlin: Psychologisches Institut.

Bittner, G. (1986). Vernachlässigt die Psychoanalyse den Körper? Psyche, 40, S. 709-734.

- (1988). Das Unbewußte – ein Mensch im Menschen? Würzburg: Königshausen & Neumann.

Blanck, G. & Blanck, R. (1978). Angewandte Ich-Psychologie. Stuttgart: Klett-Cotta.

Brähler, E. (1986). Körpererleben. Berlin: Springer.

Breuer, J. (1895). In: S. Freud & J. Breuer. Studien über Hysterie. Frankfurt a. M.: Fischer 1983.

Cremerius, J. (1969). Schweigen als Problem der psychoanalytischen Technik. In: Jahrbuch der Psychoanalyse, 6, S. 94 ff.

- (1980). Freud bei der Arbeit über die Schulter geschaut. Seine Technik im Spiegel von Schülern und Patienten. In: Festschrift für G. Scheunert. Beiheft zum Jahrbuch der Psychoanalyse 1980, S. 123-158.

- (1982). Die Bedeutung des Dissidenten für die Psychoanalyse. Psyche, 36, S. 481-514.

- (1983). »Die Sprache der Zärtlichkeit und der Leidenschaft«. Reflexionen zu Sandor Ferenczis Wiesbadener Vortrag von 1932. Psyche, 37, S. 988-1015.

Deutsch, F. (1926). Der gesunde und der kranke Körper in psychoanalytischer Betrachtung. In: J. Grunert (Hrsg.), Körperbild und Selbstverständnis (S. 19-31). München: Kindler.

Dreitzel, H. (1982). Der Körper in der Gestalttherapie. In: D. Kamper & C. Wulf (Hrsg.), Die Wiederkehr des Körpers (S. 52-66). Frankfurt a. M.: Suhrkamp.

Drews, S. & K. Brecht (1975). Psychoanalytische Ich-Psychologie. Frankfurt a. M.: Suhrkamp.

Dupont, J. (1982). Einleitung. In: S. Ferenczi, Schriften zur Psychoanalyse (Band II). (S. IX). Frankfurt a. M.: Fischer.

Fenichel, O. (1927). Über organlibidinöse Begleiterscheinungen der Triebabwehr. In: J. Grunert (Hrsg.), Körperbild und Selbstverständnis (S. 33-55). München: Kindler 1977.

Ferenczi, S. (1921a). Georg Groddeck: Der Seelensucher. In: S. Ferenczi, Schriften zur Psychoanalyse (Band II) (S. 94-98). Frankfurt a. M.: Fischer 1982.

- (1921b). Weiterer Ausbau der »aktiven Technik« in der Psychoanalyse. In: S. Ferenczi, Schriften zur Psychoanalyse (Band II) (S. 74-91). Frankfurt a. M.: Fischer 1982.

- (1921c). Brief an Groddeck (1921). In: S. Ferenczi & G. Groddeck, Briefwechsel 1921-1933 (S. 37). Frankfurt a. M.: Fischer 1986.

- (1928a). Die Anpassung der Familie an das Kind. In: S. Ferenczi, Schriften zur Psychoanalyse (Band II) (S. 212-226). Frankfurt a. M.: Fischer 1982.

- (1928b). Die Elastizität der psychoanalytischen Technik. In: S. Ferenczi, Schriften zur Psychoanalyse (Band II) (S. 237-250). Frankfurt a. M.: Fischer 1982.

– (1929). Das unwillkommene Kind und sein Todestrieb. In: S. Ferenczi, Schriften zur Psychoanalyse (Band II) (S. 251-256). Frankfurt a. M.: Fischer 1982.

– (1930). Relaxationsprinzip und Neokatharsis. In: S. Ferenczi, Schriften zur Psychoanalyse (Band II) (S. 257-273). Frankfurt a. M.: Fischer 1982.

– (1931). Kinderanalysen mit Erwachsenen. In: S. Ferenczi, Schriften zur Psychoanalyse (Band II) (S. 274-289). Frankfurt a. M.: Fischer 1982.

– (1932). Ohne Sympathie keine Heilung. Das klinische Tagebuch von 1932. Frankfurt a. M.: Fischer, 1988.

– (1933). Sprachverwirrung zwischen dem Erwachsenen und dem Kind. In: S. Ferenczi, Schriften zur Psychoanalyse (Band II) (S. 303-313). Frankfurt a. M.: Fischer 1982.

– (1982). Schriften zur Psychoanalyse (Band II). Frankfurt a. M.: Fischer.

– & G. Groddeck (1986). Briefwechsel 1921-1933. Frankfurt a. M.: Fischer.

Freud, A. (1936). Das Ich und die Abwehrmechanismen. Frankfurt a. M.: Fischer 1988.

Freud, S. (1892). Zur Theorie des hysterischen Anfalls. (Gemeinsam mit Josef Breuer). In: S. Freud, Gesammelte Werke (Band XVII), Schriften aus dem Nachlaß (S. 7 ff.). Frankfurt a. M.: Fischer 1975.

– (1895). In: S. Freud & J. Breuer: Studien über Hysterie. Frankfurt a. M.: Fischer 1983.

– (1896). Brief an Wilhelm Fließ (1896). In: J. Masson (Hrsg.), Sigmund Freud. Briefe an Wilhelm Fließ 1887-1904 (S. 165). Frankfurt a. M.: Fischer 1986.

– (1897). Brief an Wilhelm Fließ (1897). In: J. Masson (Hrsg.), Sigmund Freud. Briefe an Wilhelm Fließ 1887-1904 (S. 283-284). Frankfurt a. M.: Fischer 1986.

– (1898). Brief an Wilhelm Fließ (1898). In: J. Masson (Hrsg.), Sigmund Freud. Briefe an Wilhelm Fließ 1887-1904 (S. 357). Frankfurt a. M.: Fischer 1986.

– (1905a). Bruchstück einer Hysterie-Analyse. In: A. Mitscherlich, A. Richards & J. Strachey (Hrsg.), Sigmund Freud, Studienausgabe, Band VI, Hysterie und Angst (S. 83-186). Frankfurt a. M.: Fischer 1982.

– (1905b). Psychische Behandlung (Seelenbehandlung). In: S. Freud, Darstellungen der Psychoanalyse (S. 14-36). Frankfurt a. M.: Fischer 1969.

– (1905c). Drei Abhandlungen zur Sexualtheorie (1905). In: A. Mitscherlich, A. Richards & J. Strachey (Hrsg.), Sigmund Freud, Studienausgabe, Band V, Sexualleben (S. 37-145). Frankfurt a. M.: Fischer 1982.

– (1905d). Der Witz und seine Beziehung zum Unbewußten. In: A. Mitscherlich, A. Richards & J. Strachey (Hrsg.), Sigmund Freud, Studienausgabe, Band IV, Psychologische Schriften (S. 9-219). Frankfurt a. M.: Fischer 1982.

– (1906). Meine Ansichten über die Rolle der Sexualität in der Ätiologie der Neurosen. In: A. Mitscherlich, A. Richards & J. Strachey (Hrsg.), Sigmund Freud, Studienausgabe, Band V, Sexualleben (S. 147-157). Frankfurt a. M.: Fischer 1982.

- (1908). Die »kulturelle« Sexualmoral und die moderne Nervosität. In: A. Mitscherlich, A. Richards & J. Strachey (Hrsg.), Sigmund Freud, Studienausgabe, Band IX, Fragen der Gesellschaft, Ursprünge der Religion (S. 9-32). Frankfurt a. M.: Fischer 1982.
- (1912a). Ratschläge für den Arzt bei der psychoanalytischen Behandlung. In: A. Mitscherlich, A. Richards & J. Strachey (Hrsg.), Sigmund Freud, Studienausgabe, Ergänzungsband, Schriften zur Behandlungstechnik (S. 169-180). Frankfurt a. M.: Fischer 1982.
- (1912b). Zur Dynamik der Übertragung. In: A. Mitscherlich, A. Richards & J. Strachey (Hrsg.), Sigmund Freud, Studienausgabe, Ergänzungsband, Schriften zur Behandlungstechnik (S. 157-168). Frankfurt a. M.: Fischer 1982.
- (1912c). Über die allgemeinste Erniedrigung des Liebeslebens. In: A. Mitscherlich, A. Richards & J. Strachey (Hrsg.), Sigmund Freud, Studienausgabe, Band V, Sexualleben (S. 197-209). Frankfurt a. M.: Fischer 1982.
- (1913). Zur Einleitung der Behandlung. (Weitere Ratschläge zur Technik der Psychoanalyse I). In: A. Mitscherlich, A. Richards & J. Strachey (Hrsg.), Sigmund Freud, Studienausgabe, Ergänzungsband, Schriften zur Behandlungstechnik (S. 181-203). Frankfurt a. M.: Fischer 1982.
- (1914a). Erinnern, Wiederholen und Durcharbeiten (Weitere Ratschläge zur Technik der Psychoanalyse II). In: A. Mitscherlich, A. Richards & J. Strachey (Hrsg.), Sigmund Freud, Studienausgabe, Ergänzungsband, Schriften zur Behandlungstechnik (S. 205-215). Frankfurt a. M.: Fischer 1982.
- (1914b). Zur Geschichte der psychoanalytischen Bewegung. In: S. Freud, Gesammelte Werke (Band X) (S. 43-113). Frankfurt a. M.: Fischer 1975.
- (1915). Bemerkungen über die Übertragungsliebe (Weitere Ratschläge zur Technik der Psychoanalyse III). In: A. Mitscherlich, A. Richards & J. Strachey (Hrsg.), Sigmund Freud, Studienausgabe, Ergänzungsband, Schriften zur Behandlungstechnik (S. 217-230). Frankfurt a. M.: Fischer 1982.
- (1916/17). Vorlesungen zur Einführung in die Psychoanalyse. In: A. Mitscherlich, A. Richards & J. Strachey (Hrsg.), Sigmund Freud, Studienausgabe, Band I, Vorlesungen zur Einführung in die Psychoanalyse und Neue Folge (S. 34-445). Frankfurt a. M.: Fischer 1982.
- (1920). Jenseits des Lustprinzips. In: S. Freud, Das Ich und das Es. Und andere metapsychologische Schriften (S. 121-169). Frankfurt a. M.: Fischer 1960.
- (1923a). Das Ich und das Es. In: S. Freud, Das Ich und das Es. Und

andere metapsychologische Schriften (S. 171-208). Frankfurt a. M.: Fischer 1960.

– (1923b). »Psychoanalyse« und »Libidotheorie«. In: S. Freud, Gesammelte Werke (Bd. XIII) (S. 209 ff.). Frankfurt a. M.: Fischer 1975.

– (1930). Das Unbehagen in der Kultur (1930). In: A. Mitscherlich, A. Richards & J. Strachey (Hrsg.), Sigmund Freud, Studienausgabe, Band IX, Fragen der Gesellschaft, Ursprünge der Religion (S. 191-270). Frankfurt a. M.: Fischer 1982.

– (1931). Über die weibliche Sexualität. In: S. Freud, Gesammelte Werke (Band XIV) (S. 515 ff.). Frankfurt a. M.: Fischer 1975.

– (1933). Sandor Ferenczi (Nachruf). In: S. Freud, Gesammelte Werke (Band XVI) (S. 267 ff.). Frankfurt a. M.: Fischer 1975.

– (1938). Abriß der Psychoanalyse. Frankfurt a. M.: Fischer 1953.

– (1960). Das Ich und das Es. Und andere metapsychologische Schriften. Frankfurt a. M.: Fischer.

– (1969). Darstellungen der Psychoanalyse. Frankfurt a. M.: Fischer.

– (1975). Gesammelte Werke. Frankfurt a. M.: Fischer.

– & J. Breuer (1895). Studien über Hysterie. Frankfurt a. M.: Fischer 1983.

Fritz Perls Institut (FPI). (1993). Jahresprogramm des Fritz Perls Instituts für Integrative Therapie, Gestattherapie und Kreativitätsförderung. Düsseldorf: FPI.

Fürstenau, P. (1977). Die beiden Dimensionen des psychoanalytischen Umgangs mit strukturell ich-gestörten Patienten. Psyche, 31, S. 197-207.

Graf, R. (1984). Das Körperbild bei Freud. Unveröffentl. und unkorr. Manuskript einer Diplomarbeit. Berlin: Psychologisches Institut.

Greenson, R. (1973). Technik und Praxis der Psychoanalyse (Band I). Stuttgart: Ernst Klett.

Groddeck, G. (1917). Psychische Bedingtheit und psychoanalytische Behandlung organischer Leiden. Leipzig: Hirzel.

– (1933). Der Mensch als Symbol. Unmaßgebliche Meinungen über Sprache und Kunst. Wiesbaden: Limes 1973.

Grunert, J. (Hrsg.) (1977). Körperbild und Selbstverständnis. München: Kindler.

Harlander, U. (1979). Die Körper-Ich-Identität nach G. Ammon. Dynamische Psychiatrie, 12, S. 472-491.

Harmat, P. (1988). Freud, Ferenczi und die ungarische Psychoanalyse. Tübingen: edition diskord.

Haynal, A. (1987). Die Technik-Debatte in der Psychoanalyse. Frankfurt a. M.: Fischer.

Heisterkamp, G. (1991a). Zur Körperarbeit in der analytischen Psychotherapie. Praxis der Psychotherapie und Psychosomatik, 36, S. 77-87.

– (1991b). Zur Be-Handlung blockierter Selbstbewegungen in der Psychotherapie. In: Praxis der Psychotherapie und Psychosomatik, 36, S. 297-307.

– (1992). Zur Frage der Körperarbeit in der analytischen Psychotherapie. In: U. Lehmkuhl (Hrsg.), Methoden und Prozeß Individualpsychologischer Therapie und Beratung (S. 187-198). München: Ernst Reinhardt.

Henny, R. (1978). Die therapeutische Beziehung in der Freudschen Psychoanalyse. In: R. Battegay & A. Trenkel (Hrsg.), Die therapeutische Beziehung unter dem Aspekt verschiedener psychotherapeutischer Schulen (S. 9-21). Stuttgart: Hans Huber.

Hirsch, M. (1989). Der eigene Körper als Objekt. Berlin: Springer.

Jacoby, R. (1985). Die Verdrängung der Psychoanalyse oder Der Triumph des Konformismus. Frankfurt a. M.: Fischer.

Jaeggi, E. (1987). Einen Goldschatz bewahren – das Problem der Integration verschiedener Therapien in die Psychoanalyse. In: M. Springer-Kremser & R. Ekstein (Hrsg.), Wahrnehmung, Phantasie, Wirklichkeit – Fragen der Psychotherapie heute (S. 52-69). Wien: Deuticke.

Jappe, G. (1971). Über Wort und Sprache in der Psychoanalyse. Frankfurt a. M.: Fischer.

Jones, E. (1962). Das Leben und Werk von Sigmund Freud (Band III, 1919-1939). Bern: Hans Huber.

Kamper, D. & C. Wulf (1982). Die Wiederkehr des Körpers. Darin: Die Parabel der Wiederkehr (S. 9-21). Frankfurt a. M.: Suhrkamp.

Kapfhammer, H. (1985). Psychoanalytische Psychosomatik. Berlin: Springer.

Kris, E. (1950). Einleitung zur Erstausgabe 1950. In: J. M. Masson (Hrsg.), Sigmund Freud. Briefe an Wilhelm Fließ 1887-1904 (S. 519-561). Frankfurt a. M.: Fischer.

Kutter, P. (1991). Moser, Tilmann: Der Psychoanalytiker als sprechende Attrappe. Psyche, 4, S. 371-372.

Laplanche, J. & J.-B. Pontalis (1972). Das Vokabular der Psychoanalyse (Bd. I und II). Frankfurt a. M.: Suhrkamp.

Lippe, R. zur (1978). Am eigenen Leibe. Frankfurt a. M.: Syndikat.

– (1982). Am eigenen Leibe. In: D. Kamper & C. Wulf: Die Wiederkehr des Körpers (S. 25-39). Frankfurt a. M.: Suhrkamp.

Lorenzer, A. (1973). Über den Gegenstand der Psychoanalyse. Frankfurt a. M.: Suhrkamp.

– (1986). »... gab mir ein Gott zu sagen, was ich leide« – Emanzipation und Methode. Psyche, 40, S. 1051-1062.

Lowen, A. (1981). Bioenergetik. Hamburg: Rowohlt.

Mahler, M., F. Pine & A. Bergmann (1975). Die psychische Geburt des Menschen. Frankfurt a. M.: Fischer.

Masson, J. M. (1986). Sigmund Freud. Briefe an Wilhelm Fließ 1887-1904. Frankfurt a. M.: Fischer.

McDougall, J. (1985). Plädoyer für eine gewisse Anormalität. Frankfurt a. M.: Suhrkamp.

Miller, A. (1979). Das Drama des begabten Kindes. Frankfurt a. M.: Suhr-kamp.
– (1983). Du sollst nicht merken. Frankfurt a. M.: Suhrkamp.
Mitscherlich, A., Richards, A. & Strachey, J. (Hrsg.) (1982). Sigmund Freud, Studienausgabe. Frankfurt a. M.: Fischer.
Moser, T. (1986a). Das erste Jahr. Frankfurt a. M.: Suhrkamp.
– (1986b). Die Anschaulichkeit des Unbewußten. Eine Einführung in die Arbeit von Diane und Albert Pesso. In: A. Pesso & D. Pesso (Hrsg.), Dramaturgie des Unbewußten (S. 7-34). Stuttgart: Klett-Cotta.
– (1987). Der Psychoanalytiker als sprechende Attrappe. Frankfurt a. M.: Suhrkamp.
– (1989). Körpertherapeutische Phantasien. Frankfurt a. M.: Suhrkamp.
– (1990). Das zerstrittene Selbst. Frankfurt a. M.: Suhrkamp.
– (1991). Der Körper in der Psychotherapie und die Angst vor der Sexua-lisierung. Praxis der Psychotherapie und Psychosomatik, 36, S. 283-296.
– (1992). Stundenbuch. Protokolle aus der Körperpsychotherapie. Frank-furt a. M.: Suhrkamp.
Müller-Braunschweig, H. (1986). Psychoanalyse und Körper. In: E. Bräh-ler (Hrsg.), Körpererleben (S. 19-33). Berlin: Springer.
– (1989). Bild, Körperbild und Psychoanalyse. In: P. L. Janssen & G. H. Paar (Hrsg.), Reichweite der psychoanalytischen Therapie (S. 75-91). Berlin: Springer.
– (1990). Körperorientierte Psychotherapie. In: Th. v. Uexküll (Hrsg.), Psychosomatische Medizin (S. 349-361). München: Urban & Schwar-zenberg.
– (1992). Der unheimliche Körper. In: M. v. Rad (Hrsg.), Psychotherapie. Psychosomatik. Medizinische Psychologie [Heft 1, 42. Jahrgang, Ja-nuar 1992 (Sonderdruck), 16-21]. Stuttgart: Thieme.
Peter, H. (1989). Integration von Psychoanalyse und Bioenergetik in der Person und Rolle des Therapeuten. In: D. Hoffmann-Axthelm (Hrsg.), Körper & Seele (S. 11-23). Dortmund: Alternativ-Verlag.
Petzold, H. (Hrsg.). (1980). Die neuen Körpertherapien. Paderborn: Jun-fermann.
Pohlen, M. & Wittmann, L. (1980). »Die Unterwelt bewegen«. Versuch über Wahrnehmung und Phantasie in der Psychoanalyse. Frankfurt a. M.: Syndikat.
Reich, W. (1933). Charakteranalyse. Frankfurt a. M.: Fischer 1978.
– (1942). Die Funktion des Orgasmus. Frankfurt a. M.: Fischer 1985.
Richter, H. E. (1986). Die Chance des Gewissens. Hamburg: Hoffmann & Campe.
Rittner, V. (1982). Krankheit und Gesundheit. Veränderungen in der sozialen Wahrnehmung des Körpers. In: D. Kamper & C. Wulf (Hrsg.), Die Wiederkehr des Körpers (S. 40-51). Frankfurt a. M.: Suhrkamp.

291

Roazen, P. (1976). Freud und sein Kreis. Bergisch Gladbach: Gustav Lübbe.

Roth, N. (1986). Nachwort. In: T. Moser: Das erste Jahr (S. 149-169). Frankfurt a. M.: Suhrkamp.

Schlieffen, H. von (1982). Der schweigende Analytiker. Psyche, 36, S. 289-306.

Schlösser, M. (1990). Der heilende Dialog: Die dynamische Einheit von körperlichem und sprachlichem Handeln in der therapeutischen Beziehungssituation. Unveröffentl. Manuskript. Berlin: Institut für Pädagogisch-Psychologische Therapie.

Siegel, E. (1984). Tanztherapie. Stuttgart: Klett-Cotta.

– (1988). Tanztherapie – ein analytisch orientiertes Verfahren in der Bewegungstherapie. In: G. Hölter (Hrsg.), Bewegung und Therapie – interdisziplinär betrachtet (S. 76-86). Dortmund: Modernes Leben.

Spitz, R. (1969). Vom Säugling zum Kleinkind. Stuttgart: Ernst Klett.

– (1972). Das Leben und der Dialog. Psyche, 26, S. 249-264.

– (1974). Der Dialog entgleist. Psyche, 28, S. 135-156.

Spotnitz, H. (1983). Vorwort. In: H. Stern: Die Couch (S. 10-12). Frankfurt a. M.: Fischer.

Stern, H. (1983). Die Couch. Frankfurt a. M.: Fischer.

Stone, L. (1973). Die psychoanalytische Situation. Frankfurt a. M.: Fischer.

Thomä, H. (1980). Die Aktivität des Psychoanalytikers als Determinante des therapeutischen Prozesses. In: Festschrift für G. Scheunert. Beiheft zum Jahrbuch der Psychoanalyse, 1980, S. 1 ff.

– (1984). Der »Neubeginn« Balints (1932) aus heutiger Sicht. Psyche, 38, S. 516-541.

Walter, H. (1980). Sandor Ferenczi. In: J. Rattner (Hrsg.), Wandlungen in der Psychoanalyse (S. 53-86). Wien: Europa-Verlag.

Wimmer, M. (1982). Der gesprochene Körper. Zur Authenzität von Körpererfahrungen in Körpertherapien. In: D. Kamper & C. Wulf: Die Wiederkehr des Körpers (S. 82-95). Frankfurt a. M.: Suhrkamp 1982.

Winnicott, D. W. (1974). Reifungsprozesse und fördernde Umwelt. München: Kindler.

Worm, G. (1990). Psychoanalyse und Körperarbeit. Anmerkungen zum Problem des Widerstands gegen den Körper. In: U. Streeck, H. Werthmann (Hrsg.), Herausforderungen für die Psychoanalyse (S. 142-149). München: Pfeiffer-Verlag.

Namenregister

Balint, M. 20, 169 f., 194 ff., 244 ff., 254, 273, 280 f.
Becker, H. 135 ff., 251
Bittner, G. 42 ff., 74, 131, 134, 140 ff., 155 f.
Breuer, J. 83, 156

Charcot, J. 51 f.
Cremerius, J. 177

Deutsch, F. 68 f.

Fenichel, O. 68 ff.
Ferenczi, S. 20, 68, 160 ff., 206, 215 f., 219 ff., 235 ff., 244 ff., 254, 278, 280
Freud, A. 72, 91, 186
Freud, S. 20, 39, 44 ff., 74 f., 78, 82 ff., 95 ff., 110 ff., 122, 163 f., 170 ff., 181, 188 ff., 196 f., 219 f., 231, 235, 243 f., 277 ff.
Fritz Perls Institut 253

Groddeck, G. 67 f.

Heisterkamp, G. 261 ff., 269, 272

Jaeggi, E. 132, 180
Jappe, G. 84 ff.

Kamper, D. 25 ff.

Kapfhammer, H. 75, 77
Klein, M. 72

Lorenzer, A. 47 ff., 51 ff.
Lowen, A. 11

Mahler, M. 66, 72
McDougall, J. 73, 134, 149 ff.
Miller, A. 166
Mitscherlich, A. 138
Moser, T. 23, 36 ff., 73, 135, 149 ff., 254 ff., 273
Müller-Braunschweig, H. 270 ff.

Peter, H. 256 ff., 268 ff.

Reich, W. 11 f., 20, 69 f., 91, 160 f., 183 ff., 280
Schilder, P. 72
Schlieffen, H. von. 94 f.
Siegel, E. 251 f.
Spitz, R. 66, 72
Stern, H. 110 ff.
Stone, L. 128

Thomä, H. 102 f.

Wimmer, M. 29 ff.
Winnicott, D. W. 72, 166
Worm, G. 258 ff., 264 ff.
Wulf, C. 25 ff.

suhrkamp taschenbücher wissenschaft
Psychoanalyse, Psychologie, Sozialpsychologie

suhrkamp taschenbücher wissenschaft
Psychoanalyse, Psychologie, Sozialpsychologie

Über sämtliche bis Mai 1992 erschienenen suhrkamp taschenbücher wissenschaft (stw) informiert Sie das Verzeichnis der Bände 1 – 1000 (stw 1000) ausführlich. Sie erhalten es in Ihrer Buchhandlung.